U0683369

国家教师资格考试
考点精析与强化题库

历史学科知识与教学能力

初级中学

主　编　朱广云
副主编　铁　铮　赵成景
组　编　山香教师资格考试命题研究中心

首都师范大学出版社
CAPITAL NORMAL UNIVERSITY PRESS

图书在版编目(CIP)数据

国家教师资格考试考点精析与强化题库·历史学科知识与教学能力·初级中学/朱广云主编. —北京：首都师范大学出版社,2013.3

ISBN 978 - 7 - 5656 - 1424 - 8

Ⅰ.①国… Ⅱ.①朱… Ⅲ.①中学历史课—教学法—初中—中学教师—资格考试—自学参考资料 Ⅳ.①G451.1

中国版本图书馆 CIP 数据核字(2013)第 045489 号

GUOJIA JIAOSHI ZIGE KAOSHI KAODINA JINGXI YU QIANGHUA TIKU

国家教师资格考试·考点精析与强化题库·历史学科知识与教学能力

初级中学

主　编　朱广云

组　编　山香教师资格考试命题研究中心

策划编辑　张文强

责任编辑　刘俊霞　来晓宇　　　　　　封面设计　山香教育

首都师范大学出版社出版发行

地　　址　北京市西三环北路 105 号

邮　　编　100048

咨询电话　010 - 68418523(总编室)　　　010 - 68982468(发行部)

网　　址　www.cnupn.com.cn

郑州豫兴印刷有限公司印制

全国新华书店发行

版　　次　2013 年 4 月第 1 版

印　　次　2014 年 1 月第 1 次印刷

开　　本　889mm×1194mm　1/16

印　　张　21.5

字　　数　500 千

定　　价　42.00 元

序言

适合的，就是最好的
——教师资格考试指南

　　教育大计，教师为本。教师资格证是教育行业从业人员——教师——的职业许可证。为引导教师教育改革，强化职业道德、心理素养、教育教学能力和教师专业发展潜质，严把教师职业入口关，2011 年起，结合新任教师公开招聘制度，我国开始进行中小学和幼儿园教师资格考试改革。根据《教育部关于开展中小学和幼儿园教师资格考试改革试点的指导意见》（教师函〔2011〕6 号）精神，2011 年湖北、浙江两省展开教师资格全国统考试点，2013 年教师资格考试改革试点扩大到上海、河北、广西、海南、浙江、湖北六个省份。2013 年 8 月 15 日，教育部正式印发《教育部关于扩大中小学教师资格考试与定期注册制度改革试点的通知》，决定在上海、河北等 6 个省份试点的基础上，从 2013 年下半年开始，新增山西、安徽、山东、贵州 4 个省参加中小学教师资格考试。按照国家教育体制改革试点工作的总体部署，全国将逐步实现统考常态化。

　　区别于往年教师资格考试科目分为《教育学》和《心理学》两门学科，改革后的教师资格考试科目根据报考层次决定：幼儿园教师资格考试科目为《综合素质》和《保教知识与能力》，小学教师资格考试科目为《综合素质》和《教育教学知识与能力》，初、高级中学教师资格考试科目为《综合素质》《教育知识与能力》和《学科知识与教学能力》。

　　山香教育集团自成立起一直致力于帮助广大考生实现教师之梦。三年来，在调研教师资格证试点区的考试真题的基础上，结合最新考试标准和考试大纲，山香集团策划出版了本套丛书。该套丛书涵盖了从幼儿园到高级中学不同学段的各个学科的考试科目。

　　本套丛书有以下几大特点：

　　1. 两大模块，学练结合。全书共分两大模块——考点精析和强化题库。考点精析紧扣考试大纲，突出重点，提炼考点，全面呈现该考试科目要求考生掌握和运用的基本理论知识和方法。强化题库模拟大纲样题和考试真题而出，题型、题量、难度均与大纲和真题保持一致，有助于增强考生复习的针对性和有效性，提高考生应试能力。

　　2. 编排合理，注重实践。第一模块根据考试大纲的体例共分为四个部分，每一部分按章、节、知识点的内在逻辑构建清晰的知识体系图，并编排大量实用的案例及例题为考生提供实战练习，培养考生实际教学能力。每章的考纲呈现、考试指南和基本结构框架帮助考生梳理考试内容，快捷、高效、准确地把握考试方向及考试重点。

3. 出题有据可依，解题有章可循。强化题库严格模拟考试大纲中的样题及2013年最新统考教师资格真题试卷而出，试题严谨、权威，时效性和应试性强。题库后附有答案和详细的解析，考生通过试题练习可以熟悉考试题型，有针对性地复习巩固考试知识点，同时还可以通过详细的解析对每道试题"知其然，也知其所以然"。

作为教师资格考试学习辅导用书，丛书适合参加教师资格考试的考生备考复习时使用。考生可以据此全面了解教师资格证统考科目的题型特点和考试内容，短时间内达到巩固知识和提高能力的目的。本丛书是山香集团的专家学者及一线编辑怀着一颗赤诚之心精心策划编写的，希望能够为广大考生带来切实的帮助。

由于时间和编者水平有限，本丛书在编写过程中难免存在不足之处，衷心希望广大读者多提宝贵意见，以便我们改进，更好地服务于考生朋友们。

目 录

第一模块　考点精析

第一部分　历史学科知识与能力

第二部分 历史教学设计

第三部分 历史教学实施

目录

第四部分　历史教学评价

第二模块　强化题库

第一模块 考点精析

第一部分　历史学科知识与能力

学习指导与应试策略

01

　　初中历史教师资格证考试要求掌握历史学科的基本理论和基础知识，了解认识历史的基本方法，并能够在初中历史教学中有效地运用这些理论、知识及方法；掌握历史学科教学的理论和方法，了解初中历史课程的性质和基本理念，能够运用初中历史课程标准指导教学。

　　本部分内容主要介绍了初中历史学科知识与能力，包括两章内容，第一章主要介绍了初中历史新课程改革，第二章主要介绍了初中历史学科专业知识。对于本部分内容的考查侧重于对历史基础知识、基本能力的了解，对中外历史发展的基本线索和总体趋势的把握，考查历史学科教学的基础理论知识。

　　本部分内容的主要题型有选择题、简答题、材料分析题。按照考试大纲的要求，就题型来说选择题会占到整体比例的27%，就内容来说本部分在考试中的比例会达到44%，教学设计题也会涉及本部分内容。

第一章　初中历史新课程改革

考纲呈现

一、考试目标

掌握历史学科的基本理论和基础知识,了解认识历史的基本方法,并能够在初中历史教学中有效地运用这些理论、知识及方法;掌握历史学科教学的理论和方法,了解初中历史课程的性质和基本理念,能够运用初中历史课程标准指导教学。

二、考试内容模块与要求

1. 了解初中历史课程的地位、性质与作用;熟悉初中历史课程标准所规定的课程目标、教学内容及要求,能够运用课程标准指导教学;了解现行初中历史教材的编排体例和内容结构。

2. 掌握历史学科教学的理论知识,并能够用以指导历史教学及教研活动。

本章考试指南

本章内容在考试中多以客观题、主观题的形式出现,需要灵活运用理论指导教学设计环节。

考查初中历史教学涉及的史学基础理论,如认识历史的基本方法、史学观点等,对初中历史课程的基本认识、初中历史课程标准所规定的课程目标、教学内容及要求和现行初中历史教材的编排体例和内容结构。

本章基本结构框架

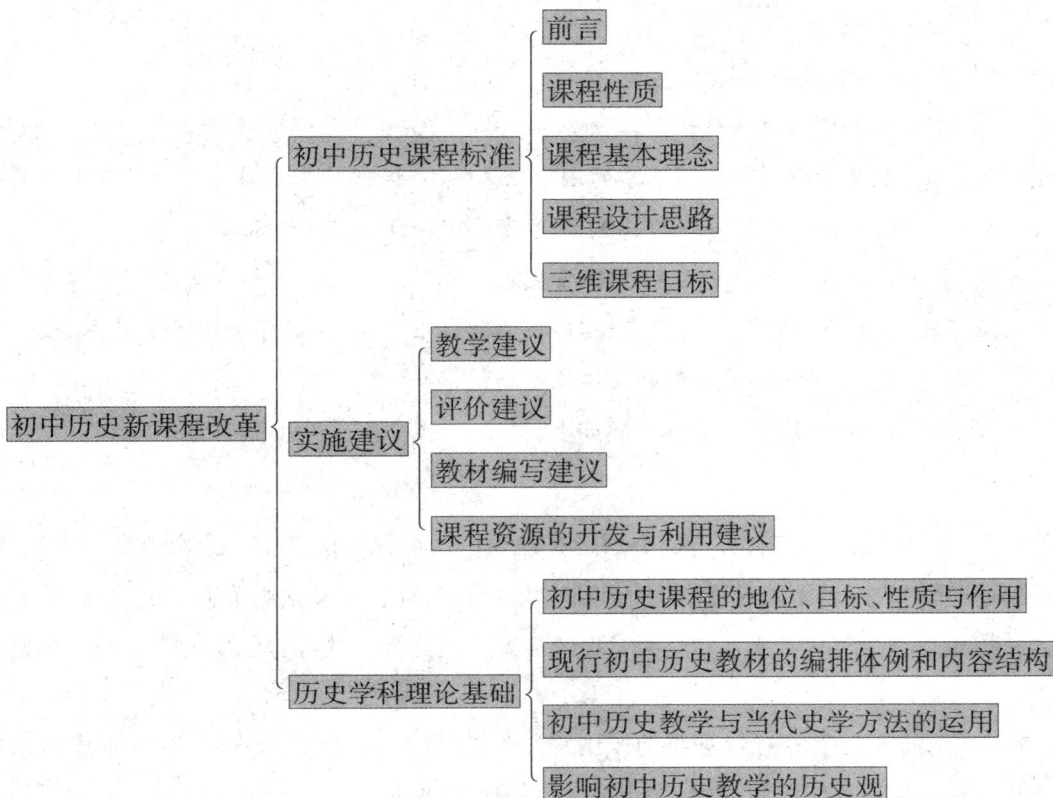

初中历史新课程改革
- 初中历史课程标准
  - 前言
  - 课程性质
  - 课程基本理念
  - 课程设计思路
  - 三维课程目标
- 实施建议
  - 教学建议
  - 评价建议
  - 教材编写建议
  - 课程资源的开发与利用建议
- 历史学科理论基础
  - 初中历史课程的地位、目标、性质与作用
  - 现行初中历史教材的编排体例和内容结构
  - 初中历史教学与当代史学方法的运用
  - 影响初中历史教学的历史观

名师讲堂

第一节　初中历史课程标准

　　课程标准是规定某一学科的课程性质、课程目标、内容目标、实施建议的教学指导性文件。课程标准是对学生在经过一段时间的学习后应该知道什么和能做什么的界定和表述,实际上反映了国家对学生学习结果的期望。课程标准通常包括几种具有内在关联的标准,主要有内容标准(划定学习领域)和表现标准(规定学生在某领域应达到的水平)。

　　2011年颁布最新版《义务教育历史课程标准》,它由前言、课程目标、内容标准和实施建议四部分组成。

　　《历史课程标准》是历史教师教学的主要依据。在历史课程标准中,需要历史教师钻研的有:课程的性质、基本理念、设计思路、"三维目标"、内容标准、实施建议等。通过历史课程标准的学习,有助于历史教师掌握历史课程的基本理念;有助于历史教师明确历史课程目标的设计;有助于历史教师掌握历史课程结构和把握教材知识的联系以及框架结构;有助于历史教师熟悉新课程历史教学的基本原则和方法;有助于历史教师拓展知识的深度和广度等。

典例精析

在历史教学中,课程标准的作用是什么?

【专家点评】考查对课程标准重要性的认识。

【参考答案】课程标准是国家设置学校课程基本的纲领性文件,是国家对基础教育课程的基本规范和质量要求。它是教材编写、教学、评估和考试命题的依据,是国家管理和评价课程的基础。

课程标准是检验课程改革中进步大小的尺度,它衡量我们是否达到了教育目标或者在哪个程度上达到了教育目标;课程标准是教材、教学和评价的出发点和归宿;课程标准是教材、教学和评价的基本依据,但并不等于课程标准是对教材、教学和评价方方面面的具体规定。

《义务教育历史课程标准(2011年版)》具体内容如下:

一、前言

当今世界正在发生广泛而深刻的变化,当代中国正在发生广泛而深刻的变革。全面建设小康社会,加快推进社会主义现代化是时代赋予中国人民的崇高使命。培育具有社会主义核心价值观的公民,是时代发展和社会前进的需求,也是青少年自身成长和全面发展的需要。这对义务教育阶段历史课程的改革提出了新的要求。

历史教育对提高学生的人文素养有着重要的作用。义务教育阶段的历史课程,是在唯物史观的指导下,弘扬以爱国主义为核心的民族精神和以改革创新为核心的时代精神,传承人类文明的优秀传统,使学生了解和认识人类社会的发展历程,更好地认识当代中国和当今世界。学生通过历史课程的学习,初步学会从历史的角度观察和思考社会与人生,从历史中汲取智慧,逐步树立正确的世界观、人生观和价值观,提高综合素质,得到全面发展。

二、课程性质

历史课程是人文社会科学中的一门基础课程,对学生的全面发展和终身发展有着重要的意义。义务教育阶段7~9年级的历史课程在基础教育中占有重要的地位,主要具有以下特性:

(一)思想性

坚持用唯物史观阐释历史的发展与变化,使学生认同中华民族的优秀文化传统,增强爱国主义情感,坚定社会主义信念,拓展国际视野,逐步树立正确的世界观和人生观。

(二)基础性

根据学生的心理特征和认知水平,以普及历史常识为主,引领学生掌握基本的、重要的历史知识和技能,逐步形成正确的历史意识,为学生进一步学习与发展打下基础。

(三)人文性

以人类优秀的历史文化陶冶学生的心灵,帮助学生客观地认识历史,正确理解人与社会、人与自然的关系,提高人文素养,逐步形成正确的价值取向和积极向上的人生态度,适应社会发展的需要。

（四）综合性

注重人类历史不同领域发展的关联性,注重历史与现实的联系,使学生逐步学会综合运用所学知识和方法对历史和社会进行全面的认识。

典例精析

历史课程是人文社会科学中的一门基础课程,下列哪项不是初中历史的课程性质(　　)

A.思想性　　　　　　B.人文性　　　　　　C.继承性　　　　　　D.基础性

【专家点评】义务教育阶段的历史课程在基础教育中占有重要的地位,主要具有以下特性:思想性、基础性、人文性和综合性。

【答案】C

三、课程基本理念

1.充分体现育人为本的教育理念,发挥历史学科的教育功能,以培养和提高学生的历史素养为宗旨,引导学生正确地考察人类历史的发展进程,逐步学会全面、客观地认识历史问题。

2.以普及历史常识为基础,使学生掌握中外历史的基本知识,初步具备学习历史的基本方法和基本技能,促进学生的全面发展。

3.将正确的价值判断融入对历史的叙述和评判中,使学生通过历史学习,增强对祖国和人类的责任感,逐步确立为中国特色社会主义事业、人类的和平与发展做贡献的人生理想。

4.鼓励自主、合作、探究式学习,倡导教师教学方式和教学评价方式的创新,使全体学生都得到发展。

四、课程设计思路

义务教育阶段历史课程的总体设计思路是:面向全体学生,从培养学生的历史素养和人文素养出发,遵循历史教育规律,充分发挥历史教育功能,使学生掌握中外历史基础知识,初步学会学习历史的方法,提高历史学习能力,逐步形成对历史的正确认识,并提高正确认识现实的能力,达到课程目标的要求。

1.依据义务教育阶段历史课程的基本性质和特点,充分发挥历史课程的育人功能,从"知识与能力""过程与方法""情感·态度·价值观"三个方面进行课程设计。

2.历史课程分为中国古代史、中国近代史、中国现代史、世界古代史、世界近代史、世界现代史六个学习板块。依照历史发展的时序,在每个板块内容设计上,采用"点一线"结合的呈现方式。"点"是具体、生动的历史事实;"线"是历史发展的基本线索。通过"点"与"点"之间的联系来理解"线",使学生在掌握历史事实的基础上理解历史发展的过程。

3.在学习内容的编制上,从学生的认知水平出发,精选最基本的史实,展现人类社会在政治、经济和文化等方面发展的基本进程,使学习内容更加贴近时代、贴近社会、贴近生活,有利于学生积极、主动的学习。此外,在突出义务教育阶段历史教学特点的基础上,注意与高中历史教学的衔接,为学生在高中阶段的历史学习打好基础。

4.本标准对每个学习板块规定了课程内容,并提出了教学活动建议。课程内容是学生必须掌握的历史基础知识及必须经历的历史思维训练过程;教学活动建议旨在倡导多样的教学方式,促进学生更积极、主动地对历史进行感知、理解和探究,教师可在具体实施中酌情处理,因材施教。

5. 本标准设计的课程内容留有余地,以增强历史课程的开放性和弹性,一方面为教材编写留下一定的空间,另一方面也为各地区进行乡土历史的教学提供便利,各地区可根据实际情况开发课程资源。

典例精析

新课程强调历史教学要贴近学生、贴近生活。谈谈你对此的理解。

【专家点评】本题要求考生一方面从教学要贴近学生、贴近生活的普遍规律分析,另一方面从历史教学自身的特点出发加以分析。

【参考答案】历史从时空距离上与学生很遥远,那么,如何让历史教学贴近学生、贴近生活呢? 历史教育中最常使用的方法,就是从时间和空间上拉近学生与历史的距离。比如,历史上的今天是什么样的,名人在和学生差不多大的时候是什么样的,挖掘学生身边的乡土历史资源、社区资源和家庭资源,还有访谈历史亲历者,考察历史遗迹等等。但是,要使历史教育发挥深入持久的作用,必须使学生从内心亲近历史,如哪些历史事物能满足学生发展的需要、哪些历史事物能引起学生共鸣、哪些历史事物能让学生与历史展开心灵的对话等。只有这样,才能让学生深切感受历史如知己,使历史蕴含生命的智慧。

五、三维课程目标

通过义务教育阶段历史课程的教学,学生能够掌握中外历史的基本知识,初步掌握学习历史的基本方法和基本技能;对人类历史的延续与发展产生认知兴趣,感悟中华文明的历史价值和现实意义,养成爱国主义情感,开拓观察世界的视野,认识世界历史发展的总体趋势;初步形成正确的世界观、人生观和价值观,为成为拥有良好综合素质的合格公民奠定基础。

(一)知识与能力

1. 知道重要的历史事件、历史人物及历史现象,知道人类文明的主要成果,初步掌握历史发展的基本线索。

2. 了解历史的时序,初步学会在具体的时空条件下对历史事物进行考察,从历史发展的进程中认识历史人物、历史事件的地位和作用。

3. 了解多种历史呈现方式,包括文献材料、图片、图表、实物、遗址、遗迹、影像、口述以及历史文学作品等,提高历史的阅读能力和观察能力,形成符合当时历史条件的一定的历史情景想象。

4. 初步学会从多种渠道获取历史信息,了解以历史材料为依据来解释历史的重要性;初步形成重证据的历史意识和处理历史信息的能力,逐步提高对历史的理解能力,初步学会分析和解决历史问题。

5. 学会用口头、书面等方式陈述历史,提高表达与交流的能力。

(二)过程与方法

1. 通过多种途径感知历史,学会从当时的历史条件理解历史上的人和事,并经过分析、综合、概括、比较等思维过程,形成历史概念,进而认识历史发展的时代特征和历史发展的基本趋势。

2. 在学习历史的过程中,逐步学会运用时序与地域、原因与结果、动机与后果、延续与变迁、联系与综合等概念,对历史事实进行理解和判断。

3. 在了解历史事实的基础上,逐步学会发现问题、提出问题,初步理解历史问题的价值和意义,并尝试体验探究历史问题的过程,通过搜集资料、掌握证据和独立思考,初步学会对历史事物进行分析和评价,并在探究历史的过程中尝试反思历史,汲取历史的经验教训。

4.逐步掌握学习历史的一些基本方法,包括计算历史年代的方法、阅读教科书及有关历史读物的方法、识别和运用历史地图和图表的方法、查找和收集历史信息的途径和方法、运用材料具体分析历史问题的方法等。

5.初步掌握解释历史问题的方法,力求在表达自己的见解时能够言而有据,推论得当;学会与教师、同学共同对历史问题进行探究与讨论,能够积极汲取他人的正确见解,善于与他人合作,交流学习心得和经验。

(三)情感·态度·价值观

1.从历史的角度认识中国的具体国情,认同中华民族的优秀文化传统,尊重和热爱祖国的历史和文化;认识在漫长的历史进程中,我国各族人民密切交往、相互依存、休戚与共,形成了中华民族多元一体的格局,共同推动了国家发展和社会进步,增强民族自信心和自豪感。

2.感悟近现代中国人民为救亡图存和实现中华民族伟大复兴而进行的英勇奋斗和艰苦探索,认识中国共产党在中国革命、建设和改革事业中的决定作用,树立中国特色社会主义理想信念;继承和弘扬以爱国主义为核心的民族精神,认识到国家统一、民族团结和社会稳定是中国强盛的重要保证,初步形成对国家、民族的认同感,增强历史责任感。

3.了解人类社会历史发展的基本趋势及人类文化的多样性,理解和尊重世界各国、各民族的文化传统,学习汲取人类创造的优秀文明成果;认识和平与发展是当今时代的主题,逐步形成面向世界的视野和意识。

4.认识人类历史上物质文明、精神文明发展的重要性,理解历史上的革命与改革在不同程度上促进了社会的进步,认识从专制到民主、由人治到法治是历史发展的必然趋势,不断发展社会主义民主与加强社会主义法制意识。

5.认识科学技术的发展对人类历史进步的推动作用,逐步形成尊重科学、崇尚科学的意识,树立求真、求实和创新的科学态度;从历史的演变中认识合理开发和利用资源、生态环境保护的重要性,初步形成可持续发展的观念。

6.认识人民群众创造历史的作用以及杰出人物在历史上的重要贡献,吸取前人的经验和智慧,初步理解个人与群体、个人与社会的关系,提高对是与非、善与恶、美与丑的识别判断力,逐步确立积极进取的人生态度,形成健全的人格和健康的个性品质。

第二节　实施建议

一、教学建议

历史课程的实施,必须以本标准为依据,力求体现历史课程的基本理念和设计思路,按照本标准提出的规定和要求,注重课程目标中"知识与能力""过程与方法""情感·态度·价值观"三方面目标的整合,并使其具体化为课时目标。教学时要灵活采用多样化的教学方式和方法,充分利用多种历史信息资源,突出历史教学的特点。

（一）坚持正确的思想导向和价值判断

以唯物史观为指导，对人类历史的发展进行科学、正确的阐释，客观分析历史人物、历史事件和历史现象，对历史问题进行实事求是的解释和评述；坚持论从史出、史论结合的原则，力求科学性、思想性和生动性的统一；在评价历史人物和历史事件时，要注意坚持正确的价值引领，帮助学生逐步形成正确的世界观、人生观和价值观；注重拓宽历史课程的情感教育功能，充分发掘课程内容的思想情感教育内涵，潜移默化地对学生进行情感态度与价值观方面的熏陶。

（二）充分激发学生的历史学习兴趣

注重初中学生的心理特征和认知水平，了解学生的生活经验和知识基础，结合具体、生动的史实，从多方面调动学生的学习积极性，激发学生学习历史的兴趣，培养学生的问题意识，引导学生主动地进行历史学习，积极参与历史教学活动。如创设历史的情境，使学生感受到历史上出现的矛盾、纠纷，从而产生了解历史和探寻历史的愿望。

（三）注重对基本史实进行必要的讲述

运用多种方式展现历史发展的态势，尤其是通过教师清晰明了的讲述，使学生知晓历史的背景、主要经过和结果，通过具体、生动的情节感知历史，清楚地了解具体的历史状况。在此基础上，引导学生思考问题，对历史进行正确的理解，对史实做出合理的判断。如通过具体讲述历史人物典型的言行事例，使学生有真切的感悟，加深理解和认识。

（四）引导学生学会学习，学会思考

以转变学生的学习方式为核心，注重学生学习历史知识的过程，注重对学生学习能力的培养，在教学过程中加强对学生学习方法的指导，使学生学会学习。鼓励学生在学习时进行独立思考和交流合作，培养学生提出问题和分析问题的能力，逐步养成探究式学习的习惯。

（五）注意历史知识多领域、多层次的联系

力图从整体上把握历史，而不是孤立、分散地讲述历史知识。特别要注意历史发展的纵向联系、同一历史时期的横向联系、历史发展的因果联系、历史现象与现实生活之间的联系，以及历史学科知识与其他相关学科知识的联系和渗透等。如历史上重大改革的发生，往往有着政治、经济、社会、文化等方面的因素，需要对这些因素进行综合的考察。

▶ 典例精析

你认为讲授经济史有哪些基本要求？

【参考答案】

讲授经济史时应做到以下几个基本要求：

（1）注意点面结合，把各个国家、地区、部门、行业与主要国家、地区、部门、行业的经济发展情况结合起来讲授；

（2）注意纵串横联，所谓纵串就是按先后顺序把不同历史时期经济发展中带有标志性的事件，像串珍珠似的用线串起来，使学生对其发展脉络一目了然。所谓横联，是将同一历史时期各种经济现象之间的联系

揭示出来,使学生认识它们之间相互影响的关系;

（3）注意形象生动,教师在讲授时要想方设法把抽象的内容讲得形象生动,调动学生听课的兴趣,具体方法有:使用场景描述,运用典型事例,穿插短小故事,引用文艺作品等。

（六）提倡教学方式、方法和手段的多样化

提倡教学方法、教学手段的多样化和现代化。在教学中要将教师的讲述、讲解、演示等与学生的观察、材料研习、讨论、问题探究等结合起来;充分运用教学挂图、幻灯、投影、录音、录像、影片、模型等手段,进行形象、直观的教学;注重现代信息技术与历史教学的整合,努力创造条件,利用多媒体、网络组织教学,开发和制作历史课件。

（七）注重培养学生的创新意识和实践能力

创造宽松的学习环境和氛围,为学生主动学习、积极探究、合作与交流提供条件。鼓励学生积极思考,勇于提出质疑和说明自己的观点、看法,对历史进行有意义、有创建的阐释。

引导学生积极参与校外的历史考察和社会调查,在实践中发现问题,并运用已学的历史知识、技能和方法去解决问题,提高实践能力。如对学校周边的文物古迹、社区、村庄、企业等进行历史沿革、发展现状的调查,搜集相关的资料、信息,并加以整理和分析,进行较为完整的叙述,提出自己的见解。

二、评价建议

评价的主要目的是全面了解学生学习历史的过程和结果,激励学生学习;促进学生的学业进步和全面发展,以及改善教师的教学和提高教学质量。

对学生的历史学习进行评价,是历史课程实施的重要环节。评价须以本标准中的"课程目标"和"课程内容"为依据,注重目标、教学和评价的一致性,运用科学、可行和多样的评价方式,对学生的历史学习过程和效果进行价值判断。评价不仅要关注学生的学习结果,更要关注学生在学习过程中的发展和变化。

学习评价应坚持诊断性评价、形成性评价与终结性评价相结合,教师评价与学生自我评价、同伴评价相结合,量化评价与质性评价相结合的原则。既要注重评价学生的学业成就,如历史知识、能力、思维方法与品质等,还要考虑到学习的其他变化,如对所学内容的情感倾向、对学习方式的效果领悟以及与相关学科的迁移情况,特别是学生对历史认识上的变化。

（一）评价的设计

1. 评价目标的选择与确定

清晰的学习目标和评价目标是有效评价的关键。对学生历史学习的评价,包括"知识与能力""过程与方法""情感·态度·价值观"三个部分。这三个部分是一个密切联系、相互交融的有机整体。在确定评价目标时,可将历史课程每个板块在这三个部分的要点列举出来,并对每个要点进行可测量的描述。

2. 评价方法的选择

不同的评价任务需要选择不同的评价方式。根据评价功能的不同,评价任务包括诊断性评价、形成性评价和终结性评价三种类型。

评价的基本方法主要包括:历史习作、历史调查、历史制作、纸笔测验、教师观察、学生的自评与互评等。评价结果应及时反馈给学生,以便学生及时改进,促进学生的学习。

学生的自评是学生对自己的学习态度、策略、方法和效果等方面进行评价,以更清楚地了解自身的学习特长与不足,逐步学会调控自己的学习习惯,提高自主学习与评价的能力。学生的互评是学生之间对学习态度、策略、方法和效果等方面进行相互评价,共同分析和判断学习的状态,有助于学生相互交流和帮助。

3.评价标准的制定

评价标准一般包括评价维度、表现水平的规定,以及不同表现水平的实际样例。评价标准制定的程序包括:根据教学目标和内容以及学生水平确定评价目标和内容;选择重要的内容作为评价的维度;为每一个维度划分水平;确定每个评价维度各水平的评价标准,并用清晰、简要的语言进行描述。

(二)评价的实施

应根据评价的任务和对象采用多样化的评价方式,强调评价信息来源的多样化。在评价的实施过程中应注重评价主体的多元化,注重教师评价、学生自我评价与同伴评价的相互结合。学生不但要明确评价的目标,还应参与评价标准的制定,主动参与评价信息的收集和评价结果的交流,真正成为评价过程的参与者。教师在评价中要考虑到学生个体的差异,要真正使评价能够促进每一个学生的发展。

(三)评价结果的解释与反馈

历史学习评价结果的解释,是通过评价方式和过程对所获得的信息进行分析处理,作出评价结论。对于评价结果的解释与反馈,要更多地关注学生的进步,注重学生在知识掌握、能力发展、方法运用、问题解决、论证及表述等方面的提高,以及学习过程中的合作交流、情感态度等方面的变化。通过对评价结果的反馈,对学生给予及时的、适当的、有针对性的鼓励、指导和帮助,使学生在了解自己学习结果的基础上,总结学习经验,扬长避短,建立自信,激发其内在的学习动力,更积极地投入到学习活动中。

三、教材编写建议

历史教材包括教科书、教学图册、教师教学用书等。

历史教科书是学校历史教育最主要、最基本的教学资源。历史教科书应以本标准为依据进行编写,切实落实本标准提出的各方面要求,体现出历史课程在知识与能力、过程与方法、情感态度与价值观等方面的目标要求。

历史教科书的编写要以唯物史观为指导,从学生学习历史和认识历史的角度出发,力图有利于学生的历史学习。历史教科书应对历史进行正确的阐释,采用活泼、形象的方式和通俗、准确的语言,陈述历史发展的基本线索和各个时代的特征,使学生了解历史是鲜活的、生动的,而不是抽象的、概念化的。历史教科书应避免晦涩艰深的叙述和使用过于抽象的概念,避免说教式和灌输式的表述方式。

历史教科书的编写应考虑到不同年级学生的心理特征和认知水平,有利于提高学生的阅读能力、观察能力和理解能力。要注意各年级之间的能力层次,注意学生学习方法的培养。

本标准为历史教科书的编写留有足够的空间。教科书的编写可根据本标准对教学内容进行建构,提倡多种编写体例,根据课程内容中的规定自拟课文题目,围绕课题选取典型史实;可以选取不同的切入点,采取多样的设计方式;也可适当增加一些内容,并使之在呈现方式和学习要求上有所区别,但增加的内容要有利于学生学习历史和理解历史,有助于更好地达成课程目标。要努力编写出学生爱读、乐学的历史教科书,使之成为学生学会学习的有力工具。

历史教学图册属于辅助性的学习材料,主要作用是向学生提供准确、清晰的历史地图,使学生了解所学史事的地理位置、范围,掌握历史地理概念,提高识图、用图的技能。

与教科书配套的历史教师教学用书,主要作用是提出怎样利用教科书实现历史教学的目标,教会学生学习和思考,并为课程的实施提供可操作的参考方案和必备的资料。教师教学用书应立足于一般学校教师的需要,对教科书的设计进行较详细的解释,解读教科书相关内容中的信息,提出需要重点理解的问题和值得探究的问题。应针对教学内容提供历史教育的一般理论及有利于学生主动学习的建议,提供有效的教学活动范例。教师教学用书的编写应有利于更新教育观念,促进教学创新,及时反映历史学研究的最新成果,向教师提供丰富、有用的教学资源。

典例精析

历史教师如何使用历史教科书?

【专家点评】历史教师要依据中学历史课程标准,认真学习与钻研历史教科书。不仅了解每一课时的具体内容,还要了解教材的前后联系,从整体上了解教科书,为正确使用教科书打好基础。

【参考答案】(1)对历史教科书要整体、深入地把握。全面了解历史教科书,不仅要熟悉教科书的全貌,而且需要把握教科书的编写特点。首先,历史教师应了解所选用的历史教科书的编写特点。其次,要从整体上掌握教科书的框架、脉络。

(2)要研究历史教科书的重点、难点。只有解决在教学实际中可能出现的障碍,尤其是学生阅读和理解教科书时可能遇到的困难,才能充分发挥教科书在教学中的作用。

(3)以历史教科书为依托,搞好教案设计。搞好教案设计是课堂教学得以顺利实施的前提。教案设计要充分利用教科书,注意引导学生分析教科书的结构、层次、内容、重点等,并有意识地培养学生阅读教科书的能力、方法和习惯。

四、课程资源的开发与利用建议

对历史课程资源的积极开发与充分利用,是历史教学顺利进行的基础条件。历史学科所具有的独特性质,使其拥有丰富的信息资源。在历史课程的实施中,教师要强化历史课程资源意识,因地制宜地开发和有效利用各种课程资源。

(一)充分开发历史课程的各种资源

1.历史教科书是开展历史教学活动的重要依据,是历史教育资源的核心部分。

2.学校图书馆是课程资源的重要组成部分。

3.多方面开发和利用校外历史课程资源。

4.合理利用历史题材的视频资料。

5.积极发挥网络资源的作用。

6.历史课程资源还包括教师资源、学生资源等人力资源。

典例精析

历史教科书在历史课堂教育中的地位和作用?

【专家点评】教师要正确认识教科书,才能够很好地运用教科书。一般来说,历史教科书不仅是历史教学得以进行的基本条件,而且它自身也体现了历史学科的教学性。

【参考答案】(1)历史教科书是历史课堂教学主要的教学资源。

(2)历史教科书是实现历史教学目标的主要凭借。

(3)历史教科书是历史课程标准的体现和具体化。

(4)历史教科书是历史教学的依据和工具。

(二)选择和利用历史课程资源的原则

1.目标性原则。根据并围绕着教学目标的需要,选择相应的课程资源,以使教师和学生运用这些资源更好地达成教学目标。

2.思想性原则。课程资源的选择要注重其所呈现的思想导向和价值取向,要选择那些有助于学生全面、客观、辩证地分析历史的资源,并利用这些资源对历史进行正确的认识。

3.精选性原则。历史课程资源多种多样,要对各种资源进行筛选,选取反映历史真实状况、具有典型性、代表性的资源,使资源的利用有助于学生对学习重点的理解。

4.可行性原则。课程资源的选择和运用要考虑到学生的实际,考虑到是否具有可操作性。课程资源必须易于教学实际的应用,并且省时、有效。

第三节　历史学科理论基础

一、初中历史课程的地位、目标、性质与作用

(一)课程定位

历史课程应突出体现义务教育的普及性、基础性和发展性,应面向全体学生,为学生进入和适应社会打下基础,为学生进一步接受高一级学校教育打下基础。

普及性是指义务教育的课程要面向每个学生,其标准是绝大多数学生能够达到的。

基础性是指课程内容要求是基础性的,不能任意扩大、拔高。

发展性是指课程应着眼于学生的终身学习,适应学生发展的不同需要。包括三层含义:一是着眼于学生素质的全面发展,为终身学习打下基础。二是挖掘学生的潜质,适应学生的个性发展。三是具有可持续发展的能力。

(二)课程任务

历史课程应获得基本的历史知识和能力,使学生学会认识历史的方法,养成正确的历史思维,从而为学生人格、个性的健康发展和学习潜力的发展提供坚实的基础,培养良好的品德和健全的人格。

(三)历史课程标准的主要特点

通过若干学习主题构建新的历史课程体系,淡化编年史,大幅度减少死记硬背的内容;注重学生的学习

过程和学习方法,倡导学生自主性学习和探究式学习的方法。

提倡以学生为主体的教学观念,鼓励教师创造性地探究新的途径,改进教学方式和手段。

二、现行初中历史教材的编排体例和内容结构

(一)正确认识历史教材

教科书也叫课本,是依据教学大纲编写的教学用书,是学科知识等教学内容的载体,是师生进行教学活动的主要材料和考核教学成绩的主要依据,也是学生扩大知识领域的重要基础。

教材是课程标准最主要的载体,是历史课堂教学与传播历史知识基本内容的主要工具和依据。在新课程理念下,教材首要的功能是作为历史课堂教与学的工具,它为教师的备课、上课、组织活动、布置作业、检查评价等提供了基本的材料,历史教师主要依据教材进行教学,使教学有据可依。同时,教材又是学生进行学习的基本材料,为学生提供了精选的基础性和主干性的历史内容,使学习有本可循。

教材是历史课堂教学核心的课程资源。教师不是"教教材",而是"用教材教",教师要创造性地、批判性地使用教材,在把握课标精神、教材特点和学生实际的基础上,大胆开发作为课程资源的历史教材。

新教材是实现历史教学目标的主要手段。知识、技能和思维是学习过程中的三个组成部分,学生和教师在教与学的过程中,要把三者结合起来。例如,在学习秦始皇这个历史人物时,一方面要掌握秦始皇的主要历史活动和生平,同时也要求学生独立思考,提出问题,学会全面评价秦始皇的正确方法。

(二)现行历史教材编写的体裁、结构和内容特点

1.体裁

各种版本的初中历史教材根据教学大纲都编成6册,其中《中国历史》第一、二册为中国古代史的内容,在七年级使用;第三、四册为中国近现代史的内容,在八年级使用;《世界历史》两册在九年级使用。在教材体例上,现行初中历史教科书各种版本不尽相同,但都贯穿以学生为本的现代教育理念,依据"课程标准",遵循历史发展主线与阶段性特征相结合的原则,采用时序与主题相结合的方法,以要学习的历史主题为轴心来组织内容,也就是以专题的形式组织安排内容。

2.结构

初中历史几个版本教材基本结构主要由两大部分构成,一部分是课文即教科书的正文内容;另一部分是辅助课的部分包括目录、课前提示(导言、导入框)、补充文、图片及图注、历史地图、活动课、文献资料、注释、作业练习、大事年表、好书推荐、历史学习网站附录等。包括正副文、地图、年表、图表、课中提示语、课后练习等多种形式。

3.内容特点

一方面厚今薄古,加大对当代社会演变的阐述。如中国现代史单独成册,二战后的世界史分量大大加重;另一方面,压缩政治史,加大经济、文化和生活史的比重,特别是突出了科技文化部分。以主题的方式体现历史的发展和变化,呈现出每个历史时期或阶段的特色,更有利于学生在学习时理解和把握。

三、初中历史教学与当代史学方法的运用

历史学研究的方法可分为四种:

1.基本方法:史料的搜集、考订和编次。

2. 分析方法:结构分析和阶级分析。

3. 论证方法:论从史出,史论结合。

4. 其他方法:社会学方法、心理学方法、计量分析方法、基因分析方法、考古学方法、地理学方法、人类学方法、民族学方法、民俗学方法以及自然科学方法。

(一)史料与初中历史教学

史料就是指有助于认识历史、复原历史真实情况的一切资源,也就是关于人类文明发展的一切信息。

1. 史料的分类

(1)按表现形式:文献资料、实物史料、口述史料。

(2)按史料价值:第一手史料、第二手史料。

(3)不同分类标准下各类史料的关系:实物史料一般都是第一手的;文献史料中第二手的居多;口述史料辗转相传,更需要仔细甄别。

典例精析

元谋人、北京人、山顶洞人都是我国境内著名的原始人类。获得他们生产生活的第一手资料,要通过(　　)

A. 神话传说　　　　　　　　　　B. 史书记载

C. 学者推断　　　　　　　　　　D. 考古发掘

【专家点评】在原始居民生活的年代,还没有文字,所以只能靠考古发掘来了解原始居民的生活情况,神话传说、史书记载、学者推断只能对考古发掘的情况提供旁证,属于第二手资料。

【答案】D

2. 获取史料的途径

去图书馆或相关机构查阅档案、文字史料、图片史料;参访当事人或目击者获得口述史料;观看纪录片的影视资料;到当事人活动过的地方探访遗迹或获取实物资料;现场考古(或考古现场的实迹复原);上网搜索等。

3. 影响史学观点和史料运用的几个主要因素

史料能否真实地反映历史事实,与多种因素有关,如史料作者对历史事实所持的立场;作者写作的目的和态度;研究的方法、角度不同;史料的选取和运用上的差别;时代的局限性等。

4. 关于历史资料研习的技巧与方法

(1)重视史料来源的真实性,选取第一手(原始)史料,选取客观、公正、正确的史料。

(2)注重历史资料收集的全面性。

(3)注重历史资料收集的差异性。

(4)比较、鉴别、鉴赏、解释各种历史资料中的叙述,尤其是其中互有出入或对立冲突的历史叙述,构建合理的历史解释,通过口述、论文、文章等方式,进行交流探讨。

(5)向学生介绍史学研究方法,特别是历史解释和叙述的方法;帮助学生通过关注学科和历史学家工作中的核心观念和思想来增进历史知识。

典例精析

简述教学中使用史料有哪些注意事项。

【专家点评】史料是研究和认识历史的依据,是历史学家"重现"历史的基础。一般说来,搜集史料,要力求广泛、丰富;运用史料,必须经过考订鉴别,以确认它的真实性和可靠性。

【参考答案】历史教学中在使用史料时,一定要采取实事求是和一丝不苟的态度。具体的作法大约有下述几点:

(1)在使用史料时,应尽可能用第一手材料。

(2)在古代史的研究中应以文献与出土遗物、遗文加以比较印证,不能偏重一方而置另一方于不顾。

(3)史料能否真实地反映历史事实,与多种因素有关,如史料作者对历史事实所持的立场,作者写作的目的和态度等等。

(4)在近代史资料中,回忆录、调查材料、新闻报道等数量相当可观。

(二)"论从史出,史论结合"

"论从史出,史论结合"是历史研究的基础方法,也是中学历史教学要求遵循的基本原则;是历史研究的基本特征,新课程标准的方法目标中的要求;是初中历史教学要贯彻落实的,有助于培养学生的证据意识和思维能力。史料的灵活运用,可使课堂显得生动而有活力,增强历史教学的直观性,加强历史的真实感,从而避免"大而空"的说教式教学模式,学生学得积极有趣。因此对历史的研究要做到"论从史出,史由证来;证史一致,史论结合"。

那么,作为方法体系,"论从史出、史论结合"包括哪些具体的内容呢? 北京西城教育研修学院张汉林指出,"论从史出、史论结合"应包括以下内容:

1.要学会区分史料和史实。

2.要学会区分史实和结论。

3.要懂得鉴别史料的基本方法。

4.孤证不立,由若干证据组成证据链方可成立。

5.常常是史无定论。

(三)当代史学新方法

现行教科书注重研究史学方法方面的知识,在坚持历史唯物主义和辩证唯物主义方法的基础上注意吸收当代史学新方法,如历史比较方法(观点与史实比较方法)、口述史学方法、计量史学方法(定量与定性方法)、心态史学方法。这些史学新方法的合理因素从各个侧面对辩证唯物主义和历史唯物主义的科学方法论的发展和补充。

1.历史比较方法

所谓"历史比较方法",就是在一定关系上,根据一定的标准,确定比较对象之间的差异点和共同点的方法。历史比较方法依照其作用可以划分为三种:纵向比较方法、横向比较方法、观点与史实比较方法。

2.心态史学方法

心态史学就是从心理学角度研究历史上人们的心理状态,用以解释历史现象的方法。心态史学方法,使历史研究更全面、更深刻、更立体、更丰富。

3.计量史学方法

所谓"计量史学方法",就是计量分析方法在历史研究中的应用。计量史学方法的主要功用是促进历史研究突破单纯的定性分析的局限,逐渐形成定性分析与定量分析结合互补的新的研究方式。它使历史研究变得更精确、更全面,因而结论就更具有说服力。初中历史教学运用计量史学方法的形式有三种:第一种,罗列统计数据资料;第二种,研究资料,制成清晰而明确的表格,作为说明历史问题的根据;第三种,根据相似性原理设计数理模型,即将描述对象的历史过程抽象化为数字关系,而后制成模型,用以直观、形象地说明历史问题。

4.口述史学方法

口述史学方法,也称为口碑史学方法。它是搜集和运用口述史料保存和研究历史的一种方法。访问耆旧,旁搜异闻,运用口述史料研究和记录历史,是历史学家们常用的方法。口述史学方法特别适合于近现代史研究领域。它的长处在于:人事记载平民化、史事记载细节化、史料载体多样化(文字、摄影、录音、录像、光盘等)、史料组合系列化。口述史学方法的长处也是中学历史教学所需要的。初中历史教学中运用口述史学方法的情况有四种:第一种,有意识地向学生渗透口述史学方法。第二种,精心选择口述史料说明历史问题。第三种,引导学生注意口述史料的价值和运用口述史料说明历史问题的方法。第四种,训练、培养学生自己通过调查、采访,获取口述史料的实践能力。

典例精析

人们通常根据文献资料研究历史,而今以口述回忆为基本史料的口述史正悄然兴起。下列最适合用口述史方法进行研究的是(　　)

A.红军战士长征日记

B.解放初期的粮食价格波动情况

C.鸦片贸易的统计资料

D."文革"时期的民众生活状况

【专家点评】口述史料与其他历史文献不一样的是,必须选择口述人或见证人,进行口述调查记录。A、B、C选项所涉及历史时期都比较早,D项相对年代较近,寻找口述人或见证人比较容易。

【答案】D

在教学中对史学方法的运用不仅是上述几种,还有像社会史学方法、历史假设方法等等,教师可以根据教材、学生的特点合理运用。当代史学方法在教学中并不是彼此孤立、互不搭界的,而是交叉互补、融为一体的。

四、影响初中历史教学的历史观

(一)历史观的含义

历史观又称"社会历史观"。人们对社会历史的根本观点、总的看法,是世界观的组成部分。世界观与历史观是相互影响、相互制约的。历史观的基本问题是社会存在与社会意识的关系问题,这是哲学基本问题在社会历史领域的延伸。由于对历史观基本问题的不同回答,形成了两种根本对立的历史观:唯物主义历史观和唯心主义历史观。目前对初中历史教学影响较大的新史观有:文明史观、全球化史观、现代化史观等。

历史观的基本问题:基本观点是应该坚持马克思主义历史唯物主义观点,基本内容就是历史尽管是由人民群众创造的,但是他的发展也是遵循客观规律的,而不是由人的意志决定的。这个规律,就是生产关系符合生产力发展。

(二)主要历史观

1. 唯物史观

唯物史观,是关于人类社会发展一般规律的科学,科学的社会历史观和认识、改造社会的一般方法论。唯物史观是马克思主义哲学的有机组成部分,是唯一科学的历史观。历史唯物主义为马克思和恩格斯所创立,他们称它为唯物主义历史理论或唯物主义历史观。列宁称历史唯物主义为科学的社会学。历史唯物主义作为科学的历史理论,它既是特定的社会历史条件的产物,又是人类认识发展的必然结果。

2. 文明史观

文明史观认为,人类社会发展的历史从本质上说是人类文明发展的历史。通过不同文明类型的演进过程探讨人类社会的进步。人类文明的发展及其人类自身的文明化是人类历史发展的基本线索。人类创造、积累文明的过程及其所获得的成果是历史的基本内容。

从横向看,人类文明史的内涵包括物质文明、政治文明和精神文明,三者相互作用共同发展;从纵向看,可分为史前文明、古代文明、近代文明和现代文明等。

文明史观认为,一切文明都是整个人类文明的组成部分,并相互交织、渗透和转化,共同推动着人类文明从低级走向高级,均应得到承认和尊重。对待文明的正确态度应该是坚持平等的态度和开放的态度,努力构建各种文明兼容并蓄的和谐世界。

3. 现代化史观(也称近代化史观)

"现代化史观"就是运用"现代化"的观点来看待中外历史,特别是自工业革命以来的世界历史以及鸦片战争以来的中国历史。现代化史观认为:人类历史是实现由传统的农业社会向近代工业社会转变的历史,包括政治、经济、思想等,其主要表现为经济领域的工业化和市场化,即从传统农业到工业化、自然经济到市场化等内容;政治领域的民主化与法制化,即从人治到法制化、从专制政治到民主政治等内容;思想文化领域的理性化和科学化,社会生活现代化等。其中政治民主化进程和经济工业化进程是其核心,重点是把握人类历史纵向发展的历程。

4. 全球史观(也称整体史观)

全球史观就是"将人类社会的历史作为一个整体来看待"。全球史观认为:人类历史是一个整体,是从分散发展到整体发展演进的历史。世界各个地区、各种文明在各自和交互的发展中,逐步打破了孤立、分散状态,逐渐融合成密切联系的全球统一体。现代化浪潮从英法美等西方国家逐步向世界其他地方扩展,生产力发展和世界交往是人类历史横向发展的动力。人类社会发展的历史就是人类社会横向、整体发展的历史,是重视人类交往的历史:包括交通工具、国际会议、国际组织、国际战争、思想文化交流与人类交往的发展;强调友好交往在人类历史发展进程中的作用;要从世界历史发展的全局认识中国历史。

5.社会史观

社会史观指对社会的总的看法和根本观点。社会史观认为：人类历史不仅仅是政治、经济、思想、外交等大事件的历史,更是与平民百姓、芸芸众生息息相关的小事件的历史,包括衣食住行、风俗习惯等,其研究领域主要包括社会变迁史、社会日常生活史、社会习俗史、家庭婚姻史、城市进化和人口流动史、社会保障史、社会政策史、人与环境关系史等。在我国而言,社会史观即马克思主义的社会史观——辩证和唯物地看待社会。社会史观的本质是大众化、生活化,是"所有人的历史"或称为"社会习俗的历史"。

6.革命史观(阶级斗争史观)

革命史观是中国近代史学界从20世纪50年代至80年代占绝对主导地位的理论,其理论基础源于马克思主义关于社会基本矛盾的学说。革命史观认为：人类历史是通过不断的革命斗争推动社会演进的历史。主要观点：在阶级社会里,两大对立阶级间的矛盾是社会发展的基本矛盾。考察和研究阶级矛盾、社会基本矛盾的运动发展,便能把握住历史发展中最本质的内涵,揭示历史发展的内在规律性。

(三)新史学观和初中历史教学的结合

文明史观、现代化史观、全球史观、社会史观都是近年来对中学历史教学影响较大的新史观,由于文明史观在很大程度上涵盖了全球化史观和现代化史观,因而是一种更为宏观的历史观。过去人们对历史的理解存在片面性,误认为只有战争、革命、改朝换代才是历史。其实,人类以往的其他活动——经济、社会、精神、文化活动也都构成历史。

各种史观虽各有侧重,但并不是孤立的,而是相互联系的。现代化史观强调农业文明向工业文明的转化,是历史的纵向发展。而整体历史观(全球史观)关注的是历史的横向发展,从世界历史的整体发展和统一性来考察历史,全面探讨世界历史各个时期的时代特征、发展主流和总体趋势,不同文明之间的相互关联和渗透。人类文明发展的纵向主线是：野蛮蒙昧时代→农业文明时代→工业文明时代(包括工场手工业时代、蒸汽时代、电气时代)→信息时代等。从横向发展看,各个时代的文明都要在物质、政治和精神三大领域中酝酿和体现,从而形成物质文明史、政治文明史和精神文明史。与此同时,各个时期的文明又因地域、民族的不同,形成不同类型。在上述史观中,由于文明史观可以更好地将历史上的文明与促进文明协调发展的现实生活相联系,人们日益重视从人类文明演进的视角来研究历史,把握历史发展的脉络。

强化训练

简答题

1.怎样处理初中历史课程标准与教科书的关系?

2.归纳21世纪我国初中历史课程标准的主要特点。

3.简述怎样落实情感目标。

参考答案及解析

简答题

1.【答案要点】

课程标准是教材的编写指南和评价依据,教材的编写思路、框架、内容不能违背课程标准的基本精神和要求,要正确处理教科书与《标准》的关系。《标准》是教科书编写的唯一依据。历史教师要认真研究《标准》,领会《标准》的基本精神,并据此准确解读教科书,运用教科书展开教学活动时必须完整准确地体现《标准》在知识与能力、过程与方法,以及情感态度与价值观等方面的基本要求。在此基础上,可以适当增加一些"内容标准"之外的知识,并使之与"内容标准"所要求的知识在呈现方式上有所区别,但这些知识要有助于学生更好地达成课程目标,有利于学生的个性发展。

2.【答案要点】

21世纪初我国初中历史课程标准的主要特点有:

(1)充分体现了义务教育的特点;

(2)体现了时代精神;

(3)构建了新的初中历史课程体系;

(4)根据初中生的认知特点,提出了不同层次的目标要求,减轻了学习负担,降低了课程难度;

(5)倡导探究式学习方式;

(6)倡导教学观念和教学方法的更新;

(7)为课程实施留有较大的空间;

(8)提出了较为明确的评价目标和建议,具有可操作性。

3.【答案要点】

(1)构建情感纽带。过去性是历史学科的特点之一。教师通过构建适当的情感纽带,营造情感氛围,尽量拉近学生与历史的距离。

(2)创设问题情境。教师创设问题情境时,既通过问题把客观史实与现实生活联系起来,又借助问题内化情感态度与价值观,以此作为落实目标的中心点。

(3)采用合理的评价方法把握落实情感态度与价值观目标的着眼点。

真题预测

简答题

1.历史知识有哪些特点?

2."内容标准"将历史知识与能力的学习分为三个层次要求,请作出具体说明。

3.历史教育的三维目标是什么?

材料分析题

4.新课程标准倡导在各科教学中充分发挥学生的主动性,历史教学也不例外。阅读材料,回答问题。

设计多样的教学活动,提供实践、实验、讨论等多样的学习机会,特别是应用知识解决实际问题和进行高级思维活动的机会;鼓励学生亲历活动,参与实践,获得对历史知识的理解。鼓励创造实践活动,通过角色扮演、小组讨论、辩论会、历史短剧、小品等方法让学生的创造性思维活跃起来,激活学生主动操作的潜质,使学生真正成为驾驭历史学科的主人,这是进行有效教学的重要渠道。

结合材料说一说怎样"使学生真正成为驾驭历史学科的主人",你将通过哪些教学活动突出学生的主体地位?

参考答案及解析

简答题

1.【答案要点】

(1)过去性。历史是人类社会发展的过程,凡是在时间中发展的过程都无一例外地具有一去不再复返的性质,这就是历史知识的过去性特征,这是历史知识最根本的特征。

(2)具体性。任何历史知识都有着它的具体的内容。具体的历史知识由具体的时间、空间、条件、人物、活动过程等组成。这是历史知识的一个显著特征。

(3)科学性。我们讲的历史知识是经过了科学整理的历史知识,首先它基本上符合历史逻辑和逻辑思维,其次它基本上是客观真实的,最后它尽可能真实地反映了历史的本来面貌、提示了历史的发展规律。

(4)综合性。人类社会和人类历史发展本身的丰富多彩性就决定了历史知识具有综合性的特征。

2.【答案要点】

(1)凡在内容标准的陈述中使用"列举""知道""了解""说出""讲述""简述""复述"等行为动词的,为识记层次要求;

(2)凡在内容标准的陈述中使用"概述""理解""说明""阐明""归纳"等行为动词的,为理解层次要求,即了解知识所反映的事物的内在联系;

(3)凡在内容标准的陈述中使用"分析""评价""比较""探讨""讨论"等行为动词的,为运用层次要求,即将所学的知识在实际中加以运用,用于解决新的问题。以"夏商周时代的社会"一课为例,首先设计它的知识技能目标,如识记西周分封制和宗法制的内容;理解宗法制与分封制的关系;认识中国早期政治制度的特点等,其中课堂的主要目标是理解宗法制与分封制的关系,认识中国早期政治制度的特点。在此基础上再确定与双基目标相对应的其他范畴的目标。

3.【答案要点】

历史教育的三维目标即:知识与能力目标、过程与方法目标、情感·态度·价值观目标。

(1)知识与能力目标。掌握基本的历史知识,包括重要的历史人物、历史事件和历史现象,以及重要的历史概念和历史发展的基本线索。逐步形成基本历史技能,初步具备获取并处理历史信息的能力,形成陈述历史问题的表达能力。形成丰富的历史想象能力和知识迁移能力,初步形成在独立思考的基础上得出结论的能力等等。

(2)过程与方法目标。逐步感知人类在文明演进中的艰辛历程和巨大的成就,逐步积累客观的、真实的历史知识。产生对人类历史的认同感,加深对人类历史发展进程的理解,并做出自己的解释。注重探究式学习,学习解决历史问题的基本方法。积极参加各种社会实践活动,学习运用历史的眼光来分析历史与现实问题,培养对历史的理解力。

(3)情感·态度·价值观目标。逐渐了解中国国情,形成对祖国历史与文化的认同感,培养爱国主义情感。形成健全的人格和健康的审美情趣。确立求真、求实和创新的科学态度。不断强化民主与法治意识,逐步形成面向世界、面向未来的国际意识等等。

材料分析题

4.【参考答案】

紧扣题目的要求"突出学生的主体地位",材料中列举了一些教学活动的形式,如"角色扮演、小组讨论、辩论会、历史短剧、小品等方法",在此基础上加以论述即可。

(1)让学生充当教师角色,品尝传道、授业、解惑的创造劳动之滋味。

(2)让学生充当教材中的历史人物角色,体验历史情境,形成历史表象,掌握历史知识,并通过具体场景的体验,激起积极的情感,进而达到培养历史思维和科学创新能力的目的。

(3)让学生充当历史与当今社会密切联系的"新闻记者"角色,使学生明白历史课堂与学生现实生活之间不可分割的密切联系,不但能让学生积极地参与教学,还能激发学生创造欲望,培养学生的创新精神。

第二章　初中历史学科专业知识

考纲呈现

一、考试目标

掌握历史学科的基本理论和基础知识,了解认识历史的基本方法,并能够在初中历史教学中有效地运用这些理论、知识及方法;掌握历史学科教学的理论和方法,了解初中历史课程的性质和基本理念,能够运用初中历史课程标准指导教学。

二、考试内容与模块要求

1.了解中外历史发展的基本线索和总体趋势,掌握重要的历史人物、历史事件、历史现象以及人类文明的主要成果,掌握人类社会发展的基本规律和历史发展的时代特征。

2.以唯物史观为指导,在教学中坚持正确的思想导向,能够运用正确的观点对历史教学内容进行分析和解释。

3.了解多样性的历史呈现方式,熟悉主要历史载体的特征;能够运用认识历史的基本方法,从多种渠道获取历史信息,并对所搜集的历史信息进行辨析和阐释,运用可靠的证据对历史进行评析。

本章考试指南

本章内容是初中历史学科基础知识,对于这部分内容的考查,在教师资格考试中是必不可少的。本章考点较多。

本章内容侧重于考查对历史基础知识、基本能力的了解,对中外历史发展的基本线索和总体趋势的把握。基本的历史知识,主要包括在历史上起过重大作用、具有重要影响的历史人物、历史事件和历史现象,以及重要的历史概念和历史发展的基本线索,如人类文明的出现、历史上的重大改革、文艺复兴、地理大发现、三次工业革命、思想的发展、法制的进步、一战、二战、孔子、秦始皇、汉武帝、林则徐、孙中山、毛泽东、邓小平等。基本的历史技能,如确立正确的时空概念,掌握正确计算历史年代,识别和使用历史图表等基本技能。

本章内容的主要题型有选择题、简答题、材料分析题等多种形式。

本章基本结构框架

初中历史学科专业知识

中国古代史
- 中华文明的起源
- 国家的产生和社会变革
- 统一国家的建立
- 政权分立与民族融合
- 繁荣与开放的社会
- 经济重心的南移和民族关系的发展
- 统一多民族国家的巩固和社会的危机
- 文化成就

中国近代史
- 列强的侵略与中国人民的抗争
- 近代化的探索
- 新民主主义革命的兴起
- 中华民族的抗日战争
- 人民解放战争的胜利
- 近代经济和社会生活

中国现代史
- 中华人民共和国的成立和巩固
- 社会主义道路的探索
- 建设有中国特色社会主义
- 民主团结与祖国统一
- 国防建设与外交成就
- 科教文化与社会生活

世界古代史
- 上古人类文明
- 中古亚欧文明
- 世界古代科学技术与思想文化

世界近代史
- 欧美主要国家的社会巨变
- 第一次工业革命
- 殖民扩张与殖民地人民的抗争
- 资产阶级统治的巩固与扩大
- 国际工人运动与马克思主义的诞生
- 第二次工业革命
- 世界近代科学与思想文化

世界现代史
- 第一次世界大战
- 苏联社会主义道路的探索
- 凡尔赛——华盛顿体系下的西方世界
- 第二次世界大战
- 主要资本主义国家的发展变化
- 社会主义国家的改革与演变
- 亚非拉国家的独立和振兴
- 战后世界格局的演变
- 科学技术和文化

名师讲堂

第一节　中国古代史

一、中华文明的起源

（一）祖国境内的远古居民

1.我国境内已知的最早人类是元谋人(其生活距今约 170 万年,是在云南省元谋县发现的)。

2.人跟动物的根本区别是会不会制造和使用工具。

3.北京人:距今约 70～20 万年,1929 年发现于北京周口店龙骨山。北京人还保留着猿的某些特征;使用粗糙的打制石器,使用天然火,过着群居的生活。形成了早期的原始社会。北京人遗址是世界上出土古人类遗骨和遗迹最丰富的遗址。中国是世界上发现远古人类遗址最丰富的国家。

4.山顶洞人:距今约一万八千年,1930 年发现于北京周口店龙骨山北京人遗址顶部的山顶洞。山顶洞人的模样和现代人基本相同;使用打制石器,但已掌握磨光和钻孔技术;使用人工取火;用骨针缝制衣服;他们生活的集体是由血缘关系结合起来的氏族。

（二）原始的农耕生活

1.河姆渡原始居民:距今约七千年,位于长江流域(浙江余姚河姆渡村),体现的是长江流域原始农耕图景的原始居民遗址。用耒耜耕地,种植水稻(我国是世界上最早种植水稻的国家)。住干栏式房子,挖水井,饲养家畜,打猎捕鱼;会制造陶器和简单的玉器、原始乐器。

2.半坡原始居民:距今约六千年,位于黄河流域(陕西西安半坡村),体现的是黄河流域原始农耕图景的原始居民遗址。已使用磨制石器种植粟(我国是世界上最早种植粟的国家);种植蔬菜(我国是世界上很早种植蔬菜的国家);住半地穴式房子;会制造彩陶,上面的符号是我国文字的雏形;饲养动物、使用弓箭、打猎捕鱼;已会纺线、织布、制衣。

3.山东大汶口居民:距今约四五千年,出现黑陶和白陶。大汶口时期,随着社会生产力的发展,已有了私有财产和贫富分化。

真题再现

下列遗址中,属于新石器时代的是(　　)
①北京人遗址　②河姆渡人遗址　③蓝田遗址　④半坡遗址
A.①②　　　　B.②③　　　　C.①④　　　　D.②④

【专家点评】旧石器时代人类使用磨制石器,粗糙而简单;新石器时代人类使用打制石器,精细而较丰富。元谋人、蓝田人、北京人遗址属于旧石器时代;河姆渡人遗址、半坡遗址属于新石器时代。

【答案】D

(三)华夏之祖

1.黄帝和炎帝都是生活在黄河流域的两个著名的部落首领,距今约四五千年。炎帝,号称神农氏,是中华原始农业和医药学的创始人。黄帝被认为是中华文明的创始人。后来,黄帝和炎帝在涿鹿大败蚩尤。从此,这两个部落结成联盟,经过长期发展,形成以后的华夏族。华夏族是汉族的前身,中华民族的主干部分。

2.黄帝为中华文明乃至世界文明作出了巨大的贡献,因此黄帝也被称为中华民族的"人文初祖"。

3.相传黄帝之后,黄河流域出现了三位德才兼备的部落联盟首领:尧、舜、禹。民主推举部落联盟首领的办法叫"禅让制"。

4."传说"和"史实"有联系也有区别。"传说"和"史实"的相同处是它们都曾是传说,它们在流传中可以按相同的表达方式来传诵,它们往往表达相同的思想和情感,对于民族文化和心理的形成起过相同的作用。"传说"和"史实"的不同在于有没有地下考古发现的文字依据,如有则成为"史实",如没有则还是传说故事。

二、国家的产生和社会变革

(一)夏、商、西周的兴亡

1.约公元前2070年,禹建立了夏朝。这是我国历史上第一个王朝。禹从原始部落联盟首领转变为奴隶制国家的国王,标志着我国漫长的原始社会的结束和奴隶社会的开始。禹死后,其儿子启继承父位,成为夏朝第二代国王。世袭制代替了禅让制,"家天下"代替"公天下"。夏朝的建立,标志着我国早期国家的产生。夏朝的国家机构,是奴隶主压迫奴隶和平民的工具。

2.由于夏朝最后一个国王桀的暴政,在约公元前1600年,商汤率领周围的小国和部落灭夏,商朝建立。商朝又称为殷朝。由于水患和政治动乱的原因,商王盘庚迁都到殷。盘庚迁殷后,商朝的统治区域不断扩展,成为当时世界上的大国。

3.由于商朝最后一个国王商纣的暴政,导致武王伐纣。约公元前1046年,双方在牧野大战,商朝灭亡。后来周武王建立西周,定都镐(今西安),又称镐京。为了巩固统治,西周实行分封制,这是西周成为一个强盛国家的主要原因。西周的等级制度:天子→诸侯→卿大夫→士→平民→奴隶。

真题再现

《吕氏春秋》说:"夏太史令终古出其图法,执而泣之""殷内史向挚见纣之愈乱迷惑也,于是载其图法,出亡之周。"这资料说明夏商时期( )

A.已有太史令　　　　　　B.刻石记事

C.盛行绘画　　　　　　　D.已有地图

【专家点评】根据题干中古文的信息,可知夏商时期,已有太史令。

【答案】A

4.西周分封制

(1)目的:巩固统治。

(2)内容:①周天子把土地和平民、奴隶分给亲属、功臣等,封他们为诸侯;②诸侯的义务:服从周天子的命令;向天子交纳贡品;平时镇守疆土,战时带兵随从天子作战。

（3）意义：开发了边远地区，加强了统治，使西周成为一个强盛的国家。

5．西周后期，政局混乱，发生了国人（平民）暴动，公元前771年西周灭亡。（"烽火戏诸侯"的典故与周幽王、褒姒有关）

（二）灿烂的青铜文明

1．青铜铸造

原始社会末期，我国已经出现了青铜器。夏朝时期青铜器种类逐渐增多。

商朝是我国青铜文化的灿烂时期。其中著名的青铜器有司母戊鼎（河南安阳出土，世界上迄今为止出土的最大的青铜器）和造型奇特的四羊方尊。

在成都平原盛行着一种独特的青铜文化，叫做"三星堆"文化。青铜面具、青铜神树、青铜立人像是其中的代表。

夏商周又叫青铜时代，青铜在生产、军事、生活中的地位十分重要。春秋战国时期，我国进入铁器时代。

2．我国是世界上最早发明瓷器的国家。

3．夏、商、西周是以农业为主的社会。

商周时期"五谷"已经齐备，农业上知道选种、施肥和治虫害。

4．奴隶是主要的劳动者，过着悲惨的生活（没有人身自由，用作供品或陪葬），其中以人祭和人殉最为悲惨。

（三）春秋战国的纷争

1．公元前770年，周平王东迁洛邑，史称"东周"。东周分为春秋和战国时期。春秋从公元前770年至公元前476年，是我国奴隶社会瓦解时期；战国从公元前475年至公元前221年，是我国封建社会的形成时期。

2．春秋时期的主要霸主有：齐桓公、晋文公、楚庄王等。

（1）齐桓公是春秋时期第一个霸主。他任管仲为相，改革内政，发展生产，改革军制尊王攘夷，葵丘会盟（成语：老马识途）。

（2）楚晋争霸在春秋时期最激烈，中原第一个霸主是：晋文公，决定晋文公成为中原第一霸主的战争是城濮之战（成语：退避三舍）。

（3）楚庄王打败晋军后问鼎中原（成语：一鸣惊人）。

（4）吴王阖闾用孙武为将，打败越军称霸中原（成语：三令五申、令行禁止）。

（5）越王勾践——春秋时期最后一个霸主（成语：卧薪尝胆）。

（6）称霸的共同原因：①任用贤才；②改革内政；③发展生产；④重视军事。

3．战国七雄：齐、楚、秦、燕、赵、魏、韩

（1）战国形成：①三家分晋：赵、魏、韩；②田氏代齐。

（2）战国时期著名的战役：桂陵之战、马陵之战、长平之战。公元前260年，秦、赵之间发生长平之战，赵军大败、一蹶不振。从此，东方六国再也无力抵御秦军的进攻。

4．春秋战国战争的区别：春秋时期的时代特点是大国争霸，因此，春秋战争是争霸战争。战国时期的时代特点是兼并，所以战国时期的战争是兼并战争。

真题再现

子曰:"管仲相桓公,霸诸侯,一匡天下,民到于今受其赐。"孔子称赞管仲,是因为管仲辅助齐桓公(　　)

①恢复了周礼　　　　　　　　　②尊崇周王,会盟诸侯

③实行"初税亩"　　　　　　　　④北御夷敌,南制楚蛮

A.①②　　　　　B.①③　　　　　C.②④　　　　　D.③④

【专家点评】管仲辅佐齐桓公称霸中原,有违周礼;实行"初税亩"发生于春秋时期的鲁国。在管仲的辅佐下,齐桓公提出"尊王攘夷"的口号,联合黄河中下游的诸侯国,北御夷狄,南制楚蛮,最终成就霸业。

【答案】C

(四)大变革的时代

1.春秋时期,我国开始出现铁农具。到战国时期,铁农具使用范围扩大。我国在春秋末年已出现了牛耕,战国时期牛耕进一步推广。牛耕是我国农业发展史上的一次革命。铁农具和牛耕的推广,使土地利用率和农作物产量显著提高。生产力发展,推动社会大变革。

2.都江堰:战国时期,各国都注意兴修水利。秦国蜀郡太守李冰在岷江中游主持修建的都江堰,是闻名世界的防洪灌溉工程,两千多年来一直造福人类,因此成都平原有"天府之国"的美称。

3.战国时期变法收效最大的是秦国。公元前356年,商鞅在秦孝公支持下开始变法。

(1)变法原因:①战国前期,铁器和农耕的推广,促进了各国经济的发展和社会的进步②秦孝公深感落后挨打,决心改革。

(2)变法的内容:①国家承认土地私有,允许自由买卖;②奖励耕战(耕、战),生产粮食布帛多的人,可免除徭役,根据军功大小授予爵位和田宅;③建立县制。全国设31县,由国君派官吏治理。④严明法令。

(3)变法的意义:通过变法,确立封建制度,秦国的经济得到发展,军队战斗力不断加强,发展为战国后期最富强的国家,为秦国统一全国奠定基础。

4.战国时期,各国经过变法,封建制度确立起来。地主阶级统治代替了奴隶主贵族统治,地主阶级和农民阶级的矛盾成为社会主要矛盾,我国进入到封建社会时期。

典例精析

某班的同学在学习"商鞅变法"这课中,表演了一出历史短剧。下列各项,错误的是(　　)

A.甲同学扮演秦孝公任命商鞅主持变法

B.乙同学扮演生产粮食布帛多的人获得奖励

C.丙同学扮演获得军功的大将接受爵位

D.扮演秦孝公的甲同学向全国颁旨:废除土地私有制

【专家点评】此题通过创设情景考查对商鞅变法内容的理解。商鞅变法是初中中国古代史教学重点,变法内容承认土地私有,并允许自由买卖,故D项说法错误。

【答案】D

三、统一国家的建立

(一)"秦王扫六合"

1. 经过长平之战后,东方六国再也无力抵挡秦军的进攻,秦统一六国成为不可抗拒的事实。

2. 我国历史上第一个统一的多民族的中央集权的封建主义国家是秦朝(公元前221年~公元前207年,都城在咸阳)。

3. 秦始皇为巩固统一所采取的措施:

①创立了一套封建专制主义的中央集权制度。最高统治者称为皇帝,军国大事均由皇帝裁决;在中央设丞相、太尉、御史大夫;在地方推行郡县制。

②统一文字(小篆、隶书)、货币(统一使用圆形方孔钱)、度量衡。

③为了加强思想控制,实行"焚书坑儒"。

④北筑长城(秦始皇命大将蒙恬反击匈奴,夺取河套地区,修筑了西起临洮,东到辽东的长城),南修灵渠(灵渠沟通了长江水系和珠江水系,为中原与岭南地区的经济文化交流,提供了有利条件)。

4. 秦朝的疆域:北至长城一带、南达南海、东至东海、西到陇西,是当时世界上的大国。

5. 秦朝巩固统一加强统治的措施在我国历史上的重要作用:

①结束了春秋以来诸侯混战的局面,开创了统一的新局面。自秦统一后,我国两千多年的封建社会虽然有的时期出现了割据状态,但统一始终是历史的主流。

②秦朝是我国历史上第一个统一的多民族的中央集权的国家,其专制集权统治制度,在我国沿袭了两千多年,影响十分深远。

③秦统一文字、货币、度量衡,对我国以后经济、文化的发展和维护国家统一,有极为重要的影响。

④修筑了著名的万里长城和灵渠等古代工程,巩固祖国的边疆。

真题再现

《史记》中有记载"地东至海暨朝鲜,西至临洮、羌中,南至北向户,北据河为塞,并阴山至辽东。"指的是( )的疆域。

A. 秦朝　　　　　　B. 汉朝　　　　　　C. 西周　　　　　　D. 齐国

【专家点评】秦朝的疆域北至长城一带、南达南海、东至东海、西到陇西,是当时世界上的大国。

【答案】A

(二)"伐无道,诛暴秦"

1. 秦末农民战争爆发的根本原因——秦的暴政。包括:①徭役、兵役繁重,如修长城、阿房宫、陵墓等;②赋税沉重,农民要将收获物的三分之二上交;③刑法残酷;④"焚书坑儒"加强文化思想的统治,但摧残了文化;⑤秦二世的暴政。

2. 公元前209年,陈胜、吴广在大泽乡发动起义。在陈建立政权,陈胜自立为王。但是,由于秦军过于强大,不到半年起义军被镇压,吴广、陈胜相继被部下所杀。陈胜、吴广起义是中国历史上第一次大规模的农民起义。他们的革命首创精神,鼓舞了后世千百万劳动人民起来反抗残暴的统治。

3. 公元前207年,巨鹿之战,项羽以少胜多,打败秦军主力。与此同时,刘邦进逼咸阳,秦朝灭亡。

4.对秦始皇的评价

功:秦始皇是对中国历史作出过巨大贡献、产生过巨大影响的封建皇帝。他顺应历史发展潮流,灭六国统一了中国,结束了长期以来诸侯割据的局面,有利于人民生活安定和社会生产,符合各族人民的共同愿望。他自称皇帝,总揽大权;中央设丞相、太尉、御史大夫,分管行政、军事和监察,最后由皇帝决断;建立了封建专制主义的中央集权制度;在地方推行郡县制,对我国历史产生了深远影响。统一了全国的度量衡、货币、文字,促进了各地的经济文化交流,巩固了国家的统一。通过统一战争,扩大了疆域;修长城开发南疆,巩固了统一,促进了各地区各民族之间的经济文化交流,使秦朝成为我国历史上第一个统一的多民族的封建国家。

过:秦始皇又是统治残暴的封建皇帝。他广修宫殿陵墓,浪费了大量人力、物力、财力,影响了人民正常的生产和生活。他还制订残酷的刑法,使人民生活在水深火热之中。他焚书坑儒,钳制了思想,摧残了文化。秦朝建立后,沉重的赋税,繁重的兵役和徭役、严酷的法律,给人民带来了无比的痛苦和极大的灾难。秦始皇死去第二年(公元前209年),农民起义爆发。

功过相比,秦始皇功大于过。

5.楚汉战争:刘邦和项羽长达4年的争夺帝位的战争。

(三)大一统的汉朝

1.公元前202年,刘邦建立汉朝,定都长安,历史上称之为西汉。刘邦史称汉高祖。

2.汉高祖和他的后继者汉文帝、汉景帝等,吸取秦亡的教训,减轻农民的徭役、兵役负担,注重发展农业生产、以身作则,实行轻徭薄赋的休养生息政策。汉文帝、汉景帝重视农业生产,政治清明,经济发展,社会比较安定,百姓富裕起来,历史上称这一时期的统治为"文景之治"。

3.西汉国力最强盛时期是在汉武帝时期。汉武帝刘彻在位54年,西汉王朝在政治、思想、经济、军事、对外民族关系上实现了"大一统",进入了鼎盛时期。

原因:汉景帝后期的经济繁荣;汉武帝雄才大略,善于用人。

措施:①政治:实行"推恩令",加强中央集权,削弱诸侯国的势力。②思想:接受董仲舒的建议,"罢黜百家,独尊儒术",就是把儒家学说作为封建统治的正统思想。在长安设太学,以儒家的五经为主要教材,大力推行儒学教育。③经济:将地方的盐铁经营权、铸币权收归中央,统一铸造五铢钱,增加了国家财政收入。④军事:大力反击匈奴,巩固和发展民族统一。⑤对外民族关系:汉武帝先后两次派张骞出使西域,加强了与西域各少数民族的经济联系和文化交流。

4.公元25年,汉光武帝刘秀建立东汉,定都洛阳。

典例精析

汉武帝为巩固国家统一采取的措施有(　　)

①罢黜百家,独尊儒术　　　　　　②颁布推恩令
③盐铁由国家垄断经营　　　　　　④设置西域都护
A.①②③④　　　　　　　　　　　B.①②③
C.①②④　　　　　　　　　　　　D.②③④

【专家点评】考查了汉武帝巩固统一的措施,做此题可使用排除法。④项不属于汉武帝采取的措施,西域都护是汉宣帝在位时设立的。①②③项分别属于汉武帝在思想上、政治上、经济上采取的措施,起到了巩固国家统一的作用。

【答案】B

(四)两汉经济的发展

1. 治理黄河。汉武帝大规模治水,对北部广大地区的农业生产具有重大的进步作用。治理黄河是两汉时期重视水利的重要表现。汉武帝曾令人治理黄河。东汉明帝令水利专家王景主持修黄河。

2. 农业

(1)农耕技术的改进:西汉时,耕犁安装了便于翻土碎土的犁壁,提高了耕作效率。这比欧洲早一千多年。牛耕普遍使用二牛抬杠的耕作方法。西汉时,发明了新型播种工具耧车,大大加快了播种速度。

(2)农作物的品种增多,种植面积扩大。南北分别以种植水稻、小麦为主;桑麻广泛种植并出现大规模经营。

3. 手工业

(1)丝织业当时已经使用提花机,能够织出精美的花纹,这是纺织技术的一大进步。长沙马王堆汉墓出土的素纱蝉衣充分展示了西汉丝织技术的高超水平。

(2)发明水排的是东汉的杜诗,这是个利用水力鼓风冶铁的工具,这一技术比欧洲早一千多年。水排的利用,提高了炉温,节省了人力,提高了冶铁的质量。正因为如此,两汉时期,先是农具,后是兵器,铁器逐渐取代了青铜器。

4. 商业

西汉的都城长安和东汉的都城洛阳,规模宏大,人称东西二京。二京是当时世界上少有的大城市。长安人口有五十万左右,洛阳人口在百万以上。长安城内的街道宽阔笔直,两旁绿树成荫,还有较为完备的排水沟、下水道。

(五)匈奴的兴起及与汉朝的和战

1. 秦汉之际,第一次统一蒙古草原的匈奴族首领是冒顿单于。从此,匈奴的势力不断壮大,进入鼎盛时期。

2. 汉武帝时,国力强盛,组织强大的骑兵部队,开始对匈奴实行大规模的反击,夺取了河套和河西走廊。

3. 公元前119年,汉武帝派出卫青、霍去病抗击匈奴,在漠北战役大破匈奴,从此匈奴再也无力跟西汉对抗。

4. 公元前1世纪,汉元帝时,昭君出塞,嫁给匈奴呼韩邪单于,为汉匈友好相处和文化交流作出贡献。

5. 西汉初年的和亲和王昭君时期的和亲的区别:

(1)不同点

背景不同:汉初和亲是在汉败情况下,统治者采取的纳贡求和之策,具有屈辱性;而昭君出塞时,呼韩邪单于向汉称臣,请求和亲,昭君也是自愿前往,是平等互利的结合。

结果不同:汉初和亲政策不能从根本上解决边境上匈奴的骚扰问题;而昭君出塞后带来的是友好的交流融合与长久的和平。

(2)相同的是:都是为了边境和平,为了双方友好相处。

(六)汉通西域和丝绸之路

1. 西域指今甘肃玉门关、阳关以西,也就是今天新疆地区和更远的地方。

2. 汉武帝时期派张骞两次出使西域。

公元前138年,张骞第一次出使西域。目的是联合大月氏,共同反击匈奴。

公元前119年,张骞第二次出使西域。

后来,内地与西域人员往来增多;内地精美的丝绸和铁器等产品,先进的铁器制作和凿井技术传到西域;西域的骏马、瓜果(核桃、石榴、葡萄等)、苜蓿、音乐、舞蹈和魔术传入内地。

3. 公元前60年,西汉在西域建立西域都护,总管西域事务。从此,今新疆地区开始隶属于中央政府的管辖,成为我国不可分割的一部分。

4. "丝绸之路"

①路线:陆地上是从长安往西经过河西走廊出玉门关、阳关,今新疆境内,运到西亚,再由西亚转运到欧洲。海上是从广东的港口出发,最远抵达印度半岛南端和斯里兰卡岛。

②作用:是东西方经济文化交流的桥梁,促进中国与中亚、西亚和欧洲的经济文化交流,促进了中国人民与各国人民之间的相互了解和友谊,对促成汉朝的兴盛产生了积极的作用。

③历史价值:体现中国古代劳动人民的勤劳、智慧和富有创造力的精神;中西方友好、物质文化交流的历史见证;有利于弘扬我国民族文化,增强民族凝聚力和自豪感;有利于当今旅游事业的发展和考古工作的开展。这条丝绸之路,至今仍是中西交往的一条重要通道,在我国对外经济文化交流中仍然发挥着重大作用。

5. 公元73年,东汉政府派班超出使西域。公元97年班超派甘英出使大秦。甘英只到达波斯湾,但了解沿途以及欧洲的一些情况。166年,大秦派使臣访问东汉政府,以大秦安敦尼王的名义向东汉皇帝赠送礼品,这是欧洲国家同我国的首次直接交往。(大秦,中国古代对古罗马的称呼。)

四、政权分立与民族融合

(一)三国鼎立

1. 奠定曹操统一北方基础的战役是官渡之战(200年,曹操以少胜多,战胜袁绍)。

2. 奠定三国鼎立形成的重要一战是赤壁之战(208年,孙权、刘备以少胜多战胜曹操)。

3. 三国鼎立局面正式形成

国家	魏	蜀	吴
建立时间	220年	221年	222年
建立者	曹丕	刘备	孙权
都城	洛阳	成都	建业
灭亡	266年,西晋建立,魏亡	263年,被魏所灭	280年,被西晋所灭

4.三国鼎立的局面的形成是东汉末年军阀混战的结果,也是从分裂走向统一的一个过渡阶段,它包含了统一的趋势,为经济的发展和人民生活的改善创造了条件,也为国家的统一打下了基础,相对于东汉末年的军阀混战,是历史的进步。

5.三国时各国都注意发展经济,主要目的是为了满足军事斗争的需要。

魏国:修建了许多水利工程,北方生产得到恢复和发展;

蜀国:恢复和发展成都平原的经济;丝织业兴旺,蜀锦行销三国;

吴国:造船业发达,吴国卫温等率万人船队曾到达夷洲(现在的台湾),加强了内地和台湾地区的联系。

典例精析

公元207年,曹操曾写诗明志:"老骥伏枥,志在千里。烈士暮年,壮心不已。"结合所学知识判断,当时曹操"志"在何处(　　)

A.统一天下　　　　　　　　　　B.消灭袁绍

C.废汉称帝　　　　　　　　　　D.建立魏国

【专家点评】了解曹操写此诗的背景,并结合曹操的事迹不难看出,当时曹操"志"在统一天下。因为曹操通过官渡之战统一了北方,又挥师南下准备统一全国,但赤壁之战使曹操未能完成统一大业。

【答案】A

(二)江南地区的开发

1.266年,司马炎建立西晋,定都洛阳,280年,西晋统一全国。316年西晋被匈奴所灭。

2.南方:317年,司马睿重建晋朝,定都建康,史称"东晋"。

北方:4世纪后期,氐族人苻坚建立的前秦政权强大起来,统一了黄河流域。

3.中国历史上著名的以少胜多的战役——淝水之战。

(1)时间:公元383年。

(2)作战双方:前秦——东晋。

(3)结果:东晋以少胜多,大败前秦。前秦统治瓦解,北方地区重新陷入割据混战状态,东晋取得暂时稳定,为经济发展提供了有利条件。

4.南北朝

十六国——北魏——东魏——北齐——西魏——北周

东晋——宋——齐——梁——陈

典例精析

西晋得以统一全国的根本原因是(　　)

A.司马炎英明果断　　　　　　　　B.吴、蜀弱小

C.北方经济的发展　　　　　　　　D.吴、蜀统治腐败

【专家点评】西晋是在三国时期魏国政权基础上建立起来的,曹政权在北方发展经济,使得北方经济迅速恢复。三国后期,魏国实力增强,为西晋统一全国打下了坚实的基础。

【答案】C

5.江南地区在魏晋南北朝时期得以开发

（1）表现

①大量的荒地被开垦为农田。

②修建了许多水利工程。

③农业技术的进步：开始使用绿肥，牛耕和粪肥得到推广。

④江南以种水稻为主，小麦也推广到江南。

⑤长江中下游一带农业发展迅速，福建、广东等地也得到一定程度的开发。

（2）原因

①江南地区雨量充沛，气候较热，土地肥沃，有发展经济的优越的自然条件。

②大量的北方人口迁往江南，为江南的发展带来了大量的劳动力、先进的生产技术。

③江南地区战乱较少，社会秩序比较安定。

④民族融合加强，广大劳动人民的辛勤劳动。

⑤统治者重视发展经济，采取了一系列措施。

（3）影响：江南地区的开发对我国经济产生了深远影响，为经济重心南移奠定了基础。

（三）北方民族大融合

1.建立北魏政权的是鲜卑族。439年北魏统一黄河流域。

2.西晋统一被破坏后直到隋统一前的270年间，历史发展的主流是：民族大融合。

少数民族内迁（"五胡"）：匈奴、鲜卑、羯、氐、羌。

3.北魏孝文帝改革

（1）背景：北方民族大融合。439年，鲜卑族建立的北魏统一了黄河流域。黄河流域的各族人民长期生活在一起，日常的接触和频繁的交往，在生产技术和生活习俗上相互影响，逐渐融合。

（2）主要内容

①迁都洛阳

孝文帝迁都洛阳的原因：平城粮食不能满足需要；平城位置偏北，不利于北魏对中原地区的统治，也不利于鲜卑政权学习和接受汉族先进的文化；平城保守势力强大，不利于改革。

目的：更好地学习和接受汉族先进的文化。

②实行汉化政策

学说汉话：在朝廷中必须使用汉语，禁用鲜卑语；

改穿汉服：官员及家属必须穿戴汉族服饰；

改用汉姓（如：皇族由姓拓跋改为姓元等）；

同汉族通婚：鼓励鲜卑贵族与汉族贵族联姻；

采用汉族的官制、法令；

学习汉族的礼法（崇孔子、孝治国、尊养老）。

（3）改革意义：孝文帝是我国杰出的少数民族政治改革家。他顺应了民族融合的历史趋势进行改革，促进了北魏经济文化的发展，促进了黄河流域的民族大融合，加速了少数民族政权封建化的进程。

4. 南方经济的发展:吴、东晋、宋、齐、梁、陈建都于建康(今南京),宋、齐、梁、陈历史上统称为"南朝"。

5. 从东汉末年到东晋的数百年间,形成我国古代历史上时间最长、规模最大的一次人口迁徙高峰。

6. 此时江南得以开发的主要的因素是:①江南地区有发展农业的优越条件。②南迁人口带来了劳动力和先进的生产技术。③江南战争较少,社会比较安定。

五、繁荣与开放的社会

(一)繁盛一时的隋朝

1. 隋的建立:581 年,杨坚(隋文帝)夺取北周政权,建立隋朝,定都长安。

2. 隋的统一

(1)时间:589 年,隋朝灭陈,统一南北。

(2)隋实现重新统一的原因:①长期的分裂和战乱,人民渴望统一;②北方:经过南北朝的民族大融合,民族界限缩小,为南北统一创造了条件;南方:江南经济的发展,南北人民要求结束分裂局面,加强双方的经济交流。③隋朝励精图治,国力强盛;陈朝统治腐败,力量衰弱。

(3)隋统一的意义:结束了西晋末年以来二百七十多年的分裂、对峙局面,开创隋唐时期三百二十余年的"大一统"局面,为经济文化的繁荣发展奠定了基础。

3. 隋朝经济的繁荣——"开皇之治"

(1)表现:人口激增,垦田扩大、粮仓丰实。

(2)原因:①国家统一,社会安定;②隋文帝励精图治,发展生产;③统治者提倡节俭。

(3)隋文帝在位时期,国家统一、安定,人民负担较轻,经济繁荣发展,史称隋文帝的统治为"开皇之治"。

4. 隋朝最重要的贡献是隋炀帝时"开凿隋朝大运河"。

(1)目的:为了加强南北交通,巩固隋王朝对全国的统治。

(2)开通原因:①隋文帝在位的二十多年里,国家治理得比较好,出现了经济繁荣的景象,这就使隋炀帝开通大运河具备了经济实力。②隋朝国家统一,使隋炀帝有征发几百万人的可能性。③有前代开凿的几段古运河为基础。

(3)概况:隋炀帝从 605 年起,开通了一条纵贯南北的大运河。大运河以洛阳为中心,北达涿郡(今北京)南至余杭(今杭州),全长两千多公里,是古代世界最长的运河。由北往南依次是永济渠、通济渠、邗沟、江南河,连接海河、黄河、淮河、长江、钱塘江五大水系。

(4)开通的作用:有利于维护国家统一和中央集权,大大促进了我国南北经济的交流。

5. 隋朝隋炀帝时设进士科,"科举制"形成。

6. 隋的灭亡:暴政引起农民起义,公元 618 年,隋炀帝在江都被部将杀死,隋朝灭亡。

(二)"贞观之治"

1. 618 年,李渊建立唐朝,定都长安。李渊史称唐高祖。

2. 秦亡汉兴,隋亡唐兴的相同点:①秦隋都是在完成统一后很快灭亡的。秦隋后期都爆发了大规模的农民起义,灭亡的原因都是统治者残暴,政治黑暗,滥用民力,经济倒退,人民生活困苦,社会矛盾尖锐。②汉唐的兴起都是统治者吸取前朝的教训,都出现了繁荣的局面并且都成为影响当时世界的大国;汉唐两朝初的统治者,都勤于政事,轻徭薄赋,发展生产,都整顿吏治,任用贤良。

3."贞观之治"

(1)唐太宗采取的主要措施:①吸取隋亡历史经验教训,重视人民群众的力量。②重视发展生产,减轻农民的赋税劳役。③崇尚节俭,节制享受欲望。④合并州县,整顿吏治。⑤任用贤才、虚心纳谏:他任命富于谋略的房玄龄和善断大事的杜如晦做宰相,人称"房谋杜断";重用敢于直言的魏征,进谏次数最多,被唐太宗视为一面镜子。⑥大兴学校,发展科举。⑦唐太宗实行开明政策,被少数民族称为"天可汗"。

(2)效果:唐太宗统治时期,政治比较清明,经济发展较快,国力逐步加强。历史上称当时的统治为"贞观之治"。

(3)评价:唐朝是我国历史上少有的封建盛世。唐太宗居安思危,以史为鉴的开明思想和政治远见,在中国封建帝王中是罕见的。唐太宗采取一系列改革措施,有利于社会的发展,符合历史发展的趋势,促成了"贞观之治"的出现。贞观之治为唐朝进入鼎盛时期——"开元盛世"奠定了基础。

4.中国古代出现盛世的原因:①政策因素:农民战争的作用(农民起义迫使统治者调整统治政策)。②政治交往因素:民族间融合和中外交往的加强。③群众作用:人民的辛勤劳动。④个体作用:杰出帝王将相的个人政治品质。

5.女皇武则天

我国历史上唯一的女皇帝。晚年称帝,改国号为周。

武则天当政期间,继续实行唐太宗发展农业生产、选拔贤才的政策,史称"贞观遗风"。她统治时期社会经济进一步发展,国力不断增强。人称她的统治"政启开元,治宏贞观"。

由武则天提拔,被唐玄宗任命为宰相的名臣是姚崇。开创殿试制度,创设武举。

典例精析

唐太宗统治时期史称"贞观之治",下列与之相关的事件是(　　　)

①魏征直言　②文成公主入藏　③玄奘西游　④任姚崇为相

A.①②③　　　　　　B.①②④　　　　　　C.①③④　　　　　　D.②③④

【专家点评】只有④是武则天统治时期,①②③与唐太宗有关。

【答案】A

(三)"开元盛世"

1."开元之治"

唐玄宗即位以后,"励精为治":①任用贤才(如姚崇);②重视地方吏治;③注意节俭。这些改革措施,使得开元年间的政局为之一新。唐玄宗统治前期,政治清明,经济空前繁荣,仓库充实,人口明显增加,唐朝进入了全盛时期,历史上称为"开元盛世""开元之治"。

2.盛世经济的繁荣

(1)农业方面

①兴修大型水利工程。

②农耕技术提高:水稻广泛采用育秧移植。

③茶叶生产发展。饮茶之风开始在唐朝盛兴。唐朝出现了世界上第一部茶叶专著《茶经》,作者陆羽被后人称为"茶神"。

④生产工具的改进:出现新农具——曲辕犁;创制新灌溉工具——筒车。

(2)手工业方面

①丝织业:花色品种多,技术高超。

②陶瓷业在唐朝有重要发展,越窑青瓷、邢窑白瓷和洛阳唐三彩最为有名。唐三彩是世界工艺的珍品。

(3)商业繁荣

①唐朝时期,全国著名的大都市:长安、洛阳、扬州、成都。

②长安城:城内分为坊和市,坊是居民宅区,市为繁荣的商业区。唐都长安是各民族交往的中心,也是一座国际性的大都市。

3.封建社会经济繁荣和发展的共同原因

①继承性因素:前朝经济基础的继承。②社会环境因素(政治因素):社会安定。③政治因素:国家统一、政治清明。④经济政策因素:统治者调整经济政策,鼓励发展生产。⑤经济交往因素:民族间的经济交流和中外交往的加强。⑥群众作用:人民的辛勤劳动。⑦生产力(科技)因素:生产技术革新(生产工具是生产力中最为活跃的因素),水利的兴修。

4."安史之乱"是唐朝由胜转衰的标志

公元755年,安禄山、史思明发动叛乱,史称"安史之乱",它是唐朝由盛而衰的转折点。

典例精析

某历史兴趣小组同学在探究文景之治、贞观之治、开元盛世出现的共同原因时提出了以下意见,其中正确的是(　　)

①都是在国家统一,社会稳定时出现的　②统治者都注意调整统治政策　③都在思想文化上实行高压政策　④都重视生产技术的改进

A.①③④　　　　B.①②③　　　　C.②③④　　　　D.①②④

【专家点评】根据题干给出的文景之治、贞观之治、开元盛世,链接基础知识,三大治世局面的出现原因都没有在思想文化上实行高压政策。故排除了含有③的。

【答案】D

(四)科举制的创立

1.科举制的产生

(1)隋文帝时,开始用分科考试的方法来选拔官员,以分科举人取代了魏晋以来九品官人的制度。

(2)科举制创立前(魏晋以来),士族制度和九品中正制是做高官的基本条件。官员大多只能从高门权贵中选拔,权贵子弟无论优劣都可以做官,许多有真才实学的人不能为朝廷和国家出力。官员的选拔权力集中在地方权贵手中,不利于中央集权。利用考试选拔官员。普通读书人和贫穷人家的子弟可以自愿报名参加官府的考试,这样就扩大了选官范围,选官权力也就牢牢控制在中央手中。

(3)隋炀帝时,正式设置进士科,按考试成绩选拔人才。我国科举制度正式诞生。

(4)意义:从此门第不高的读书人,可以凭才学做官;选拔官吏的权力,从地方集中到朝廷。

2.科举制的完善

唐朝科举制度常设的考试科目很多,以进士和明经两科最为重要。唐朝时期完善科举制度的关键人物是唐太宗、武则天和唐玄宗。

(1)唐太宗:扩充国学的规模,增加考试的人数。

(2)武则天:增设殿试、武举。

(3)唐玄宗:丰富考试的内容,诗赋成为进士科主要的考试内容。

3.科举制的影响

(1)改善了用人制度,使得有才识的读书人有机会进入各级政府任职。

(2)促进了教育事业的发展,士人用功读书风气盛行。

(3)促进了文学艺术的发展,尤其因为进士科重视考诗赋,也大大有利于唐诗的繁荣。

(4)科举制度在我国封建社会延续了一千三百多年,直到清朝末年才被废除。

(五)"和同为一家"

1.唐朝时,唐太宗和武则天在今新疆地区先后设立了管辖西域的最高行政和军事机构。

2.吐蕃:现在藏族的祖先,生活在青藏高原一带。7世纪前期,吐蕃杰出的赞普松赞干布统一青藏高原,定都逻些。唐太宗把文成公主嫁给松赞干布,密切了唐蕃经济文化交流,增进了汉藏之间的友好关系。8世纪初,唐朝又把金城公主嫁到吐蕃赞普尺带珠丹。至此,吐蕃和唐朝"和同为一家"("和同为一家"指唐朝和吐蕃的友好关系)。

3.回纥:现在维吾尔族的祖先,生活在色楞河流域。崇尚勇敢、作风淳朴。8世纪中期,唐玄宗封回纥首领骨力裴罗为怀仁可汗。后来,回纥改名为"回鹘"。

4.靺鞨:生活在东北松花江、黑龙江流域,骁勇强悍、能歌善舞。7世纪末,粟末靺鞨部首领大祚荣统一了周围各部,建立政权。8世纪前期,唐玄宗封大祚荣为渤海郡王,加授渤海都督。从此,粟末靺鞨政权以"渤海"为号。粟末靺鞨有"海东盛国"之称。

5.南诏:生活在云南苍山洱海的六诏居民是现在彝族和白族的祖先。南诏首领皮罗阁统一六诏,唐玄宗封他为云南王。

(六)对外友好往来

1.隋唐对外交往比较活跃,与亚洲以至非洲、欧洲的一些国家,都有往来。唐朝在世界上享有很高的声望,各国人称中国人为"唐人"。

2.唐与日本的关系:隋唐时,中日两国交往密切。贞观年间,日本有很多遣唐使、留学生和留学僧来唐学习。遣唐使回国后很受重用,他们以唐朝的制度为模式,进行政治改革,还参照汉字创制了日本文字,在社会生活上至今都保留唐朝人的某些风尚。唐朝赴日本的使节和僧人中,最有影响的是鉴真,曾六次东渡日本,在日本传播唐朝文化,主持设计唐招提寺。

3.唐与新罗的关系:新罗派遣使节和大批留学生到唐朝学习;新罗商人来中国经商,新罗物产居唐朝进口首位。仿唐制建立政治制度、采用科举制选官吏、引入了中国的医学、天文、历算等科技成就。

4.唐与天竺的关系:唐朝时中国与天竺交往频繁,最杰出的使者是高僧玄奘。贞观初年,他从长安出发,前往天竺。回国后,专心翻译佛经,还写成著名的《大唐西域记》。这部书是研究中亚、印度半岛以及我国新疆地区历史和佛学的重要典籍。

六、经济重心的南移和民族关系的发展

(一)民族政权并立的时代

1.契丹的兴起

10世纪初,契丹首领阿保机,统一契丹各部,建立契丹国(有时称契丹,有时称辽),都城在上京。阿保机史称辽太祖。

2.907年,唐朝灭亡,五代开始。

960年,后周大将赵匡胤在陈桥驿发动兵变,建立北宋,定都东京(今河南开封)。赵匡胤史称宋太祖。北宋建立后,陆续消灭了五代十国割据政权,结束了黄河流域分裂局面。

3.宋与辽——澶渊之盟

(1)背景:宋真宗统治时,澶州之战,寇准力劝真宗亲征,宋军击退辽军。

(2)内容:1005年,北宋与辽订立"澶渊之盟",宋辽议和。辽朝退兵,宋给辽岁币。

(3)评价:①宋每年给辽岁币,增加了老百姓负担,对宋来说也是屈辱的。②但这个条约使辽宋之间保持了很长时间的边境和平,有利于经济的恢复和发展,特别是双方在边境地区贸易的发展。

4.宋与夏和战

11世纪前期,党项首领元昊称大夏国皇帝,都城在兴庆(今宁夏银川),史称西夏。

宋夏议和:元昊向宋称臣,宋给西夏岁币。

5.1115年,女真首领完颜阿骨打,起兵抗辽,建立金,都城会宁。阿骨打史称金太祖。后来迁都燕京改名中都(今北京)。

6.1127年金灭北宋"靖康之难",赵构登上皇位,定都临安(今杭州),史称南宋。

政　　权	建立民族	建立时间	建立者	都城
契丹(辽)	契丹	10世纪初(916年)	辽太祖阿保机	上京
宋(北宋)	汉族	960年	宋太祖赵匡胤	东京
大夏(西夏)	党项	11世纪前期(1038年)	元昊	兴庆
金	女真	12世纪初期(1115年)	金太祖阿骨打	会宁(后迁中都)
宋(南宋)	汉族	1127年	宋高宗赵构	临安

7.南宋抗金名将岳飞取得郾城大捷,收复许多失地,后来被宋高宗赵构和秦桧以"莫须有"罪名杀害。

8.1141年南宋与金达成和议,南宋向金称臣,并给金岁币,双方以淮水到大散关一线划定分界线,宋金对峙局面形成。后来,金迁都燕京,改名为中都(今北京)。

(二)经济重心的南移

1.南方农业的发展

(1)原因:从唐朝中晚期至五代、宋代,①南方战乱少;②南迁的中原人带来了先进的技术和劳动力;

③自然条件的变化;④引进新品种——从越南引进占城稻。

(2)表现:①宋朝从越南引进占城稻。水稻在宋朝跃居粮食产量首位,主要产地在南方。太湖流域的苏州、湖州,成为重要的粮仓,民间流传着"苏湖熟,天下足"的谚语。②棉花的种植,由两广、福建扩展到长江流域。③茶树的栽培有很大发展,江南的丘陵地区新辟许多茶园。

2.南方手工业的兴旺

(1)纺织业:蜀地的丝织品"号为冠天下";江浙丝绸产量高,朝廷用的丝绸多来自江浙。

(2)棉织业:从海南岛兴起的棉织业,南宋已发展到东南沿海地区。

(3)制瓷业:南宋时,江南地区已成为我国制瓷业重心。浙江哥窑烧制的冰裂纹瓷器,给人别致美感。北宋兴起的景德镇,后来发展成著名的瓷都。

(4)造船业:宋朝的造船业居世界首位,东南沿海的广州、泉州等地,都有发达的造船业。

3.南方商业的繁荣

(1)商业都市:南宋时最大的商业都市是临安,其繁荣程度远远超过北宋时的开封,而且还出现有早市、夜市。

(2)海外贸易:宋朝海外贸易超过前代,成为当时世界上从事海外贸易的重要国家。广州、泉州是闻名世界的大商港。政府鼓励海外贸易,在主要港口设立市舶司,加以管理。

(3)最早的纸币:北宋前期,四川地区出现"交子",是世界上最早的纸币。南宋时,纸币发展形成与铜钱并行的货币。纸币的产生,有利于商业发展。

4.从唐朝中后期开始的经济重心南移,到南宋最后完成

政府的财政收入,主要来自于南方特别是东南地区。

5.中国古代经济重心南移的三个主要阶段

第一阶段,是从远古到西晋时期。此阶段的特点是北方经济的发展远远超过南方。

第二阶段,从西晋末年至隋唐五代时期。此阶段的特点是经济重心逐渐南移,经济发展从南北基本趋于平衡到南方开始超过北方。

第三阶段,从北宋到南宋时期。这是经济重心继续南移并最终完成的重要阶段。南宋我国经济重心转移到东南地区,中国已稳定地形成了南方经济领先于北方的经济格局。

6.经济重心南移的基本规律和启示

(1)中国古代经济重心南移趋势往往是在国家分裂或封建割据战乱时期表现的最为突出(如魏晋南北朝时期、安史之乱后、五代十国时期、宋金对峙时期等等)。中国古代经济重心南移和南方经济发展都是在北方战乱而南方相对稳定的条件下完成的,这说明政治稳定是社会经济发展的前提和基础。

(2)各族人民的辛勤劳动和生产力的进步是经济发展的最重要因素,引进和运用最先进的生产技术是促进经济快速发展的重要保证。

(3)统治者对经济发展的重视程度也是社会经济发展的重要因素。政治中心南移对于经济重心南移有一定的影响,如南朝都城在建康、南宋都城在杭州。

(4)自然环境对经济的发展影响巨大。要注意经济开发与保护生态平衡之间的协调发展,坚定地走可持续发展之道路。

典例精析

宋史记载:"国家根本,仰给东南。"这一现象说明了(　　)

A. 国家重点支持东南沿海的开发　　　　B. 经济重心转移到南方

C. 东南沿海一带农民赋税负担沉重　　　D. 政治中心转移到南方

【专家点评】"国家根本,仰给东南"的意思是政府的财政收入主要来自南方,特别是东南地区,说明经济重心已经转移到南方。

【答案】B

(三)万千气象的宋代社会风貌

1. 衣食住行等习俗的变化

(1)衣:各级官员服色有严格规定,北宋初年,百姓只穿黑白两色衣服。劳动者多穿小袖狭身的短衣。由于士大夫的提倡,妇女缠足的陋习逐渐传开。

(2)食:北宋肉食以羊肉为多,南宋时南方人吃鱼多。宋代时,北方以面食为主,南方以稻米为主。

(3)住:百姓住房多为低矮茅屋,贵族宅第宏丽,前堂后寝,两侧有耳房和偏院。

(4)行:宋代缺马,多用牛车,也有驴车。达官贵人出门乘轿,士大夫一般骑驴、骡。

2. 热闹的瓦子和欢乐的节日

(1)市民阶层的壮大使市民文化丰富起来,东京城内出现了娱乐兼营商业的场所——瓦子。瓦子中圈出专供演出的圈子,称为"勾栏"。它们的出现是宋朝市民阶层不断扩大的结果。

(2)宋代传统节日有春节、元宵节、端午节、中秋节等。宋代称春节为元旦,最为重视。除夕夜,百姓要祭祖、迎神功佛、挂年画、贴"桃符"、守岁等。

(四)蒙古的兴起和元朝的建立

1. 铁木真统一蒙古,1206年,蒙古贵族召开大会,推举铁木真为大汗,尊称他为成吉思汗,建立蒙古国。

2. 1271年忽必烈定国号为元,1272年定都大都。忽必烈史称元世祖。

3. 1276年元军占领临安,南宋灭亡。文天祥进行抗元斗争,留下"人生自古谁无死,留取丹心照汗青"的千古绝句。1279年元统一全国。

4. 元朝经济的恢复与发展

(1)元世祖重视发展农业,治理黄河,推广棉花种植,北方农业得以恢复和发展。

(2)为了便利南粮北运,开凿两段新运河,与原有的运河连通,使粮船从杭州直通大都。还开辟规模空前的海运。

(3)元朝大都,既是政治中心又是闻名世界的商业大都市。意大利旅行家马可波罗的《马可波罗行纪》,描述了大都的繁华景象。

5. "行省制度"

元朝为对全国实行有效的统治,元世祖在中央设中书省,地方设行中书省(简称行省)。我国省级行政区的设立,始于元朝。行省制的内容:

中央—中书省—全国最高行政机构—管辖大都及周围地区。

地方—行中书省(行省或省)—中书省的派出机构—管辖11个行省。

元政府设置宣政院加强对西藏的管辖,西藏成为元朝正式的行政区。

设置澎湖巡检司管理澎湖列岛和琉球(今台湾),加强对台湾的管辖。

6.民族融合的发展

(1)表现:①汉族人民开发边疆。②边疆各族迁入内地,同汉族等杂居相处。③契丹、女真等族与汉族的融合。④形成了一个新民族——回族。

(2)作用:元朝的统一促进了民族融合,元朝境内大规模的人口流动,促进了各民族经济、文化的交流与融合。

(3)特点:元朝的民族融合,是历史上民族融合的进一步加强,从三国、两晋、南北朝民族大融合开始,经隋、唐、五代十国、辽宋夏金,到元朝时民族融合进入到了一个新的阶段。也就是说元朝的民族大融合是在前代的基础上,出现的一种在更广的范围内,更高的程度上的融合,这种融合将我国统一的多民族国家的发展推进到一个更高的程度。

7.元朝在我国历史上的贡献:①元朝的统一,结束了北宋以来几个政权并立的局面,元朝的疆域,比以往任何朝代都辽阔。②元朝建立了行省制度,对后世影响深远。③元政府设有澎湖巡检司,管辖澎湖和琉球。④元朝在西藏委派官吏,驻扎军队,西藏成为元朝的正式行政区。⑤元朝的统一,促进了民族的大融合。

七、统一多民族国家的巩固和社会的危机

(一)明朝君权的加强

1.明朝的建立

1368年初,朱元璋以应天为都城,改称南京,称帝,建立明朝,史称明太祖。

2.明太祖加强君权措施

①政治上:在地方,废除行中书省,设直属中央的三司,分管民政、刑狱和军政;在中央,废除丞相,撤销中书省,由吏、户、礼、兵、刑、工六部分管朝政,直接对皇帝负责;另设殿阁大学士以备顾问。②设立特务机构锦衣卫,兼管对臣民的监视、侦查。③思想文化上:改革科举制度,实行八股取士。规定科举考试只许在四书五经范围内命题,考生只能根据指定的观点答卷,不准发挥自己的见解。答卷的文体,必须分成八个部分,叫“八股文”。影响:它使科举考试更加规范化,考官有相对固定的评卷标准。但“八股文”形式呆板僵化,内容陈旧空洞,严重束缚考生的思想,摧残了人才。

3.靖难之役

北平的燕王朱棣,打出“靖难”旗号,起兵反对建文帝,史称“靖难之役”。朱棣称帝,史称明成祖。

4.明成祖加强君权的统治

①1421年迁都北京,加强中央对北方的控制。②进一步强化君权,继续执行削藩政策。③增设特务机构东厂,加强对臣民的监视和侦察。厂卫特务机构的设置,是明朝君主专制强化的一种表现。

典例精析

明初在地方废除行中书省,设立三司的目的是(　　　)

A.更改旧的机构名称　　　　　　B.加强君主权力

C.扩大机构的管理权限　　　　　D.解除元朝的民族压迫

【专家点评】明朝是我国君主权力加强的重要时期,即便是废除行中书省、设立分管民政、刑狱及军政的三司、设立殿阁大学士等这样的制度变化,也有其深刻的含义及加强君主权力的背景,而非优化政治制度的改革。

【答案】B

(二)中外的交往与冲突

1.郑和下西洋

(1)条件与目的:明朝初,社会安定,国力强盛;为了加强中国与海外各国的友好关系,明成祖朱棣派郑和下西洋。

(2)时间:1405~1433年,郑和七下西洋。

(3)到达地区:到过亚非三十多个国家和地区,最远到达红海沿岸和非洲东海岸。

(4)意义:郑和是我国也是世界上的伟大航海家。郑和的远航比欧洲早半个多世纪。郑和下西洋开辟从中国到东非的航路,加强了中国与亚洲,非洲各国的友好往来与经济文化交流,是世界航海史上的奇迹。

(5)郑和下西洋和哥伦布发现新大陆的比较

郑和下西洋是中国家庭和手工业相结合的自给自足的自然经济占主导地位的社会形态下进行的,自然经济带有封闭性,其下西洋的主要目的是宣扬国威。哥伦布开辟新航路、发现新大陆是商品经济发展的推动,商品经济带有开放型,目的是为了获得财富。从这个角度看,两人的航海之旅因此也产生了不同的影响,前者促进了中外之间的友好交流,而后者不仅加强了世界的联系,更重要的还促进了资本主义的发展。

2.戚继光抗倭

元末明初,日本的武士、商人和海盗经常侵袭中国沿海地区,沿海居民称之为"倭寇"。明朝中期,明政府派戚继光抗击倭寇的进攻(浙江台州),平息东南沿海的倭患,戚继光是我国著名的民族英雄。

3.葡萄牙攫取在澳门的居住权

1553年,葡萄牙殖民者攫取了在我国广东澳门的居住权。1999年12月20日,澳门回归祖国。

(三)君主集权的强化

1.明朝后期,女真的杰出首领努尔哈赤统一了女真各部。1616年,努尔哈赤自立为汗,国号为金,史称后金。后迁都沈阳,改称盛京。

2.1636年,皇太极在盛京(今沈阳)称帝,改国号为清,改女真族名为满洲。1644年,李自成进北京,明朝灭亡,清军入关,清顺治帝迁都北京,逐步建立起对全国的统治。

3.满洲发展的历史

时间	族名	政权	建立者
唐朝	靺鞨	渤海	
1115年	女真	金	完颜阿骨打
1616年	女真	后金	努尔哈赤
1636年	满洲	清	皇太极

4.为了加强君主专制,雍正帝设立军机处,议政王大臣会议名存实亡,乾隆帝时撤销议政王大臣会议。军机处的设立,标志着我国封建君主集权的进一步强化。

5.清朝统治者为了控制思想,维护满族在全国的统治,大兴"文字狱"。"文字狱"最严重的是康熙、雍正和乾隆三朝。危害:遏制言论,禁锢思想,制造恐怖气氛,许多知识分子不敢过问政治,钻进故纸堆中,从事脱离实际的学问,从而禁锢了思想,严重阻碍了中国社会的发展和进步。

6.延续两千余年的封建专制主义中央集权制度的历史影响十分深远:在封建社会前期的秦汉至隋唐时期,其维护多民族国家统一与发展、促进社会稳定和经济文化发展等积极作用是主要的。而在封建社会后期的北宋至明清时期,其消极作用则逐渐增大,尤其是明清时期,封建专制主义中央集权的进一步强化,束缚了社会生产力的进一步发展,其危害尤为严重。

(四)收复台湾和抗击沙俄

1.收复台湾

(1)明朝后期(1624年),荷兰殖民者侵占了我国宝岛台湾。

(2)1661年,郑成功率兵进入台湾。1662年,荷兰殖民者被迫投降,台湾重新回到祖国怀抱。意义:沉重打击了荷兰殖民势力,遏制了西方殖民者向东扩张的脚步,保障了东南沿海的安宁,捍卫了民族独立。郑成功是我国古代民族英雄。

(3)1683年,清军进入台湾。1684年,清朝设置台湾府,隶属于福建省。台湾府的设置,加强了台湾同祖国内地的联系,巩固了祖国的东南海防。

2.抗击沙俄——雅克萨之战

(1)17世纪中期,沙皇俄国势力侵入我国黑龙江流域,在雅克萨和尼布楚修建城堡。

(2)1685年~1686年康熙帝时清军在雅克萨两次大败沙俄侵略者,击毙侵略军头目托尔布津,沙俄被迫投降。

(3)中国清军取得雅克萨之战胜利的原因是:①康熙决心大,部署周密;②军民众志成城,为正义而战;③人数和武器装备占有优势等。

(4)1689年,中俄双方代表在尼布楚进行谈判,签订了中俄第一个边界条约《尼布楚条约》。这个条约,从法律上肯定了黑龙江和乌苏里江流域包括库页岛在内的广大地区,都是中国的领土。

典例精析

民族英雄郑成功在给殖民者的信中说:"台湾者,中国之地也,久为贵国所踞……"信中所说的"贵国"是(　　)

A.葡萄牙　　　　B.俄国　　　　C.英国　　　　D.荷兰

【专家点评】该题是材料型选择题,解答该类题目首先要阅读、提炼题干所提供的有效信息,然后得出结论。题干中"郑成功""台湾"等都说明该题是要考查郑成功赶走荷兰殖民者,收复台湾的史实。

【答案】D

(五)统一多民族国家的巩固

1.清朝前期,采取维护统一多民族国家的措施

(1)清朝加强西藏的管辖

①确立册封制度:顺治帝接见西藏的佛教首领达赖五世,赐予"达赖喇嘛"封号。康熙帝赐予另一位西

藏佛教首领"班禅额尔德尼"的封号。从此,历代达赖和班禅,都须经过中央政府册封。

②设置驻藏大臣:雍正帝时(1727年),清朝开始设置驻藏大臣。驻藏大臣代表中央政府,与达赖、班禅共同管理西藏事务。达赖和班禅的继承,必须报请中央政府批准。在承德修建避暑山庄和外八庙,这是民族团结的象征。

③影响:清朝的这些措施,大大加强了中央政府对西藏的管辖。

真题再现

下列选项中,属于康熙帝的举措是(　　)

A. 设置驻藏大臣　　　　　　　　　　　　B. 统一台湾

C. 设置澎湖巡检司　　　　　　　　　　　D. 抗击倭寇

【专家点评】康熙年间,施琅攻克台湾,清政府设立台湾府,台湾又回到祖国的怀抱。驻藏大臣的设置是在雍正时期,设置澎湖巡检司和抗击倭寇是在明朝。

【答案】B

(2)平定大小和卓的叛乱

回部指居住在天山以南广大地区、信仰伊斯兰教的维吾尔族。乾隆帝时下令调兵平定了回部上层贵族小和卓与大和卓的叛乱;为加强对新疆地区的统治,清朝在新疆设置伊犁将军,管辖包括巴尔喀什湖在内的整个新疆地区;清朝军队驻扎新疆各地,设置哨所,加强对西北地区的管辖。

真题再现

根据左宗棠"重新疆者,所以保蒙古,保蒙古者,所以卫京师。"的上奏,清政府决定(　　)

A. 设置伊犁将军　　　　　　　　　　　　B. 平定大小和卓叛乱

C. 收复新疆　　　　　　　　　　　　　　D. 是土尔扈特部回归

【专家点评】奏章内容充分地说明了新疆的重要性。在陕甘总督左宗棠等人的积极推动下,清政府决心派军队收复新疆。

【答案】C

(3)土尔扈特回归祖国

土尔扈特是蒙古族的一支,1771年初,土尔扈特部众,在杰出首领渥巴锡的领导下,摆脱了俄国的控制和压迫,踏上了回归祖国的征途。受到乾隆帝的接见和妥善安置。土尔扈特部回归祖国,为多民族国家的巩固和发展谱写了光辉的篇章。

清朝巩固多民族国家的斗争可用图示归纳为:

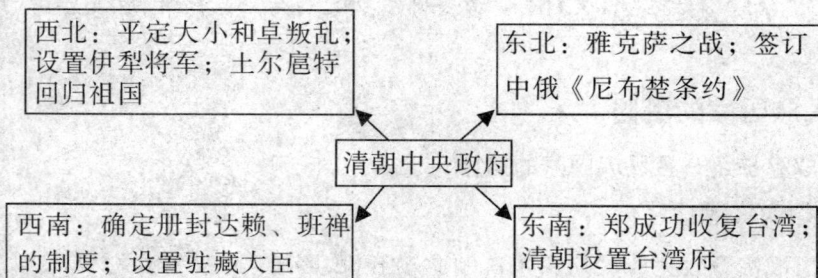

```
┌─────────────────────┐          ┌─────────────────────┐
│西北:平定大小和卓叛乱; │          │东北:雅克萨之战;签订  │
│设置伊犁将军;土尔扈特  │          │中俄《尼布楚条约》     │
│回归祖国              │          │                     │
└─────────────────────┘          └─────────────────────┘
          ↘                          ↗
              ┌─────────────┐
              │ 清朝中央政府 │
              └─────────────┘
          ↗                          ↘
┌─────────────────────┐          ┌─────────────────────┐
│西南:确定册封达赖、班禅│          │东南:郑成功收复台湾;  │
│的制度;设置驻藏大臣    │          │清朝设置台湾府         │
└─────────────────────┘          └─────────────────────┘
```

2.清朝疆域

西跨葱岭,西北达巴尔喀什湖,北接西伯利亚,东北至黑龙江以北的外兴安岭和库页岛,东临太平洋,东南到台湾及其附属岛屿钓鱼岛、赤尾屿,南至南海诸屿。

清朝基本上奠定了中国现在的版图,成为亚洲最大的国家。清朝的疆域四至用图示可表示为:

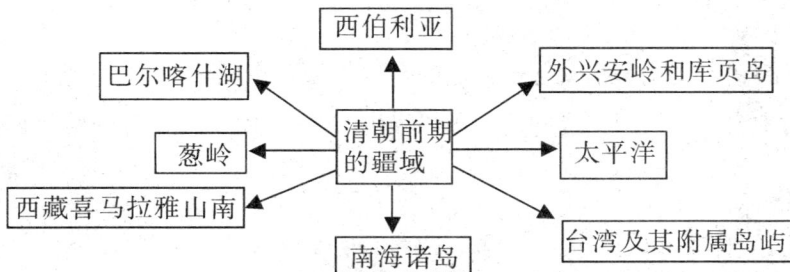

清朝的统一,加强了各民族之间的经济文化联系,促进了边疆地区的开发,使我国统一多民族国家得到进一步巩固。

(六)明清经济的发展与"闭关锁国"

1.明清经济的发展

(1)农业:明代从国外引进的新物种如玉米、甘薯、马铃薯、花生和向日葵等在不少地方推广种植。

(2)手工业:棉纺织业在明代已从南方推向北方;苏州是明代的丝织业中心,南京后来居上;景德镇是全国的制瓷中心,畅销海内外。

(3)商业:明清时期,商品经济空前活跃。北京和南京是全国性的贸易城市。

(4)资本主义萌芽:明朝中期以后,苏州、松江等地的纺织业中,出现了许多以生产商品为目的的机户。他们开设机房,雇用机工进行生产,出现了"机户出资,机工出力"的生产方式。机户是早期的资本家,机工是早期的雇用工人,机房是早期的手工工场。他们之间这种雇佣与被雇佣的关系,是一种资本主义性质的生产关系。出现的前提条件是商品经济空前活跃。在清代,具有资本主义性质的手工业部门增多了,生产的规模也进一步扩大。

真题再现

在纺织、制瓷等行业中,私营手工业超过官营手工业并占据主导地位的是( )

A. 商朝 　　　　　B. 唐朝 　　　　　C. 宋朝 　　　　　D. 明朝

【专家点评】明中叶以后,纺织、制瓷、矿冶等行业中,民营手工业甚至超过官营手工业,占据全社会手工业生产的主导地位。

【答案】D

2."闭关锁国"的政策

(1)原因

①清朝统治者坚持以农为本的传统观念,推行"重农抑末"政策,压抑、限制民间工商业的发展;②清朝前期自给自足的封建经济稳定,统治者认为天朝物产丰富,无所不有,无需同外国进行经济交流;③清朝统治者担心国家领土主权受到外国侵略,又害怕沿海人民同外国人交往,会危及自己的统治。

（2）表现

①清初的40年，实行严厉的禁海政策，不许擅自出海贸易；②对出口的商品种类和出海船只的载重量作出严格的限制；③开放四个港口，作为对外通商口岸，后来下令只开广州一处作为对外通商口岸，关闭其他港口。

（3）影响

①正面：它对西方殖民者的侵略活动起过一定的自卫作用。②反面：使中国与世隔绝，既看不到世界形势的变化，也不能适时地向外国学习先进的科学知识和生产技术，使中国逐渐在世界上落伍了。

八、文化成就

1.青铜铸鼎

青铜：以铜为主要元素的合金。商周时，人们把铜、锡、铅熔冶铸成青铜器。它们不仅有实用的功能，还具有高度的艺术价值。

2.天文历法

相传四千多年前的夏朝，就有历法（夏历），商朝的历法更为完备。

战国时期，测定出一年24个节气。

商朝甲骨文有许多关于日食、月食的记载，经现代科学家验证，都很可靠。

3.古代数学成就

汉代成书的《九章算术》是我国现存最早的数学名著。

南朝数学家祖冲之，在世界首次将圆周率精确到小数点后第七位，比欧洲早1000年。《缀术》在唐朝用作教材。

4.农学

北朝贾思勰的《齐民要术》是我国现存的第一部完整的农业科学著作，也是世界农学史上的名著，总结了我国北方劳动人民积累的生产经验，介绍了农、林、牧、副、渔业的生产方法，被称为"古代中国的百科全书"。

明朝徐光启的《农政全书》是农业百科全书，是我国农学史上最早传播西方近代科学知识的书籍。

5.地理学

北魏地理学家郦道元的《水经注》以注录水道系统为纲，是一部综合性的地理学专著。

6.地动仪

东汉张衡（132年）发明地动仪，是世界公认的最早的地震仪器（比欧洲早1700年）。

7.医学

扁鹊：春秋战国之际名医，望闻问切"四诊法"一直为中医沿用。

华佗：东汉名医，擅长外科手术，制成全身麻醉药剂"麻沸散"是医学史上的创举，还编了一套体操叫"五禽戏"。

张仲景：东汉时期医学家，著有《伤寒杂病论》，全面阐述了中医的理论和治病原则，被后世尊称为"医圣"。

孙思邈：唐朝杰出的医学家，花毕生心血写成《千金方》，被后世尊称为"药王"。

李时珍:明朝医药学家。李时珍的《本草纲目》是一部具有总结性的药物学巨著,全面总结了16世纪以前中国的医药学,被译为多国文字,成为世界医药学的重要文献。

8.水利

都江堰,是闻名世界的防洪灌溉工程。

概况:战国时期,秦国李冰父子在成都附近主持修建。

特点:选址合理、设计科学、无坝引水、自流灌溉、工省效宏,是我国古代的一座生态型综合水利枢纽。

作用:使成都平原成为"水旱从人,不知饥馑"的天府之国。

9.四大发明

(1)概况

①造纸术

在纸发明以前,我国通常使用竹木简和丝帛做书写材料。

甘肃天水汉墓中出土的纸发明于西汉前期,是世界上已知最早的纸。

东汉蔡伦改进造纸术,人称这种纸为"蔡侯纸"。

造纸术的发明是我国人民对世界文化的巨大贡献。

②印刷术

我国在世界上最早发明印刷术,印刷术是我国古代的四大发明之一。隋唐时期,已有雕版印刷的佛经、日历和诗歌等。唐朝印刷的《金刚经》,是世界上现存最早的、标有确切日期的雕版印刷品。

北宋毕昇用黏土做泥活字,发明活字印刷术,比欧洲早400年。经济、省时大大促进文化传播。

③指南针

战国时人们根据磁石指示南北特性,制成"司南",是世界上最早的指南仪器。北宋时,制成了指南针,并开始用于航海事业;南宋时,指南针广泛用于航海事业,还由阿拉伯人传入欧洲。

④火药

火药是我国古代炼丹家发明的。唐朝发明火药并用于战争,宋元时期,火药武器广泛用于战争,主要有突火枪、火箭、火炮等。13、14世纪传入阿拉伯和欧洲。

(2)意义

印刷术、指南针、火药,加上造纸术,是我国古代人民的"四大发明",是中华民族对世界文明发展的重大贡献。

中国古代的四大发明在人类文明史上的重要地位:①造纸术的发明,为人类提供了经济、便利的书写材料,是人类文字载体的革命;②印刷术的出现,加快了文化的传播,改变了欧洲只有上等人才能读书的状况;③指南针发明及应用于航海,促进了中国航海事业的发展,为欧洲航海家进行发现美洲和环球航行提供了重要条件,促进了世界贸易的发展;④火药武器的使用,改变了作战方式,帮助欧洲资产阶级摧毁了封建堡垒,加速了欧洲的历史进程。

10.建筑

(1)唐代建筑特点:规模宏大,气魄雄伟,整齐而不呆板,华美而不纤巧。唐代首都长安城,是当时中国的政治、经济、文化中心,也是当时全世界规模最大的都市之一。

(2)北京城:明成祖在元大都的基础上修建,北京城由紫禁城、皇城和京城三个部分组成。城中心的紫禁城,是皇帝居住之地,北京城布局严整,城墙高大雄伟,街道宽广笔直,是古代城市建筑的杰作,是我国也是世界建筑之林的瑰宝。

(3)长城:秦始皇时期在前人的基础上加以修建,用来抵御匈奴的进攻,以后历朝都有修缮。明朝为了抵御北方少数民族的侵扰,修建东起鸭绿江,西至嘉峪关,全长六千余公里的万里长城,是世界上的一个奇迹,是古代一项伟大的工程,是我国古代劳动人民血汗和智慧的结晶,显示我国古代文化的辉煌成就,是中华民族的骄傲和象征。

11. 其他科技成就

(1)北宋时期科学家沈括著《梦溪笔谈》,创制"十二气历"。英国李约瑟称《梦溪笔谈》是"中国科学史上的里程碑",称赞沈括是"中国整部科学史中最卓越的人物"。

(2)元朝时著名天文学家和水利专家郭守敬的《授时历》是当时世界上最精确的历法,测定一年为365.2425天,与现在的公历基本相同,但比现行公历的确立早约三百年。

(3)明朝杰出的科学家宋应星的《天工开物》是一部总结农业和手工业生产技术的著作,国外称其为"中国17世纪的工艺百科全书"。宋应星强调人类要和自然相协调,人力要与自然力相配合。

典例精析

下列对中国古代科技成就的叙述不正确的是(　　)

A. 华佗制成"麻沸散"　　　　　　　　B. 蔡伦改进造纸术

C. 李春发明地动仪　　　　　　　　　　D. 宋应星写成《天工开物》

【专家点评】此题属否定式选择题,考查了对基础知识的识记辨析能力。分析各选项,A、B、D三项叙述正确,而C项叙述错误,因为发明地动仪的是东汉科学家张衡。

【答案】C

12. 文字演变

萌芽————————形成————————发展

刻画符号　　甲骨文　　　　　金文、小篆、隶书、楷书、行书、草书

原始社会　　商朝　　　　　　商周　　秦朝汉朝　　魏晋以来

(1)原始居民陶器上的符号被认为是早期文字的雏形。

(2)商朝的文字写在龟甲或兽骨上,称为"甲骨文",甲骨文是一种比较成熟和完备的文字。汉字是由它发展而来的。我国有文字可考的历史,是从商朝开始的。

(3)商周的青铜器上铸刻的文字叫"金文",也称"铭文",比甲骨文规范。在西周晚期有人将文字统一成一种样式,这种字体称为"大篆"。商朝文字比较少,周朝青铜器上刻的文字比较多。

(4)在战国时期,人们已经开始用毛笔蘸墨,在竹简或丝帛上书写,随着书写工具的改变,字体也发生了变化。

(5)秦统一后的文字以小篆为标准文字,后来推行隶书。汉朝时,隶书广泛使用。

(6)草书、楷书和行书:形成于汉朝后期,成熟于三国两晋时期。

13.思想

春秋时期,社会急剧变化,儒家、法家、道家、墨家、兵家等许多学派,史称"诸子百家"。各学派间热烈争辩,著书立说,发表自己的见解,形成"百家争鸣"的局面。

孔子:儒家学派创始人,春秋晚期思想家、教育家,其言行由弟子整理成《论语》。他提出"仁"的学说,提倡"道之以德,齐之以礼"。创办私学,主张"因材施教""温故而知新"。从事文化典籍的整理和传播,把《诗》《书》《春秋》等文化经典作为教材,经常和学生探讨问题。

孟子:儒家学派代表,战国时期思想家,著作《孟子》。主张"民贵君轻";重视人的作用,认为"天时不如地利,地利不如人和";提倡做人要有骨气,"富贵不能淫,贫贱不能移,威武不能屈"。不可过分利用自然资源。

老子:道家学派创始人,春秋晚期思想家,有《老子》(又名《道德经》)传世。老子具有朴素辩证法思想,他说:"祸兮,福之所倚;福兮,祸之所伏",主张"无为而治"。

韩非:法家学说的集大成者。战国时期的哲学家,强调"法治",主张建立专制中央集权的国家,其理论被秦始皇采用。

孙武:春秋时期军事家,《孙子兵法》是世界上第一部兵书,提出"知己知彼"的作战原则。

真题再现

明末李贽说:"夫天生一人,自有一人之用,不待取给孔子而后足也。若必待取足于孔子,则千古以前无孔子,终不得为人乎?"其思想核心是(　　)

A. 维护封建礼教　　　　　　　　　B. 主张学以致用

C.挑战儒家思想　　　　　　　　　D. 抨击腐朽统治

【专家点评】每一个人自出生,都有每一个人的用处(就是有"天生我材必有用"的意思),不是说有像孔子那样的人人类就满足了,如果一定要有像孔子那样的人才可以为人的话,那么千百年前孔子未出世时的历史就没有人了吗? 意思就是不要盲目地迷信孔子。

【答案】C

14.宗教

(1)佛教

发源地:古印度。

时间:西汉末年传入我国中原地区。

信仰对象:佛。

宗教场所:寺院(东汉明帝时,兴建了中国第一座佛教寺院白马寺。)

教义:人死后能够转生来世,人的今生能忍受苦难,虔诚地信佛,来世就可以得到幸福。

(2)道教

发源地:中国。

时间:东汉时在民间兴起。

信仰对象:神仙。

宗教场所:道观。

教义:主张修身养性,炼制丹药,以求长生不老和得道成仙。

创始人之一是张陵,把老子尊称为"太上老君",作为教主。

(3)佛教和道教受到封建统治者的提倡和扶持的根本原因是:统治者利用宗教麻痹人民,对封建国家统治人民有利。

(4)弄清宗教和封建迷信的区别:它一般由宗教组织、信仰和观念、道德规范、宗教仪式、戒律、经典等基本要素构成。封建迷信则是历史上遗留下来的一种陋习,一般是一些迷信活动,以愚弄危害群众身心,诈骗群众钱财为目的。公民有宗教信仰自由,受法律保护;但是政府打击一切危害国家利益和人民生命财产安全的迷信活动。

15. 文学

(1)楚辞

战国时期楚国屈原是我国古代的伟大诗人,他创造出新的诗歌体裁"楚辞",代表作《离骚》,表现了忧国忧民的思想感情,著名诗句有"长太息以掩涕兮,哀民生之多艰"。

(2)唐诗

唐朝是我国诗歌创作的黄金时期,流传至今的有两千多位诗人的近五万首诗歌,代表诗人有李白、杜甫、白居易等。

①李白生活在盛唐时期,他的诗歌既豪迈奔放,又清新飘逸,而且想象丰富,意境奇妙,语言轻快,人称"诗仙",代表作:《早发白帝城》《蜀道难》。

②杜甫生活在唐朝由盛转衰时期,他的诗或气魄雄浑,或沉郁悲怆,语言精练凝重,人称"诗圣",代表作:"三吏""三别"。

③白居易生活在中唐时期,现实主义诗人,诗歌反映现实,讽喻社会,同情人民。诗歌用词直白如话,通俗易懂。代表作:《秦中吟》《新乐府》。

(3)宋词

两宋杰出的词人:苏轼、李清照、辛弃疾。

为宋词打开新局面的是北宋苏轼,他是"豪放派"代表人物,风格气势豪迈,雄健奔放,代表作:《念奴娇·赤壁怀古》《水调歌头·明月几时有》,著名诗句有"但愿人长久,千里共婵娟"。

两宋之交的女词人李清照,是"婉约派"代表,风格委婉,感情真挚,善于运用口语,清新自然,代表作《声声慢》等。

南宋词人辛弃疾,一生力主抗金,其词抒写力图恢复国家的爱国热情,倾吐对山河分裂的悲痛,风格沉雄豪迈又不乏细腻柔媚之处,作品集有《稼轩长短句》。

(4)元曲

元杂剧作家最负盛名的是关汉卿,代表作《窦娥冤》,鞭挞了社会黑暗势力。

(5)明清小说

元末明初罗贯中的《三国演义》描写了东汉末年和三国时期的政治和军事斗争,是我国第一部长篇历史小说。

元末明初施耐庵的《水浒传》描写北宋末年宋江领导的梁山泊农民起义,是我国第一部以农民起义为题材的长篇小说。

明朝中期吴承恩的《西游记》根据民间流传唐僧取经故事创作,是一部充满浪漫主义气息的长篇神话小说。

清朝曹雪芹的《红楼梦》是我国古典长篇小说的高峰,描写贾、王、史、薛四大封建家族的衰亡和贾宝玉与林黛玉的爱情悲剧,揭示封建社会必然崩溃趋势。《红楼梦》具有高度的思想性和艺术性,在世界文学史上占有重要地位。

16. 史学

(1)《史记》

史学家:西汉(汉武帝时期)的司马迁。

体例:我国第一部纪传体通史。

叙事范围:记叙了传说中的黄帝到汉武帝3000多年的历史。

评价:鲁迅对《史记》的评价:史家之绝唱,无韵之《离骚》。

史学成就:①是我国第一部纪传体通史;②成为后世纪传体史书的典范。

文学成就:文笔简洁,语言生动,刻画人物栩栩如生,是一部优秀的文学著作。

(2)《资治通鉴》

史学家:北宋的司马光。

体例:是一部编年体的通史巨著。

叙事范围:按年、月、日的顺序记述了上自战国下至五代1300多年的历史。

17. 艺术

(1)雕塑

秦始皇兵马俑,是秦汉时期雕塑作品的杰出代表,也是迄今为止世界上出土的最大艺术宝库。

(2)石窟艺术

石窟艺术是佛教艺术的一种,随佛教传入我国。其中,山西大同的云冈石窟、河南洛阳的龙门石窟是著名的两大石窟,北朝开始开凿,代表了当时石窟艺术的最高成就。

石窟艺术在隋唐时期大力发展,敦煌莫高窟位于甘肃省(大部分在隋唐时期开凿),有大量壁画、塑像,是世界最大的艺术宝库之一。

(3)绘画

①东晋:顾恺之擅长人物画,代表作《女史箴图》《洛神赋图》。

②唐朝:阎立本:擅长人物故事画,代表作为《历代帝王图》《步辇图》。吴道子:"画圣",开后世写意画先河,代表作《天王送子图》。

③北宋:张择端《清明上河图》描绘东京汴河沿岸风光和繁华景象。

④元朝:元代最著名的画家是赵孟頫的作品被称为"神品",代表作《秋郊饮马图》。

⑤明清:明末画家徐渭的作品善用泼墨,其作品《墨葡萄图》。清朝画派"扬州八怪"进一步发展其手法,最著名者郑板桥,《兰竹图》是代表作品。

（4）书法

①东汉时期：书法逐渐成为一种艺术。

②魏晋南北朝：书法艺术风格多样。东晋"书圣"王羲之写出的字，或端秀清新，或"飘若浮云，矫若惊龙"，其作品《兰亭序》被称为"天下第一行书"。

③隋唐时期：书法艺术的高峰。颜真卿、柳公权合称"颜筋柳骨"。

颜真卿：创立雄浑敦厚的新书体，称"颜体"，是继王羲之之后我国书法史上最有成就的大书法家，代表作《颜氏家庙碑》《多宝塔碑》。

柳公权：博采众长，别出新意，称"柳体"，其字方折峻丽，骨力劲健，代表作《玄秘塔碑》。

④宋元时期：书法艺术的继续发展，成为文人普遍的爱好。北宋著名书法家有苏轼、黄庭坚、米芾（fú）、蔡襄，随意挥洒，劲秀雄健，人称"宋四家"。

⑤明朝书法家董其昌的作品兼有"颜骨赵姿"之美。

（5）乐舞

①相传黄帝的属下伶伦编写了乐谱。

②战国时期盛行"钟鼓之乐"，反映了我国古代音乐发展的较高水平，湖北随州出土了大量的钟鼓乐器，其中以整套编钟最为珍贵。

③唐初：《秦王破阵乐》；盛唐：《霓裳羽衣曲》。

（6）戏剧

①汤显祖是明朝后期最有盛名的戏剧家，代表作《牡丹亭》。

②清朝中后期以徽剧、汉调为基础，融合吸收了其他剧种的曲调和表演方法，在19世纪中期初步形成一个新的剧种——京剧。

18. 中国古代文化概述

先秦时期：文明的勃兴。

秦汉时期：昌盛文化。

三国至魏晋南北朝时期：承上启下。

隋唐时期：文化高峰。

宋元时期：灿烂繁荣。

明清文化：时代特点鲜明。

第二节　中国近代史

一、列强的侵略与中国人民的抗争

（一）鸦片战争

1. 林则徐虎门销烟

（1）英国走私鸦片：清闭关锁国政策和自给自足经济形态抵制英国工业品倾销。

（2）鸦片给中国带来的严重危害：①白银外流，造成清财政危机。②统治机构更加腐败。③毒害中国人民的身心健康。④严重削弱了中国军队的战斗力。

（3）虎门销烟

①过程：1839 年 6 月，缉拿烟贩，缴获鸦片 110 多万千克，在广州虎门海滩当众销毁鸦片。

②意义：表明了中国人民反抗外来侵略的决心和勇气，振奋了民族精神，维护了民族尊严。

2. 鸦片战争

（1）借口：英国的鸦片走私受到中国抵制。

原因：打开中国市场，把中国变为英国原料产地和商品市场。

（2）经过

起讫时间：1840 年 6 月 ~ 1842 年 8 月。

①1840 年 6 月，英国舰队到广东海面进行挑衅，战争爆发。

②英军攻陷定海，北上直逼天津。

③1841 年初，英军占领香港岛。

④1842 年，英舰到达南京长江江面，英国侵略者强迫清政府签订《南京条约》。

（3）中英《南京条约》主要内容：

割地：割香港岛；

赔款：2100 万银元；

开埠通商：开放广州、厦门、福州、宁波、上海为通商口岸；

协定关税：英商进出口货物缴纳的税款，中国须同英国商定。

这是中国近代第一个不平等条约，中国的国家主权和领土完整遭到破坏，丧失了独立自主的地位，古老的中国开始卷入世界资本主义的漩涡。

（4）影响：鸦片战争后，中国开始从封建社会逐步沦为半殖民地半封建社会；鸦片战争成为中国近代史的开端。

（二）第二次鸦片战争

1. 第二次鸦片战争

（1）目的：进一步打开中国市场，扩大侵略权益。

（2）经过

①起讫时间：1856年10月~1860年10月。

②侵略者：英法为主凶，美俄为帮凶。

（3）战争期间列强的罪行——英法联军火烧圆明园

①时间：1860年10月。

②历史上侵略军火烧圆明园曾有两次。第一次是清咸丰十年（1860年），英法联军入侵北京。英法联军到处烧杀抢掠、野蛮洗劫、焚毁了举世闻名的圆明园，园内寺庙建筑也大多被毁于火海。第二次是清光绪二十六年（1900年），八国联军入侵北京，再次放火烧圆明园，使这里残存的13处皇家宫殿建筑又遭掠夺焚劫。

③教训：历史上的无数事实表明，一个贫穷落后、弱小的国家和民族，只能处于被压迫、被剥削、被凌辱、被掠夺的地位。火烧圆明园的历史则再次证明：国家贫穷、落后、软弱就要挨打。

2. 列强的罪行——俄国侵占我国大片领土

（1）1858年《瑷珲条约》：东北外兴安岭以南、黑龙江以北60多万平方公里领土。

（2）1860年《北京条约》：乌苏里江以东、包括库页岛在内约40万平方公里领土。

（3）1864年《勘分西北界约记》：巴尔喀什湖以东以南44万多平方公里领土。

（4）19世纪80年代《改订条约》以后五个勘界议定书：西北部7万多平方公里领土。

典例精析

马克思说："在第二次鸦片战争中，俄国不花费一文钱，不出动一兵一卒，而能比任何一个参战国得到更多的好处。"这句话指的是俄国在第二次鸦片战争期间（　　　）

A. 取得协定关税特权　　　　　　　　B. 掠夺圆明园大量珍宝

C. 获取中国大量赔款　　　　　　　　D. 割占中国大片领土

【专家点评】注意关键词"第二次鸦片战争期间"，以及对马克思话语的理解，俄国得到更多的好处，暗指俄国是割占中国领土面积最大的列强。它是在"不花费一文钱，不出动一兵一卒"的情况下，通过趁火打劫、威逼胁迫等手段获取了大片领土。

【答案】D

3. 战争引发的抗争——太平军抗击洋枪队

（1）太平天国（1851~1864）农民阶级运动。

爆发：1851年在广西桂平金田村。

领导人：洪秀全。

都城：1853年占领南京，改名天京，定为都城。

（2）1860年，清朝地方官员和英法侵略者相勾结，雇佣美国人华尔组织"洋枪队"，镇压太平军。

（3）太平军痛打洋枪队

青浦战役：1860年，李秀成率领太平军大败洋枪队。

慈溪战役：1862年，击毙洋枪队头目华尔，大败洋枪队。

（三）左宗棠收复新疆

1. 背景：中国西北边疆出现危机

（1）阿古柏入侵新疆：19世纪60年代，中亚浩罕国陆军司令阿古柏率兵侵入新疆，占领喀什噶尔。阿古柏擅自宣布建国,自立为汗,攻占天山南路各城,又攻占乌鲁木齐和吐鲁番等地,把侵略势力扩展到北疆。

(2)1871 年俄国出兵侵占伊犁。

2. "海防"与"塞防"之争

李鸿章主张放弃西北塞防,保东南海防;左宗棠提出"不能扶起东边却倒西边",主张"海防"与"塞防"并重,力主收复新疆。

3. 左宗棠收复新疆

(1)1875 年,清政府任命左宗棠为钦差大臣,督办新疆军务。

(2)战略方针"先北后南,缓进急战"。

(3)1878 年,打败阿古柏,收复了除伊犁以外的新疆地区。

(4)19 世纪80 年代,通过外交努力,中俄签订《伊犁条约》,中国收回伊犁,但是损失了中国西部的一块土地和大量赔款。

(5)1884 清政府在新疆设立行省。

4. 意义:巩固了祖国的西北塞防,捍卫了祖国的领土和主权

收复新疆的胜利,捍卫了祖国领土的完整,显示了中华民族抵抗外侮的决心和力量,遏制了英、俄掠夺我国西北边疆的野心。

(四)中日甲午战争(1894～1895)

1. 日本发动甲午战争

(1)原因:日本帝国主义为吞并朝鲜,入侵中国而蓄意挑起的战争。

(2)经过

①1894 年,日本出兵朝鲜,发动侵华战争。

②1894 年9 月,日本舰队袭击中国北洋舰队,爆发黄海大战。民族英雄邓世昌奋勇作战,壮烈殉国。此战后,日本舰队控制了黄海制海权。

③日本海陆两军进攻辽东,侵占辽东半岛。旅顺陷落,日本对旅顺和平居民进行野蛮大屠杀。

④进攻山东威海卫,北洋舰队全军覆没。

2. 中日《马关条约》的签订

(1)签订时间:1895 年。

(2)双方代表:李鸿章和伊藤博文。

(3)内容:①清政府割辽东半岛、台湾岛、澎湖列岛给日本;②赔偿日本军费白银2 亿两;③允许日本在中国开设工厂;④增辟通商口岸等。

(4)影响:大大加深了中国半殖民地化程度。

(五)八国联军侵华战争(1900～1901)

1. 义和团运动

(1)原因:帝国主义对中国侵略的加剧,民族矛盾空前激化。

(2)斗争对象:帝国主义侵略势力。

(3)运动中心:京津地区。

（4）主要战役：廊坊战役。

（5）在清政府和八国联军的联合镇压下失败了。

（6）性质及意义：是一场反帝爱国农民运动，粉碎了帝国主义瓜分中国的阴谋。

2. 八国联军侵华战争

（1）爆发：1900年6月，为镇压义和团反帝爱国运动，英、美、俄、日、法、德、意、奥八国联军两千多人，在英国海军司令西摩尔率领下由天津向北京进犯。

（2）主要侵略罪行：夺取大沽炮台，攻占天津；1900年8月，攻占了北京（第二次遭受洗劫）；镇压义和团运动。

（3）结果：1901年清政府被迫与英、美、俄、日、法、德、意、奥等11个国家签订《辛丑条约》。

内容：①经济上，清政府赔偿白银4.5亿两，以海关税收作保；②政治上，清政府保证严禁人民参加反帝活动；③军事上，清政府拆毁大沽炮台，允许帝国主义国家派兵驻扎北京到山海关铁路沿线要地；④外交上，划定北京东交民巷为使馆界，允许各国驻兵保护，不准中国人住。

影响：①给中国人民增加了新的沉重负担，严重损害了中国的主权。②清政府完全成为帝国主义统治中国的工具，中国完全沦为半殖民地半封建社会。

真题再现

简述《辛丑条约》的主要内容。

【专家点评】本题是对《辛丑条约》主要内容的考查。回答本题要注意与《南京条约》《马关条约》等内容的区别，以免混淆。

【答案要点】（1）经济上，清政府赔偿白银4.5亿两，以海关税收作保；

（2）政治上，清政府保证严禁人民参加反帝活动；

（3）军事上，清政府拆毁大沽炮台，允许帝国主义国家派兵驻扎北京到山海关铁路沿线要地；

（4）外交上，划定北京东交民巷为使馆界，允许各国驻兵保护，不准中国人住。

二、近代化的探索

（一）洋务运动

1. 背景：经历两次鸦片战争和太平天国运动的打击，清政府的统治内外交困。

2. 时间：19世纪60～90年代。

3. 目的：师夷长技以自强，即利用西方先进技术，富国强兵，维护清朝的统治。

4. 代表人物：地主阶级洋务派。

中央——奕䜣；地方——曾国藩、李鸿章、左宗棠、张之洞。

5. 口号：前期"自强"；后期"求富"。

6. 洋务运动主要活动

（1）前期"自强"为口号，创办军事工业。目的是武装军队。

曾国藩的安庆内军械所，是中国近代第一个兵工厂。

曾国藩，李鸿章在上海创办的江南制造总局，是洋务派开办的最大近代军事工业。

左宗棠在福州马尾创办的福州船政局,是近代第一个交通企业,也是当时远东第一大船厂。

(2)后期"求富"为口号,创办民用工业。(原因:辅助军事工业)

李鸿章在上海创办轮船招商局(中国近代第一个轮船公司)。

张之洞创办湖北织布局,汉阳铁厂(中国近代第一个钢铁厂)。

(3)创办新式学堂,培养人才,培养了一批近代外交、军事、科技人才。1862年,成立京师同文馆,是中国近代第一所新式学堂。

(4)筹划海防,筹建南洋、北洋、福建三支海军。

(5)设立翻译馆,选派留学生出国深造。

7.洋务运动的破产:标志是甲午中日战争中,北洋舰队全军覆没。

8.洋务运动评价

这是一次失败的封建统治者的自救运动。洋务派的主观目的是维护封建统治,而不是把中国引向资本主义。它没有使中国富强起来,但引进了西方先进的科学技术,使中国出现了第一批近代企业,为中国近代企业积累了生产经验,培养了技术力量,在客观上为中国民族资本主义的产生和发展起到了促进作用,为中国的近代化开辟了道路。

(二)戊戌变法

1.维新思想的传播

(1)背景:中华民族危机空前严重和中国民族资本主义的发展。

(2)主要领导:康有为、梁启超。

(3)公车上书

经过:《马关条约》签订后,康有为、梁启超邀请参加科举考试的举人联名上书光绪帝,反对同日本议和,请求变法图强。

意义:揭开了维新变法运动的序幕。

(4)维新派政治团体:强学会;把《万国公报》改名为《中外纪闻》作为机关报。

2.百日维新

(1)时间:1898年6~9月。

(2)内容

政治:改革政府机构,裁撤冗吏,任用维新人士,有利于资产阶级参与政权。

经济:鼓励私人兴办工矿企业,有利于中国资本主义的发展。

文化:兴办新式学堂,翻译西方书籍,有利于西方科学技术的传播。传播维新思想,创办报刊,开放言论,有利于资产阶级思想传播。

军事:训练新式军队等。

(3)历史意义

①戊戌变法是一次资产阶级性质改革。资产阶级维新派要求实行有利于发展资本主义的政策,逐步变封建专制制度为资本主义君主立宪制度,在当时是符合中国历史发展趋势的。

②戊戌变法又是一次爱国救亡的政治运动。在帝国主义侵略日益加深,瓜分危机迫在眉睫的紧要关

头,资产阶级维新派为挽救民族危机,发展资本主义,并指出变法的首要目的是救亡图存。这对于激发人民的爱国思想和民族意识,起了重要作用。

③戊戌变法同时也是近代中国第一次思想解放潮流。它虽然失败了,但是它所宣传的资产阶级思想,却引起了更多的人了解和接受资产阶级维新思想,更多有识之士开始思索救国救民之路,因此,客观上起到了思想启蒙的作用,它是近代首次思想解放运动。

3. 戊戌政变

(1)1898年9月21日,慈禧太后发动政变,变法失败。

(2)戊戌六君子:维新派人士谭嗣同、杨锐、林旭、杨深秀、刘光第、康广仁被称为"戊戌六君子",六人均遭清政府杀害。

真题再现

甲午中日战争以后,资产阶级维新派为推进变法维新,主张(　　)

A. 改革政治体制　　　　B. 自强求富　　　　C. 师夷长技以制夷　　　　D. 中体西用

【专家点评】戊戌变法是一次资产阶级性质改革。资产阶级维新派要求实行有利于发展资本主义的政策,逐步变封建专制制度为资本主义君主立宪制度。自强求富、师夷长技以制夷和中体西用是洋务运动的口号。

【答案】A

(三)辛亥革命

1. 背景

阶级矛盾和民族矛盾的激化。

2. 孙中山创建革命党

(1)兴中会

成立:1894年,美国檀香山。

性质:中国第一个资产阶级革命团体。

(2)中国同盟会

成立:1905年,日本东京。

性质:中国第一个全国规模的资产阶级革命政党。

机关刊物:《民报》。

革命纲领:"驱除鞑虏,恢复中华(推翻清朝统治,废除君主专制,阐释为民族),建立民国(建立民主共和国,阐释为民权),平均地权(改革土地制度,阐释为民生)"。"民族""民权""民生"三大主义,合称三民主义,它是孙中山领导辛亥革命的指导思想。

革命目标:推翻清朝统治,建立资产阶级民主共和国。

3. 武昌起义

1911年10月10日晚,新军中的革命党人。武昌起义成功带来的影响:仅一个月左右,全国就有十几个省宣布脱离清政府独立,清朝的统治名存实亡。

4.中华民国的成立

时间:1912年1月1日。

地点:南京,孙中山就任临时大总统。

《中华民国临时约法》:有资产阶级共和国宪法性质。

5.结果

辛亥革命的果实被袁世凯窃取了。袁世凯建立起北洋军阀统治。中国仍是半殖民地半封建社会。

6.意义

辛亥革命推翻了清朝的统治,结束了我国两千多年的封建帝制,使民主共和观念深入人心。

(四)新文化运动

1.背景:①西方民主、平等、自由、博爱思想传播。②袁世凯定"孔教"为国教。新旧思潮发生激烈冲突。

2.开始标志:1915年,陈独秀在上海创办《新青年》。

3.代表人物:陈独秀、李大钊、鲁迅、胡适。

4.旗帜(口号):"民主"与"科学"。

5.内容

(1)前期,宣传资产阶级文化,四"提倡"四"反对":提倡民主,反对独裁专制;提倡科学,反对迷信盲从;提倡新道德,反对旧道德;提倡新文学,反对旧文学。

(2)后期,宣传十月社会主义革命和马克思主义。李大钊在《新青年》上发表了《庶民的胜利》和《布尔什维主义的胜利》。为扩大马克思主义的宣传,李大钊在北京创办《每周评论》。

真题再现

《史学要论》一书是在中国传播马克思主义唯物史观的开山之作,作者是( )

A.陈独秀　　　　　B.李大钊　　　　　C.郭沫若　　　　　D.范文澜

【专家点评】李大钊是中国最早接受和传播唯物史观的先驱,是中国马克思主义史学的创始人之一,《史学要论》一书正是最集中地、系统地反映了他的史学观。

【答案】B

6.评价

(1)性质:新文化运动是进步知识分子在思想领域发动的一次空前的思想大解放运动。

(2)积极作用:它批判封建专制思想,启发着人们追求民主和科学,探索救国救民的真理,为马克思主义在中国的传播创造了条件。

(3)局限性:新文化运动中也有对东西方文化绝对否定或绝对肯定的偏向。

三、新民主主义革命的兴起

(一)五四爱国运动和中国共产党成立

1.五四运动

(1)导火线:巴黎和会上,中国外交的失败。

辛亥革命后,中国的社会性质没有改变,中国仍没有摆脱贫穷和落后,中国的综合国力仍然很弱。所以,在一战中,中国即便是战胜国,仍然摆脱不了主权被侵略的命运。

(2)经过

①爆发:1919年5月4日,在北京爆发,主力是北京大学生。

②发展:全国各地学生支援北京学生的反帝爱国斗争。

③高潮:6月,上海工人罢工、商人罢市,支援北京学生的斗争。

(3)口号:"外争国权,内除国贼""废除二十一条""拒绝在对德和约上签字"。

(4)结果:取得三大初步胜利:北洋政府被迫释放被捕的学生;罢免曹汝霖等卖国贼的职务;拒绝在对德和约上签字。

(5)意义:五四爱国运动,是一次彻底地反帝反封建的爱国运动,是中国新民主主义革命的开始。

(6)"五四"精神是忧国忧民,不屈不挠,乐于奉献的精神。

(7)五四运动与中共成立的关系

①五四运动促进了马克思主义的传播,为中共成立奠定了思想基础。

②五四运动中资产阶级开始登上政治舞台,马克思主义与工人运动相结合,为中共成立奠定了阶级基础。

③五四运动中,中国先进知识分子(如陈独秀、李大钊等)起了重要作用,不久共产党早期组织成立,为中共成立奠定了组织基础。

2. 中国共产党的成立

(1)时间:1921年7月23日,中共一大召开。

(2)地点:上海(最后一天转移到嘉兴南湖的一艘游船上)。

(3)参加代表:毛泽东、董必武、李达等13人。

(4)中共一大的内容:①通过第一个党纲,确定党的奋斗目标是实现共产主义。②中心任务是领导工人运动。③选举陈独秀为中央局书记。

(5)中共一大召开的历史意义:标志中国无产阶级的先锋队——中国共产党的诞生。中国共产党不仅代表着工人阶级的利益,而且代表着整个中华民族的利益,它的诞生是中国历史上开天辟地的大事。自从有了中国共产党,中国革命的面貌就焕然一新了。

(二)北伐战争

1. 孙中山创办黄埔军校

(1)时间:1924年5月。

(2)地点:广州黄埔。

(3)全称:中国国民党陆军军官学校。

(4)人物:蒋介石任校长,周恩来任政治部主任。

(5)办学宗旨:为建立国民革命军培养军事政治人才。

(6)办学原因:孙中山始终没有自己的革命军队,过去革命依靠的是会党、新军和各派军阀,这也是革命失败的原因之一,所以他希望黄埔军校创建革命军,挽救中国的危亡。

2. 北伐战争

(1)北伐目的:为了打倒帝国主义列强,推翻北洋军阀的统治,统一全国。

（2）北伐对象：吴佩孚、孙传芳、张作霖三派军阀。

（3）北伐军总司令：蒋介石。

（4）开始时间：1926年7月，誓师北伐。

（5）主战场：湖南、湖北。

（6）经过：经过汀泗桥、贺胜桥、武昌战役，消灭了吴佩孚主力。后来，消灭了孙传芳的主力。

（7）结果：北伐出师不到半年，从珠江流域打到长江流域，声势震动全国。1927年初，国民政府从广州迁到武汉。

（8）北伐胜利进军的原因：①建立黄埔军校，创建国民革命军。②国共合作，成功有力推动北伐战争的进行。③共产党员和共青团员英勇善战，冲锋在前。

（9）国民革命失败的标志：1927年，蒋介石（发动四一二政变）、汪精卫叛变革命，大肆屠杀共产党人和国民党左派。

（10）1927年4月，蒋介石建立了南京国民政府，代表大地主大资产阶级的利益，国共第一次合作破裂。后来，南京政府统治了全国。

（11）国民革命运动失败的原因：帝国主义联合支持国民党右派突然发动反革命政变，反革命的力量大大超过了革命的力量。

真题再现

1927年5月，中国出现了多个政权并存的局面，有（　　）

①北京政府　②南京政府　③武汉政府　④苏维埃政府

A.①②③　　　　　　B.①②④　　　　　　C.①③④　　　　　　D.②③④

【专家点评】在此期间出现有北京政府、南京政府和武汉政府，中国最早的苏维埃政府是湖南汝城县苏维埃政府，成立时间是1927年9月。

【答案】A

（三）星星之火，可以燎原

1.南昌起义

（1）背景：国民党右派叛变革命后，对共产党和国民党左派进行血腥屠杀。

（2）时间：1927年8月1日。

（3）领导：周恩来、贺龙、朱德等。

（4）意义：打响了武装反抗国民党反动统治的第一枪，开始了中国共产党独立领导武装革命斗争的新阶段。

2.秋收起义

（1）背景："八七"会议后，党中央派毛泽东回湖南领导秋收起义。

（2）地点：湘赣边界。

（3）经过：秋收起义在湘赣边界爆发，开始攻占县城，损失严重，放弃攻打长沙的计划，向敌人统治力量薄弱的农村进军，到达井冈山。

(4)意义:建立了中国第一个农村革命根据地——井冈山革命根据地,开辟了一条具有中国特色的革命道路。

3.井冈山会师

1928年,朱德、陈毅率部队到达井冈山与毛泽东领导的工农革命军会师,改编为中国工农红军第四军,简称"红四军",是中国革命第一支坚强的队伍。

4.南昌起义、秋收起义的意义

①是中国共产党独立领导革命战争的开始。②是中国革命从城市转入农村,创建人民军队,建立农村革命根据地的开始。

5.从南昌起义,秋收起义得到的教训

必须把工作重点从城市转入农村。

典例精析

我党从南昌起义、秋收起义中得出的最突出的教训是(　　)

A.必须武装反抗国民党的反动统治

B.必须建立人民政权

C.必须把工作重点从城市转移到农村

D.必须建立一支新型的人民军

【专家点评】教训很多:包括武装反抗国民党,拥有自己的新型武装(党指挥枪),工作重心需转移至统治阶级薄弱的农村,但最重要的最突出的是工作重心的转移,工作重心与指导思想的联系最为紧密,能最直接地反映党的指导思想。

【答案】C

(四)红军不怕远征难

1.红军长征的原因:红军第五次反"围剿"失败,被迫进行战略转移。

2.遵义会议

(1)内容:集中全力解决李德、博古等人在军事上和组织上的指挥错误,取消了博古在军事上的指挥权,肯定毛泽东的正确主张,会后确定军事上由毛泽东、周恩来等负责指挥。

(2)意义:确立毛泽东为核心的党中央的正确领导,挽救了党,挽救了红军,挽救了革命,是党史上生死攸关的转折点。

3.长征经过:中共中央和中央红军1934年10月从江西瑞金(中央革命根据地)出发,突破四道封锁线,渡过湘江,强度乌江,攻占遵义,召开遵义会议,四渡赤水,打乱了敌人的追剿计划,巧渡金沙江,跳出了敌人的包围圈,强渡大渡河,飞夺泸定桥,爬雪山,过草地,到达陕北吴起镇(1935年10月)与陕北的红军胜利会师。1936年10月,红军三大主力(红一、红二、红四方面军)在甘肃会宁会师,宣告长征胜利结束。

4.长征胜利的意义:①粉碎了国民党反动派消灭红军的企图。②保存了党和红军的基干力量。③使中国革命转危为安。

四、中华民族的抗日战争

(一)难忘九一八

1.日本帝国主义侵略中国的加剧

(1)九一八事变

经过:日本关东军炸毁南满铁路柳条湖的一段路轨,反诬中国军队破坏,以此为借口,炮轰我国东北军驻地北大营,占领沈阳城。

影响:蒋介石不抵抗政策,导致东北三省迅速沦陷。但不愿撤走的东北军和东北人民组织了抗日义勇军,中国共产党派杨靖宇等在东北组织游击队,中国人民的局部抗战开始了。

(2)伪满洲国建立。1932年日本扶植溥仪在长春建立伪满洲国傀儡政权。

(3)华北局势危急。

2.西安事变

(1)背景

①日军进一步侵略华北,使中日民族矛盾上升为主要矛盾,中华民族到了生死存亡关头。

②中国共产党提出建立抗日民族统一战线的主张。

③张学良、杨虎城出于爱国热情接受了中国共产党的主张,停止进攻红军,并要求蒋介石联共抗日。

④蒋拒不接受,并亲临西安督战,致使张学良、杨虎城处于"抗日不能,剿共不愿,苦谏无效"的境地。

(2)目的:逼蒋联共抗日。

(3)经过:1936年12月12日,张学良、杨虎城扣押了蒋介石,实行"兵谏",通电全国,要求停止内战,联共抗日,这就是西安事变,又称"双十二事变"。

(4)和平解决的意义:西安事变和平解决成为扭转时局的关键。这标志着十年内战基本结束,抗日民族统一战线初步形成,标志着国共两党第二次合作初步形成。

(二)"宁为战死鬼,不做亡国奴"

1.卢沟桥事变:又称七七事变

(1)时间:1937年7月7日。

(2)卢沟桥战略位置:处于平汉铁路上的卢沟桥,成为北平通往南方及其他地方的唯一通道,成为中日必争之地。

(3)英雄壮举:第二十九军副军长佟麟阁,一三二师师长赵登禹在指挥作战中壮烈殉国。

(4)事变影响:标志全国性抗日战争的开始。

2.抗日民族统一战线正式形成

背景:民族危机空前严重。

国共两党第二次合作成功,抗日民族统一战线正式建立。

工农红军改编为八路军、新四军,奔赴抗日战场。

3.南京大屠杀

攻占南京之前,为逼国民政府投降,日军发动了"八一三事变"大举进攻上海。

1937 年 12 月,日军占领南京,烧杀抢掠,无恶不作,在占领南京六周内,屠杀南京居民和放下武器的士兵达 30 万人以上。

南京大屠杀给人类的启示:珍惜生命,反对战争;反对战争,争取和平。

当今日本右翼势力企图抹杀真相的目的:这种行为表明他们不但没有诚意反省战争罪恶,而且企图使日本军国主义复活;日本右翼势力这种歪曲、否定历史的行径,严重伤害了被侵略国人民的感情,不利于亚洲和世界的和平与稳定;应引起我们对军国主义复活的高度警惕。

真题再现

1937 年,一位学者在《呐喊》中写道:"我相信中国文化界的优秀分子,以前没有一个不憎恶战争的,现在没有一个不讴歌战争的。"这件事发生的背景是(   )

A. 二七惨案　　　　B. 四一二事变　　　C. 五卅惨案　　　D. 八一三事变

【专家点评】从题干中的时间 1937 年,可得知该事件发生的背景是八一三事变。二七惨案发生在 1923 年,四一二事变发生在 1927 年,五卅惨案发生在 1925 年。

【答案】D

(三)血肉筑长城

1. 抗日战争时期中国军队抗击日军的三次重要战役

(1)平型关大捷:太原会战中,山西平型关,八路军一一五师。是中国抗战以来的第一次大捷。

(2)台儿庄战役:徐州会战中,山东台儿庄,李宗仁指挥。中国军队取得抗战以来的重大胜利。

(3)百团大战

原因:为粉碎日军的"囚笼"政策,增强抗日根据地军民抗战胜利的信心。

经过:八路军一百多个团,在彭德怀的指挥下,在华北两千多公里的战线上,向日军猛烈攻击,取得辉煌的战绩。

意义:抗战以来中国军队主动出击日军的最大规模的战役。

2. 中共"七大"

(1)召开:1945 年 4 月,延安。

(2)主要内容

①大会主要讨论夺取抗战胜利和胜利后中国将走什么道路的重要问题。

②毛泽东在会上作了《论联合政府》的报告。制定了党的政治路线:放手发动群众,壮大人民力量,在中国共产党的领导下,打败日本侵略者,解放全国人民,建立一个独立、自由、民主、统一、富强的新中国。

③通过新党章,确立毛泽东思想为党的指导思想。

(3)意义:为争取抗战胜利和实现中国光明前途准备了条件。

3. 抗日战争的胜利

1945 年 8 月 15 日,日本无条件投降,中国八年抗战取得胜利。台湾也回到祖国的怀抱。

(1)促使日本投降的因素:8 月美国向广岛、长崎投下两颗原子弹;苏联红军出兵中国东北;中国军民大反攻(毛泽东发出"对日寇的最后一战")。

（2）胜利的原因

①国共两党的合作与抗日民族统一战线的建立,中华民族实行团结抗战。

②坚持实行全面抗战路线即人民战争路线,中国共产党领导的八路军、新四军等抗日武装,开展游击战争,建立敌后抗日根据地,成为全民族抗战的中流砥柱。

③国民政府在正面战场的对日作战,对粉碎日军速战速决的方针,牵制日军起了作用。

④中国人民的抗战是世界反法西斯战争的重要组成部分,得到了国际上反法西斯国家的援助。

⑤得到了爱国华侨和国际友人的大力援助。

（3）抗日战争胜利的意义

①抗日战争是近代史上中国人民反对外敌入侵第一次取得完全胜利的民族解放战争,扭转了屡战屡败的局面,洗刷了近代以来的民族耻辱,成为中华民族由衰败到振兴的转折点。

②中国人民坚持抗战,牵制了日军大部分陆军和大量空军,是世界反法西斯战争的重要组成部分。中国人民为世界反法西斯战争的胜利作出了重要贡献。

③中国人民在战争中付出了巨大的民族牺牲,为战胜和消灭法西斯、维护世界和平和人类尊严,作出了不可磨灭的历史作用。

典例精析

中国近代反抗外国侵略的斗争曾经屡遭失败,这一局面彻底扭转的标志是(　　　)

A. 北伐战争胜利　　　　　　　　B. 抗日战争胜利

C. 中华人民共和国成立　　　　　D. 抗美援朝战争胜利

【专家点评】本题重在考查对重大事件理解辨析能力。彻底扭转一百多年来中国人民反抗外国侵略斗争的屡败局面是在抗日战争胜利后。而中华人民共和国成立是真正结束帝国主义、封建主义和官僚资本主义三座大山压迫,建立起独立自主的主权国家。B项是正确的。

【答案】B

五、人民解放战争的胜利

（一）内战烽火

1. 重庆谈判

（1）谈判的背景:国共两党影响政局,中共要求和平,国民党却想独裁。

（2）谈判的目的

蒋介石邀请毛泽东重庆谈判的目的:为了赢得准备内战的时间,欺骗人民。

毛泽东谈判的目的:为了争取国内和平,戳穿蒋介石假和平的阴谋。

（3）重庆谈判:1945年8月,重庆。

（4）中共谈判代表:毛泽东、周恩来、王若飞。

（5）谈判的结果:国共双方签订了《双十协定》,又称《会谈纪要》。

2. 全面内战的爆发

标志:1946年6月,国民党进攻中原解放区。

中共作战原则:集中优势兵力,各个歼灭敌人。

中共作战战术:运动战。

结果:粉碎国民党全面进攻。

3.转战陕北

1947年,国民党军队大举进攻陕甘宁解放区,中共中央在毛泽东、周恩来领导下,主动撤离延安,转战陕北,指挥全国各战场作战。

彭德怀、贺龙指挥西北人民解放军采用"蘑菇战术",粉碎了国民党对陕甘宁解放区的重点进攻。

4.挺进大别山

1947年6月,刘伯承、邓小平率晋冀鲁豫解放军主力挺进大别山。

意义:揭开人民解放军战略进攻的序幕,严重地威胁国民党统治中心——南京和湖北重镇——武汉。

(二)战略大决战

1.三大战役的胜利

(1)1948年9月~1949年1月人民解放军发动了举世闻名的辽沈、淮海、平津三大战役。

辽沈战役:林彪、罗荣桓率东北人民解放军,首先占领锦州,截断敌人向关内的退路,解放了东北全境。

淮海战役:刘伯承、陈毅、邓小平、粟裕、谭震林等率领华东解放军和中原解放军,为解放长江以南各省奠定了基础。

平津战役:华北和东北人民解放军合力进行平津战役。在人民解放军强大的军事力量面前,在中国共产党政策的感召下,国民党军队总司令傅作义,接受和平改编,北平得到和平解放,使北平人民避免了战火的摧残,又较好地保存了历史名城北平的古迹和文物。平津战役胜利使华北全境基本解放。

(2)影响:三大战役共歼灭和改编国民党军队150余万人,国民党主力基本被消灭,大大加速了人民解放战争在全国的胜利。

2.百万雄师过大江(渡江战役)

(1)三大战役后,国民党军队的主力基本被消灭,人民解放战争在全国范围的胜利已成定局。1949年4月,中国人民解放军分三路渡江作战。解放军百万雄师横渡长江,战线东起江苏江阴、西至江西湖口,摧毁国民党的长江防线。

(2)1949年4月23日,南京解放,标志着统治中国22年之久的南京国民政府的垮台。

(3)意义:埋藏了蒋家王朝,捍卫了国家领土和主权的独立和完整,维护了国家的统一。

3.人民解放战争胜利的原因

中共中央制定了正确的战略战术;广大人民群众的大力支持;中国人民解放军的英勇杀敌。

六、近代经济和社会生活

(一)中国近代民族工业的发展

1."状元实业家"张謇

张謇是近代中国最著名的民族企业家之一。甲午战争后,主张"实业救国",1899年放弃高官回乡创办大生纱厂等一系列企业。

2.中国近代民族工业的曲折发展

(1)洋务运动到清朝末年,出现了些民族工业萌芽,但这些民族工业往往受到封建制度的阻碍,难以生存和发展。

(2)辛亥革命的成果,冲击了封建制度,使民族资产阶级一度受到鼓舞。一战期间,帝国主义国家忙于战争,暂时放松对中国经济的掠夺,中国民族工业得到了一个发展的机会,进入了"黄金时代"。

(3)一战后,帝国主义经济实力卷土重来,特别是日本帝国主义的侵略,使民族工业再度受挫。抗战胜利后,由于国民党发动的内战和官僚资本主义的压迫,民族工业没能得到很好的恢复。

真题再现

一则报纸广告中有"真正国货""请国民每年挽回四千五百余万之权利"等字样。这则广告反映了(　　)

A.洋务运动兴起　　　　　B.实业救国热潮

C.工人阶级诞生　　　　　D.近代企业产生

【专家点评】由题干中的信息可以得知,这则广告反映了主张以兴办实业拯救中国的社会政治思想。

【答案】B

3.中国近代民族工业发展特征

(1)在帝国主义、封建主义、官僚资本主义三座大山的夹缝中求生存,发展比较落后。

(2)集中在轻工业部门,地区之间发展不平衡。

(3)发展进程艰难曲折。

(二)社会生活的变化

1.近代交通通讯

19世纪初轮船、火车传入中国。

19世纪70年代后,中国开始架设有线电报。

作用:大大便利了交通运输,一方面有利于经济文化交流,促进商品经济的发展,进一步冲击了自给自足的自然经济;另一方面与之相伴随,它更便利了帝国主义列强对中国的进一步掠夺。但从根本上说,中国社会生活的这些变化顺应了人类社会发展的历史潮流,是一种历史的进步。

2.文化生活的变迁

(1)西方发明的照相和电影也传入我国

照相术:19世纪40年代传入中国。

电影:1905年中国人自己拍摄的第一部影片是《定军山》,揭开了中国电影事业的序幕。第一部有声片是《歌女红牡丹》。《渔光曲》在1935年获莫斯科国际电影节荣誉奖,是中国第一部获得国际奖项的影片。

(2)近代传媒

1872年在上海创办《申报》,是第一份商业性报纸,传媒先驱,被称为"近代史的百科全书"。

1897在上海创办商务印书馆,是近代中国历史最长,规模最大的文化出版机构。

3.社会习俗的变化

辛亥革命后,颁布了剪辫、易服和废止缠足等法令,废除有损人格的跪拜礼,代之以文明简单的鞠躬、握手礼,取消"老爷""大人"之类的称谓,代之以"先生""君"等平等的称呼。

4.工业文明的传入

在改造着中国社会的物质文明的同时,中国社会的文化生活和社会习俗也在发生着深刻的变化,但这些深刻的变化也是以我们中华民族沦入半殖民地半封建社会的灾难深渊为代价的。近代中国社会生活的变化,尽管同我们现在的发展相比很有限并且是微不足道的,但它却代表了人类历史文明发展变化的主流趋势和人类社会优秀文化的发展方向。

(三)近代科学技术与思想文化

1.科技

1905~1909年,詹天佑修建京张铁路("人"字形路轨)。意义:这是中国人自行设计和施工的第一条铁路干线。

侯德榜,20世纪爱国化学家,撰写《制碱》,探索出了新的制碱工艺"侯氏制碱法",为中国及世界化学工业作出贡献。"红三角"牌纯碱荣获万国博览会金质奖。

2.思想

魏源,生活在鸦片战争时期,编《海国图志》一书,介绍了南洋、欧美各国的历史地理,目的是"师夷长技以制夷"。

严复,戊戌变法时期资产阶级启蒙思想家,他认为要救国,只有效法西方,推行维新改革。《天演论》是他译著的书中影响最大的,书中阐述了"物竞天择,适者生存",是生物进化论和"世道必进,后胜于今"的社会进步论的思想。在当时的中国起到了打击封建势力,对当时中国的知识界起了资产阶级思想启蒙的作用,为戊戌变法提供了思想武器。

3.教育

1898年7月,戊戌变法期间,光绪帝下令开办京师大学堂,1912年改称北京大学。它的创办表明近代中国教育改革迈出了重要的一步。1917年,蔡元培出任北大校长,实行教育改革,提出兼容并包的思想。

科举制隋朝创立,但到了近代,随着社会的进步,已完全不能适应时代的需要,张之洞奏请停止科举考试,清政府迫于形势,拟定了《奏定学堂章程》,并于1905年废除了沿用了一千三百多年的科举制度。

4.文艺

文学巨匠鲁迅,代表作《狂人日记》《孔乙己》《阿Q正传》等。

美术大师徐悲鸿,代表作《愚公移山》《田横五百士》《九方皋》等。

人民音乐家聂耳代表作《义勇军进行曲》《毕业歌》《铁蹄下的歌女》等,冼星海代表作《黄河大合唱》《太行山上》等。

郭沫若创作了《屈原》历史剧。

解放区文艺工作者创作小说:赵树理《小二黑结婚》《李有才板话》,丁玲《太阳照在桑干河上》。

第三节　中国现代史

一、中华人民共和国的成立和巩固

（一）中国人民站起来了

1.第一届政治协商会议

（1）召开：1949年9月21日,北平。

（2）内容：制定了新中国的大政方针,通过了《中国人民政治协商会议共同纲领》,选举产生了中华人民共和国中央人民政府委员会,政府主席。确定了国旗、国歌、国都和纪年方式,还决定建立人民英雄纪念碑。这一切都为中华人民共和国的正式成立做好了充分的准备。

（3）第一届政协会议制定的《共同纲领》在当时起到了临时宪法的作用。

（4）第一届政协会议以《义勇军进行曲》为国歌的原因：①《义勇军进行曲》诞生于抗日战争时期,曾经激励了无数中华儿女奋起抗日。②以这首歌曲为国歌,能够时刻激励中国人民居安思危,继承传统,奋发图强。

典例精析

新中国成立初期,政治经济生活的法律依据是（　　）

A.《共同纲领》　　　　　　　　B.七届二中全会决议

C.过渡时期总路线　　　　　　　D.《中华人民共和国宪法》

【专家点评】在1954年第一部宪法颁布之前,《共同纲领》具有临时宪法性质,是新中国政治经济生活的法律依据。

【答案】A

2.开国大典

时间：1949年10月1日。

主要仪式：向全世界庄严宣告中华人民共和国的成立,向世界宣告旧中国的结束,新中国的诞生,"中国人民站起来了！"

3.中华人民共和国成立的历史意义和影响

（1）是中国历史的伟大转折。中国半殖民地半封建社会历史结束,开始由新民主主义向社会主义过渡。

（2）开辟了历史新纪元。从此中国一百多年被侵略被奴役的历史结束。中国真正成为独立自主的国家,中国人民从此站起来,成为国家的主人。

（3）壮大了世界和平、民主和社会主义的力量。鼓舞了世界被压迫民族争取斗争胜利的信心。

4.西藏和平解放

（1）时间：1951年。

（2）历史意义:标志着祖国大陆获得了统一,实现了除台湾、香港及澳门以外的全国各地区、各民族的大团结、大统一。

（二）抗美援朝

1. 中国人民志愿军参加抗美援朝战争的原因

（1）1950 年夏,朝鲜内战爆发,以美军为主的"联合国军"越过"三八线"一直打到中国边境鸭绿江边;美军飞机入侵中国领空,轰炸扫射中国东北边境城市;侵犯了中国主权,严重威胁着中国安全。

（2）美国派太平洋第七舰队进驻台湾海峡,阻止中国人民解放台湾,公然干涉中国内政。

（3）朝鲜民主主义共和国请求中国出兵援助,中朝唇齿相依,唇亡齿寒。

2. 目的:抗美援朝,保家卫国。

3. 性质:反对侵略的正义战争。

4. 抗美援朝中的英雄人物:黄继光、邱少云。

①英雄们的主要事迹。黄继光用身体挡住了机枪口,使得后续部队能够攻下高地。邱少云为了不暴露目标,忍受着烈火烧身的剧痛,坚持不动,直至壮烈牺牲,保证了整个战斗的胜利。

②中国人民志愿军在抗美援朝战争中表现出了高度的爱国主义、国际主义和革命英雄主义精神。他们不畏艰险,英勇顽强,最终赢得了战争的胜利,为国家和民族赢得了荣誉。

5. 抗美援朝胜利的原因:①志愿军和朝鲜军民的团结一致、英勇战斗是根本原因;②党的英明决策和正确指挥;③志愿军和朝鲜人民的英勇奋斗;④全国人民的大力支援;抗美援朝是正义的反侵略战争。

6. 抗美援朝的历史意义

（1）在中国人民志愿军赴朝作战的同时,国内开展了一个轰轰烈烈的抗美援朝保家卫国运动。这是一场伟大的爱国运动。它极大地提高了我国人民的政治觉悟和生产热情。

（2）保卫了我国的安全,巩固了新生的人民民主政权,为中国的经济建设赢得了一个和平环境,提高了新中国的国际地位和国际威望。

（3）沉重地打击了美帝国主义的侵略政策和战争政策;证明西方侵略者靠武力征服中国的时代过去了,鼓舞了世界被压迫人民争取独立和解放的信心和勇气,对国际局势产生了深远的影响。

（三）土地改革

1. 必要性

（1）解放前,半殖民地半封建的旧中国仍然维持封建土地制度,这种封建土地制度严重阻碍农村经济和中国社会的发展。

（2）新中国成立后,占全国三亿多人口的新解放区还没有进行土地改革,广大农民迫切要求进行土地改革,获得土地。

2.《中华人民共和国土地改革法》

它规定废除地主阶级封建剥削的土地所有制,实行农民土地所有制,借以解放农村生产力,发展农业生产为新中国的工业化开辟道路。

3. 土地改革的意义

①彻底摧毁了我国存在两千多年的封建土地制度,地主阶级也被消灭;②农民翻了身,得到了土地,成为

土地的主人;③这使人民政权更加巩固;④大大解放了农村生产力,农业生产获得迅速恢复和发展,为国家的工业化建设准备条件。

二、社会主义道路的探索

(一)工业化的起步

1. 第一个五年计划(1953 年 ~ 1957 年)

(1)背景:新中国成立后,经过三年的经济恢复,国民经济得到根本好转,工业生产已经超过历史最好水平。但我国的工业发展水平仍然远远落后于发达国家,甚至不如印度。

(2)基本任务:集中力量发展重工业,建立国家工业化和国防现代化的初步基础;相应地发展交通运输业、轻工业、农业和商业;相应地培养建设人才。

(3)成就:到 1957 年底,各项经济指标超额完成。奠定了我国社会主义工业化的初步基础,工业落后的面貌开始改变。

①工业:1953 年底,鞍山钢铁公司大型轧钢厂等三大工程建成投产,到 1956 年,中国第一个生产载重汽车的工厂——长春第一汽车制造厂生产出第一辆汽车;中国第一个飞机制造厂试制成功第一架喷气式飞机;中国第一个制造机床的工厂——沈阳第一机床厂建成投产。

②交通运输业:1957 年,武汉长江大桥建成,连接了长江南北的交通。川藏、青藏、新藏公路修到"世界屋脊",密切了祖国内地同边疆的联系,也便利了经济文化的交流。

③在一五计划期间,我国以苏联帮助兴建了 156 个项目为中心,先后施工的项目有一万多个,以鞍山钢铁公司为中心的东北工业基地形成了,沿海地区原有的工业基地得到加强,华北和西北也建立了一批新的工业基地。

(4)意义和影响:使我国开始改变了工业落后的面貌,向社会主义工业化迈进。

典例精析

20 世纪 50 年代中期,新中国建立起社会主义工业化的初步基础,其关键的措施是(　　)

A.没收官僚资本　　　　　　B."一五计划"期间集中力量发展重工业

C.颁布《中华人民共和国宪法》　　D.完成对资本主义工商业的社会主义改造

【专家点评】"一五计划"期间集中力量发展重工业,为我国实现社会主义工业化打下了坚实的基础。建国初期没收官僚资本,从而建立了国营经济。C、D 两项与题干没有直接关系。

【答案】B

2. 共和国第一部宪法

1954 年,第一届全国人民代表大会制定了《中华人民共和国宪法》。宪法规定国家的性质是工人阶级领导的、以工农联盟为基础的、人民民主专政的国家。我国的根本的政治制度是人民代表大会制度,一切权力属于人民。人民行使权力的机关是全国人民代表大会和地方各级人民代表大会。它是我国第一部真正反映人民利益的社会主义类型的宪法。

(二)三大改造

1. 三大改造的内容

对农业、手工业、资本主义工商业的社会主义改造。

（1）对农业的社会主义改造

①原因：土地改革后，农业生产有了恢复和发展。但是我国农业仍然是一家一户分散经营，难以解决生产工具、资金和水利问题，难以抵御自然灾害，影响了农业生产发展，满足不了国家工业化建设的需要。

②形式：建立生产合作社。

③成果：农业合作化的优越性，促进农民踊跃参加合作社，走社会主义道路。1955年，全国掀起农业合作化的高潮，第二年全国绝大多数农户参加了农业生产合作社。促进了农业产生的发展，使农业产量年年增加。

（2）农业合作化运动，推动了手工业的社会主义改造，1956年，百分之九十以上的个体手工业者参加了手工业生产合作社。

（3）公私合营

①形式：资本主义工商业社会主义改造的必经之路是国家资本主义，其主要形式是实行公私合营和全行业公私合营（高级形式的国家资本主义）。

②在改造过程中，国家对资本家占有的生产资料，实行赎买政策。这种赎买政策，为国家对资本主义工商业的社会主义改造找到了一条和平过渡的道路，是中国社会主义改造的创举。

③成果：1956年1月底，全国所有大城市和五十多个中等城市的资本主义工商业者都实行了全行业公私合营。

2．三大改造的完成

①时间：1956年底，国家基本上完成了对农业、手工业和资本主义工商业的社会主义改造。

②意义：促进了生产力的发展，实现了把生产资料私有制转变为公有制的任务，在我国初步建立起社会主义的基本制度，我国进入到社会主义初级阶段。

③缺点：在社会主义改造工作后期，也存在要求过急、工作过粗、改变过快的缺点。

3．三大改造的实质

三大改造实质是我国改变生产资料私有制的深刻社会变革。

（三）探索中的良好开端和失误

1．开端

我国探索社会主义建设的良好开端是中共八大的召开。

（1）背景：国内形势是社会主义改造基本完成以后，我国确立了社会主义制度。但尚未认识到我国仍处在社会主义初级阶段，对如何建设社会主义还没有经验，在这种情况下，中国共产党开始了艰苦的探索。国际形势是20世纪50年代中期，世界经济与科技迅速发展，资本主义国家的经济发展驶入快车道，资本主义经济进入"黄金时期"。

（2）内容：对我国现在所面临的形势进行正确的分析，指出当时中国的主要矛盾是人民对于建立先进的工业国的要求同落后的农业国的现实之间的矛盾，人民对于经济文化迅速发展的需要同当前经济文化不能满足人民需要的状况之间的矛盾。现阶段的主要任务是：集中力量发展社会生产力，实现国家工业化，逐步满足人民日益增长的物质和文化需要。

（3）历史意义：八大制定出全面建设社会主义的正确路线，在探索适合我国国情的社会主义道路上迈出重要的一步，为我国建设社会主义指明了方向，是个良好的开端。

2. 失误

(1)总路线的提出及失误的原因

1958 年,党提出了"鼓足干劲、力争上游、多快好省地建设社会主义"的总路线。总路线反映了广大群众迫切要求改变我国经济落后的愿望,但由于中国刚刚从革命战争转向社会主义建设,党和人民对我国社会主义所处的发展阶段认识不足,对如何建设社会主义缺少经验,又急于求成,忽视了客观的经济规律。

(2)"大跃进"运动和人民公社化运动

①时间:1958 年发动。

②原因:党和人民对我国社会主义所处的发展阶段认识不足,对如何建设社会主义缺乏经验,又急于求成,忽视了经济发展的客观规律。

③表现:以高指标、瞎指挥、浮夸风和"共产"风为标志的"左倾"错误泛滥。

④影响:是党在探索社会主义道路中的一次严重失误,再加上自然灾害等因素,使我国人民遇到了建国以来前所未有的严重经济困难。

⑤教训:搞经济建设要从我国的基本国情出发,不能急于求成。要尊重经济发展的客观规律,按规律办事。

(3)国民经济严重困难及调整恢复

"大跃进"造成国民经济比例严重失调,人民公社化严重损害了农民的利益,影响了他们建设社会主义的积极性,再加上自然灾害等因素,国家和人民面临建国以来前所未有的严重经济困难。为此,1961 年春,党和政府全面调整国民经济,恢复发展生产,经过努力,不久就取得明显成效。

真题再现

"小麦亩产十二万斤""水稻亩产三万斤""大白菜一棵五百斤"这类报道出现在(　　　　)

A. 一五计划时期　　　　　　　　　B. 大跃进时期

C. "文化大革命"时期　　　　　　D. 改革开放时期

【专家点评】由于党和人民对于我国社会主义所处的发展阶段认识不足,对如何建设社会主义缺乏经验,又急于求成,忽视了经济发展的客观规律。大跃进就是超额完成各种计划指标。"跃进"就在于扩大数量。

【答案】B

3. 建设成就和模范人物

(1)建设成就:①主要工业产品都有很大增长,石油工业尤为突出。大庆油田的建成结束了中国靠"洋油"的时代,实现了原油和石油产品的全部自给。②新兴的电子工业、原子能工业、航天工业从无到有地发展起来。

(2)模范人物:广大人民和干部中涌现出大批先进人物,像大庆石油工人王进喜、两弹元勋邓稼先、县委书记焦裕禄、好战士雷锋等。他们为社会主义建设作出了卓越贡献,成为全国人民的楷模。他们的精神品质是热爱祖国、艰苦创业、密切联系群众,全心全意为人民服务。

(四)"文化大革命"

1. 原因

在探索中国建设社会主义的道路上,党内指导思想上的"左倾"错误发展越来越严重。到 20 世纪 60 年代中期,毛泽东错误地认为,党中央出现了修正主义,党和国家面临着资本主义复辟的危险。为此,他想通过发动"文化大革命"来防止资本主义复辟。那时候,林彪、江青、康生一伙野心家别有用心地利用和助长了毛泽东的错误。这就导致了"文化大革命"的发动。

2. 动乱和灾难

(1)动乱:1966年中共中央接连发出开展"无产阶级文化大革命"的决定,成立"中央文革小组",对所谓的刘少奇、邓小平资产阶级司令部进行了错误的斗争。林彪、江青、康生、张春桥等利用"文革小组"名义,趁机煽动"打倒一切,全面内战"。那时候,全国出现了学校停课、工厂停工"闹革命"的动乱局面,一些党政机关受到冲击,广大干部和知识分子遭到严重迫害。

(2)党的历史上最大一起冤案:"文革"期间,国家主席刘少奇遭到迫害,被诬蔑为"叛徒、内奸、工贼",被中央开除出党,并遭非法监禁,迫害致死。

3. 党和人民的斗争

"文化大革命"开始以后,党内老一辈革命家和广大干部群众的抵制和抗争,始终没有停止过。1967年2月前后,老一辈革命家在不同的会议上,对"文化大革命"的错误做法提出了强烈批评,但被诬为"二月逆流"受到压制和打击。

4. 粉碎林彪反革命集团

1970年到1971年间,林彪反革命集团阴谋夺取最高权力,策动反革命武装政变。毛泽东、周恩来机智地粉碎了这次政变,1971年9月13日,林彪等人乘飞机仓皇出逃,在蒙古温都尔汗机毁人亡,这就是"九一三事件"。

5. 动乱中的国民经济

"文化大革命"中推行的一整套"左"的政策,违背了客观经济规律,使国民经济遭受了严重的破坏。但"文化大革命"十年间我国经济建设仍有发展。这一时期经济之所以能有一定发展,是周恩来、邓小平主持中央工作的努力,是广大群众、干部抵制"左"倾错误的结果。

6. 粉碎江青反革命集团

江青反革命集团又被称为"四人帮"。王洪文、张春桥、江青、姚文元在"文化大革命"中相互勾结利用、结成帮派,其目的在于篡党夺权。在林彪反革命集团被粉碎之后,"四人帮"借批林彪把矛头指向周恩来等老一辈革命家,1976年周恩来、毛泽东相继逝世后,"四人帮"加紧夺取党和国家最高领导权的阴谋活动。广大人民为悼念周恩来,反对"四人帮"掀起了"四五运动"遭到"四人帮"的残酷镇压。10月,华国锋、叶剑英等代表中央政治局果断采取措施,一举粉碎江青反革命集团,结束了"文化大革命"这场内乱。

7. 性质

毛泽东错误发动,被林彪、江青反革命集团利用,给党、国家和人民带来严重灾难和损失的内乱。

8. "文化大革命"造成的危害

使国家政权遭到削弱,民主与法制建设遭到践踏;严重摧残了教育、科学和文化事业,阻碍了教育、科技事业的发展;致使国家经济发展缓慢,拉大了中国与世界发达国家之间的差距。

9. 教训和启示

我们必须正确认识国内的主要矛盾;在社会主义初级阶段,我们必须始终坚持以经济建设为中心;必须加强社会主义法制建设,坚持依法治国的方针;必须保持安定团结的政治局面,为经济建设营造良好的国内环境。

三、建设有中国特色社会主义

(一)伟大的历史转折

1.十一届三中全会

(1)背景

①"文化大革命"积累了许多严重的政治问题和社会问题,人们要求纠正"文化大革命"的错误。②当时中央的主要领导人仍然坚持"左"的错误,提出"两个凡是"。③关于真理标准问题的大讨论,解放了人们思想。

(2)内容

①思想上:彻底否定"两个凡是"的方针,重新确定解放思想、实事求是的思想路线。

②政治上:停止使用以"阶级斗争为纲"的口号,作出把党和国家的工作重心转移到经济建设上来,实行改革开放的伟大决策。

③组织上:形成以邓小平为核心的党中央领导集体。

(3)影响

中共十一届三中全会是建国以来党的历史上具有深远意义的转折。它完成了党的思想路线、政治路线和组织路线的拨乱反正,是改革开放的开端。从此,中国历史进入社会主义现代化建设的新时期。

(4)八大和十一届三中全会的比较

①两次会议的相同点:都提出要集中力量发展生产力。

②两次会议的不同点:实施的情况及影响不同。八大后,社会主义建设蓬勃展开,成就显著,但由于"左"倾错误的影响,正确的路线没有得到坚持。十一届三中全会后,我国坚持改革开放,社会主义建设事业取得了迅速发展。

典例精析

中共八大与中共十一届三中全会的共同点是( )

A. 实现国家工业化　　　　B. 重新确立实事求是的思想路线

C. 实行改革开放　　　　D. 确定经济建设为党的中心工作

【专家点评】此题主要考查再认再现历史史实和比较辨析的能力。A只适合中共八大,B和C只适合十一届三中全会,只有D项都适合于两次会议。

【答案】D

2.民主法制建设的加强

(1)背景

"文化大革命"使我国的民主和法制建设遭到了严重践踏,广大人民群众深刻地认识到了加强民主和法制建设的重要性。

(2)成就

1982年颁布了《中华人民共和国宪法》,这是新时期一部比较完备的宪法。此后,又颁布了《中华人民共和国民法通则》和《中华人民共和国刑法》等一系列法律。

（3）意义

反映了我国法制建设取得了伟大成就。广大人民的法制观念不断提高,依法办事逐渐成为了人们的共识,我国正在向依法治国,建设法制国家的道路迈进。

（二）改革开放

1.开端

1978年底,十一届三中全会的召开。

2.含义

改革开放指对内改革,对外开放。

3.对内改革

（1）改革先从农村开始。农村实行家庭联产承包责任制。

①1978年,安徽凤阳小岗村18户农民首先开始将田地包干到户,自负盈亏。家庭联产承包责任制把农民的责、权、利紧密结合起来,克服了以往分配中的平均主义等弊端,农民有了生产的自主权,大大地提高了生产积极性。使农业生产得到了大发展,农村开始富裕起来了。十一届三中全会以后,农村乡镇企业也迅速发展起来,为农村致富和实现现代化开辟了一条新路。

②土地改革、农业合作化、人民公社化运动、家庭联产承包责任制的不同点:土地改革是1950年开始的,没收地主的土地,分给无地或少地的农民耕种。即废除地主阶级封建剥削的土地制度,实行农民的土地所有制。农业合作化是1952年开始的,国家对农业进行社会主义改造,主要是把分散的个体农民组织起来,引导他们参加农业合作社,走集体化和共同富裕的道路。人民公社化运动是1958年在"大跃进"中发展起来的,人民公社是在农业合作社的基础上合并而成的政社合一的社会基层组织。公社的一切财产统一核算,统一分配,社员的自留地、家畜、树木等都为公社所有。家庭联产承包责任制是十一届三中全会后农村在实行土地公有制的前提下,实行分田包产到户,自负盈亏。

（2）在城市对国有企业进行改革。

①开始:从1985年起,城市改革全面开展,重点是国有企业改革。

②主要内容:把原来单一的公有制经济发展为以公有制为主体的多种所有制经济共同发展;国有企业实行政企分开,逐步扩大企业的生产经营自主权,实行经营责任制;实行按劳分配为主多种分配方式并存的制度。1992年,党的十四大提出了建立社会主义市场经济体制的目标,国有企业开始推行公司制、股份制、改组、联合等,国有企业的改革加快了步伐。

③效果:大大调动了企业、职工的积极性,增强了企业的活力,推动了工业的发展。

4.对外开放

（1）对外开放的开始:建立深圳、珠海、汕头、厦门四个经济特区。

（2）对外开放的扩大:开放广州、上海等14个沿海城市,增设海南经济特区,设立上海浦东开发区。浦东开发区已经成为国际化的经济中心和金融中心。

（3）对外开放的格局:形成了"经济特区－沿海开放城市－沿海经济开放区－内地"的全方位、多层次、宽领域的对外开放格局。

真题再现

1980年设立的特区是(　　)

A.深圳　　　　　　B.海南　　　　　C.辽宁大连　　　D.上海浦东

【专家点评】1980年国务院批准深圳、珠海、汕头、厦门四个城市。

【答案】A

5.改革开放的启示

只有社会主义能够救中国,只有改革开放能够发展中国。社会主义现代化建设是一个曲折漫长的过程,要从社会的不断进步和发展中体会到坚持中国共产党领导的重要性,坚定建设有中国特色的社会主义的信念。

(三)建有中国特色的社会主义

1.中国特色社会主义理论的提出

(1)1982年,中共十二大提出建设有中国特色的社会主义。

(2)1987年,中共十三大阐明了明确提出社会主义初级阶段的理论,并制定了党在初级阶段的基本路线。

2.改革开放的总设计师

在中国改革开放和现代化建设中,邓小平解决了什么是社会主义,怎样建设社会主义等一系列基本问题,是马克思主义在中国发展的新阶段,为中国改革开放和现代化建设指明了前进的方向和道路,是中国改革开放的总设计师。

3.1992年,邓小平在南方的讲话

①内容:特区姓"社"不姓"资"。要抓住机遇,发展自己,关键是发展经济。发展才是硬道理。

②影响:进一步解放了人们的思想,对建设有中国特色的社会主义产生了深远影响。

4.邓小平理论指导地位的确立

1992年,中共十四大确立邓小平理论在全党的指导地位,提出建立社会主义市场经济体制。

1997年,中共十五大把邓小平理论写进党章,确立为党的指导思想。

四、民族团结与祖国统一

(一)民族团结

1.党和政府实行民族区域自治的原因

历史传统:秦汉以来,逐渐形成了以汉族为主体的各民族大杂居、小聚居的分布格局。

经济文化:各民族在经济、文化上长期以来取长补短、相互依存、不可分离。

政治利益:近代以来,各族人民在共御外敌、争取国家独立民族解放的斗争中,建立了休戚与共的关系,在根本的政治利益上完全一致。

2.民族政策和原则

民族平等、民族团结和共同发展繁荣的原则。

(1)政治上:实行民族区域自治。(有利于促进祖国统一、民族团结和民族平等,是我国的一项基本国策

1

1

和政治制度。）

（2）经济上：实行各民族共同繁荣，共同发展。

3. 民族区域自治政策的发展过程

（1）新中国成立前夕，中国共产党提出了国内各民族一律平等，在少数民族聚居地区，实行民族区域自治的建议。

（2）社会主义改造开始以后，党和政府根据少数民族的意愿，在少数民族地区进行民主改革或土地改革，建立起各种形式的社会主义经济。

（3）十一届三中全会以后，国家进一步落实民族政策，在民族地区实行改革开放，民族地区的农村也推广了联产承包责任制，并根据本民族地区的实际情况发展地方工业，发展民族经济。

典例精析

建国以来，我国民族团结之花开得异常鲜艳。这主要得益于我国实行了（　　）

A. 改革开放政策　　　　　　　B. 政治协商制度

C. 民族区域自治制度　　　　　D. 依法治国方针

【专家点评】此题考查考生的历史理解和识记能力。民族区域自治为我国基本政治制度之一，对祖国统一、民族平等、民族团结和地区发展具有重大意义。

【答案】C

4. 少数民族地区经济发展情况

藏族百万农奴翻了身，进入社会主义阶段，成为我国五大牧区之一。

内蒙古自治区的莫力达瓦达斡尔族自治旗成了国家商品粮基地。

西双版纳傣族自治州是我国第二橡胶基地。

5. 西藏的发展

（1）西藏和平解放：1951年，西藏和平解放，使祖国大陆实现了统一，各族人民实现了大团结。

（2）第一个五年计划期间，修建了川藏、青藏、新藏三条公路，加强了内地与边疆的联系。

（3）建立了西藏自治区，实行了民族区域自治制度。

（4）1959年初完成了民主改革，废除了封建农奴制度，百万农奴翻身当家做主人，进入社会主义阶段。

（5）实施西部大开发战略，2006年青藏铁路建成通车。

（6）援藏干部：为达到各民族共同发展，中央抽调大批干部支援少数民族地区的建设，山东援藏干部孔繁森，被藏族群众称为"活菩萨"。

（二）香港和澳门回归

1. "一国两制"

（1）提出：改革开放以后，邓小平针对台湾问题提出了"一个国家，两种制度"的构想。目的是从维护祖国和中华民族的根本利益出发，早日完成祖国统一大业，实现祖国的最后统一。

（2）含义：就是在中华人民共和国境内，大陆实行社会主义制度，香港，澳门和台湾实行资本主义制度。全称：一个国家，两种制度；前提：一个中国。

1

1

（3）实行"一国两制"原因："一国两制"正是从历史和现实考虑,一要实现香港、澳门、台湾的主权回归,二要维持香港、澳门、台湾经济的繁荣。

2. 港、澳回归祖国

（1）香港、澳门、台湾问题都是历史遗留下来的,解决这些问题是实现祖国统一,是包括港、澳、台同胞、海外侨胞和祖国大陆全体同胞在内的整个中华民族的共同心愿。香港、澳门在近代史上,分别被英国和葡萄牙占领,分别于1997年和1999年回归祖国。

（2）英、葡政府同意把香港、澳门归还给中国,说明改革开放后,中国经济的迅速发展,综合国力的增强,国际地位的提高。

（3）我国能够对香港、澳门恢复行使主权的原因:中国已成为独立主权的国家;国家统一是中华民族共同的心愿;改革开放使综合国力大大增强;一国两制构想为有关各方所接受。

（4）回归的意义和影响:中国人民洗刷了百年国耻,增强了中国人民的民族自尊心;促进改革开放,我国在完成祖国统一大业道路上迈出了重要一步。

（三）海峡两岸的交往

1. 台湾历史上就是我国领土不可分割的组成部分

（1）三国时,东吴孙权派将军卫温率万人船队到达夷洲（台湾）,加强了台湾与内地的联系。

（2）隋朝隋炀帝三次派人去琉球（台湾）。

（3）元朝时,设置澎湖巡检司管理澎湖和琉球（台湾）。

（4）1661~1662年,郑成功打败荷兰殖民者,收复台湾。

（5）1684年,清政府设置台湾府,隶属福建省,进一步加强了台湾与祖国内地的联系。

（6）1895年,日本通过《马关条约》强迫清政府割让台湾岛和澎湖列岛,台湾人民坚决反对,进行了长期艰苦的反日斗争。

（7）1945年10月,抗战胜利后台湾回到祖国怀抱。

2. 台湾问题的由来

（1）1949年,从祖国大陆败退的国民党蒋介石集团盘踞台湾。

（2）1950年,为了阻止人民解放军解放台湾,美国第七舰队开进台湾海峡。从此,台湾与祖国大陆隔海相望至今。

3. 我国的对台政策

（1）新中国成立后,明确提出要解放台湾。

（2）20世纪50年代中期,又确立了争取用和平方式解放台湾的思想。

（3）改革开放以后,在邓小平"一国两制"的基础上又形成了"和平统一,一国两制"的对台基本方针。

（4）1995年,江泽民又提出了发展两岸关系,促进和平统一的八项主张,成为了新时期推进祖国和平统一的指导思想。

4. 海峡两岸关系的发展

（1）1987年,台湾当局被迫放弃"三不"政策。

（2）1992年,海协会会长汪道涵和海基会会长辜振甫在新加坡举行会谈,两会就"海峡两岸均坚持一个中国的原则"达成共识(即"九二共识")。

(3)20多年来,两岸的经济、文化交流蓬勃发展。

5. 对我国统一台湾的看法(必然性)

(1)从历史角度看,台湾自古以来就是中国领土不可分割的一部分。

(2)从民族角度看,海峡两岸同根同源,完成中华民族的统一大业是全体炎黄子孙的共同心愿。

(3)从现实角度看,海峡两岸日益密切的经济、文化交流符合两岸人民的共同利益。

(4)从法律角度看,《反分裂国家法》的颁布为解决台湾问题提供了法律依据。

(5)从可行性来看,香港、澳门的回归和持续繁荣为统一台湾提供了范例。

6. 香港、澳门问题与台湾问题的区别

台湾问题与香港、澳门问题是存在区别的。港、澳是历史上殖民主义侵略遗留下来的问题,是分别属于中国和英国、中国和葡萄牙之间的问题。台湾问题则是国内战争遗留下来的问题,属于中国的内政,不允许外国干涉,在实行"一国两制"和平解决台湾问题时,台湾可以享有更大一些的自主权,甚至可以保留自己的军队。

典例精析

我国能够恢复对香港、澳门行使主权的各种因素中,最重要的是(　　)

A. 新中国已成为独立的主权国家　　B. 国家统一是中华民族的共同愿望

C. 改革开放使综合国力大大提高　　D. "一国两制"的构想为有关各方接受

【专家点评】综合国力是外交谈判的决定因素,改革开放后我国的综合国力大大增强,从而使我国能够恢复对香港、澳门行使主权。

【答案】C

五、国防建设与外交成就

(一)钢铁长城——新中国国防建设

1. 人民海军建立

(1)新中国成立前夕,第一支海军——华东军区海军建立。建国后,又建立了北海、东海和南海舰队。

(2)1971年,我国自行研制成功导弹驱逐舰、核潜艇等,多次远洋航行,圆满完成了科学考察和对外出访的任务。

(3)20世纪90年代以后,海军现代化水平明显提高,已由水面舰艇部队、潜艇部队、海军航空兵、海军陆战队等多兵种组成,活动范围也逐步扩大。

2. 人民空军建立

(1)人民空军是在陆军基础上建立起来的,刚诞生就接受抗美援朝战争的考验。

(2)早期飞机主要从国外购买,后来逐步走上国产化道路。1956年,我国仿制成功歼5型歼击机。能够装备自制的歼击机、轰炸机、强击机等。

(3)改革开放以来,我国自行研制和引进了一批新型飞机,提升了现代化装备水平。

3. 导弹部队的发展

（1）1957年,中国开始组建战略导弹部队。主要担任核反击任务。

（2）我国导弹部队陆续装备了中程、远程、洲际导弹核武器,还有其他多种型号的导弹,具有较强的战斗力。

（二）新中国外交的主要成就

1. 新中国成立之初,就奉行独立自主的和平外交政策

中华人民共和国成立以后,奉行独立自主的和平外交政策,积极开展外交活动,取得了巨大的成就。

2. 在建国的第一年里,中国同苏联等17个国家建立了外交关系

在建国的第一年,中国同苏联、东欧等17个国家正式建立了外交关系,为恢复经济建设创造了良好的外部环境。

3. 和平共处五项原则

提出:1953年底,周恩来总理接见印度代表团时首次提出。

内容:互相尊重领土主权(后改为:互相尊重主权和领土完整)、互不侵犯、互不干涉内政、平等互惠(后改为:平等互利)、和平共处。

影响:在国际上产生了深远的影响,被世界上越来越多的国家所接受,成为处理国与国之间关系的基本准则。(首先得到印度总理尼赫鲁、缅甸总理吴努的肯定,并发表联合声明。)

4. 周恩来出席万隆会议

万隆会议:1955年在印度尼西亚的万隆召开,是第一次没有西方殖民者参加的亚非国际会议。讨论共同关心的国际问题和亚非国家发展问题。

帝国主义破坏会议,与会各国也存在着不同的国家利益,存在着不同的看法和主张。周恩来提出"求同存异"的方针。这一方针的提出具有重要意义:①促进了会议的圆满成功,②促进了中国同亚洲各国的团结与合作,③使中国赢得与会国的理解和尊重。

5. 中美关系正常化

（1）美国政府对新中国实行封锁禁运、包围威胁的政策,双方敌对的状态长达20多年。

（2）1971年7月基辛格访问中国。1972年2月,美国总统尼克松访华,中美双方在上海签署了《中美联合公报》。

（3）1979年,中美正式建立外交关系。美国承认只有一个中国,台湾是中国的一部分。中美关系走向正常化。

真题再现

"小球转动大球"指的是乒乓外交,这里的"大球"指的是(　　　)

A. 中日关系　　　B. 中英关系　　　C. 中美关系　　　D. 中苏关系

【专家点评】毛泽东1970年邀请美国乒乓球队访华,率先打开了两国人民友好往来的大门。"乒乓外交"成为国际关系史上的一大创举。

【答案】C

6. 中国恢复在联合国的合法席位

1971 年 10 月 25 日,第 26 届联合国大会通过提案,恢复中华人民共和国在联合国的合法席位,恢复中国安理会常任理事国的席位,新中国终于重返联合国。

7. 中日正式建交

1972 年,日本首相田中角荣访华,签署中日联合声明,中日两国正式建立外交关系。

8. 中国承办亚太经合组织会议

2001 年,亚太经合组织领导人非正式会议(简称 APEC 会议)在上海举行。

主题:"新世纪、新挑战:参与、合作,促进共同繁荣"。

内容:讨论全球和地区经济形势,面向新世纪的 APEC 政策框架等问题,通过了《上海共识》。

影响:上海 APEC 会议是中国迄今举行的规模最大、规格最高的多边外交活动。

9. 上海合作组织成立

2001 年,上海合作组织成立,包括中、俄、哈、吉、塔、乌等六个国家。它是第一个以中国城市命名的国际组织,它进一步加强了我国与周边国家的关系。

10. 新中国取得辉煌外交成就的原因和意义

(1)原因:①归功于我国积极灵活的外交政策。②归功于全国人民的共同努力。③归功于我国综合国力的不断提高。

(2)意义:为我国的现代化营造了一个和平的建设环境,加强了我国与世界各国各地区的经贸联系,为我国的改革开放和经济建设奠定了基础。

六、科教文化与社会生活

(一)科教文化

1. "两弹一星"(原子弹、导弹和人造地球卫星)

(1)核技术领域

①1964 年 10 月,我国第一颗原子弹爆炸成功。加强了我国的国防力量,打破了帝国主义的核垄断,对于维护世界和平具有重要意义。

②1966 年 10 月,装有核弹头的中近程对地导弹发射成功,我国有了可用于实战的导弹。

(2)航天技术领域

①1970 年,我国用长征号运载火箭,成功地发射了第一颗人造地球卫星"东方红一号",成为继苏联、美国、法国、日本后,第五个能独立发射人造地球卫星的国家。

②1999 年,成功发射第一颗无人飞船"神舟一号"。2003 年,"神舟五号"载人飞船成功地将宇航员杨利伟送上太空。2005 年,"神舟六号"载人飞船又成功地将宇航员费俊龙、聂海胜送上了太空。

2. 籼型杂交水稻

(1)培育:袁隆平 1973 年首次在世界上育成籼型杂交水稻,他被称为"杂交水稻之父"。

(2)启示:知识是最大的财富,也证实了科学技术在经济发展中的巨大作用;科学技术是第一生产力。

(3)杰出科学家和技术人员:邓稼先、袁隆平等(学习他们振兴中华、刻苦钻研、奋发图强的精神,继承和发扬他们的优良品质,进一步增强建设有中国特色社会主义的决心和信心)。

3."863 计划"

(1)提出:1986 年 3 月,四位老科学家联合向中共中央写信《关于跟踪世界高科技发展的建议》。邓小平立刻作出批示。经反复论证,形成《863 计划纲要》。

(2)范围:把生物技术、航天技术、信息技术、激光技术、自动化技术、能源技术、新材料等七个领域作为我国发展高技术的重点。1996 年又将海洋技术列为计划的第八个领域。

4.**计算机网络技术的应用**

(1)应用:浏览新闻、查阅资料、发电子邮件(E－mail)、通话、购物、上课、看病等。

(2)影响:①正面:健康上网,有利于增强自己与外界的沟通与交流,有利于创造出全新的生活方式和社会互动关系。②负面:网络的不健康也会给青少年网民带来危害。如:在网上浏览不良信息,有的超时无节制上网,影响学习和身体健康等。

5.**改革发展中的教育**

(1)1986 年我国颁布实施了《中华人民共和国义务教育法》。到 2000 年,我国基本实现了普及九年义务教育。20 世纪 90 年代以来,党和政府实施"科教兴国"的发展战略,明确提出"把教育摆在优先发展的战略地位,把九年义务教育作为科教兴国的奠基工程"。

(2)从整体上看,高等教育已形成相当规模,高等教育取得前所未有的巨大发展。科学技术工作成就显著。

6.**百花齐放推陈出新**

(1)文学的繁荣

1956 年,中国共产党提出了"百花齐放,百家争鸣"的方针,文学艺术创作出现了崭新的局面。

"文革"前:反映革命年代和现实生活的作品。

"文革"后:先是反思"文革",而后是反映改革开放内容和弘扬民族道德精神的作品。

(2)艺术的发展:影视、绘画、书法、戏剧、音乐、舞蹈、杂技艺术丰富人们的精神生活。

7.**走向世界的体育强国**

(1)群众性体育运动发展。毛泽东对学生提出"健康第一"的要求。体育课被列为学校重点课程。20 世纪 90 年代,国家建立完整的体育制度,大力开展全民健身运动。

(2)竞技体育运动发展。从乒乓球队开始,中国的运动员走出国门,赢得世界瞩目。1990 年,首次成功举办亚运会。2008 年,成功举办奥运会。

(二)社会生活

1.**衣食住行的变迁**

新中国成立后,我国人民生活水平逐步提高。改革开放以来,人们衣、食、住、行、用等方面发生前所未有的变化。到 20 世纪末,我国在整体上进入了小康社会。

(1)主要变化

衣:改革开放前凭布票供应,色彩和样式单调,千篇一律的中山装、解放装。改革开放后衣着日益丰富,服饰成为人们显示风度,展示个性的方式。

食：改革开放前凭粮票供应，食物匮乏、单调，人们营养不足，有些农村未解决温饱。改革开放后不但能"吃饱"，还要"吃好"，讲究营养均衡，粗细搭配。

住：改革开放前居住条件较差。改革开放后有很大变化，人均居住面积增加，室内装修和居住环境也有明显改善。

行：公共电(汽)车和自行车一直是城市人主要的交通工具。改革开放后铁路、公路和航线增长都很快，出租车和私家车多了起来，旅游坐飞机也不稀罕。

用：改革开放前一般家庭中高级消费品是缝纫机、自行车、手表、收录机(旧四大件)。改革开放后，彩电、冰箱、洗衣机、空调(新四大件)在家庭中日益普及。

(2)变化的原因：改革开放解放了生产力，促进了经济的发展和人民生活水平的提高。

2. 改革开放后就业制度的变化

从前的"铁饭碗"被打破，就业渠道拓宽。人们可以通过人才市场自主择业。

3. 改革开放后社会保障体系的建立和完善

国有企业下岗职工的基本生活保障和再就业工作得到加强，城镇居民最低生活保障制度进一步健全，医疗保险制度也迈开了步伐。

第四节　世界古代史

一、上古人类文明

(一)大河流域——人类文明的摇篮

1. 世界上最古老的文明古国，有非洲的古埃及和亚洲的古巴比伦、古印度和古中国。这四个古国被称为世界文明的摇篮，因为这四个国家最先由原始社会进入奴隶社会。

2. 约从公元前3500年开始，在非洲的尼罗河两岸陆续出现了几十个奴隶制小国。公元前3000年左右，初步统一的古代埃及国家建立起来。古代埃及国王的陵墓金字塔是权力的象征，它们是古代埃及的文明标志之一，是人类文明的杰出成就。国王胡夫的金字塔最大，其中狮身人面像金字塔是国王哈佛拉的陵墓。

3. 在亚洲西部，有一条狭长地带，它形似一弯新月，土地肥沃，因此有"新月沃地"之称。公元前3500年出现国家。公元前18世纪，古巴比伦国王汉谟拉比统一了两河流域(今伊拉克一带)，建立起中央集权的奴隶制国家，制定了一部维护奴隶主阶级利益的法典，《汉谟拉比法典》是世界现存古代第一部比较完备的成文法典。("空中花园"是古巴比伦国的杰作)

4. 古代印度发祥于亚洲南部的印度河，约公元前2500年，印度河流域开始出现奴隶制小国。中亚的雅利安人侵入印度后形成严格的等级制度，历史上称"种姓制度"，分为四个等级：婆罗门、刹帝利、吠舍、首陀罗。

(二)西方文明之源

1. 西方文明之源——希腊、罗马。

2.古代希腊发祥于爱琴海(爱琴文明)南部的克里特岛,后来转移到迈锡尼。古代希腊文明主要包括崇尚武力的斯巴达和奴隶主民主政治最发达的雅典。

3.公元前8世纪,希腊半岛和小亚细亚西海岸出现希腊人建立的城邦,雅典是其中最重要的城邦之一。公元前6世纪,雅典成为著名的奴隶制共和国。在伯利克里统治时期,雅典达到全盛,经济繁荣,文化昌盛,奴隶主民主政治发展到古代世界的高峰。(成年男性公民才有权参政)

4.古代罗马文明在公元前8世纪时发祥于意大利的台伯河畔。公元前509年,罗马建立了共和国。公元前2世纪时,罗马经过三次布匿战争打败迦太基称霸地中海。公元前1世纪,罗马出现了严重的社会危机(斯巴达克起义),共和制已无力统治,奴隶主企图建立独裁统治,公元前49年恺撒夺取政权。

5.公元前27年,屋大维开始独揽大权,罗马帝国建立。罗马帝国(公元前27年~公元476年分裂)和中国的秦朝与西汉一样是强大的帝国。后来罗马帝国分裂为西罗马帝国和东罗马帝国。西罗马帝国的灭亡(476年)标志着西欧奴隶社会的结束。

真题再现

罗马《十二铜表法》规定:"期满,债务人不还债的,债权人得拘捕之,押其到长官前,申请执行。此时如债务人仍不清偿,又无人为其担保,则债权人得将其押至家中拘留,系以皮带或脚镣,但重量最多为十五磅,愿减轻者听便。"体现罗马法的实质是(　　)

A.保护私有财产　　　　　　B.主权在民

C.债务人地位低　　　　　　D.高利贷者地位高

【专家点评】题干中反映了《罗马法》对私有财产保护的实质,保护私有财产有利于调整社会和经济生活的纠纷,有利于统治的稳定。

【答案】A

(三)古代世界的战争与征服

1.曾经地跨亚欧非三洲的大帝国:波斯帝国、亚历山大帝国、罗马帝国、阿拉伯帝国。

2.公元前6世纪,以西亚的伊朗为中心形成了波斯帝国。公元前5世纪,波斯帝国把矛头转向欧洲,三次出征希腊,史称希波战争。最终希腊取得胜利。马拉松比赛就来自希波战争。

3.公元前4世纪,希腊北部的马其顿国强大起来,后来控制了希腊。马其顿国的亚历山大继承王位后,出兵东征,足迹远达印度,建立起地跨欧亚非三洲的亚历山大帝国,定都巴比伦。

4.公元前27年后,罗马帝国在屋大维的统治下,疆域不断扩大,到2世纪,罗马帝国地跨欧亚非三洲,地中海成为它的内湖。疆域东起幼发拉底河上游,西临大西洋,南抵非洲的撒哈拉沙漠,北达不列颠、莱茵河和多瑙河。

5.罗马扩张的影响:一方面,罗马帝国的征服和统治充满着暴力;另一方面,罗马文化渗入到它统治的广大地区。

6.战争从未在人类生活中长时间地停留过,战争与文化紧密相连。一般来说,战争具有破坏性,会给人们带来沉重的灾难。但是它也有积极的作用:一次猛烈的战火之后,随之而来的,往往是文化的传播与渗透。我们要反对一切非正义的战争,积极维护人类和平。

（四）东西方文化交流的使者

1. 在古丝绸之路上，欧、亚、非三大洲的商人不断进行友好往来，他们交换各地不同物产，传播各民族的文化，成为东西方文化交流的使者。

2. 阿拉伯数字的最初创造者是印度人，后来被阿拉伯人进行了改造，传入欧洲，人称"阿拉伯数字"，这是阿拉伯人对世界文化传播和交流的伟大的贡献。

3. 意大利人马可·波罗在元朝元世祖时来到中国，旅居中国长达17年之久，并在元朝朝廷中担任官职。回国后，他口述《马可·波罗行纪》一书，记录他在东方的经历和见闻，后在欧洲广为传播，激起欧洲人对东方的憧憬和向往。传播中国与东方文化，促进了东西方文化的交流。

二、中古亚欧文明

（一）亚洲封建国家的建立

1. 亚洲东部的日本在公元前1世纪出现奴隶制国家，到5世纪，奴隶制国家大和统一日本本土，最高统治者称天皇。

2. 日本大化改新

（1）背景：7世纪，日本社会矛盾十分尖锐，大奴隶主势力强大，政局混乱。孝德天皇颁布改新诏书，仿照隋唐制度改革。

（2）内容：政治上建立中央集权的天皇制封建国家，废除贵族世袭制，以才选官。经济上，土地收归国有，国家定期分给农民耕种，收取赋税。

（3）意义：大化改新是日本从奴隶制向封建制度过渡的标志。此后，大和国正式改名为日本。

3. 阿拉伯国家兴起于西亚的阿拉伯半岛。7世纪穆罕默德在麦加创立伊斯兰教，号召大家都信仰真主，放弃本部落的神，这种以神教的宣传，有利于促进民族统一。

4. 622年，穆罕默德带领少数信徒离开麦加，出走麦地那，并在那里建立了政教合一的国家。伊斯兰教把622年定为伊斯兰教历元年。

5. 630年，麦加贵族妥协，承认穆罕默德为政治宗教领袖。麦加成为伊斯兰教圣地。632年，阿拉伯半岛基本统一，统一的阿拉伯国家建立起来。

6. 伊斯兰教创立的过程就是阿拉伯国家建立的过程。伊斯兰教三大圣地：麦加、麦地那、耶路撒冷。

（二）中古欧洲社会

1. 5世纪，日耳曼人在西罗马废墟上建立了法兰克王国（包括今天德意志、意大利、法兰西）。

2. 8世纪时，查理·马特任宫相时进行了封建采邑制改革，实行"有条件的分封"：得到封地的人必须为封主服兵役。

3. 西欧封建制度的核心内容是西欧封建等级制度。"我的附庸的附庸，不是我的附庸。"反映的是当时西欧社会等级森严。

4. 西欧封建社会时期，罗马教廷有至高无上的权力。教皇和教会不仅是西欧最大的土地所有者，还是西欧封建制度的精神支柱。

5. 10世纪，西欧城市重新兴起。意大利、法国、英国、德意志等都有许多著名城市。

6.随着西欧城市的重新兴起,由富裕商人和银行家发展成为早期资产阶级,他们的出现,为资本主义的兴起准备了条件。

7.东罗马帝国首都在君士坦丁堡,君士坦丁堡又称拜占庭,故东罗马帝国又称拜占庭帝国。15世纪中期,延续了一千多年的东罗马帝国被封建制的奥斯曼土耳其给灭掉了。

三、世界古代科学技术与思想文化

(一)文字

1.古代埃及最早使用的文字是形成于公元前3000年的象形文字,写在庙墙、宗教纪念物和纸草上,主要使用者为僧侣和书吏。

2.两河流域的苏美尔人创造了楔形文字,腓尼基人创造了22个字母,后发展成为后来的欧洲字母文字。

(二)宗教

1.世界三大宗教:佛教、基督教、伊斯兰教。

2.佛教:公元前6世纪,佛教诞生于古代印度,创始人是乔达摩·悉达多(即释迦牟尼),佛教宣言"众生平等""转世轮回",反对婆罗门的特权地位,要人"忍耐服从"。公元前3世纪,阿育王时候佛教得到很大发展,并向外传播。

3.基督教:1世纪,产生于巴勒斯坦一带,传道者宣传说耶稣为"救世主",现在通用的公元纪年,就是以传说中的"耶稣出生"之年算起,这一年就是公元元年。12月25日为"圣诞节"。他们的经典是《圣经》。11世纪,基督教分为天主教和东正教,分别以罗马和君士坦丁堡为中心。

4.伊斯兰教:7世纪,穆罕默德在阿拉伯半岛的麦加创立了伊斯兰教。他们信奉唯一真神"真主安拉",伊斯兰教的信徒为"穆斯林",经典是《古兰经》,有开斋节和宰牲节。

(三)科学

1.古希腊著名的科学家阿基米德以发现杠杆定律和浮力定律而闻名,他还发明了螺旋式水车用于排水或灌溉。阿基米德有一句名言:"给我一个支点,我将撬动整个地球。"

2.古希腊亚里士多德,被誉为"百科全书式"的学者,他创立了物理学、植物学、动物学和逻辑学等学科体系。他的名言是"我爱我师,但我更爱真理"。

(四)文学

1.《荷马史诗》是古希腊著名的英雄史诗。相传,它是在民间口头创作的基础上,由盲诗人荷马加工整理而成的。包括《伊利亚特》《奥德赛》。

2.索福克勒斯是古代希腊著名的悲剧作家,他把古代悲剧艺术推向成熟。代表作是《俄狄浦斯王》。

3.《天方夜谭》(一千零一夜)是阿拉伯民间故事集,生动描绘了阿拉伯帝国丰富的社会生活。代表篇章是《阿里巴巴和四十大盗》《阿拉丁和神灯》。

典例精析

下列文明成果中属于东方文明的是(　　　)

①阿拉伯数字　②杠杆原理和阿基米德定律　③《几何原本》　④《一千零一夜》

A.①④　　　　　B.②③　　　　　C.①③　　　　　D.②④

【专家点评】本题综合考查了世界古代科技文化成就,考查基础知识的识记、运用能力。结合所学知识:阿拉伯数字的发明者是古代印度人;杠杆原理和浮力定律是古希腊著名科学家阿基米德的主要成就;《几何原本》是古希腊数学家欧几里得的主要成就;《一千零一夜》是阿拉伯民间故事集,故①和④属于东方文明。

【答案】A

(五)建筑

埃及金字塔是古代君主专制体制的体现,是人类建筑史上的奇迹,体现了古代埃及文明的发展水平,是古代埃及劳动人民的卓越智慧。

伊斯兰教的第一大圣寺是麦加大清真寺,位于今天沙特阿拉伯麦加城中心。

巴黎圣母院是巴黎最古老、最高大的天主教堂。

第五节　世界近代史

一、欧美主要国家的社会巨变

(一)资本主义时代的曙光

1.14~16世纪欧洲处在封建社会解体并向资本主义过渡的阶段,新兴资产阶级为了自身发展,需要开辟市场和冲破封建势力和束缚,为此进行了一系列的活动,主要是文艺复兴运动和开辟新航路。其产生变化的根本原因或前提是14~16世纪欧洲资本主义兴起和发展。

2.文艺复兴:14世纪前后首先在意大利开始。

(1)背景(或原因)

①14世纪前后意大利出现手工工场,资本主义生产关系产生。以资本主义经济的萌芽为前提,其在意大利最早兴起的先决条件是由于资本主义生产关系在意大利发展起来。

②欧洲封建教会对思想文化的摧残和对人们进行精神世界的神制。

③随着资本主义生产关系的产生发展,新兴资产阶级产生,他们要求摆脱封建制度束缚,自由地发展资本主义,从而掀起了这场思想解放运动。

(2)指导思想:人文主义

①含义:要求以人为中心,而不是以神为中心;提倡发展人的个性,追求人在现实生活的幸福。

②评价:人文主义是资产阶级反封建反教会的思想武器,是文艺复兴运动的指导思想,具有鲜明的革命性和进步性,但它强调个人意志,其物质基础为私有制,有一定的局限性。

(3)性质:不是古典文化复兴,而是资产阶级文化兴起,是一次资产阶级的思想解放运动。

(4)人物

①意大利诗人但丁是先驱,创作的长诗《神曲》。率先对教会提出批评,体现了文艺复兴运动是人类历

史上第一次伟大的思想解放运动。因此被誉为"旧时代的最后一位诗人,同时又是新时代的最初一位诗人"。

②意大利的达·芬奇代表作有《蒙娜丽莎》《最后的晚餐》等。其艺术风格:把艺术的创作和科学探索结合起来,创作了许多完美生动的人物形象,充分体现了人文主义的精神。

③15 ~ 16 世纪,文艺复兴向西欧扩展时的英国文学巨匠是莎士比亚,代表作有《罗密欧与朱丽叶》《哈姆雷特》等。

(5)影响:文艺复兴推动了欧洲文化思想领域的繁荣,为欧洲资本主义的产生奠定了思想文化基础。

3.新航路的开辟

(1)原因

①14 ~ 15 世纪,欧洲商品经济的发展和资本主义萌芽的出现要求扩大国外市场。

②欧洲人的寻金热,《马可·波罗行纪》的渲染。

③天文、地理知识进步,地圆学说流行,造船航海技术进步等为新航路开辟提供了客观条件。

(2)经过

①1487 年,迪亚士到达非洲最南端,发现好望角。

②1492 年意大利人哥伦布在西班牙王室的资助下,向西航行抵达美洲,体现了开创精神。到达今天美洲的古巴、海地等地。

③1497 ~ 1498 年葡萄牙人达·伽马开辟了绕非洲前往印度的航路。

④1519 ~ 1522 年葡萄牙人麦哲伦及其船队奉西班牙国王之命完成第一次环球航行。

(3)影响:新航路开辟后,从欧洲到亚洲、美洲和非洲等地的交通往来密切,世界开始连成一个整体;欧洲大西洋沿岸工商业经济繁荣起来,促进了资本主义的产生和发展。

典例精析

新航路开辟后,早期殖民活动出现。下列选项不能说明殖民活动对资本主义发展产生重大影响的是(　　)

A.推动了西方资本主义原始积累的进程　　　　B.加速了西欧封建主阶级的衰落

C.造成了商路和贸易中心的变换　　　　D.为手工工场提供了大量的劳动力

【专家点评】当时主要劳动力来自黑奴,但其没有人身自由,不可能为手工工场提供劳动力。

【答案】D

(二)英国资产阶级革命

1.文艺复兴和新航路的开辟对英国资产阶级革命的影响

文艺复兴不仅为欧洲近代资产阶级文化奠定了基础,而且也为以后的资产阶级革命做了思想动员和准备。新航路的开辟,使欧洲的贸易中心转移,由原来的地中海沿岸转移到大西洋沿岸,更促进了英国资本主义的发展,资产阶级力量迅速壮大。

2.革命爆发的原因

(1)根本原因:17 世纪初,英国资本主义有了较大发展,资产阶级和新贵族的力量日益壮大,他们要当权,要发展资本主义。

(2)当时的英国国王鼓吹"君权神授",封建专制统治严重阻碍了英国资本主义的进一步发展,使社会各种矛盾迅速激化。

3. 过程

(1)导火线:苏格兰人民起义。

(2)开始的标志:1640年国王查理一世召集议会开会,资产阶级和新贵族与国王在议会中的斗争。

(3)查理一世挑起内战。

(4)1649年处死国王,英国宣布为共和国。

(5)克伦威尔就任"护国主"。

(6)1660年封建王朝复辟。

(7)完成的标志:1688年政变,资产阶级、新贵族统治确立。

4. 结果

1689年,英国议会通过了《权利法案》。

目的:为了限制国王的权力。

内容:不经议会批准,国王不能征税,也不能在和平时期维持常备军;国王不能随意废除法律,也不能停止法律的执行。

作用:以法律形式对国王的权利进行了明确的限制;君主立宪制的资产阶级专政统治在英国确立起来了。

5. 影响

(1)推翻了封建君主专制。

(2)确立了资产阶级的统治地位,为发展资本主义扫清了道路。

(3)推动了世界历史进程。

马克思在评价这场革命时指出:"这是欧洲范围的革命",因为在它的影响下,不久欧洲大陆爆发了资产阶级革命,北美殖民地的资产阶级革命也迅速发展起来。因此,英国资产阶级革命,实际揭开了欧洲和北美资产阶级革命的序幕,推动了世界历史的进程,这也是人类历史上资本主义战胜封建制度的一次重大胜利。

典例精析

英国君主立宪制资产阶级统治确立的标志是(　　)

A. 英国宣布成立共和国　　　　　　B. 克伦威尔担任"护国主"

C. 1688年宫廷政变　　　　　　　　D. 英国议会通过《权利法案》

【专家点评】本题主要是对重要文献所产生影响的考查。1689年,英国议会通过了《权利法案》,君主立宪制的资产阶级统治开始确立起来。

【答案】D

(三)美国独立战争

1. 爆发的原因

经过一百多年的开拓,北美的资本主义经济发展起来了,美利坚民族日渐形成。

英国为使北美殖民地永远作为它的原料产地和商品市场,竭力压制北美经济的发展。

根本原因是英国的殖民统治严重阻碍了北美经济的发展。

2.时间:1775年~1783年。

3.代表人物:华盛顿。

4.领导阶级:资产阶级和种植园主阶级。

5.过程

(1)爆发:1775年4月来克星顿枪声标志北美独立战争的开始。

(2)建军:1775年召开大陆会议,组建大陆军,任命华盛顿为大陆军总司令。

(3)独立:1776年7月4日大陆会议发表《独立宣言》。

《独立宣言》的评价:宣告了北美脱离英国而独立,标志着美利坚合众国的诞生。《独立宣言》的进步性,表现在它反映了殖民地人民摆脱民族压迫的要求,包含了资产阶级对民族独立、民主自由的主张。

(4)转折:1777年萨拉托加大捷。

(5)胜利:约克镇英军投降。

(6)结束:1783年英国承认美国独立。

6.1787年宪法:独立战争后,美国制定了一部宪法,史称1787宪法。根据宪法规定美国是一个联邦制国家,总统既是国家元首又是政府首脑,享有行政权;国会和最高法院分别掌握立法权和司法权;第一任总统是华盛顿。

7.美国独立战争的性质

从双方的作战目的和战争的全过程来分析,它是一次民族解放战争;从战争的表现形式来看,它代表资产阶级利益,而且为资本主义的发展初步扫清了障碍;所以美国独立战争又是一次资产阶级革命。

8.美国独立战争的意义

(1)结束了英国的殖民统治,实现了国家独立。

(2)确立了比较民主的资产阶级政治体制,有利于美国资本主义的发展。

(3)对以后欧洲和拉丁美洲的革命也起了推动作用。

9.美国独立战争胜利的原因

战争的正义性(起决定作用);人民群众的积极参战;得到法国、荷兰等国的国际支援。

10.评价华盛顿

著名的资产阶级革命家、政治家、美国的开国元勋。北美独立战争期间受命为大陆军总司令,领导北美人民取得了独立战争的胜利,结束了英国的殖民统治,实现了国家的独立,有利于美国资本主义的发展。开创美国民主政治的先河。独立战争结束后,他主动交出军权。在他的主持下美国制定了1787年宪法,确立了比较民主的资产阶级政治体制。在连任两届总统后主动放弃担任第三届总统的机会。由于华盛顿在独立战争中的卓越功勋和开创的民主政治,使他赢得了美国人民的爱戴,成为美国历史上的著名总统之一,被尊为美国国父。

(四)法国大革命和拿破仑帝国的建立

1.法国大革命背景

(1)革命前夕的法国社会存在森严的等级制度:第一等级:教士;第二等级:贵族;第三等级:资产阶级、

工匠、平民、农民。

(2)革命爆发的原因:资本主义的发展与封建专制的矛盾;社会等级森严,第三等级与特权等级的对立。

2. 法国大革命过程

(1)导火线:三级会议的召开。

(2)开始的标志:1789年7月14日,巴黎人民攻占巴士底狱。

(3)革命纲领:1789年颁布《人权宣言》。

背景:1789年法国在革命后,经济飞速发展,资产阶级掌握了政权。

内容:人们生来是自由的,权利是平等的;私有财产是神圣不可侵犯的。

评价:是法国革命史上的重要文献,体现了启蒙思想学家提出的"自由""平等"的口号,也体现了反对君主专制和封建等级制度的思想,具有进步意义。同时,它又明确私有财产神圣不可侵犯,体现了资产阶级的本质。

(4)1792年,法国废除君主制度,法兰西第一共和国建立,路易十六被推上断头台。

(5)雅各宾派领导人罗伯斯庇尔掌权,雅各宾派专政,把法国大革命推向高潮。

(6)1794年罗伯斯庇尔等人在政变中被送上断头台,法国大革命高潮结束。雅各宾派统治被推翻,只是代表法国资产阶级高潮过去,而不是资产阶级的失败。

3. 法国大革命的历史意义

国内意义:法国大革命摧毁了法国的封建统治,传播了资产阶级自由民主的进步思想,初步建立了资产阶级共和国的政治体制,确立了资本主义制度。

世界意义:沉重打击了欧洲的封建制度,传播了资产阶级自由民主的进步思想;为以后各国树立了榜样,对世界历史的发展有很大影响。

典例精析

英国、美国、法国资产阶级革命发生的共同原因是( )

A. 封建专制制度的阻碍　　　　B. 殖民统治激起人民的反抗

C. 君权神授学说同议会矛盾的结果　　D. 资本主义经济的进一步发展

【专家点评】本题主要是对历史基础知识的识记、理解和比较能力的考查。解题的关键是抓住题干中的核心词"共同原因"。分析各项可知:A项适合于英、法两国;B项适合于美国;C项适合于英国。可见,A、B、C三项均不符合题干要求。

【答案】D

4. 拿破仑帝国

(1)1799年11月拿破仑发动政变,夺取了政权,开始统治法国。

(2)1804年,他加冕称帝,建立了拿破仑帝国——历史上称法兰西第一帝国。他对内巩固资产阶级统治,颁布《法典》;对外多次打败欧洲反法同盟,乘胜扩大法国疆域,控制了欧洲很多地方。拿破仑的对外战争既打击了欧洲封建势力,也损害了被侵略国人民利益,激起当地人民反抗。所以拿破仑的对外战争既有捍卫大革命的成果,打击欧洲封建统治传播资本主义的积极成分;又有侵略争霸的消极成分。

(3)1812 年,拿破仑远征俄国失败;1814 年法兰西第一帝国灭亡。

5. 法兰西第一帝国(1804～1814)

是一个代表大资产阶级、大地主阶级利益的政权,其灭亡的原因是由于欧洲民族意识的觉醒和战争使法国国内矛盾激化,但根本原因是当时欧洲大陆的封建势力远远大于资产阶级势力。

6. 评价拿破仑

在法国大革命后的动荡年代,拿破仑凭借非凡的军事才能,登上法国历史舞台,成为著名的资产阶级军事家、革命家、政治家。1799 年发动雾月政变,夺取政权。1804 年,建立法兰西第一帝国。在位期间,对内巩固资产阶级的统治,颁布了《法典》等系列法律,成为以后资本主义社会的立法规范;对外多次打败欧洲反法同盟的军队,捍卫了法国资产阶级革命成果。他的对外战争,乘胜扩大法国的疆域,控制了欧洲很多地方;既打击了欧洲的封建势力,也损害了被侵略国家人民的利益,激起当地人民的反抗,最终导致帝国的瓦解。总之,拿破仑有很大的历史功绩也有不小的过失,功大于过。

二、第一次工业革命

1. 工业革命,又称产业革命,是资本主义时期由工场手工业阶段到大机器生产阶段的一个飞跃,它是生产领域里的一场变革,又是社会关系的一次革命,是资本主义政治经济发展的必然结果。工业革命的完成对资本主义国家,对世界产生了深远的影响。

2. 英国工业革命发生的条件:政治前提条件是资产阶级政权在英确立。经济条件为有雄厚的资本,充足劳动力,丰富资源、原料;海外市场需求。

3. 18 世纪 60 年代,在英国首先发生工业革命,其标志是哈格里夫斯发明的珍妮纺纱机问世,最早出现的工业部门是棉纺织业。完成的时间为 19 世纪上半期,其完成的标志是大机器生产已取代手工劳动,成为工业生产的主要方式。此后,法国、美国等国也都先后完成了工业革命,世界其他国家或早或晚都进行了工业革命。

4. 重大发明

(1)哈格里夫斯发明了"珍妮机",标志工业革命的开始。极大提高了生产效率。

(2)英国机械师瓦特改进了蒸汽机。1785 年,瓦特改进的蒸汽机首先在纺织部门投入使用。人们利用蒸汽机提供的动力带动机器,进行生产,极大地促进了大工厂生产的发展,从此,人类进入了"蒸汽时代"。

(3)英国工程师史蒂芬孙利用蒸汽机作动力制成了"旅行者号"蒸汽机车。此后,铁路交通迅速发展,为人们的生产和生活带来了极大的便利,扩大了人类活动范围。

(4)美国人富尔顿首先造出了蒸汽机作动力的轮船"克莱蒙号"。

5. 影响

(1)使许多生产领域和行业用大机器生产代替手工劳动,创造了巨大生产力。现代大工厂制度建立起来,人类迅速完成了从手工工场向大工厂时代过渡。

(2)使资本主义最终战胜封建主义;社会日益分裂为两大直接对立阶级,即资产阶级和无产阶级。这两大阶级的对立和斗争逐渐明显和尖锐。

(3)改变世界的面貌:率先完成工业革命的西方资本主义国家逐步确立起了对世界的统治,世界形成西方先进、东方落后的局面。

真题再现

1801～1851年,英国5000人以上的城镇由106座增加到265座,城镇人口由原来的26%增加到45%,该现象产生的原因是(   )

A. 新航路的开辟   B. 手工作坊的发展

C. 工业革命的推动   D. 宗教改革的影响

【专家点评】工业革命实现了从工场手工业到机器大工业的飞跃,工厂制度成为最普遍的生产组织形式。工场逐渐集中,形成了许多工业城市,越来越多的人从农村进入城市,城市化进程明显加快。

【答案】C

6.工业革命在世界历史中地位很重要,它不仅使社会生产力获得巨大飞跃,而且使社会关系发生了深刻变化,可以说影响了一个时代。此后一系列历史事件的发生如果追溯历史根源,都要归根到工业革命,如无产阶级与资产阶级的斗争,资本主义国家间的矛盾和斗争,殖民地半殖民地国家人民和民族解放斗争等,均与工业革命有一定的因果联系。

三、殖民扩张与殖民地人民的抗争

(一)血腥的资本积累

1. 罪恶的"三角贸易"

(1)背景:16～17世纪,葡萄牙、西班牙、荷兰、英国、法国等国相继在亚非拉美强占土地;血腥掠夺:掠夺农产、贵金属等资源,暴力抢劫,垄断生产和贸易,进行不等价交换;屠杀居民,殖民者在美洲屠杀,奴役印第安人,实行种族灭绝政策;美洲印第安人人口锐减,种植园主急需黑人劳动力。

(2)三角贸易:贩卖黑奴,开始于葡萄牙,但英国人后来居上,成为"三角贸易"的主要经营者。贩奴路线:从欧洲出发到非洲,俘获黑人运往美洲出卖,然后把美洲的金银和工业原料运回欧洲。

(3)时间:延续了三百多年。

(4)影响

①对西方国家来说:给西方资本主义国家带来了巨额利润和城市繁荣,血腥的资本积累促进了当地资本主义的发展。促进了欧洲经济的发展。

②对亚非拉美来说:非洲丧失了近亿精壮劳力,给黑奴带来了悲惨的命运;打断了亚非拉美的历史进程,使它们发展缓慢、贫困落后,面临殖民地、半殖民地的严重威胁和无穷灾难,东西方的历史进程大大拉开了距离。

2. 日不落帝国在印度

(1)日不落帝国的建立:17世纪～18世纪后半期,英国逐渐走上殖民道路,相继打败西班牙、荷兰和法国,成为世界上最大的殖民强国,号称"日不落帝国"。

(2)英国对印度的殖民活动:开始于17世纪,英国东印度公司负责英国对印度等亚洲国家的殖民侵略。主要步骤:沿海建立据点——发动侵略战争——抢掠当地财富——压制印度经济。英国在印度的殖民头目克莱武。

(3)历史影响:①对英国来说,掠夺了无数财富,进一步刺激了工业的发展,促使英国迅速成长为资本主义工业强国。②对印度来说,殖民主义是灾难和祸害,造成了印度的落后和贫困。

典例精析

近代欧洲文明发展之路,从另一个角度来看,也是一条罪恶之路。这么说的理由是因为他们在发展过程中曾经(　　)

①血腥地掠夺　②贩卖黑奴　③发动资产阶级革命　④进行改革

A.①②　　　　　B.③④　　　　　C.②③　　　　　D.①④

【专家点评】此题属于组合式选择题。四种历史现象在近代欧洲发展过程中都曾经历,但题意是选出体现"罪恶之路"的选项,符合题意的只有①②。

【答案】A

(二)殖民地人民的抗争

1.拉丁美洲的独立运动

(1)背景:欧洲殖民者对拉美进行掠夺和压迫,残酷的殖民统治使殖民地与宗主国矛盾激化;美国独立和法国大革命的影响。

(2)时间:18世纪末~19世纪初。

(3)性质:是一场具有资产阶级性质的民族独立运动,是当时世界资产阶级革命浪潮的一个重要组成部分。

(4)代表人物:玻利瓦尔,率军横扫南美大陆,解放西属南美殖民地,他被誉为"南美的解放者"。

(5)意义:打碎了西班牙、葡萄牙长达300年的殖民统治,建立了一系列新兴国家,为本国资本主义的发展创造了条件。

2.印度反英大起义

(1)背景:17世纪以来,亚洲成了欧洲殖民者侵略的重要对象。19世纪上半期,英国已经完成工业革命,加紧对印度的侵略和掠夺。

(2)时间:1857~1859年。

(3)性质:具有反对殖民主义和反对封建主义的双重性质。

(4)领导者:印度部分封建王公,代表人物章西女王。

(5)意义:1857~1859年印度民族大起义,表现了殖民地人民不畏强暴,反抗侵略的决心和勇气,沉重打击了英国殖民者,一定程度上遏制了英国对亚洲其他地区的侵略活动。

四、资产阶级统治的巩固与扩大

(一)美国南北战争

1.背景(原因):南北经济制度(北方资本主义经济和南方种植园经济)的矛盾非常尖锐,奴隶制的存废问题成为矛盾的焦点。美国南北矛盾的主要表现在:

①关税问题:北方要求提高关税,南方要求降低关税。

②劳动力问题。

③奴隶制的扩张问题,焦点是奴隶制的废除问题。

2.时间:1861年4月~1865年。

3.领导者:林肯。

4.过程

(1)导火线:1861年主张废除奴隶制的林肯就任美国总统。

(2)内战爆发:1861年,南方军队挑起内战,美国南北战争爆发。

(3)转折:战争初期,北方军事上一再失利。1862年,林肯颁布了《宅地法》和《解放黑人奴隶宣言》,满足了人民对土地的要求,调动了黑人奴隶的革命热情,踊跃参军,使战争形势有利于北方。

(4)结果:1865年北方获得胜利,维护了国家的统一。

5.性质:资产阶级革命。

6.意义:美国废除了奴隶制度,扫清了资本主义发展的又一障碍,为以后经济的迅速发展创造了条件。

7.评价林肯

美国历史上的著名总统,杰出的资产阶级革命家、政治家。领导南北战争,维护国家统一,解放黑人奴隶,为废除奴隶制而献身。从美国资本主义发展过程来看,林肯政府扫清了资本主义发展道路上的又一障碍,为美国经济腾飞奠定基础。林肯为维护国家统一和解放黑人奴隶作出了重大贡献,一百多年来,深受美国人民的爱戴和怀念。但是林肯对待奴隶制的态度不是立即废除,而是希望逐步限制发展直到消除,他的犹豫不决的态度,是战争初北方失利的原因之一,这体现了他作为资产阶级政治家的软弱性。

(二)俄国1861年改革

1.背景:19世纪中期,落后的农奴制阻碍着俄国资本主义工业的发展,农奴制危机日益严重。

2.时间:1861年。

3.领导者:亚历山大二世。

4.内容:农奴在法律上是"自由人";地主再也不许买卖农奴和干涉他们的生活;农奴在获得"解放"时,可以得到一块份地,但必须出钱赎买这块份地。

5.性质:是一场自上而下的资产阶级性质的改革。

6.意义:有利于资本主义的发展,这个改革虽然留下了大量的封建残余,但加快了俄国资本主义的发展,是俄国近代历史上的重大转折点。

(三)日本明治维新

1.背景

(1)19世纪中期的日本,闭关锁国,封建落后;内部幕府统治阻碍其发展,外部受西方列强入侵。

(2)1868年,中下级武士以武力推翻幕府统治,倒幕运动成功后实行资产阶级性质的改革。

2.时间:开始于1868年。

3.领导者:明治天皇。

4.内容:政治方面,"废藩置县",加强中央集权;经济方面,允许土地买卖,引进西方技术,鼓励发展近代工业;社会生活方面,提倡"文明开化",即向欧美学习,努力发展教育。

5.性质:是一场自上而下的资产阶级性质的改革。

6.意义:使日本从一个闭关锁国的封建国家,逐步转变为资本主义国家,摆脱沦为半殖民地国家的命运,是日本历史的重大转折点。但日本强大起来后,很快就走上了对外侵略扩张的军国主义的道路。

7. 日本明治维新、俄国 1861 年改革相同点

(1)性质:都是资产阶级性质的改革。

(2)结果(进步性):通过改革走上了发展资本主义道路。

(3)局限性:保留了封建残余,走上了对外侵略扩张的道路。

▶ 典例精析

美国内战、俄国农奴制改革和日本明治维新的共同点(　　)

A. 都是对农民的掠夺　　　　　　　　B. 都是自上而下的改革

C. 都促进了资本主义的发展　　　　　D. 都确立了君主立宪制

【专家点评】此题是一道比较题。解题的关键是要对每一个选项排除。A 项美国内战和日本明治维新不符合,B 项美国内战不符合,D 项美国内战和俄国农奴制改革不符合,而三者的共同点是都扫除了资本主义发展道路上的障碍,都促进了资本主义的发展。

【答案】C

五、国际工人运动与马克思主义的诞生

1. 英国宪章运动

(1)起因:工业革命后,资产阶级与无产阶级的斗争日趋尖锐。

(2)时间:1836～1848 年。

(3)内容:工人争取普选权,参与国家管理。

(4)特点:是欧洲规模最大、持续时间最长的运动。

(5)性质:世界上第一次群众性的、政治性的无产阶级革命运动。

2. 欧洲

早期无产阶级在反对资产阶级斗争中提出的基本要求是改善劳动和生活条件、提高政治地位。

3. 马克思主义诞生

(1)前提条件

①阶级条件:工人运动的兴起。

②理论条件:优秀思想家的精华。

③经济条件:工业革命的作用。

④实践条件:马克思、恩格斯的革命实践。

(2)创始人:马克思和恩格斯(国际无产阶级的伟大导师和领袖,德意志人)。

(3)组成部分:马克思主义哲学、政治经济学和科学社会主义。

(4)时间与标志:1848 年发表《共产党宣言》。

(5)历史意义:《共产党宣言》的发表标志着马克思主义的诞生。从此,在科学理论的指导下,国际工人运动进入一个新的历史时期。

4. 巴黎公社

(1)背景:1870 年,普法战争,法国战败。法国资产阶级政府对外卖国,对内镇压人民,最终巴黎人民起义。

（2）时间：1871 年 3 月 28 日~5 月 28 日。

（3）事件

①1871 年，巴黎人民起义成功，成立巴黎公社。

②五月流血周。

③巴黎公社失败后，公社领导人之一欧仁·鲍狄埃创作了《国际歌》。

（4）意义：巴黎公社是无产阶级建立政权的第一次伟大尝试，公社战士在强大敌人面前表现出的大无畏精神永远激励后人。

六、第二次工业革命

1.19 世纪 70 年代，发电机和电动机的发明和使用，电力的应用日益广泛。电力逐步取代蒸汽，成为工厂机器的主要动力，人类历史进入了"电气时代"。

2.第二次工业革命的成就

（1）电力的广泛使用

在电力技术的发展方面，美国和德国走在其他国家的前面，在电器发明领域，美国科学家爱迪生最为著名，被誉为"发明大王"，1879 年他研制成耐用碳丝灯泡，为世界带来光明。他正式注册的发明达到 1300 种之多，被誉为"发明大王"。

（2）汽车、飞机的问世

①19 世纪 80 年代，德国人卡尔·本茨等人设计出内燃机。以内燃机为动力，本茨在 1885 年试制汽车成功，此后经不断改进，成为一种大众化的工具。汽车的大量使用，增强了生产能力，改变了人们的生活方式，扩大了人们的活动范围，加强了人们之间的交流。

②20 世纪初，人们制造出飞艇。1903 年 12 月，美国的莱特兄弟制成了飞机。后来飞机成为人们出行便利、快捷的空中交通工具。

③内燃机的发明和使用对人类生产和生活有何影响？使汽车、飞机试制成功，使石油工业成为新的工业部门；汽车、飞机在世界各工业国家的迅速发展，大大拓展了人们的生活空间，加强了各地区人们之间的交流往来；促进了交通运输事业的飞速发展。急剧地改变着人类的社会面貌和生产方式。

（3）电话、无线电报的发明

美国：贝尔——电话；意大利：马可尼——无线电报。世界各地经济、政治联系进一步加强。

3.第二次科技革命的影响

（1）极大地提高了资本主义生产力，引起了社会生活的深刻变化，使人类社会进入电气时代。

（2）改变了资本主义工业的结构，产生了一些新兴工业部门，同时也使一些老工业部门得以拓展。

（3）产生了垄断组织，19 世纪末 20 世纪初，主要资本主义国家由自由资本主义向垄断资本主义（帝国主义）过渡。

（4）进一步造成资本主义经济发展不平衡，激化了主要资本主义国家之间的矛盾。

七、世界近代科学与思想文化

（一）启蒙运动

1.时间：18 世纪。

2.背景:法国旧制度衰败。

3.核心思想:"理性主义",即反对封建专制和天主教会,主张自由、民主、平等。

4.代表人物及其主张:18世纪,法国出现了一批启蒙思想家:伏尔泰、卢梭、孟德斯鸠等。

(1)伏尔泰:反对封建专制制度、主张由开明的君主执政,强调资产阶级的自由和平等;批判天主教会的黑暗和腐朽。

(2)卢梭:否定封建王权,认为如果君主违反民意、侵犯人权、撕毁大家都应该遵守的社会契约,人民就有权推翻他的政权。

(3)孟德斯鸠:明确提出立法、司法、行政三权分立原则,还倡导天赋人权学说。

5.性质:一次大规模的资产阶级思想解放运动。

6.影响:极大地解放了人们的思想,促进了欧洲社会的进步;为新兴资产阶级政治上取代封建贵族提供了强大的理论武器;启蒙思想促进了中国、日本等亚洲国家的思想解放。

(二)科学的革命

1.牛顿:英国科学家,近代自然科学的奠基人,被称为"近代科学之父"。他在天文学上的主要贡献是17世纪下半期发现万有引力;在数学上的贡献是微积分的创立;在力学上建立了完整的力学理论体系。其中,力学三定律,也称"牛顿三定律",对近代自然科学作了理论上的总结,对近代自然科学的发展影响最大。名言:"如果我看得比别人更远些,那是因为我站在巨人的肩膀上。"

2.达尔文:英国科学家,1859年科学巨著《物种起源》出版,提出了"进化论"思想,他还提出自然界是在"物竞天择、适者生存、优胜劣汰"的法则中发展。《物种起源》的问世,第一次把生物学建立在完整的科学的基础上,推翻了神创论和物种不变论,轰动了欧洲和整个世界,沉重打击了神权统治的根基。

3.爱因斯坦:20世纪伟大的科学家之一,出生于德国。他一生中最重要的贡献是20世纪初提出的相对论,相对论的创立推动了整个物理学理论的革命,为原子能的发明和原子能的应用提供了理论基础,打开了原子时代的大门。此外他热爱和平,反对战争,成为近代科学技术的终结者和现代科学技术的开创者。名言:"不要希图成为一个成功的人,而要努力成为一个有价值的人。"

真题再现

20世纪初,普朗克、爱因斯坦、玻尔等科学家提出的科学理论是(　　　　)

A.电磁学理论　　　　　　　　B.相对论

C.生物进化论　　　　　　　　D.量子论

【专家点评】20世纪初,普朗克、爱因斯坦、玻尔等科学家提出量子力学的早期理论。

【答案】D

(三)文学

列夫·托尔斯泰是俄国最伟大的作家之一,作品《战争与和平》《安娜·卡列尼娜》《复活》等,这些作品描写了俄国社会各阶层的生活图景,深刻揭露了19世纪后期到20世纪初俄国社会的基本矛盾,列宁称他为"俄国革命的镜子"。

（四）美术家

梵高,荷兰人,代表作《向日葵》,其艺术风格是:运用有力的笔触和强烈的色彩对比来表达他对生活的无比热爱。

（五）音乐家

1. 贝多芬,德国人,伟大的作曲家,也是一位资产阶级革命热情的歌颂者。第三交响曲《英雄交响曲》是贝多芬的代表作之一,是第一部明确反映重大社会题材(法国大革命时期拿破仑英雄业绩)的交响乐作品,完成于1804年——标志着贝多芬在思想上和艺术上的成熟。名言:"我要扼住命运的咽喉,它决不能使我完全屈服。"

2. 圆舞曲之王:奥地利音乐家约翰·施特劳斯,代表作《蓝色多瑙河》《维也纳森林序曲》《春之声》等。

第六节　世界现代史

一、第一次世界大战（1914～1918年）

1. 背景

(1)第二次工业革命推动资本主义国家生产力迅猛发展。资本主义从自由资本主义向帝国主义(垄断资本主义)过渡,19世纪末20世纪初,主要资本主义国家美、德、英、法、日、俄等国相继进入了帝国主义阶段,主要资本主义国家出现垄断组织,尤其是美国和德国。

(2)两个军事集团的形成:为争夺世界霸权,形成了两大对立的帝国主义侵略集团——德国、奥匈帝国、意大利组成的三国同盟和英国、法国、俄国组成的三国协约。两大军事集团疯狂备战,世界大战一触即发。

(3)根本原因:由于帝国主义政治、经济发展不平衡的加剧,后起的帝国主义国家要求重新瓜分世界,争夺世界霸权。

2. 第一次世界大战概况

(1)时间:1914～1918年。

(2)导火线:萨拉热窝事件。1914年6月28日,奥匈帝国的王位继承人斐迪南大公视察波斯尼亚一黑塞哥维那首府萨拉热窝时,被塞尔维亚青年刺死,这就是萨拉热窝事件。

(3)大战的爆发:由于帝国主义国家的争夺和各种因素,巴尔干半岛成为欧洲的火药桶。萨拉热窝事件发生后,德、奥匈决定以此事为借口,挑起战争。1914年7月,奥匈帝国向塞尔维亚宣战,第一次世界大战爆发。

(4)交战双方:同盟国(德、奥匈、土耳其、保加利亚等)——协约国(英、法、俄、塞尔维亚等),意大利为了自己的利益,参加到协约国一方作战。1917年,美国、中国加入协约国方面。

(5)重要战役:凡尔登战役造成双方共七十多万人的伤亡,被称为"凡尔登绞肉机"(一战最残酷战役),是一战的战略转折。

（6）新式武器：英首次使用坦克。

（7）范围：战火燃遍欧、亚、非、太平洋地区。

（8）大战结束标志：1918年11月德国投降，大战以同盟国战败而告终。

3.大战的后果

第一次世界大战是人类历史上第一次空前规模的战争，给人类带来了空前的灾难，欧洲战争的争夺最为激烈，战争由最初的欧洲扩大到非洲、亚洲和太平洋地区、先后有三十多个国家卷入战争。

4.性质

帝国主义的掠夺战争。

5.影响

世界性灾难；削弱帝国主义和殖民主义的力量，摧毁了俄、德、奥匈三帝国，削弱了英、法、意，奥斯曼帝国解体；俄国取得了十月革命的胜利；战后，资本主义国家的无产阶级革命运动和亚非拉民族解放运动高涨。

典例精析

1914年萨拉热窝事件成为第一次世界大战的导火线，其实质是（　　）

A.奥匈帝国的皇储夫妇被打死　　　B.德奥借机发动战争

C.塞尔维亚民族解放斗争高涨　　　D.英法制止俄国扩张

【专家点评】本题考查对第一次世界大战爆发的导火线的分析理解能力。一战之前的巴尔干半岛成了欧洲的"火药桶"，而1914年的萨拉热窝事件发生后，德和奥匈帝国立即以此作为发动战争的借口，挑起了第一次世界大战。

【答案】B

二、苏联社会主义道路的探索

（一）俄国十月革命

1.二月革命

时间：1917年3月。

结果：推翻了沙皇专制统治，结束了封建专制的统治，二月革命后出现了两个政权并立的局面，资产阶级临时政府和苏维埃政权。

意义：二月革命为俄国无产阶级反对资产阶级、争取社会主义的斗争创造了有利的条件，它发生在第一次世界大战期间。这次革命的胜利，促进了欧洲各国被压迫人民和被压迫民族反对帝国主义战争、反对本国反动政府，争取民主权利和民族解放的革命运动的高涨。

2.十月革命

时间：1917年11月。

地点：彼得格勒。

领导人：列宁。

性质：无产阶级革命。

任务：推翻资产阶级临时政府。

结果:彼得格勒武装起义取得了胜利。建立了世界第一个工人士兵苏维埃政府——人民委员会,列宁当选为主席。这标志着世界上第一个社会主义国家的诞生。

3.采取的措施

建立新型的无产阶级政权;将银行、铁路和大工业企业收归国有;颁布《土地法令》,没收地主和寺院的土地分配给农民耕种;同德国、奥匈帝国议和,退出第一次世界大战;1918年3月从彼得格勒迁都到莫斯科。

4.政权巩固

1920年,苏俄粉碎了外国武装干涉和国内的反革命叛乱,取得了国内战争的胜利,巩固了世界上第一个无产阶级政权。

5.十月革命的历史意义

俄国十月革命是人类历史上第一次获得胜利的社会主义革命。世界上第一个社会主义国家由此诞生。十月革命的胜利沉重打击了帝国主义的统治,推动了国际社会主义运动的发展,鼓舞了殖民地半殖民地人民的解放斗争。

(二)对社会主义道路的探索

1.新经济政策

(1)背景:国内革命结束,苏俄进入和平建设时期,面临的首要任务是恢复被战争严重破坏了的经济。

(2)时间:1921年。

(3)主要内容:允许多种经济并存,大力发展商品经济。

(4)作用:促进了国民经济的恢复和发展。

真题再现

列宁说"1921年春天遭到严重的经济危机和政治危机。"为扭转危机,苏俄实行下列哪种政策(　　)

A.农业集体化政策　　　　　　　　B.新经济政策

C.战时共产主义政策　　　　　　　D.工业化政策

【专家点评】本题是对新经济政策产生的背景知识的考查,为了克服由战时共产主义政策造成的消极后果,摆脱面临的经济危机和政治危机。苏俄提出了新经济政策。

【答案】B

2.苏联的成立

1922年苏维埃社会主义共和国联盟成立,简称"苏联",当时加入苏联的有俄罗斯联邦、外高加索联邦、乌克兰和白俄罗斯。后来,苏联扩大到15个加盟共和国。

3.苏联社会主义建设

(1)工业集体化:1928~1937年,苏联先后完成了第一、第二个五年计划,重点发展重工业。作用:两个五年计划的完成,苏联由传统的农业国变成强盛的工业国,国防力量也大为加强。

(2)农业集体化:1937年,苏联全国完成了农业集体化。

(3)新宪法的颁布:1936年,苏联通过新宪法,宣布苏联是"工农社会主义国家"。影响:新宪法的颁布,标志着苏联高度集中的政治经济体制的形成,这一体制被称为"斯大林模式"。

4.斯大林模式

（1）特点

政治上，权力高度集中，忽视民主法制建设，个人崇拜盛行。

经济上，国家用指令性计划管理一切经济活动，否认市场的作用，片面发展重工业。

（2）弊端

优先发展重工业，使农业和轻工业长期处于落后状态。

在计划经济体制下，片面强调产值和产量，造成产品品种少、质量差。

农民没有生产积极性，农业产量长期停滞不前。

经济发展粗放，经济效益低下，大量消耗和浪费了资源。

（3）评价

利：苏联建设成为强大的社会主义国家，为后来取得世界反法西斯战争胜利奠定了基础。

弊：从长远看，阻碍了苏联国民经济的持续发展。

三、凡尔赛—华盛顿体系下的西方世界

（一）凡尔赛—华盛顿体系

1.巴黎和会

（1）目的：战胜的协约国为了缔结和平，对战后世界做出安排。

（2）时间：1919年。

（3）地点：巴黎，参与国27个。

（4）巴黎和会三巨头：法国总理克里孟梭、英国首相劳合乔治、美国总统威尔逊。

（5）凡尔赛体系的形成

①巴黎和会上协约国先后同德国、奥地利、保加利亚、匈牙利、土耳其签订了一系列和约，这些和约构成了所谓的"凡尔赛体系"。

②《凡尔赛和约》

性质：在牺牲战败国和弱小民族利益的基础上签订的掠夺性条约。

目的：惩罚与削弱德国。

时间：1919年6月。

签订国：协约国与德国。

主要内容：第一，重新划分德国的疆界。阿尔萨斯、洛林归还法国；萨尔煤矿区由国联代管15年，然后由公民投票决定其归属；莱茵河西岸德国领土由协约国军队占领15年，东岸50千米以内德国不得设防；德国承认奥地利独立；承认波兰独立。第二，德国的海外殖民地被战胜国瓜分。其中，非洲和中东部分归英法等国，太平洋岛屿被日本占有。第三，军备上严格限制德国。德国废除普遍义务兵役制，陆军不得超过10万人，只保留部分海军；不准拥有空军。第四，德国要对协约国支付大量赔款。

▶典例精析◀

巴黎和会是帝国主义的一次分赃会议，下列最能体现这一性质的是（　　　）

A.军备问题　　　　　　　　　　　　B.殖民地问题

C. 德国边界问题　　　　　　　　D. 奥地利独立问题

【专家点评】本题考查对巴黎和会的理解能力。一战后战胜国召开巴黎和会的主要目的为了惩罚战败国德国,瓜分德国的全部海外殖民地。巴黎和会规定:德国的全部海外殖民地由英、法、日等国,以委任统治的名义加以瓜分,充分体现了这是一次帝国主义的分赃会议。

【答案】B

(6)凡尔赛体系的影响

①对战败国德国进行了严惩和限制,建立起帝国主义重新瓜分世界的分赃体系。

②欧洲和中东的政治格局发生了很大变化。

(7)评价

构成"凡尔赛体系"的一系列条约,标志着战后列强在欧洲近东和非洲建立了战后资本主义世界的新秩序,但也隐含着许多矛盾,这一体系不可能持久。

2. 国际联盟

1920年成立,由英国、法国控制。

3. 华盛顿体系

(1)原因:帝国主义在远东、太平洋地区的矛盾十分尖锐,日、美矛盾尤其激烈。

(2)1921年~1922年美、英、法、日、意、荷、比、中等九国代表参加华盛顿会议,起主要作用的是美、英、日。

(3)主要内容:1922年九国签订了关于中国问题的《九国公约》,内容宣称尊重中国的主权、独立与领土完整,遵守各国在中国的"门户开放""机会均等"的原则。《九国公约》的影响:实际上是肯定了中国的半殖民地地位,它打破了日本第一次在中国扩大侵略势力,使中国恢复到几个帝国主义国家共同支配的局面。为美国在中国的扩张提供了方便。

(4)影响:华盛顿会议是巴黎和会的继续,它调整了帝国主义之间在东亚和太平洋地区特别是中国地区的利益冲突,构成了"华盛顿体系",标志着战胜国帝国主义在全球范围内基本上完成了战后列强关系的调整和对世界秩序的重新安排。

4. 一战后,通过巴黎和会和华盛顿会议签订的一系列条约,构成了资本主义世界国际关系的新秩序,即凡尔赛—华盛顿体系。

(二)亚非民族解放运动

1. 印度非暴力不合作运动

非暴力不合作运动,是由圣雄甘地领导的,印度人民反抗英国殖民统治的一场影响深远的运动。其特点就是非暴力和不合作,而在这场运动中印度国民大会党逐渐成为了领导者,并从1947年开始了在印度的长期统治。

(1)背景

在第一次世界大战和十月革命的影响下,印度掀起民族解放运动高潮。为了巩固殖民统治,英国一方面准备宪政改革,安抚和拉拢印度上层阶级,另一方面颁布罗拉特法,加强镇压。

(2)经过

时间:1920年9月~1922年2月。

1919年4月13日,发生阿姆利则惨案,反英斗争迅速高涨。

1920年9月,甘地提出非暴力不合作计划。在甘地的号召下,人民举行罢工、罢课、罢市、集会游行,汇成一股反英洪流。

1922年2月,联合省(今北方邦)戈勒克布尔县乔里乔拉村农民2000人将22名警察连同警察局一起,付之一炬。运动超出非暴力斗争范围,甘地闻后急忙制止。国大党通过决议,谴责群众"越轨"行为,决定无限期地停止非暴力不合作运动。

3月,甘地入狱,运动遭到残酷镇压。

(3)意义

这场运动一方面打击了英国殖民统治鼓舞人民士气,而另一方面其妥协性也使得取得的成果并不彻底,不利于人民真正的觉醒。总之,从这时开始,印度向着独立国家的目标,前进了一大步。

2.凯末尔领导的土耳其革命

第一次世界大战后,土耳其资产阶级领导的以反对帝国主义侵略瓜分、捍卫民族独立主权和建立民族国家为目的的资产阶级革命运动(1919~1923)。主要领导人为穆斯塔法·凯末尔·阿塔图尔克,又被称为凯末尔革命。

(1)背景

追随德奥集团参加了第一次世界大战。战争中土耳其的惨败,导致了严重的民族危机。1920年协约国提出了灭亡土耳其国家的奴役性条约——《色佛尔条约》。严重的经济危机接踵而来。农业、工业、交通运输、财政金融和对外贸易,都陷于破产的境地。土耳其民族处于危亡之秋。反对帝国主义瓜分和武装干涉,成为土耳其民族最紧急的任务,也是土耳其社会发展的前提条件。

(2)经过

19世纪末20世纪初亚洲各国掀起了民族解放运动高潮,凯末尔为土耳其争取民族独立作出了重要努力。

土耳其获得国家独立和民族解放之后,凯末尔政府立即制定新宪法,废除政教合一的制度,确立了国家的共和体制。但整个土耳其社会仍然具有浓厚的封建和宗教习俗,土耳其社会进步与发展受到严重阻碍。凯末尔采取了一系列措施为建立世俗国家,迈向现代文明作出了重大贡献。

(3)意义

凯末尔革命的胜利,结束了奥斯曼帝国600多年的封建君主专制和神权统治,建立了土耳其历史上从未有过的民主共和国,这是历史的巨大进步。

凯末尔革命的胜利,使土耳其摆脱了民族危机,为发展民族经济、文化和社会进步,创造了前提条件。建立民族国家体系,是20世纪亚非民族民主运动发展的趋势,土耳其共和国的建立,开创了这一趋势的先声。

(三)经济大危机

1.经济的"繁荣":20世纪20年代,特别在1924年~1929年间,资本主义世界基本上处于相对稳定时期,主要资本主义国家经济"繁荣"一时。

2.经济危机

(1)时间:1929年~1933年,开始于美国,席卷整个资本主义。

（2）特点：①涉及范围特别广；②持续时间比较长；③破坏性特别大。

（3）影响：严重的经济危机，引起了政治危机，资本主义各国社会矛盾尖锐、政局动荡。

3. 各国的出路：美国实行罗斯福新政，德国、意大利、日本走上了法西斯道路。

4. 罗斯福新政

（1）背景：1929～1933 年的经济危机，引起了政治危机。

（2）时间：1933 年，罗斯福上台，立即以新政救治经济危机。

（3）目的：在资本主义内部进行调整，加强国家对经济的干预和指导，以消除经济危机。

（4）措施：①大力整顿银行；②调整农业；③兴建公共工程；④中心措施是对工业的调整，颁布《国家工业复兴法》。

（5）特点：在不改变资本主义制度的前提下，加强国家对经济的干预和指导。

实质是在维护资本主义制度前提下，对资本主义生产关系进行的局部调整。

（6）影响：新政取得了显著成效。美国经济缓慢恢复过来，人民生活得到改善；是资本主义的一次自我调节，开创了资本主义国家干预经济的先河；资本主义国家对经济的宏观控制与管理得到加强；美国联邦政府的权力明显得到加强。新政在美国和世界资本主义发展史上具有重要意义。

（7）效果：美国度过了危机，但产生危机的根源依然存在，所以不可能从根本上消除经济危机。

典例精析

下列有关罗斯福新政的影响，不正确的是（　　　）

A. 使美国度过了经济危机

B. 根除了资本主义国家的经济危机

C. 提高了资本主义国家的垄断程度

D. 开创了国家大规模干预经济的先河

【专家点评】本题是对罗斯福新政相关内容的考查。经济危机与资本主义制度是与生俱来的，只要资本主义制度存在，经济危机就将不可避免地爆发。罗斯福新政的前提是不改变资本主义制度，仅仅是在资本主义制度内部进行调整。因此"根除了资本主义国家的经济危机"的说法是错误的。

【答案】B

（四）法西斯势力的猖獗

1. 德国法西斯政权建立

（1）标志：1933 年希特勒上台，集总统和总理大权于一身，称为国家元首。

（2）影响：世界大战的欧洲战争策源地形成。

（3）法西斯独裁统治的表现：纳粹党制造国会纵火案；解散工会，取缔其他政党；强化专政机器，镇压革命；加强思想控制，焚毁进步书籍；掀起反犹狂潮。

2. 意大利法西斯的建立

（1）人物：墨索里尼。

（2）标志：1922 年，法西斯党徒向罗马进军，夺取政权。

3. 日本法西斯政权建立

1936年日本军部少壮派军官发动兵变失败,日本军部法西斯建立起来。世界大战的亚洲战争策源地形成。

4. 20世纪30年代,德、意、日法西斯勾结起来,结成侵略性的军事政治集团,称为"柏林——罗马——东京轴心",又称轴心国集团。

5. 德、意、日法西斯政权的建立,是世界经济危机导致资本主义社会的政治危机,国内阶级矛盾激化的产物。德、意、日实行法西斯化的共同特点是:它们都代表垄断资本集团的利益,对内实行法西斯独裁恐怖专政,对外极力推行侵略扩张政策,法西斯是最反动,最富有侵略野心的政权,对人类的和平和发展带来严重威胁。

四、第二次世界大战

(一)第二次世界大战的爆发

1. 二战爆发原因

根本原因是帝国主义政治、经济发展的不平衡性,加剧了帝国主义矛盾。直接原因是由于法西斯的进攻,其中英、法、美绥靖政策助长了法西斯的侵略。

2. 慕尼黑阴谋

1938年,德、意、英、法四国首脑在德国慕尼黑签定协订,规定捷克斯洛伐克必须在10天内把苏台德等地割让给德国,历史上称为慕尼黑阴谋。

3. 绥靖政策

(1)原因:西方大国对法西斯侵略不满,但是又害怕法西斯国家的战争讹诈,想将祸水东引,把德国的侵略矛头引向苏联。

(2)概念:西方大国对法西斯侵略不加以严厉制裁,而是希望以牺牲小国利益安抚侵略者,这种政策称为绥靖政策。慕尼黑阴谋把绥靖政策推向顶峰。

(3)具体表现:希特勒上台后,德国大肆扩军备战,吞并奥地利,没有受到制裁;慕尼黑阴谋;德军进攻波兰,英法虽宣战但没有对德军发动进攻。

(4)绥靖政策的危害:绥靖政策的影响极其恶劣,它使法西斯国家得寸进尺,侵略野心日益膨胀,也极大削弱了反法西斯力量,加速二战的爆发。

4. 战争的爆发

1939年9月1日,德军发动对波兰的突袭,英法对德宣战,标志着第二次世界大战的全面爆发。

(二)第二次世界大战重大事件

1. 战争的扩大:1941年6月,德军对苏联进行突然袭击,标志着二战规模扩大。莫斯科保卫战是一战开始以来德国法西斯在欧洲大陆上的第一次失败,打破了德军"天下无敌"的神话。

2. 战争的进一步扩大:1941年12月,日军偷袭太平洋美军基地珍珠港。第二天,美对日宣战,太平洋战争爆发,标志二战规模进一步扩大。

3. 国际反法西斯联盟的建立

(1)原因:法西斯的侵略,激起世界人民的愤怒,为对付共同的敌人,英、美、苏、中等国走向联合。

（2）建立：1942年1月1日，美、英、苏、中等26国在华盛顿举行会议。签署《联合国家宣言》。（内容：保证将自己的全部的人力和物力，联合起来彻底打败法西斯国家。）

（3）影响：国际反法西斯联盟建立后，使得二战的性质变为世界人民的反法西斯战争，反法西斯国家相互援助，协同作战，战斗力加强，逐渐扭转了战争的形势。

典例精析

世界反法西斯战争的胜利，给人类留下的启迪是（　　）

①只有加强国际合作，才能战胜共同敌人　②社会制度不同的国家始终难以合作

③世界各国都应和平共处，互不侵犯　　　④珍惜和平，反对战争

A.①②　　　　　B.②④　　　　　C.①③④　　　　　D.①②③④

【专家点评】本题考查对课本知识的感悟能力。结合世界各国建立国际反法西斯联盟，最终打败法西斯可以确定①是正确的；通过资本主义国家美国和社会主义国家苏联合作打败法西斯，可以确定②是错误的；结合历史和政治常识，可以确定③④是正确的。

【答案】C

4.雅尔塔会议

（1）背景：法西斯德国失败已成定局。

（2）目的：反法西斯国家为了协调行动，尽快打败法西斯国家，争取反法西斯战争最后胜利和解决战后一系列重大问题。

（3）召开：1945年2月，美国的雅尔塔。

（4）参与国首脑：美国罗斯福、英国丘吉尔、苏联的斯大林。

（5）主要内容：打败德国后，对德国进行军事占领，彻底打败法西斯主义；决定成立联合国；苏联在德国投降三个月后，参加对日作战。

（6）评价：雅尔塔会议及主要协议，进一步协调反法西斯盟国在反法西斯战争中的行动，对战胜德、意、日法西斯国家有积极作用；但是，它也体现大国强权意志，出卖弱小国家利益；依据雅尔塔会议的基本原则，二战后美苏重新划分世界，逐步形成美苏争霸的新格局。

5.斯大林格勒战役：1942年7月~1943年2月，不仅是苏德战场转折点，而且是第二次世界大战的重要转折点。

6.诺曼底登陆：1944年6月，英美等反法西斯盟军在法国的诺曼底登陆，开辟欧洲第二战场，使德军陷入受东西两线同时夹攻境地，有利于加速德国法西斯的灭亡。

（三）第二次世界大战结束

1.法西斯瓦解、崩溃，最早投降的是意大利。

2.1945年4月，苏军发动了柏林战役，希特勒自杀身亡。5月2日，柏林守军投降。1945年5月8日，德正式签署投降书，标志二战在欧洲战争结束。

3.1945年8月15日，日本宣布无条件投降，9月2日，日本正式签署投降书，标志二战胜利结束。

加速日本投降的因素：中国等亚洲各国对日发动进攻；美军在广岛和长崎投下原子弹；苏联对日宣战。

（四）第二次世界大战的启示

和平来之不易，世界大战的悲剧不能重演；人民是战胜法西斯的决定力量，是推动历史前进的真正动力；意识形态和社会制度不同的国家在平等的基础上能够联合起来，共同迎接人类面临的各种挑战；国与国之间应该和平共处；人类命运休戚相关，要加强国际合作，求得共同发展等。

五、主要资本主义国家的发展变化

第二次世界大战中，西欧各国社会经济都遭到严重损害。战后，西欧国家普遍放弃自由放任政策，采用了利用国家权力对经济进行大力干预的政策。其主要内容有：实行国有化，建立国营企业；制订经济计划，指导经济发展，以避免生产的无政府状态；此外，扩大政府开支、政府直接采购以及利用税收等财政政策调节社会生产，也是国家干预经济的重要手段。

战后，发达国家在生产力提高的基础上，建立起比较完善的社会福利制度。这些社会福利制度已经从单纯的救济发展成为公民的社会权利，得到立法和制度上的保证。其特点为种类繁多、覆盖面广，低收入阶层受惠多。福利制度是国家进行国民收入再分配的一种形式，反映了分配领域社会化的趋势。它使低收入阶层的生活得到基本保障，扩大了社会消费。但是也使一些国家财政支出扩大，造成财政赤字，降低了人们的工作积极性。

五六十年代，西欧国家在经济发展的过程中联系日益密切，开始了一体化进程。1967年，欧洲共同体正式成立。随着力量的增强，欧洲共同体在国际舞台上发挥了日益重要的作用。

战后，日本进行了民主改革，彻底消除了生产关系中残留下来的封建落后因素，实行国民经济非军事化，同时大力发展教育和科技事业。朝鲜战争和越南战争爆发，美军的大批军事及后勤物资订货进一步促进了日本经济的发展。到1970年日本成为世界经济强国。随着经济实力的增强，日本开始谋求政治大国的地位，希望在国际事务中发挥更大的影响。

（一）战后美国经济的发展

第二次世界大战后，美国经济的发展速度处于西方发达国家经济发展的前列，经历了繁荣——危机——持续稳定发展的过程，可以分为三个阶段：

1.五六十年代美国经济的发展

（1）表现：持续发展，西部和南部繁荣。

（2）原因：美国是世界上最富强的国家，占据了广阔的国际市场；大力发展科技教育，发展新兴工业和军事工业；改善人民生活，创造经济发展环境。

（3）经济与政治形势变化关系：二战初，美推行中立政策，大发战争财，军事工业迅速发展；战后初期，美成为资本主义世界头号强国，美元在国际货币体系中取得了统治地位。

> **真题再现**

布雷顿森林体系建立后，美元也被称为"美金"，美国财长福勒曾说"各个行星围绕太阳转，各国货币围绕着美元转"。其反映的基本特征是（　　　　）

A. 美元与黄金挂钩，各国货币与黄金挂钩

B. 美元与白银挂钩，各国货币与美元挂钩

C. 美元与白银挂钩,各国货币与白银挂钩

D. 美元与黄金挂钩,各国货币与美元挂钩

【专家点评】由材料"美元"也被称作"美金""各国货币围绕着美元转"可知为美元与黄金挂钩,各国货币与美元挂钩。

【答案】D

2. 七八十年代美国经济的发展

(1)表现:70年代经济危机,经济地位下降;80年代调整,经济发展受限。

(2)原因:经济发展弊端显露;受到危机严重打击,通货膨胀,债务沉重。

(3)经济与政治形势变化关系:70年代,欧共体崛起,中东展开石油斗争,石油提价,造成经济危机;80年代,美苏争霸,美大力发展高技术军事工业,债务负担沉重。

3. 90年代美国经济的发展

(1)表现:持续稳定发展,进入新经济时代。

(2)原因:改革社会经济;加大发展教育科技事业的力度,促进以信息产业为代表的高新技术的发展;完成传统产业的技术改造。

(3)经济与政治形势变化关系:90年代,为了在多极化的世界政治格局中占据绝对优势,美大力发展高新技术。

4. 二战后美国经济发展主要原因归纳

(1)根本原因:适时调整经济政策,进行资本主义的自我调节。

(2)抓住第三次科技革命的机遇,大力发展科学技术,发展高新技术产业。

(3)政策措施:重视基础教育,培养实用人才。

(4)实力地位:战后国际地位的提高和军事经济实力的增强。

(5)政治野心:确立世界霸权地位的政治需要。

(二)战后西欧经济迅速恢复和发展

1. 原因

(1)客观原因:美国的援助。

(2)主观原因:西欧国家发挥高素质的劳动力优势,采用最先进的科技成果,制定恰当的经济发展政策;欧洲的联合。

2. 表现

20世纪50年代初,各国的工业生产已经大体达到甚至已经超过了战前水平。

50~70年代,西欧经济持续繁荣。

3. 欧共体(欧洲共同体)

成立于20世纪60年代,它的成立对成员国经济的发展和国际地位的提高发挥了重要作用。

4. 欧盟(欧洲联盟)

成立于1993年,在欧共体的基础上成立的。

意义:欧盟成立标志着欧洲各国人民在创建一个从未有的更为紧密的联盟进程中迈入了一个新的阶

段。欧盟成立后,其成员国之间资源共享、优势互补,有利于经济的发展,欧盟成为世界上最大的经济体。它的成立极大促进欧洲区域经济、政治一体化进程,提高了欧洲联盟各国的实力,对当今世界政治、经济的发展产生了重要影响。

(三)战后日本经济迅速恢复与发展

1. 原因

(1)二战后,美国在日本进行社会改革,推行非军事化政策(铲除封建残余,节省军费开支)。

(2)20世纪50年代,美国开始扶植日本(订购大量军需物资),刺激了日本经济的繁荣。

(3)日本政府充分利用各种有利因素,积极采取各种有力措施,制定了适当的经济政策,特别是引进最新的科技成就,发展教育和科技,注重人才培养,促进了经济的迅速发展,成为资本主义强国。

2. 具体表现

(1)20世纪50年代中期以后的二十年间,日本经济持续高速发展,成为仅次于美国的世界第二大资本主义经济大国。

(2)1974年~1975年的世界经济危机,日本经济发展速度一度减缓。

(3)80年代,日本实行"科技立国"政策,促进经济的发展。80年代后期成为世界第二位经济大国。

3. 影响

经济的发展,日本国际地位也得到加强。1964年日本东京成功举办了奥运会,20世纪七八十年代以来,日本谋求政治大国的欲望也开始膨胀。

(四)二战后主要资本主义国家发展

1. 整体状况

20世纪五六十年代高速发展;70年代以后在经济危机的打击下,速度减缓;八九十年代,速度加快。

2. 共同原因

各国都大力引进最新的科技成果,大力发展教育,培养人才,制定恰当的经济政策;西欧和日本都得到了美国的援助或扶持。

3. 启示

(1)抓住机遇,加强国际合作与交流。

(2)积极引进世界先进科技,大胆创新。

(3)大力发展教育,培养人才。

(4)制定适合本国国情的经济政策。

典例精析

二战后主要资本主义国家建立起一套自我调节的机制,主要表现在(　　)

①推行较为广泛的社会福利制度　　②改革社会制度

③实行高度集中的计划经济　　④政府对经济加强宏观调控

A.①②③④　　　　　　B.①④

C.②③　　　　　　　　D.①②④

【专家点评】本题考查再认、再现二战后资本主义国家自我调整的知识。②是错误的,社会制度仍是资本主义制度,题意是"资本主义自我调节",而不是改革资本主义制度本身;③是苏联、东欧等社会主义国家的措施。

【答案】B

六、社会主义国家的改革与演变

(一)苏联的改革与解体

1.赫鲁晓夫的改革

主要针对斯大林时期存在的一些弊端,在经济、政治方面采取了一系列的改革措施。

评价:他的改革虽然在一定程度上冲击了斯大林模式,但并没有根本改变苏联高度集中的政治经济体制。

结果:进入60年代,改革带来的各种矛盾日益突出,1964年赫鲁晓夫被迫下台。

2.戈尔巴乔夫的改革

1985年上台后,先后进行了经济、政治方面的改革。结果失败。

3.苏联解体

(1)过程

①八一九事件:1991年8月19日,8名苏联高级官员组成的"国家紧急状态委员会"发动政变,试图使"国家和社会尽快摆脱危机",但不到三天就失败了。

②政变未遂事件使戈尔巴乔夫实际上失去了领导国家的威望和能力,俄罗斯领导人叶利钦控制了全国,苏联的分裂进一步加快。

③1991年底苏联解体。

(2)苏联解体原因

历史原因:苏联体制上的弊端和政策上的失误。

现实原因:戈尔巴乔夫的错误路线和政策。

外部原因:西方实行"和平演变"战略。

(3)苏联解体影响

首先,苏联的解体使世界政治格局发生变化。表明战后美苏两极世界格局结束,世界格局进一步向多极化方向发展。

其次,苏联的解体加速了欧洲一体化的进程,为欧盟和北约扩大创造了条件。

最后,苏联的解体对欧洲科学社会主义事业是严重打击。

典例精析

关于苏联改革,有人评价"赫鲁晓夫把苏联改病了,戈尔巴乔夫把苏联改死了"。这句话中"改死了"即指苏联解体。从实质上分析,苏联解体是(　　)

A.国家已经四分五裂　　　B.国家名称发生变化

C.社会制度发生变化　　　D.执政党失去了政权

【专家点评】此题考查对重大事件的理解、分析能力。苏联的解体,不仅是指国家四分五裂,国家名称改变,共产党丧失执政权,更重要的是社会制度的改变,A、B、D三项都是表层的现象,C项才是问题的实质,要注意透过现象看问题的实质。

【答案】C

(二)东欧社会主义国家的改革和演变

1.匈牙利的改革

二战后,欧亚出现了一些社会主义国家,东欧社会主义国家大都按照斯大林模式进行经济建设,走了不少弯路。匈牙利的改革是各国改革中较为突出的。

2.捷克斯洛伐克的改革

1968年,目的是试图摆脱苏联的控制,结果被苏联镇压。

3.东欧剧变

(1)东欧剧变是指东欧各国政党纷纷下台,丧失了政权,社会性质也发生了变化。

(2)原因

内因:严重的经济危机和政治危机;历史原因是照搬苏联模式,缺乏独立自主。

外因:戈尔巴乔夫“新思维”的影响;西方对东欧实行了“和平演变”的策略。

(3)具体表现

从1989年下半年开始,东欧各国执政党纷纷丧失政权,社会制度也随之发生变化。南斯拉夫发生内战,国家一分为五;捷克斯洛伐克一分为二;东德并入西德,德国实现了统一。

(4)实质:东欧各国的社会制度发生了根本性变化。

4.启示

(1)解放思想,实事求是,探索出一条适合本国国情的建设社会主义的道路。

(2)建设社会主义必须以经济建设为中心,大力发展社会生产力。

(3)坚持马克思主义的指导地位不动摇。搞好执政党的自身建设。

(4)必须加强社会主义民主和法制建设,以保障经济建设。

(5)要奉行独立自主的和平外交政策,不搞霸权主义,反对强权政治。

七、亚非拉国家的独立和振兴

(一)亚洲国家的独立和振兴

1.印度

(1)1947年,英国被迫同意印度独立,但是决定把原来的印度分为印度和巴基斯坦两个国家,实行印巴分治(加深了民族、宗教矛盾,是印巴冲突的历史根源)。1950年印度共和国建立,1956年巴基斯坦伊斯兰共和国成立。

(2)在印度领导人尼赫鲁等的倡导和推动下,实行独立自主和不结盟外交政策,积极倡导并发起不结盟运动,集中精力发展经济。

(3)印度独立后的半个世纪中,工农业都有了巨大的变化,尤其是科技领域成就显著。

韩国、新加坡经济发展迅速,已经成为现代化国家。

(二)非洲的独立浪潮

1.1952 年,埃及爆发了反帝反封建革命,以纳赛尔为首的革命力量发动了武装起义,赢得了真正独立,1956 年,埃及宣布将苏伊士运河收归国有。

2.20 世纪五六十年代,非洲先后有三十多个国家取得独立,其中,仅 1960 年一年就出现 17 个国家的独立,因此这一年被称为"非洲独立年"。

3.20 世纪七八十年代,非洲的民族独立运动深入发展,1990 年 3 月纳米比亚独立,标志着欧洲殖民者入侵和奴隶非洲长达五个世纪历史的结束,帝国主义在非洲的殖民地体系最终崩溃。

典例精析

1960 年之所以被称为"非洲独立年",主要是因为这一年(　　　　)

A. 有一大批非洲国家获得独立

B. 是二战后非洲独立运动的开端

C. 非洲产生了第一个独立的国家

D. 非洲所有国家都获得独立

【专家点评】本题主要考查学生的识记能力。20 世纪五六十年代,非洲先后有 30 多个国家获得独立,仅 1960 年一年就出现了 17 个独立国家,因此这一年被称为"非洲独立年"。

【答案】A

(三)拉美捍卫民族主权的斗争

1.1959 年古巴通过武装斗争,推翻美国扶植的傀儡政权,建立革命政府,走上了社会主义道路。

2.20 世纪六七十年代到 1999 年底,巴拿马人民通过不懈斗争,终于从美国手中收回运河的全部主权。

(四)动荡的中东地区

1.战火频繁的中东

(1)一战后,英国获得巴勒斯坦地区的"委任统治权",英国支持犹太复国主义运动,流散在世界各地的犹太人陆续迁往巴勒斯坦。

(2)二战后,联合国大会通过了巴勒斯坦地区"分治",建立一个犹太国家和一个阿拉伯国家的决议,1948 年犹太人建立以色列,英国宣布结束在巴勒斯坦的"委任统治"。

(3)四次中东战争:以色列国成立后至 1973 年,阿拉伯国家和以色列之间就发生了四次战争,史称"中东战争"。

2.中东地区错综复杂的矛盾产生的原因

(1)位置重要:中东地区地理位置和战略地位重要。

(2)资源争夺:中东地区蕴藏着丰富的石油资源,成为各个历史时期世界大国争夺的热点。水资源问题在中东可谓牵一发而动全身,对水资源的争夺加剧了冲突。

(3)大国插手:列强从自己的利益出发,在此进行长期角逐。英国一战后的"分而治之",联合国二战后的进一步"分而治之",都说明列强在利用当地民族、宗教矛盾插手该地区事务。他们的介入,使问题更加复杂。

（4）历史原因：历史、宗教、种族等因素,使这一区域的矛盾更加复杂。几十年来陆续形成领土争端、水资源问题及巴勒斯坦难民等问题错综复杂。

（5）宗教纷争：耶路撒冷的主权和归属问题,是巴以关系中最为棘手的问题,耶路撒冷被视为犹太教、基督教和伊斯兰教的"圣城",对耶路撒冷的争夺增加了该地区和平进程的难度。

（6）巴以冲突成为中东问题的关键。

3.20 世纪 90 年代,中东和平出现转机

（1）1993 年巴以达成和解,相互承认。

（2）1994 年拉宾、佩雷斯、阿拉法特因为就巴勒斯坦自治问题达成协议获诺贝尔和平奖。

（3）直到 21 世纪初,巴以冲突仍时有升级和加剧。

八、战后世界格局的演变

（一）冷战中的对峙

1. 冷战政策

（1）背景：二战结束后,由于意识形态和不同国家的利益,美苏从战时盟友关系转变为战后的敌对关系。美国经过二战,实力大增,妄图称霸世界。但美国又不得不正视苏联等社会主义国家。

（2）定义：以美国为首的资本主义国家提出的用除直接武装进攻以外的一切手段和敌对行动来"遏制"共产主义的政策。

（3）序幕：1946 年,丘吉尔发表"铁幕演说"。

（4）表现

①政治：1947 年,杜鲁门主义的出台,标志着美苏战时同盟关系正式破裂、美苏之间的冷战开始。（杜鲁门主义的定义：遏制共产主义,干涉别国内政、加紧控制其他国家的纲领和政策。）

②经济：1947 年,马歇尔提出的"马歇尔计划（目的、概况）"。

③军事：1949 年,以美国为首的西方国家签订《北大西洋公约》,建立了北大西洋公约组织（目的、时间、国家标志）,1955 年,以苏联为首的军事政治同盟华沙条约组织建立。美苏"冷战"对峙局面形成,两极格局形成。

（5）影响：在两极格局下,美苏展开了一系列争霸斗争,这是违背客观的历史潮流,严重威胁了世界和平和各国的发展与安全。

（6）实质：既有美苏两种意识形态之间的对抗的因素,也有美苏两方争霸的因素。

（7）结束：1991 年,苏联解体,冷战结束。

2. 热战（亚洲）

朝鲜战争、越南战争。

3. 美苏争霸

（1）北约组织和华约组织的建立,标志着两极格局的形成。

（2）开始：赫鲁晓夫上台后。

（3）表现

①20世纪五六十年代美国在苏美争霸中占据优势。1962年,发生了古巴导弹危机。

②70年代苏美争霸达到高潮。1979年12月苏联出兵占领了阿富汗。

③80年代,苏联提出以军备控制为中心的全球缓和战略,美国同意实现有限的缓和。1989年,苏联从阿富汗撤军。

（4）1991年,苏联解体,冷战结束,美苏两极格局结束。

真题再现

海湾战争是自越南战争以后发生的规模最大的局部战争,起因是(　　)

A.巴以冲突　　　　　　　　B.伊拉克进攻伊朗

C."伊朗门"事件　　　　　　D.伊拉克侵占科威特

【专家点评】1991年,以美国为首的多国联盟在联合国安理会授权下,为恢复科威特领土完整而对伊拉克进行的局部战争。

【答案】D

（二）世界政治格局的多极化趋势

1.世界格局含义

世界格局（体系）是指在世界政治舞台上各种基本力量在一定时期相互作用、不断斗争,分化组合而形成的一种相对稳定的国际关系体系。

2.近代以来三次政治格局的演变

（1）一战后世界格局:一战宣告了19世纪初拿破仑战争之后建立起来的"维也纳体系"的终结,产生了"凡尔赛—华盛顿体系"。

（2）二战后世界格局:二战使"凡尔赛—华盛顿体系"彻底崩溃,形成"雅尔塔体系"（即美苏两极格局）。

（3）当今世界格局:随着东欧剧变、苏联解体,美苏对立的两极格局终结,暂时形成了"一超多强"的局面,世界政治格局朝着多极化方向发展,但是一个新的相对稳定的世界格局还没有定型,在新的世界格局的形成过程中,经济实力越来越具有决定性的作用。各国都致力于实现长期、稳定和持续的经济发展,力争在新的世界格局中占据有利地位。

3.世界格局向多极化方向发展

根源是经济结构的多极化,当今世界的主题是和平与发展。

争取较长时期的国际和平环境是可能的,但是威胁世界和平的因素依然存在:

（1）地区冲突、民族矛盾、宗教纷争,如科索沃战争、巴以冲突。

（2）霸权主义、强权政治。

（3）恐怖主义。

4.科索沃战争

（1）时间:1999年3月~6月。

（2）发动者：以美国为首的北约。

（3）借口：南斯拉夫联盟军队屠杀科索沃地区阿尔巴尼亚族人。

（4）根本原因：冷战结束后，地区冲突，民族矛盾、宗教纷争不断，成为威胁世界安全的因素。霸权主义利用并介入这些矛盾，将其转化为国际冲突，直接威胁世界和平。

（5）影响：科索沃战争表明，世界多极化趋势将是长期的、曲折的斗争过程。科索沃战争是美国对世界多极化趋势的挑战，对世界格局产生了重要影响。以美国为首的北约违背国际法基本准则，公然对一个联合国成员国动武，严重削弱了联合国的作用。联合国在国际事务中的主导地位受到严重挑战。

（三）世界经济的"全球化"

1. 经济全球化趋势含义

随着世界性经济交往的日益增多，特别是第二次世界大战后，在高新科技的推动下，世界经济的迅速发展，各国各地区之间的联系越来越密切，从总体上看，世界经济正在逐渐形成一个整体。

2. 经济全球化趋势出现的背景

20世纪八九十年代，东西冷战结束，国际形势趋于缓和，和平与发展成为世界的发展趋势，在发展经济的过程中，各国经济联系日益密切，任何一个国家经济都不可能孤立地发展下去，科学技术特别是交通运输和信息技术的迅速发展，也大大地缩短了世界各地的时间和空间的距离，为全球范围的经济活动提供了便利条件。20世纪末，世界发生深刻的变化，世界经济区域化、集团化和全球化的过程持续发展，世界经济日益成为不可分割的整体。世界各国相互依存程度进一步加强，同时，国际竞争也空前加剧。

3. 经济全球化趋势的具体表现

国际投资和贸易的迅速增长；跨国公司的影响，生产活动的全球化趋势加快；世界贸易组织的成立，是世界经济全球化发展的一个重要表现。（世界贸易组织简称世贸即WTO成立于1995年1月1日。）

4. 经济全球化的影响

积极性：促进了经济的发展；有利于发展中国家参与世界经济竞争。

消极性：拉大了发展中国家和发达国家间的贫富差距；有些跨国公司的不公平竞争；国际经济风险对发展中国家的影响进一步加大。如1997年，国际金融市场风险引起了亚洲金融危机。

5. 经济全球化应对趋势应对措施或政策

（1）发达国家加强政府对经济的宏观管理，重视制定国民经济发展战略与计划，推动生产社会化，超越国界向国际发展。

（2）发展中国家

①建立和完善市场经济体制，实行对外开放政策，把企业推向市场，与世界经济接轨。

②坚持科教兴国，抓好知识经济的发展。

③树立可持续发展的观念。

6. 中国在经济全球化过程中的表现

中国顺应—促进了经济的高速发展。2001年中国上海成功举办了第九届亚太经济合作组织（APEC）成员领导人会议，同年，中国也正式成为WTO成员的一员。

九、科学技术和文化

(一)第三次科技革命

1. 第三次科技革命的兴起

(1)起源于美国。

(2)时间:20世纪四五十年代以来。

(3)标志:人类在原子能、计算机、航天技术、生物工程等领域取得了重大突破。

(4)具体表现

第三次科技革命的核心是计算机的广泛使用,国际互联网是人类历史发展中的一个里程碑,人类由此进入了信息化时代。电子计算机技术的运用方便了人民的生活,如发送电子邮件、收看网络电影电视、实现远程教育、网上购物、电子商务等。

生物工程的核心是基因工程,而基因工程中的克隆技术尤其引人注目。1996年,世界上第一只从成年动物细胞克隆出的哺乳动物绵羊"多利"诞生。这项研究成果被誉为20世纪最重大也是最有争议的科技突破之一。

2. 第三次科技革命的特点

第三次科技革命是人类文明史上继蒸汽技术革命和电力技术革命之后科技领域的又一次重大飞跃,与前两次科技革命相比,具有以下特点:

(1)这次新科技革命不仅涌现了大量的科学成果,而且也大大加快了科学技术转化为生产力的速度,缩短了知识变为物质财富的过程。

(2)科学技术的各个领域之间相互渗透,一种技术的发展引起好几种技术的革命。

(3)新技术成为社会生产力中最活跃的因素,在促进经济增长的各种因素中,科技进步所占的比重不断上升。科学技术对社会生产、经济发展的影响越来越大,科学进步日渐成为社会经济发展的决定因素。

3. 第三次科技革命的影响

第三次科技革命推动社会生产力空前发展,并进一步引起了世界经济结构和国际经济格局的变化,世界各国都在大力发展高科技,增强自己在国际格局中的地位,从而推动了世界经济格局的多极化。

典例精析

1914～1938年的25年中,资本主义生产平均年增长率不到1.7%;战后1946～1970年的25年中,资本主义世界工业生产平均增长率高达6%左右,这最能说明(　　)

A. 第三次科技革命推动了社会生产力空前发展

B. 第三次科技革命挽救了资本主义制度

C. 第三次科技革命比第二次科技革命进步

D. 第三次科技革命和第二次科技革命发展的时间一样长

【专家点评】此题关键在于从题干中提取历史知识,抓住时间词语"战后1946～1970年的25年"可知是第三次科技革命,从年增长率的变化上可以判断出是第三次科技革命对生产力的推动作用越来越大。

【答案】A

（二）现代文学和美术

1.现代文学

（1）20世纪欧美文学作品中,名著很多。美国作家德塞的长篇小说《美国的悲剧》。法国作家罗曼·罗兰的长篇小说《约翰·克利斯朵夫》。法国荒诞派剧作家贝克特的剧本《等待戈多》。

（2）20世纪初的苏联涌现出许多世界闻名的文学作品。尚洛霍夫的长篇小说《静静的顿河》(获诺贝尔文学奖)。尼·奥斯特洛夫斯基的《钢铁是怎样炼成的》。

2.现代美术

西班牙画家毕加索是西方现代美术诸流派中最具影响力的人物。20世纪初他在法国创立了立体派绘画,这一画派代表了20世纪绘画的抽象化倾向。50岁时发表的《格尔尼卡》则震撼了全世界。

3.爵士乐

是现代音乐演变的一个代表,起源于非洲音乐,19世纪末20世纪初在美国南部发展起来,不久风行美国,并且流传到世界各地。爵士乐不仅影响了其他流行音乐的形式,也影响了古典音乐的创作。除爵士乐外,二战后又出现了摇滚乐。摇滚乐起源于美国。

4.电影

（1）19世纪以来电影经历了由无声到有声,由黑白到彩色,由单一银幕到多种银幕的发展。

（2）好莱坞成为美国电影代名词,好莱坞电影以大众娱乐为目的,创造出不同的类型片来吸引观众。战争片、科幻片等。主要包括喜剧片、音乐歌舞片、西部片、警匪片、恐怖片等。电影最高奖是奥斯卡金像奖。

强化训练

单项选择题

1.秦朝和元朝对后世影响深远的制度分别是(　　)

　A.科举制　　行省制

　B.科举制　　中央集权制

　C.郡县制　　行省制

　D.郡县制　　丞相制

2.改革开放初期中央决定在深圳、珠海设立经济特区,是基于它们(　　)

　A.临近港澳

　B.经济发展水平居全国领先地位

　C.已有许多外资企业

　D.城市经济体制改革取得突破成绩

3.下列不属于布雷顿森林体系建立的背景的是(　　)

　A.二战后,欧洲丧失了世界中心地位,原有的经济格局发生深刻变化

　B.二战后,以英镑为中心的资本主义货币体系难以维系

　C.美国在国际贸易和金融方面确立了统治地位

D. 美国掌握着世界上最丰富的黄金储备

参考答案及解析

单项选择题

1. C【解析】此题考查对重大事件的理解、分析能力。秦朝和元朝都是古代史上两个重要朝代,都开创过对后世影响深远的制度,秦朝的郡县制对后世影响深远,一直沿用到今天,而元朝的行省制度奠定了今天省级行政区的基础。

2. A【解析】1979年中央根据广东、福建两省靠近港澳、华侨众多的有利条件,决定对两省的对外经济活动实行特殊优惠政策。第二年确定在广东的深圳、珠海、汕头和福建的厦门设置经济特区。

3. C【解析】布雷顿森林体系会议召开和布雷顿森林体系的建立,使二战后国际政治经济格局发生巨大变化的产物。二战后西欧国家普遍衰落,美国的经济实力却空前膨胀,拥有世界上最雄厚的经济实力和最丰富的黄金储备。C项出现在布雷顿森林体系形成以后。

真题预测

单项选择题

1. 孔子主张社会和谐,墨子主张"兼爱""非攻",孟子主张"政在得民"。这些主张产生的共同的社会背景是(　　)

A. 社会动荡、矛盾尖锐　　　　B. 百家争鸣趋于合流

C. 奴隶制度全面崩溃　　　　D. 封建制度逐步发展

2. 西汉对匈奴的不同政策,决定西汉"平城围后几和亲"和对匈奴"汉武雄图"的关键性因素是(　　)

A. 匈奴是否南下的威胁　　　　B. 西汉国力的强弱

C. 双方统治者的决策　　　　D. 民族融合的程度

3. 隋唐以前,官府设有谱局,考订父祖官爵、门第。此后该现象逐步消失,主要原因是(　　)

A. 宗法制的总结　　　　B. 察举制的完善

C. 三省六部制的完善　　　　D. 科举制的推行

简答题

4. 简述中共七大召开的背景、内容及意义。

材料分析题

5. 阅读材料,完成下列各题。

材料一　在早期儒家经典中,民本思想有较多体现。《尚书》中说:"民为邦本,本固邦宁。"孔子主张"因民之所利而利之"。孟子认为民贵君轻,又称:"左右皆曰贤,未可也;诸大夫皆曰贤,未可也;国人皆曰贤,然后察之。见贤焉,然后用之。"《荀子》中说:"君者,舟也;庶人者,水也。水则载舟,水则覆舟。"

——《孟子》等

材料二　泰西之立国有三:一曰君主之国,一曰民主之国,一曰君民共主之国……惟君民公治,上下相通,民隐得以上达,君惠亦得以下逮……犹有中国三代以上之遗意焉……苟得君主于上,而民主于下,则上下之交固,君民之分亲矣内可以无乱,外可以无悔……由此而扩充之,富强之效亦无不基于此矣。泰西诸国,以英为巨擘,而英国政治之美,实为泰西诸国所闻风向慕,则以君民上下互相联络之效也。

——摘编自王韬《弢园文录外编》

材料三　孙中山认为,"中国古昔……有所谓'民为贵,君为轻',此不可谓无民权思想矣。然有其思想而无其制度,故以民立国之制,不可不取资于欧美"。他强调"民国之国家,为全国国民所公有;民国之政治,为国民之权利,为国民所共享"。

——摘编自《孙中山全集》

(1)根据材料一并结合所学知识,概括指出先秦儒家民本思想的主要内涵及其理想政治。

(2)根据材料二、三,概括指出王韬与孙中山民主思想的异同。

(3)根据材料并结合所学知识,指出古代民本思想与近代中国民主思想的关系,并简析近代中国民主思想兴起的历史必然性。

参考答案及解析

单项选择题

1.A【解析】春秋战国时期,周政权衰落,诸侯国纷争,社会动荡,复杂的社会局势造成了相对独立的文士阶层,他们提出了各种学说和主张。这是"百家争鸣"出现的社会背景,故选A。

2.B【解析】西汉初年国力贫弱,刘邦"平城之围"后不得不对匈奴采取和亲的政策;而到了汉武帝时期,国力强盛,对匈奴采取了军事打击措施。对匈奴的不同政策取决于国力的强弱,故本题选B。

3.D【解析】隋唐时期推行科举考试选拔人才,削弱了门第身份的观念,故D项正确。但是,科举制并没有终结宗法制,A项错误;察举制是汉代的选官制度,B项错误;三省六部制是唐代选官制度,与题干不相符,C项错误。

简答题

4.【答案要点】

背景:在世界反法西斯战争和中国抗日战争即将取得胜利的前夕,1945年4月至6月中国共产党第七次全国代表大会在延安杨家岭召开。

内容:大会完成了三个任务决定了党的路线;通过了新的党章;选举了新的中央委员会。

毛泽东《论联合政府》的报告是中心议题。毛泽东在报告中提出了政治路线,即"放手发动,壮大人民力量,在我党的领导下,打败日本侵略者,解放全国人民,建立一个新民主主义的中国。"报告提出:"废止国民党一党专政,建立民主联合政府。"大会通过了刘少奇修改党章的报告及新党章。新党章规定了以毛泽东思想作为党的指导思想。

意义:这次大会是党在新民主主义时期最重要、最成功的一次大会。这次大会在总结了中国新民主主义革命的历史经验的基础上,制定了正确的纲领和策略,为争取抗日战争的胜利和新民主主义革命在全国的胜利提供了最可靠的保证。

材料分析题

5.【答案要点】

（1）主要内涵：强调君民相互依存；君主应重视民意，顺应民心。

理想政治：君主用贤人，行仁政。

（2）异：王韬主张君民共治，仿效英国实行君主立宪制；

孙中山主张国家权力属于全体国民，仿效美国实行共和制。

同：吸收传统民本思想；接受西方民主思想；重视民权。

（3）关系：有一定联系，民本思想是近代思想家认识和形成民主思想的基础和媒介。但也有本质差异，民本思想是在君主政治下对君民关系的认识；民主思想否定封建君主专制，最终形成"主权在民"的认识。

历史必然性：封建制度面临资本主义的挑战；受到西方民主思想的影响；民族危机日趋严重；知识分子的反思和探索。

第二部分　历史教学设计

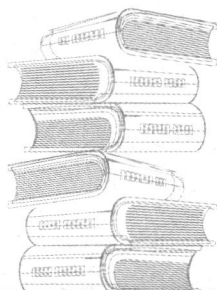

02

学习指导与应试策略

初中历史教师资格证考试要求能够准确地确定和表述教学目标，正确选定教学的重点和难点，合理选择和运用多种教学资源；对教学内容和教学过程进行合理的设计，选择恰当的教学策略、教学方法和手段，调动学生积极参与学习过程的积极性。

本部分主要介绍了初中历史教学设计，包括两章内容，第一章主要介绍了历史教学设计的内容，第二章主要介绍了历史教学设计各个环节。由于一些地市的教师资格考试、教学技能比赛有时也会采取说课方式进行，本部分也涉及了说课的概念、特征、主要内容、注意事项等。

对于这部分内容的考查是教师资格考试中不可或缺的，按照考试大纲的要求，本部分在考试中的比例会达到28%，主要题型有简答题和教学设计题。简答题会涉及教学设计的理论知识和基本技能，理论知识。教学设计题是针对本章内容独有的题型，主要考查课堂教学设计能力和水平。

第一章　历史教学设计的内容

考纲呈现

一、考试目标

能够准确地确定和表述教学目标,正确选定教学的重点和难点,合理选择和运用多种教学资源;对教学内容和教学过程进行合理的设计,选择恰当的教学策略、教学方法和手段,调动学生积极参与学习过程。

二、考试内容模块与要求

1. 能够根据学生已有的知识水平和学习经验,分析学生的学习需求。

2. 能够合理选用多种历史教学资源。

本章考试指南

本章内容主要包括教学设计的概述和教学设计的类型,属于理论指导性的内容。本部分在考试中主要题型有简答题和教学设计题。简答题会涉及到教学设计的理论知识,如教学设计的含义、特征、基本方法、功能以及教学设计的类型。

本章基本结构框架

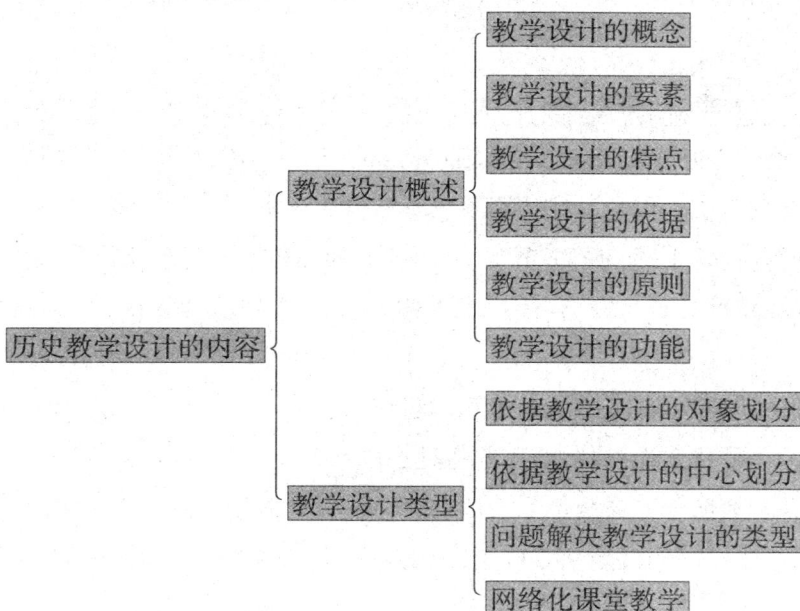

```
历史教学设计的内容 ┬ 教学设计概述 ┬ 教学设计的概念
                  │              ├ 教学设计的要素
                  │              ├ 教学设计的特点
                  │              ├ 教学设计的依据
                  │              ├ 教学设计的原则
                  │              └ 教学设计的功能
                  │
                  └ 教学设计类型 ┬ 依据教学设计的对象划分
                                 ├ 依据教学设计的中心划分
                                 ├ 问题解决教学设计的类型
                                 └ 网络化课堂教学
```

名师讲堂

第一节　教学设计概述

一、教学设计的概念

课堂教学是教学工作的主要形式,教学设计是课堂教学是否成功的关键。

教学设计又称教学系统设计,是教师以现代教学理论为基础,依据对教学对象和教学目标、学习需要的分析,提出解决问题的最佳方案,将教学诸要素有序、优化地安排,使教学效果达到优化的系统决策过程。也就是说,为了达到一定的教学目标,对教什么(课程内容)和怎么教(教学组织、教学模式、教学媒体等)进行选择、安排与规划,目的是实现教与学的最优化。

在传统教学中,教师也要进行一定的设计,即"三备"和"三写"。"三备"是指备教科书、备学生、备教法。"三写"是指写学期教学进度、单元教学计划、课时计划(即教案)。

教学设计是把学习者作为它的研究对象,既要设计教,更要设计学;传统备课强调的是教师的"教法",备课也是为了"教"的更流畅。

教学设计的基础是学生的学习起点、学习风格和学习需要,在学生的最近发展区促进学生的学习;传统备课则往往从教学大纲和教科书出发,以完成大纲相关内容为目标。

教学设计以系统理论、传播理论、学习理论和教学理论为依据,为有效促进学生学习而进行系统规划;传统备课往往凭借教师的教学经验和主观愿望进行安排,其科学性、合理性和有效性比较低。

二、教学设计的要素

不论哪一种教学设计模式,都包含有教学对象、教学目标、教学策略、教学过程、教学评价等基本要素。

教学系统的服务对象是学习者。为了做好教学工作,必须认真分析、了解学习者的情况,掌握他们的一般特征和初始能力,这是做好教学设计的基础。教学设计特别重视对学生的分析,在分析学习者一般学习规律的基础上,了解学生需求、初始能力、接受能力、个别差异等,对学习的外部环境与刺激及其内部学习过程发生和进行的智力与非智力因素加以统筹分析,以便有针对性地对学生进行因材施教,促进学生更好地学习。

教学设计的目的是为了优化实现预期的教学目标,因此教师在具体实施教学前必须明确"要到哪里"去的问题。通过教学活动,学习者应该掌握哪些知识和技能,培养何种态度和情感,用可以观察、可测定的术语精确地表达出来。同时,也要尽可能地表明学习者内部心理的变化。在教学设计理论与方法中,师生的活动、教学资源和媒体的设计与选择、教学策略的确定及其应用,都既要围绕实现教学目标来进行,又要受到教学目标的制约。

教学策略是指在具体的条件下,为实现预期目标所采用的途径和方法,也就是在明确"要到哪里去"后,解决"怎么到那里去"的问题,包括为了完成特定的教学目标,教师所采用的教学模式、程序、方法、组织形式和对教学媒体的选择与使用的总体考虑。在教学设计视野中,教学策略是教学过程的综合解决方案,是保证教学目标实现的有效途径和方法,必须作为教学设计的重点。

教学评价就是根据教学目的和教学原则,利用所有可以的评价方法及技术对教学过程及预期的一切效果给予价值上的判断,以提供信息改进教学和对被评价对象作出某种资格证明。了解教学目标是否达到,看看"有没有到那里去",从而作为修改设计的依据。它通过确立评价指标体系,利用科学方法对收集到的教学反馈信息进行分析与处理,从而获得对教学设计方案和实施过程进行修改的信息,以使教学更加趋于完善。

在实际工作中,教学设计应从教学系统的整体功能出发,保证"目标、学生、策略、评价"四大要素的一致性,同时也需注意到教学系统是开放的,教学过程是动态的,设计的许多因素是变化的,教学设计工作应在科学的基础上灵活、创造地进行。

典例精析

简述教学设计的基本要素主要包括哪些内容。

【专家点评】不论哪一种类型的教学设计,都包含有五个基本要素:教学对象、教学目标、教学过程、教学策略和教学评价。

【参考答案】教学设计包括教学对象、教学目标、教学过程、教学策略和教学评价五个基本要素,相互联系,相互制约,构成了教学设计的总体框架。

(1)教学对象:教学系统的服务对象是学习者。

(2)教学目标:教学所要达到的预期目标是什么。

（3）教学内容：为达到预期目的，应选择怎样的知识经验。

（4）教学策略、教学媒体：如何组织有效的教学。

（5）反思与评价：如何获取必要的反馈信息。

三、教学设计的特点

教学设计具有以下特点：教学设计是一个系统过程；教学设计既需要理论引导，又需要经验支持；教学设计以学习和学习者为中心；教学设计秉承目标、教学和评价之间的一致性。

1. 教学设计是一个系统过程

教学设计必须用系统论的思维和方法，对影响教学的诸多因素进行统筹安排。系统论认为，世界上一切事物都是作为各种各样的系统而存在的。任何事物、想象和过程都自成系统、又互成系统。教学就是一个系统。在这个系统中，有学习者、学习任务、教师、教学媒体、教学资源、教学策略等诸多要素。教学系统的功能在于促进学生的学习。在教学中，即使教师对学习者特征做了详细分析，教学策略也很恰当，但是教学媒体选择失误，也会导致教学效果不理想。

教学设计以教学系统为研究对象，教学设计自身也是一个系统。在不同的理论指导下，教学设计分许多不同的流派，不同的流派有不同的教学设计流程。教学设计从分析学习需要、学习者和学习内容开始，到设计教学目标、教学策略、教学媒体、教学过程，再到设计教学评价，综合考虑各个要素及其关系，使之相辅相成，构成一个完整的整体。而且，在设计的过程中，随着认识的不断深入，设计者还要对前面的设计进行不断地反馈修正，从而达到最优化的结构和效果。

2. 教学设计既需要理论指引，又需经验支持

撰写教案凭借经验即可完成，但教学设计还需要教育理论、传播理论作为指导。所谓理论，是指一套有组织的陈述，它让我们能够解释、预测或控制事件。教学设计的许多准则是从理论中得来的。如果设计者加深了相关教育理论的理解，也就能增强教学设计的实际操作能力，只有如此，设计者才能科学地解释其设计的依据，更理性、更明智地设计教学。对教学设计影响较大的理论有系统理论、学习理论、教学理论和传播理论。

3. 教学设计以学习和学习者为重心

在教学设计中，设计者要以学习和学习者为重心，对学习者特征进行分析，要考虑学习者的个体差异，以此作为起点，确定教学目标，选择教学策略，确定教学媒体，描述教学过程。因此教学设计要做到以学生的学习问题为教学设计的出发点；以学生活动为主导，为学生活动提供策略支持。

4. 教学设计秉持目标、教学和评价之间的一致性

教学设计是为了提高教学的有效性，教学的有效性的重要前提就是目标要明确、具体、具有可操作性；其次，教学要围绕目标来层层铺开，每个教学环节都要从某个角度、某个部分或某个层次来烘托目标；最后，目标是否达成，要通过评价来检测。只有实现了目标、教学和评价的一致性，才能说目标有导向、教学有效果、评价有指向。

典例精析

请简述教学设计的特点。

【专家点评】本题是对教学设计基本特点的考查，需要考生在理解的基础上进行掌握。

【参考答案】教学设计是一个系统过程;教学设计既需要理论指引,又需要经验支持;教学设计以学习和学习者为重心;教学设计秉持目标、教学和评价之间的一致性。

四、教学设计的依据

教学设计是一项复杂的工作,成功的教学设计必须综合考虑多方面的因素。一般来说,教学设计的依据主要有以下几方面:

1. 教学设计的理论基础

教学设计的主要理论基础有学习理论、教学理论和传播理论、系统理论等。教学设计首先面对的是教学活动、教学过程,而它们又是教育活动。所以教育学的一些理论、原理、方法对教学设计具有普遍的指导作用,它就不可避免地成为教学设计的理论基础;教学活动、教学过程同时也是一种教学信息的传播活动,所以传播学的基本理论、传播规律及其研究成果也就成为了教学设计的理论基础;教学活动与教学过程同时还是一种学习过程和学习活动,离开了对学习过程的认识、学习规律的掌握而去设计教学过程是不现实的。

(1)学习理论。

学习理论是教学设计的最重要的理论基础。学习理论的意义在于探索和揭示人类学习过程的本质和规律,指导人类的学习活动,特别是在指导学生的学习和教师的课堂教学方面具有重要意义。在教学中,明确学生在教学中的主体地位,应用学习理论进行教学过程及其策略设计,对于发挥学生在学习过程中的主观能动性有重要作用。对教学设计有影响的学习理论包括:行为主义理论、认知学习理论、人本主义学习理论、建构主义学习理论等。

(2)教学理论。

教学理论是教学实践经验的总结和系统反映,教学理论是教学设计者最直接的理论来源。巴班斯基的教学过程最优化理论、布鲁姆的目标分类理论、布鲁纳的引导——发现法、加涅的信息理论、赞可夫的"以最好的教学效果来促进学生最大发展"的理论等,都是促进教学设计发展的丰富而坚实的理论基础。对教学设计有影响的现代教育思想,主要有现代人才观、现代教师观、现代学生观和现代教学观、素质教育观、终生教育观、创新教育观、双主体教育观、情商为主教育观、四大支柱教育观等。

(3)传播理论。

教学是由教师的教和学生的学所组成的一种互动的教育活动,也是一种信息传播的活动。传播理论中有关信息通道、信息结构、信息数量方面的理论对历史教学设计具有直接指导意义。信息不能"超载",过于密集的信息直接影响传递效果,增加负担。不同信息的注意获得特性不同,有些材料宜于以视觉方式呈现,有些则宜于用听觉方式呈现;还可以运用多种暗示技巧来增强这种注意获得特性,更重要的是考虑信息接受者的特性(年龄、性别、偏好等),激发其内在学习动机。

(4)系统理论。

教学是由教学目的、教材、教师、学生、教学方法、教学媒体、教学环境等诸多因素构成的复杂系统,各教学要素间存在着密切的联系和多种作用方式。系统科学理论能为有效整合教学因素、进行教学设计提供指导,使各因素得到最紧密的、最佳的组合,从而优化课堂教学效果,是教学设计的一个基本特征,同时也是教学设计成功与否的关键所在。设计教学过程应遵循一定的顺序,即应符合学生认知的序、心理发展的序、知识学习与掌握的序、学习能力培养和发展的序等。

2. 教学的实际需要

从根本上讲,教学设计的全部意义就在于满足教学活动的实际需要,在于为实现这种需要提供最优的行动方案。因此,教学设计最基本的依据就是教学活动的实际需要,离开了教学的现实需要,也就谈不上进行教学设计。在具体的教学过程中,教学活动的实际需要集中体现在教学的任务和目标中。教学工作者在进行教学设计时,应首先明确教学任务和教学目标,并对它们进行认真的分析、分解,使之成为可操作的具体要求,在此基础上,综合考虑各种教学因素,选择设计必要的教学措施和评价手段,使教学设计方案在立足教学现实需要的基础上发挥出其应有的作用。

3. 学生的特点

教学设计的基本特征之一是它既关心"教",又关心"学"。教是为了学,学是教的依据和出发点,教师的教必须通过学生的积极主动的学才能起到有效作用。在教学设计的过程中,教师除了从教的角度考虑问题外,还必须把学生身心发展的特点和规律作为教学设计的一个重要依据加以认真对待。也就是说,教师作为教学活动的设计者,在决定教什么和如何教时,应当全面考虑学生学习的需求、认识规律和学习兴趣,着眼于辅助、激发、促进学生的学习。

4. 教师的教学经验

在一定意义上说,教学设计的过程也是教师个体创造性劳动的过程,成功的教学设计方案中往往凝聚着教师个人的经验、智慧和风格。好的教学经验是教师在长期的教学实践中总结出的规律性东西,它们在课堂教学中往往可以弥补教学理论的某些不足,帮助教师取得好的教学效果。因此,教师的教学经验也是教学设计的基本依据之一。在教学设计中,只有将科学的理论和方法与好的教学经验结合起来,才能使教学设计既有共性,又有个性,并最终达到科学性和艺术性的有机统一。

五、教学设计的原则

1. 整体性原则

教学设计是一项系统工程,它是由教学目标和教学对象的分析与教学内容、教学媒体和教学策略的选择以及教学评价的设置等子系统所组成的,各个系统既相对独立,又相互依存、相互制约,组成一个有机的整体。教学过程中教学目标要通过教学内容、教学媒体、教学策略来实现,教学内容、教学媒体、教学策略要受教学目标的支配,即教学目标、教学内容、教学媒体、教学策略要达到相互匹配、和谐一致。教学设计遵循这项原则,对实现教学设计的科学性、艺术性、整体性和可行性具有重要意义。

典例精析

为什么说教学设计要遵循整体性原则?

【专家点评】本题是对教学设计原则中的整体性原则的考查,要求考生在理解的基础上进行阐述。

【参考答案】系统论认为,世界上一切事物都是作为各种各样的系统而存在的,任何事物、现象和过程都自成系统,又互成系统。教学设计就是一个系统工程,它是由教学目标和教学对象的分析与教学内容、教学媒体和教学策略的选择以及教学评价的设置等子系统所组成的,各子系统既相互独立,又相互依存、相互制约,组成一个有机体。

教学目标对教学内容、教学媒体、教学策略起着控制作用;教学内容的确立,教学媒体的选用,教学策略的制定,是要为达到教学目标而服务的;教学过程中,教学目标要通过教学内容、教学媒体、教学策略来实现,教学内容、教学媒体、教学策略又要受到教学目标的支配,即教学目标、教学内容、教学媒体、教学策略要达到相互匹配、和谐一致。而且,在设计的过程中,随着认识的不断深入,设计者还要对前面的设计进行不断的反馈修正,从而达到最优化的结构和效果。

2. 以学生为主的原则

新课程是从尊重生命、珍爱生命、体验生命历程的角度来设置的,它是杜威"教育即生活"理念的进一步延伸,它是以建构主义教学观为基础的。建构主义认为,教学活动的本质是学生根据自己的已有经验去理解对象信息和知识内涵的个性化过程。新课程改革中所有的变化都与"人"有关,比如,历史课程的设置体现了多样性、多角度、多层次、多类型、多形式地为学生学习历史提供更多的选择空间,以助于学生个性健康地发展。人的个性的多样性在课程设置中得到高度重视,说明新的课程观重视的是人,人的个性比任何知识都更真实、更重要,这是教育的返璞归真。因此,教学设计要善于不断地创造具有激发性的教学情境,诱导学生主体性发挥,创设宽松的、和谐的教学环境与课堂气氛,让学生的个性得以充分展现。

3. 意义建构的原则

建构主义认为,学习总是与一定的社会文化背景,即与"情境"相联系的,在实际情境下进行学习,可以使学习者能够利用自己原有认知结构中的有关经验去"同化"或"顺应"当前学习到的新知识,从而达到对新知识的意义建构。按照建构主义的指引,创设真实的问题情境成为教学设计的首要任务,它是一种支持学生进行意义学习的各种真实问题的组合。历史学习是一个从感知历史到积累历史知识,从积累历史知识到理解历史的过程,历史课程改革应有利于建立促进学生全面发展,注重学生学习的过程。这说明,历史教学不仅仅是为了掌握现成的历史结论,更重要的是将学习的知识迁移到新情境中,让学生理解历史的复杂性,从而创造性地解决问题。

4. 过程开放的原则

学生的学习是一种在教师帮助下的自我激发、自我促进、自我评价的过程。在这种学习过程中,学生不仅获得了知识,形成了学习方法,而且健全了人格。因此,基于人本主义学习理论的学习过程是自由开放的,是学生根据自己的个性来选择学习路径的。

六、教学设计的功能

1. 教学设计是教学活动得以顺利进行的基本保障

好的教学设计可以为教学活动提供科学的行动纲领,使教师在教学工作中事半功倍,取得良好的教学效果。通过教学设计,教师可以对教学活动的基本过程有个整体的把握,可以根据教学情境的需要和教育对象的特点确定合理的教学目标,选择适当的教学方法、教学策略,采用有效的教学手段,创设良好的教学环境,实施可行的评价方案,从而保证教学活动的顺利进行。

2. 有利于教学工作的科学化

教学设计是从教学的科学规律出发,对教学问题的确定、分析,对解决问题方案的设计、试行乃至评价和修改等都要遵循一定的科学规律,教学设计的内容和程序都要建立在系统方法的科学基础上,从而使教学活动的设计摆脱纯经验主义而纳入到科学的轨道。

3. 有利于课堂教学效率和效果的提高

课堂教学设计的主要目的就是要设计出低耗高效的教学过程。历史教学设计会设计一些富有吸引力的教学活动,促使学生自主学习,为学生创设好的学习情境。另外,在教学设计中会充分考虑学习者的特点,运用相应的教学策略,采取了有效的教学方法和教学形式,更好地解决学习者的学习方法问题,灵活地应用教学媒体。通过这一系列措施,就会减轻学习者过重的学习负担,使学习者乐学、会学、主动地学。

4. 有利于学生思维习惯和能力的养成

历史教学设计的一大特点是以史料为中心。教师通过展示史料和提出问题,引导学生体验和感悟那些距今遥远的历史,师生通过对史料的探究,积极互动,论从史出。这种由学生主体积极参与获得结论而不是被动地去记忆给定的结论的教学策略,有利于形成个性化的历史知识,提高历史学科的价值,体现历史的智慧,从而增强学生学习历史的兴趣,从根本上实现教学方式的转变。而这些对于培养学生的思维习惯和实践能力具有重要意义。

5. 教学设计是教学理论向教学技术转化的桥梁

教学设计起到了沟通教学理论与教学实践的作用。一方面,可以把已有的教学理论和研究成果应用于实践教学中,指导教学工作的进行;另一方面,也可以把教师的教学经验升华为教学科学,充实和完善教学理论。实际上,课堂教学设计不是一种直觉的冲动,而是一种理论与实践的统一。它既有一定的理论色彩,同时又是明确指向教学实践的。

6. 有利于教师的成长和发展

(1)提高教师的教学素养。

教学设计把教学成功的基础建立在教师教学工作的规范化、合理化、有序化和技术化之上。教师通过教学设计不但可以迅速掌握教学的基本原理和方法,而且在实践中不断熟练和提高,这对教师素质的全面提高起着重要的作用。每一位教师都可能随着经验积累与个人风格的形成,逐渐达到教学上炉火纯青、出神入化的艺术境界。因而,教学设计在提高教师教学素养上具有"雪中送炭"和"锦上添花"双重效能。

(2)培养青年教师。

青年教师大多通过模仿和经验积累方式来提高自己的教学水平,但这种效果显然很缓慢,往往只是只可意会、不可言传。教学设计综合了学习理论、教学理论、系统理论、传播理论等多种理论,将教学活动建立在系统方法的科学基础之上,使教学手段、教学过程成为可复制、可传授的技术和程序,青年教师通过学习可以迅速掌握教学的基本原理与方法,提高教学水平,并在实际运用中不断练习。因此,教学设计所带来的不仅仅是教学设计的基本原理和必要的知识,更重要的是从中领会到的解决问题的思维方式和科学态度,发现、解决教学问题的能力也会逐渐提高。

7. 有利于现代教育技术的应用和发展

教学设计是一门将教育技术理论和思想方法运用于教学实践中的新学问,它有利于现代教育技术应用的不断深化,同时也使教育技术理论在总结实践经验的基础上得到升华与完善,从而促进教育技术的深入发展。

第二节　教学设计类型

一、依据教学设计的对象划分

教学设计依据教学设计的对象,一般可归纳为三个类型:

1. 以教学系统为对象的设计——教学系统设计

教学系统设计属于宏观设计层次,这里所指的系统是特指比较大、比较综合和复杂的教学系统。例如,个别化学习系统,一个学校或一门新专业的课程设置,一个培训系统、远程教学体系的建立或一门课程的大纲和实施计划等。这一层次的设计通常包括系统目的、目标的确定,实现目标的方案的建立、试行、评价、修改等,涉及内容面广,设计难度较大。而且系统设计一旦完成就要投入范围很大的特定场合使用和推广。因此这一类型的设计需要由教学设计人员、学科专家、教师行政管理人员甚至包含有关学生组成的设计小组来共同完成。这里不再详细叙述。

2. 以教学过程为对象的设计——教学过程设计

我们把对课程或单元的教学设计称为课程教学设计;把在课堂教学环境下,对一节课或某个知识点的教学设计称为课堂教学设计;把在自主学习环境下,对某个知识单元(学习任务)的教学设计称为自主学习教学设计。

教学过程设计是对于一门课程、一个单元、一节课或某个知识点的教学全过程进行的教学设计,是整个教育活动的关键。设计范围是课堂教学,它是在规定的教学大纲和计划下,针对一个班级的学生,在固定的教学设施和教学资源条件下进行教学设计。教学过程的设计是课堂教学设计的核心,教学过程的设计对教学预期的效果的实现具有重要意义。在课堂教学设计过程中,既要注重知识、方法和能力的关系,又要突出能力的地位和作用。应注意以下几个方面:

(1)要分析班级的整体状况。

(2)要研究课题特点。

(3)要选择最有效的教学方法。

(4)要考虑教学内容的进程。

(5)要考虑完成教学任务的主要阶段与主要步骤。

具体来说教学过程大体包括:

①依据课程标准和学情确定教学目标。

②依据教学目标,整合教学内容。

③依据教学内容,制定教学环节。

④为每个教学环节设计恰当的教学情境和探讨活动。

⑤对照教学目标,反思教学环节及其活动的教学价值。

在教学过程的设计中,上述几个方面是互相关联的,需要综合设计。

3.以教学产品为对象的设计——教学产品设计

教学产品包括网络课程、教学媒体、教学环境以及其他教具、学具等。教学产品一般根据教学系统和教学过程设计所确定的产品使用目标,经过分析、设计、开发、生产、集成和试用6个步骤而完成,最后进行评价和修改。简单的教学产品,如幻灯片、投影片、录音教材和小型课件等,一般由任课教师自己设计、制作;比较复杂的教学产品,如录像教材、大型多媒体课件、网络课程开发以及教学环境的设计和开发,则需要组织专门开发小组来完成。在目前的初中历史教学中最常见的教学产品就是课件,这里主要介绍历史多媒体课件的设计。

课件是由多种媒体信息按一定方式集成的具有强大的人机交互性和信息共享性的课堂教学软件。

(1)多媒体课件的特点。

教学的实质是教师借助教学媒体向学生传播教学内容,多媒体课件在教学中的使用改善了教学媒体的表现力和交互性,多媒体课件对教学过程的优化起着重要作用。主要有以下几方面特点:

①表现力强。

②信息量大。

③交互性强。

④共享性好。

(2)多媒体课件的基本类型。

按操作中的流程分:顺序型、分支型、交互型和网络型。

按教学中的作用分:贯穿全课程型、突破重难点型、教学自学兼用型。

按教学中的目的分:测验型、教学型、模拟型、开放型。

按形式分:课堂课件和网络课件。

结合历史教学特点,目前初中历史教学中常用的课件类型有:

课堂演示型(助教型)。

自主学习型(助学型)。

练习检测型。

教学游戏型。

资料、工具型。

▶ 典例精析 ◀

下列哪项不是依据教学设计的对象进行划分的(　　　)

A.教学系统设计　　　B.教学过程设计　　　C.教学产品设计　　　D.以教为主的教学设计

【专家点评】教学设计依据教学设计的对象,一般可归纳为三个类型:以教学系统为对象的设计——教学系统设计;以教学过程为对象的设计——教学过程设计;以教学产品为对象的设计——教学产品设计。

【答案】D

二、依据教学设计的中心划分

以教学设计的指导思想、理论基础和设计的重点对象为划分标准,则可以把教学设计分为以下三大类:

以教为主的教学设计、以学为主的教学设计、以教为主与以学为主相结合的教学设计。下面分别加以讨论。

1. 以教为主的教学设计

以"教"为主的教学设计,也称传统教学设计,是一种以实现教学目标为目的,以教师、教材和课堂为中心,以考试和测验为主要评价手段的教学设计。设计的焦点在"教"上,强调教师的主导作用。其优点是有利于教师主导作用的发挥,有利于按教学目标的要求来组织教学,因而这种理论在各级各类学校的教学领域中有很大的影响。不足之处是,按这种理论设计的教学系统中学生的主动性、积极性往往受到一定的限制,难以充分体现学生的学习主体作用。但是,以"教"为主的教学设计思想和模式仍是目前教学设计的主流。

(1)以教为主的教学设计特点。

①从确定教学目标开始,以实现教学目标为目的,一切设计都围绕着如何实现教学目标进行,有利于教师教学目标的完成。

②以行为主义和认知主义为理论基础。

③以教师为中心,有利于教师主导地位的发挥,有利于教师对整个教学过程的掌控。

④教学活动主要是在课堂上进行。

⑤学习内容主要是书本教材。

⑥有利于系统科学知识的传授和学生对基础知识的掌握。

⑦评价主要是检验学生对知识的掌握程度,看是否达到教学目标的要求。

其设计思想是:以教师为中心。其设计原则是:强调以教师为主。其研究主要内容是:帮助教师把课备好、教好。

缺点:重教轻学,忽视学生的自主学习、自主探究,容易造成学生对教师、对教材、对权威的迷信,使学生缺乏发散思维、批判思维的创建。以教师为中心,只强调教师的"教"而忽视学生的"学",全部教学设计理论都是围绕如何教而展开,很少涉及如何促进学生自主地学。按这样的理论设计的课堂教学,学生参与教学活动的机会少,大部分时间处于被动接受状态,学生的主动性、积极性难以发挥,不利于创造型人才的成长。

(2)以教为主的教学设计的步骤。

①确定教学目标:学生通过学习应达到的结果。

②分析教学目标并根据分析结果确定教学内容,教学顺序可以通过教学目标的分析来确定,也可以通过其他方法确定。

③分析学习者的特征:是否具有学习当前内容所需的知识基础,以及具有哪些认知特点和个性特征等。

④根据教学内容和学习者特征的分析确定教学的起点,即确定在哪种难度等级和知识基础上对当前的学习者施教。

⑤根据教学目标、教学内容和教学对象的要求选择与设计教学媒体。

⑥根据教学内容和学习者特征的分析设计教学策略。

⑦对教学作形成性评价,以确定学生达到教学目标的程度,即根据搜集到的课堂教学信息,对教学内容或教学策略修改或调整,并对学生作出适当的反馈。

2. 以学为主的教学设计

以学为主的教学设计是一种围绕某一学习主题,以学生为中心开展自主和协作性学习活动,通过发现和探究方式让学生自主建构各自的知识体系的教学设计。其理论基础是建构主义的学习理论和教学理论,所以通常也把以学为主的教学设计称之为建构主义的教学设计。

以学生为中心的教学实际上是以现代教育思想和理念为指导的一种全新的教学设计。以学为主的教学设计的特征是重视和体现学生的主体作用,同时又不忽视教师的主导作用,发挥学生的主观能动作用,提倡在"做中学"。通常采用协作式、个别化、小组讨论等教学形式或采用多种教学形式组合起来进行教学。

(1)以学为主教学设计的特点。

①以建构主义为理论基础。

②其设计原则是:强调以学生为主。

③强调对学习环境(而非教学环境)的设计,强调"情境创设"对意义建构的重要性。

④强调利用各种信息资源(而不仅仅是书本教材)来支持"学"(而非支持"教")。

⑤强调"协作"与"互动"。

(2)以学为主教学设计的步骤。

①教学目标分析。

②创设情境。

③提供问题解决类的学习任务,学生会以问题解决为目标,寻找相应的技能去学习。

④提供丰富的学习资源。

⑤激发和维持学习动机。

⑥自主学习策略的设计。

⑦协作学习环境设计。

⑧学习效果评价设计。

(3)以学为主教学设计的基本模式。

①个别化自主式学习模式。

在这种教学设计模式中,主要包括学生、学习内容、学习目标、学习情境、教师、学习资源、学习策略和学习评价等要素。进行自主学习的学生,在开始学习某一内容之前,总是有一定的知识、能力基础。在此基础上,学生自主利用各种教学媒体进行学习,这些教学媒体可以提供各种各样的学习情境,众多的学习情境共同形成一个学习有效发生的场所——情境场。它是自创的、适宜的学习环境。学生在情境场中按教学目标的要求,用一定的学习方法和策略来学习知识内容,并不断进行评价,在需要的时候还可与学习环境外的教师、学生、专家和学习资源进行交流、交互,以使学习更有效。

②小组式的协商学习模式。

这种模式主要包括学生、教师、共同情境场、学习资源、学习内容、学习目标、评价等要素。小组协商学习的环境是由学生和教师、学习内容、教学媒体提供的情境等因素共同形成的。在这个大环境中,不同的学生学习同一主题的学习内容,但他们各自使用不同的教学媒体创设不同的情境。在协商过程中,这些不同的学习情境通过相互交融,形成一个共同的情境场。大家在这个共同的情境场中协商学习。这种学习有时可能还需要教师的引导,需要不断进行评价来达到学习目的,甚至还可能向社会环境寻求帮助,寻求资源,整个学习活动是一个开放的、自由的过程,你可以随时参加进来,也可以随时退出。这种形式的设计活动主要集中在学生间如何协商,如何交互,如何形成一个良好的共同情境场。

3. 以教为主与以学为主相结合的教学设计

既发挥教师主导作用又能充分体现学生认知主体作用的教学模式,简称为"双主模式"。这类教学设计无论从理论基础还是从实际设计方法上看,都是以教为主和以学为主这两种教学系统设计相结合的产物。它兼取两种教学系统设计的优点,同时具有较强的灵活性。这种教学设计既不是以教师为中心,也不完全是以学生为中心,而是既发挥教师的主导作用又要充分体现学生的认知主体作用,即要把"教师中心"和"学生中心"两者的长处吸收过来,把两者的消极因素加以避免。

在整个进程中教师有时处于中心地位,但并非自始至终,学生有时处于传递——接受学习状态,但更多的时候是在教师帮助下进行主动思考与探索。教学媒体有时作为辅助教学的工具,有时作为学生自主学习的认知工具,教材要素也各自有不同的作用,彼此之间有不同的联系,从而形成一种新的教学模式——"双主模式"。这种模式的理论基础既有"传递——接受"教学理论和行为主义学习理论,也有建构主义的教学理论和学习理论。

优点:既充分体现教师的主导地位,又充分体现学生的主体作用,不仅对学生的知识技能和创新能力的培养有利,对学生健康情感和价值观的培养也有利。

缺点:对教学环境要求较高,它需要教师周密策划,否则可能顾此失彼。

三、问题解决教学设计的类型

问题解决教学设计是"基于学生问题解决学习"的教学设计,教师问题解决的教学始终着眼于学生问题解决的学习,因此,教师以什么方式进行问题解决的教学就决定了学生会以什么方式进行问题解决的学习。一般而论,从学生问题解决学习方式的角度,问题解决教学设计的类型主要有知识接受型设计、规律发现型设计以及课题研究型设计三种。这三种类型无好坏之分,仅仅在于各自任务的侧重点不同、各自所处教学过程中的具体情境有所不同而已。教师的功夫就体现在适时、适地、适人地对其进行合理选用。

1. 知识接受型设计

知识接受型设计的主要意图是按照教师预先构想好的知识传授或知识强化方案引导学生解决问题,学生通过这种构想方案进行问题解决的知识接受学习。这种设计指向"在做中有意义学习",即在知识的应用中掌握知识的意义,把握知识的应用领域,使知识形成强有力的条件系统,由此形成一个在意义上、态度上、技能上相互联系的经验系统。知识接受型设计的根本目标在于让学生能将问题解决学习中所获得的知识有效迁移到其他问题解决过程中,尤其适宜于教学过程中迁移性问题、反馈性问题的学习。学生通过这种问题解决的学习既能有意义接受知识的深层内涵,又能有意义接受知识的条件范畴,更能有意义接受知识的方法属性。

2. 规律发现型设计

规律发现型设计的主要意图是教师引导学生创造性地自主解决问题,让学生在问题解决过程中产生自主学习的意识,并强化其创新意识。这种设计指向"在做中发现规律,明确学习路线",既在做中发现问题、凸显认知冲突,又在做中产生灵感、发现经验性结论。规律发现型设计主要适宜于授新课前后的过渡和总结强化性学习过程,尤其适宜于教学过程中过渡性问题、强化性问题、变异式问题的学习。学生通过这种问题解决的学习能够活化其思维的创造性与灵敏性,更能激发问题解决的动机和兴趣意识。规律发现型设计的根本目标在于让学生在问题解决学习中获得探究问题解决的具体方法,并能激活元认知的参与意识,强化问题解决过程中的认知体验意识,进而强化其问题解决的成就感。

3. 课题研究型设计

课题研究型设计的主要意图在于教师指导学生通过从真实生活情境中确定研究课题,让学生在课题设计与课题研究中主动获取知识并应用知识。这种设计指向"在做中研究性学习"。课题研究型设计主要适宜于实践活动课,也适宜于授新课后的延伸性教学环节,尤其适宜于教学过程中延伸性问题的学习。学生通过这种问题解决的学习,能够学会搜集资料、整理资料与分析资料的基本技能,也能够由课内的学会延伸到课外的乐学与会学,使课内知识与课外见识能得以有效整合。

四、网络化课堂教学

网络化课堂教学引入新的教与学观念和教与学理论,使教师由教学活动的主体,转变成为整个教学过程中的组织者、指导者、帮助者,学生逐渐成为学习过程的积极参与者、主动探索者。引入信息技术,通过信息技术加强教师在课堂教学的主导作用,把信息技术真正整合到课堂教学中去,而不是辅助、强化传统课堂。网络化并不是仅指网络这一种媒体,也不是说认为网络可以替代其他传统教学媒体,比如课本。"网络化"不仅包含传统媒体,也包含以网络技术为代表的现代媒体。

1. 网络化课堂教学的特点

网络化课堂教学吸纳传统课堂教学与网络教学的优点,具体表现为:

(1)先进性。

网络化课堂教学是以先进的教育理念和教育理论为指导,体现了它的先进性。网络化课堂教学是以信息技术为重要手段的新的教学形式,顺应时代之趋势,改革之潮流。

(2)整合性。

由于信息技术整合于传统课堂,因此在学校教学中出现了网络、课堂两种环境。网络环境可以向学生呈现出真实的问题情境,弥补在传统教学中表现出的难以向学生创设真实情境的缺陷,同时提供大量学习资源,而不再是局限于几本教科书和教参。网络化课堂具有丰富的多媒体形式的学习资源。自主学习、协作学习的环境,有利于培养学生个体化以及创造性思维的形成。易于开展各种教学活动,在课堂和网络双重环境下设计教学活动,可以培养学生的多种能力。

(3)"双主"性。

网络化课堂教学的"双主"性,它既重视"教",也重视"学",以优化教学效果为最终目的。在教学活动设计中,既有对学生自主学习活动的设计,又有对学生学习支持的设计。对学生学习支持的设计体现了教师的主导作用,对学生自主学习活动的设计体现了学生的主体性。在课堂教学中,学生之间、师生之间又可以通过交流、协商来完成规定的学习任务,如课堂讨论造成活跃的课堂气氛,在一定程度上有助于达到学生对知识意义建构的目的。就一个主题,学习小组成员之间相互合作,经过思考通过文字输入到教学网络系统中,并且在教学网络系统中同时可以共享别人的研究成果,达到进一步丰富自己认知的目的。网络还可以让学生自己进行探究,完成自我反馈和学习结果的自我评价。

2.网络化课堂教学设计的环节

网络化课堂教学设计应包括六个环节,即学习者分析、教学目标确定、学习任务分析、教学策略制定、教学活动设计和评价与修改。其中教学活动的设计是核心。

(1)学习者分析。

从某种意义上说,教学设计的一切活动都是为了学习者的学,学习的结果应该在学习者自身的认识和发展的学习活动中体现出来,而作为学习主体的学习者在学习过程中又是以自己的特点来学习的。因此,要取得教学设计的成功,必须重视对学习者的分析。在网络化课堂教学中,要真正发挥和发展学生的主体性,就更需要关注学习者。

(2)教学目标确定。

教学目标是教师和学生从事教学活动的指南和出发点,也是评价教学活动过程的依据。可以说,教学目标的确定既是时代对人才培养要求这一总目标的具体表现,又是教学过程的出发点和归宿,它是教师和学生完成教学任务所要达到的要求和标准。由于信息技术的整合,给学生创设了一个资源丰富的网络环境,因此,对网络化课堂教学的教学目标提出了新的要求。

(3)学习任务分析。

在网络化课堂教学设计中,学习任务分析就是通过对学习者分析、把确定的教学目标具体化的体现。学习任务分析是整个网络化课堂教学设计模式中的重点内容之一,它为学生提供了明确的目标、任务,使得教学目标更加明确具体,使得学习更加有效,使得学生在解决问题过程中,确定能够达到教学目标的要求。因此,明确了学习任务,就可以为教学顺序或步骤的安排奠定基础。

(4)教学策略制定。

由于"课堂"仍是教学活动的主阵地,因此,根据网络化课堂环境的特点,我们认识到原有的课堂形式没有变,原有的教学组织形式还存在,全班教学、小组教学、个人教学仍是网络化课堂教学的组织形式,教学策略应从讲授、指导、管理、评价等几个方面来考虑。

(5)教学活动设计。

教学活动设计是以上各个环节设计的落脚点,它使网络化课堂教学设计得以实现。教学活动设计环节是网络化课堂教学设计的"核心环节",此环节既体现了网络的特点,又体现了课堂的特点;既体现了学生的主体地位,又体现了教师的主导作用。我们把教学活动设计分为相互联系、相互制约的并行的两个设计,即学生自主活动设计和学习支持设计。通过对学生自主活动的设计体现出学生在网络化课堂教学环境下的主体地位,通过对学生学习支持的设计体现出教师在网络化课堂教学环境下的主导地位。

(6)评价与修改。

网络化课堂教学设计的评价与修改,不但是教学设计流程中最后一个环节,也是新一轮教学设计的起点。这就需要教师不断反思、总结、改进,逐步完善教学设计,提高网络化课堂教学的教学效果。网络化课堂教学设计中的评价与修改是一个动态的过程,既有形成性评价,也有总结性评价。由于网络化课堂教学设计的方案是开放的,因此,评价、修改与测试、改进也是开放的。学生是学习的主体,他们是否接受教学设计方案是设计成功的关键,因此要重视学生的评价。只有经过不断测试、评价与修改,才可能进一步完善网络化课堂教学的教学设计。

网络化课堂教学设计应具有很大的灵活性。在对教学活动设计时,教师可以根据自身的教学经验、班里同学的实际情况等,从任意一个环节开始着手。

强化训练

简答题

1. 简述多媒体课件的特点。

2. 简述以学为主教学设计的特点。

参考答案及解析

简答题

1. 【答案要点】

(1)表现力强;(2)信息量大;(3)交互性强;(4)共享性好。

2. 【答案要点】

(1)以建构主义理论为基础;

(2)其设计原则是强调以学生为主;

(3)强调对学习环境(而非教学环境)的设计,要强调"情境创设"对意义建构的重要性;

(4)强调利用各种信息资源(而不仅仅是书本教材)来支持"学";

(5)强调"协作"与"互动"。

真题预测

简答题

1. 新课程教学理念下的教学设计与传统教学的不同之处有哪些?

2. 简述教学设计的依据。

参考答案及解析

简答题

1. 【答案要点】

(1)新课程教学设计与传统教学备课的不同。传统教学的备课活动中,也有教学设计,但大都以书本为中心,以老师为中心,以课堂为中心。新课程的教学设计不是传统意义上的备课,它克服了这种局限,教师不再是教教材,而是把教材作为知识的载体来教。对学生的深入了解成了教师的第一要务。教师的教学活动出发点和归结点是引导学生如何学。

(2)新课程教学设计与传统的教案不同。新课程的教学设计与传统的教案,既有区别又相互联系。新课程教学设计并不局限于针对一种教学内容,也可以是一个单元。最重要的是它是一个"动态"的。

(3)学生学习的不同。要确定学生已有经验和现有水平与课程目标的差异及对应策略。新课程把教师定性为最重要的课程资源,是因为教师个人综合素质对实现课程资源的优化整合有重大影响。

(4)学习评价的不同。教学评价主要是通过检验教学目标的达成,形成教学反馈,为教学设计的修改提供依据。在评价中要引导学生参与评价过程,以便发挥学生的主体作用。

2.【答案要点】

(1)教学设计的理论基础;

(2)教学的实际需要;

(3)学生的特点;

(4)教师的教学经验。

第二章　教学设计的环节

考纲呈现

一、考试目标

能够准确地确定和表述教学目标,正确选定教学的重点和难点,合理选择和运用多种教学资源,对教学内容和教学过程进行合理的设计,选择恰当的教学策略、教学方法和手段,调动学生积极参与学习过程。

二、考试内容模块与要求

1. 能够恰当地确定并准确、具体地表述教学目标。

2. 能够根据学生已有的知识水平和学习经验,分析学生的学习需求。

3. 能够恰当地确定教学的重点和难点,并采取有效的教学策略以突出重点和解决难点。

4. 能够对历史教材的内容进行梳理和分析,合理地组织教学内容;能够设计出合理的教学过程及完整的教学环节。

5. 能够选择适当的教学方法和手段,开展教与学的活动。

6. 能够合理选用多种历史教学资源。

本章考试指南

对于这部分内容的考查是教师资格考试中不可或缺的,按照考试大纲的要求,本部分在考试中的比例会达到28%,主要题型有简答题和教学设计题。简答题会涉及教学设计的理论知识和基本技能。

教学设计题是针对本章内容独有的题型,主要考查课堂教学方案设计能力和水平。要求应试者能够对历史教材的内容进行梳理和分析,合理地组织教学内容;能够设计出合理的教学过程及完整的教学环节。试题的样式一般是出题者提供教学设计需要的相关信息,如背景材料、课标要求、教学内容、学生概况、教材内容节录等,要求考生写出教学方案片段或者教学活动基本框架、主要步骤等,是教师资格考试各科普遍使用的题型。

本章基本结构框架

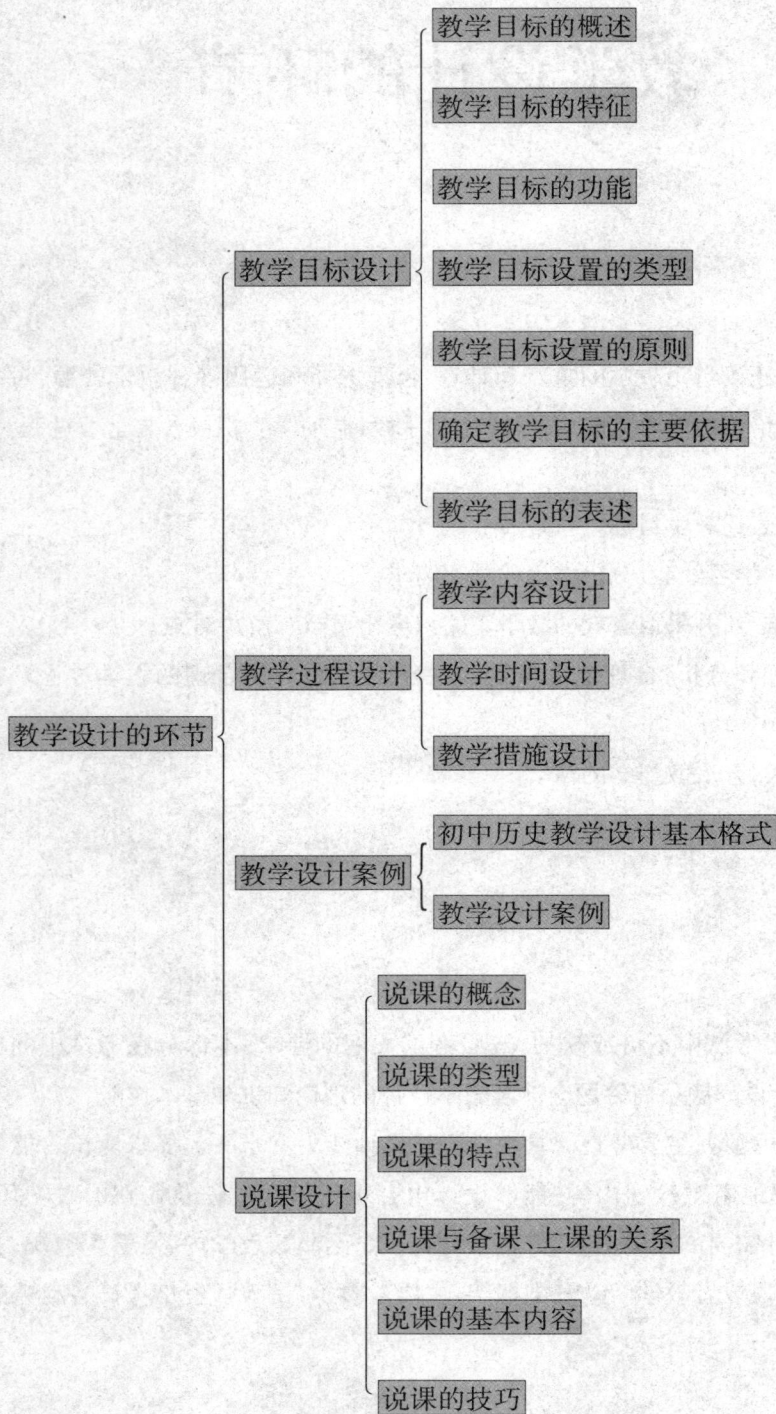

```
                                      ┌─ 教学目标的概述
                                      │
                                      ├─ 教学目标的特征
                                      │
                                      ├─ 教学目标的功能
                                      │
                     教学目标设计 ─────┼─ 教学目标设置的类型
                                      │
                                      ├─ 教学目标设置的原则
                                      │
                                      ├─ 确定教学目标的主要依据
                                      │
                                      └─ 教学目标的表述

                                      ┌─ 教学内容设计
                                      │
                     教学过程设计 ─────┼─ 教学时间设计
                                      │
                                      └─ 教学措施设计
  教学设计的环节 ─
                                      ┌─ 初中历史教学设计基本格式
                     教学设计案例 ─────┤
                                      └─ 教学设计案例

                                      ┌─ 说课的概念
                                      │
                                      ├─ 说课的类型
                                      │
                                      ├─ 说课的特点
                     说课设计 ────────┤
                                      ├─ 说课与备课、上课的关系
                                      │
                                      ├─ 说课的基本内容
                                      │
                                      └─ 说课的技巧
```

名师讲堂

第一节　教学目标设计

一、教学目标的概述

教学目标指学生通过学习后,能够达到的最终结果,包括外显的行为和内部心理的变化。教学目标是教学过程的出发点和归宿,是课堂教学的灵魂。它可以分为课程教学目标、单元教学目标、课时教学目标等不同层次。

教学目标设计是教学设计的起点。通过教学目标分析可以确定所需的教学内容;通过教学评价检查教学目标的达成度,教学过程的一切都是围绕教学目标来实现的。因此,确定教学目标是教学设计中最先要考虑的问题。

二、教学目标的特征

1. 指向性,规定教学活动的方向。

2. 选择性,要求教学过程中的方式、方法、媒体的选择要有利于教学目标的实现。

3. 整合性,要求参与教学活动的各个因素所发挥的作用和功能都应服务和服从于教学目标。

4. 可测量性,对学生的"行为结果"能进行测量,并做出客观判断。

5. 准确性,即要在分析学生学习背景、学习需要的基础上,依据课程标准和教学内容设计教学目标。

三、教学目标的功能

1. 指导"教"

教学目标是教师选择教学内容、运用教学方法、教学策略、教学媒体以及调控教学环境的基本依据。教学目标对教学活动的诸要素都具有较强的控制作用,它既控制着教学活动的方向,也控制着教学活动的大致进程、内容、程序和活动中主客体之间的动态关系。有了明确而具体的教学目标有助于教师选择合适的教学内容,进行有效的组织,选择适当的教学方法与媒体,从而有助于教学目标的实现,如果没有目标做参照,内容、方法等无比较的标准,也就无优劣之分。

2. 指导"学"

教学目标是学习者自我激励、自我评估、自我调控的重要手段。由于教学目标能提供给学生一个明确的方向,使学生明确通过学习要达到的具体目标,因而在学习过程中它可以有效激发学生学习的内部动力,增强学习的兴趣。学习始于有意注意,教学目标可为学生提供有意注意的目标从而选择有效的学习策略,合理安排学习时间和个人精力,并时刻将个人行为与目标相比较,提高学习的有效性。

3. 指导"评价"

所谓评价就是看主体在多大程度上实现了目标,评价的标准要与目标相一致才有效。教学目标是评价教学效果的基本依据,它具体规定着教学活动的预期结果和质量要求,因而在检验、评价教学效果时必须从目标出发,以教学目标为基本的评价尺度。

四、教学目标设置的类型

按照新课程标准的规定,初中历史三维教学目标指的是:知识与能力目标、过程与方法目标、情感态度与价值观目标。教师要在新历史课程目标的指导下,根据学生个体的情绪、兴趣、思维、意识等方面的差异,准确把握教材,制定出适合本节课各层教学的多元的、有差异的、具体可行的目标及教学方法。教学目标的制定一定要依照内容标准,准确把握内容标准的要求,尤其是历史学科,特别要注重历史课程在情感教育方面所具有的独到功能,加强对学生人文精神的熏陶,培养学生科学的历史观和健全的人格。

1. 知识与能力

"知识与能力"强调的是历史学科的基本知识与基本技能,是课程学习的基本要求。

(1)历史学科的知识目标,主要有三个方面:

①具体的历史史实,它是构成历史的基本素材。

②基本概念,历史的基本概念应该包括通过抽象的概念形成对历史人物、历史事件、历史现象等属性的本质认识。

③历史发展的线索和规律,即通过对历史史实,包括历史概念的判断推理,而形成的认识上的一种升华。

目前对中学历史知识层次主要有以下四个目标层次:

识记。知道重要的历史事实、历史概念。要求识别和记忆中外历史的基本原理,其中包括年代、地点、人物、事件、著作、宣言、口号等。对处理事物方法的知识,如能记得时间先后,能按某一标准将事物分类,能按程序解决简单问题等。

理解。要求能够"知其所以然",能准确地判断、选择、解释,包括准确领会历史概念理论的内容及其表达方式,把握历史发展的基本规律。知道重要的历史变迁及其特征,知道历史评价。

应用。要求能够熟练地将所学到的历史知识,应用到具体问题中,鉴别历史的经验教训,懂得历史的经验和教训在现实中的作用。

分析综合。知道历史事实、历史变迁之间的关联。要求掌握历史事件发生的原因,分析历史事件的要素,比较异同;要求对历史事件的过程和结果进行组合,在举出其要点的基础上,形成结论,得出观点;要求学生去解答问题时具有一定的灵活性和创造性,能够根据辩证唯物主义和历史唯物主义观点,对历史事件或历史人物的作用、地位和意义作出恰当评论,可以用语言或文字表达出自己的意见。

(2)历史学科能力。指的是学生适应并完成历史学科学习活动和调节自身学习行为的心理可能性与现实相统一的品质,是掌握和运用历史知识、技能的条件,是顺利完成历史学习任务的特定的个性心理特征,包括观察能力、阅读能力、记忆能力、思维能力、表达能力等,其中历史思维能力,是历史学科能力的核心。

历史学科的能力目标也包括三个方面:

①阅读和理解历史文本的能力。

②整合和表述历史知识的能力。

③运用历史知识,解释历史现象、思考现实问题的能力。

历史教学技能领域的目标包含:

历史技能。运用有关时间的术语、辨认空间中历史发生的位置及其演变,了解获取材料的各种途径、掌握征引材料的基本规范。

材料处理。提取文字、图片、表格等材料中的信息,区分原始材料和第二手材料,识别材料中的客观性表述和主观性认识,判断材料的真实性、权威性和可靠性。

历史阐释。把历史事件、人物、观念等放在特定的历史条件下进行解释,从不同的主题和观点解释历史事实、历史变迁,用比较的方法解释历史事实、历史概念和历史变迁,对历史的解释作出评价。

组织与交流。运用概述的方式进行组织,运用叙述的方式进行组织,运用论述的方式进行组织。

教师必须依据新课程标准所倡导的教学理念,根据学生的实际认知情况去建构每一节课教学内容的具体目标,要符合学情,以能够实施和落实为好。

2. 过程与方法

“内容标准”没有对历史教学的过程与方法作出具体要求,师生应根据“课程目标”中有关“过程与方法”的总体目标,参照“教学活动建议”,结合教学实际,灵活地、创造性地采用不同的教学过程与方法。

(1)过程即认识历史学习的一般过程,从感知历史到不断地积累历史知识,进而不断加深对历史和现实理解的过程。

(2)方法,即掌握历史学习的基本方法。

①历史唯物主义的基本观点和方法,就是做到论从史出、史论结合。

在课堂教学中,结合教材的内容,挖掘历史唯物主义的含义,真正地体现历史唯物主义的方法。

②注重探究性学习。

探究性历史教学是从历史领域或现实社会生活中选择和确定研究主题,在教学中创设一种学术或科学研究的情境,通过学生主动、独立地发现问题与处理信息、表达与交流等探索活动,获得知识、技能、情感与态度的发展,特别是探索精神和创新能力的发展。

3. 情感态度与价值观

《历史课程标准》把历史学科的性质界定为人文学科,也就是说历史教育要关注对学生人文精神的塑造和思想境界的建设,在涉及促进学生健全的人格。历史新课程在情感态度与价值观目标方面提出陶冶道德情操,使学生树立对国家民族的历史责任感和历史使命感,形成健全人格和健全的审美情趣,培育以爱国主义为核心的民族精神,树立人类多元文明共同发展的现代意识。培养学生的历史价值观,即认同本民族的历史文化,尊重不同民族的历史文化,确立人类共享的理想与价值。

情感态度与价值观目标,包括三个方面:

①关于国家民族方面,主要强调爱国主义情感。

②关于人的修养和品德方面,强调的是人文精神、审美情趣、人格意志和科学精神。

③关于如何宽容的来理解多元文化,具备开放精神。强调的是人类社会发展的统一性和多样性,存在一个宽容和理解的问题,理解和尊重世界各地区、各国、各民族的文化传统,汲取人类所创造的优秀的文明,形成一种开放性的世界性的意识。

在内容上进一步突出尊重生命价值,突出和平、和谐价值观,突出科学发展、可持续发展,突出学会关心、学会合作、学会做事。在方法上进一步走向以人为本、关心人的生存状态,贴近人的生活情境,进一步重视激发人的内在学习动机,给人以鼓励、宽容的支持性环境,进一步倡导参与、行动和实践体验。

典例精析

在当前正在进行的课程改革中,有许多老师认为新课程特别强调三维目标中的"过程与方法""情感态度与价值观",那就是意味着"知识与能力"不重要了。请问您如何看待这个问题?

【专家点评】本题考查考生对三维教学目标的正确认识。三维目标是一个整体,学生学科素养的核心是学科能力,知识与能力是全面提高人文素养的基础和载体。

【参考答案】这种认识是错误的,在教学目标中强调知识与能力、过程与方法、情感态度与价值观三个维度,并非简单的并列关系,而是彼此渗透、相互融合,统一于学生的成长与发展中。在这三个维度中,知识与能力是基础,是核心,是实现过程与方法和情感态度与价值观两个目标维度的载体。过程与方法是链接知识与能力和情感态度与价值观两个维度的桥梁,情感态度与价值观是教学中知识与能力、过程与方法的升华。

五、教学目标设置的原则

1. 主体性原则

学生既是教师施教的对象,更是课堂教学的主体。教学的目的就是为了学生的一切,教师的职责就是引导学生主动学习、探究学习、合作学习。

2. 开放性原则

教学的终极目标是培养学生自由的思想、独立的精神,培养学生的创造能力,塑造学生的崇高人格。因此,课堂教学目标不但要目中有"史",更要目中有"人"。课堂教学的本质是发现和交流,多提供史实,少给结论或不给结论,提供方法和敲门砖,忌给学生设置思维围墙。

3. 多样性原则

由于施教内容不同,施教班级的差异,每堂课的教学目标自然也就不尽相同。就是同一堂课教学目标也应是多样的,同样的班级在同一堂课中,不同的学生欲达到的教学目标也不应相同。承认差异,因材施教,因人设标,分类推进,方是科学之原则。

4. 渐进性原则

《历史课程标准》是历史教学的"纲",是历史教学的总目标,课堂教学目标也有一个由低到高、循序渐进、分类实施的过程。

5. 激励性原则

学生的成长离不开自尊心的保护、自信心的激励,只有遵循既注重结果,也注重过程的基本原则,灵活运用各种科学有效的评价和激励手段,才能保证次级目标和终极目标的实现。

六、确定教学目标的主要依据

《历史课程标准》是确定每一单元和每一课教学目标的首要、核心的依据。这是《历史课程标准》的法定地位决定的。部分教师抛开课程标准,单纯以教材为依据确定教学目标的做法,是需要纠正的。但是,我们不能在制定教学目标时,简单地照搬课程标准。课程标准的规定是所有学生应该达到的最低要求,对许多知识内容的规定过于笼统,需要根据教科书的具体内容和学生加以提升或细化。

教材的具体内容是制定教学目标的重要参考。在备课过程中，我们要从《历史课程标准》的规定出发，认真参照教材的具体内容，看看教材中有哪些具体的知识点和活动要求，教材对知识点介绍的深度和广度，教材所提供的材料等因素来确定本节课的教学目标。

学生的学习情况。《历史课程标准》提出的目标是学生学习的基本要求。我们在制定教学目标时，一定要考虑到学生的实际水平。对基础较差班级，达到《历史课程标准》的最低要求即可；对学习成绩较好的班级、能力较强的班级，可以制定出更高的教学目标。不同特点的班级，就"过程与方法"目标而言，制定的教学目标也可以不同。如，有些班级可以用"听老师讲述"的办法，有的可以用"讨论法"，有的还可以用"调查访谈法"等等。要使教学目标具有层次性、灵活性，才能更好地体现促进每位学生发展的课程理念。

要根据教师自身的特点以及所占有的课程资源来制定教学目标时。还要根据教师自身教学的特点，以及教师自身课程资源开发的情况，来制定"过程与方法""情感态度与价值观"目标。善于讲述的老师和善于设计教学活动的老师，其过程性目标就不同。

七、教学目标的表述

表述新课程教学目标，需要从三个维度进行：知识与能力、过程与方法、情感态度与价值观。三个维度的教学目标，可以综合表述。

从许许多多教学设计案例来看，教学目标的表述中，主要存在以下几个方面的问题：表述的主体不明确，角度不合适，仍然把学生置于客体的位置；行为动词使用不当，过于笼统，缺乏可测量性；把教学目标中的"过程与方法"和教学方法混为一谈；不切实际地拔高"情感态度与价值观"教学目标，并存在"乱贴标签"的现象。

教学目标制定过程中的难点有三：一是用哪些行为动词，如何恰当地使用这些行为动词；二是"过程与方法"教学目标如何设计和表述；三是如何将"情感态度与价值观"教学目标设计的自然贴切。

"过程与方法"教学目标，不同于"教学方法"。"教学方法"是站在教师教学的角度，侧重于教师通过哪些方法组织课堂教学；"过程与方法"是站在学生的角度，也就是学生通过哪些方法，经历什么样的过程来进行学习，完成学习任务是通过听老师讲述，还是讨论、辩论，还是做社会调查、写小论文。"情感态度与价值观"，不仅仅是爱国主义、集体主义、历史唯物主义，所以，我们不要动不动就贴上"爱国主义"的标签，而是要仔细深入挖掘具体的教学目标。

具体来说，教学目标的陈述应该遵循以下几个基本的原则：

行为主体应是学生，而不是教师，也就是"学生……"。这个行为主体在大多情况下可以省略。在叙述过程中，如果出现"使学生……"的句式，说明行为主体不合适，仍然将学生摆在了客体的位置。

行为动词应尽可能是可理解、可评估的。行为动词的应用，是教学目标陈述中需要仔细辨别和界定的一个方面。行为目标的陈述有两类主要形式：第一类，采用结果性目标的方式，即明确告诉学生的学习结果是什么，所使用的行为动词要求明确、可测量、可评价。这种结果化的教学目标，主要应用于"知识与能力"领域。第二类，采用体验性或表现性目标的方式，即描述学生的心理感受、体验或明确安排学生表现的机会，所采用的行为动词往往是体验性的，这种方式无需结果化的或难以结果化的教学目标。主要应用于"过程与方法""情感态度与价值观"领域。行为目标的陈述主要有四个：行为主体、行为动词、行为条件、表现程度。行为主体(学生)在大多数条件下可以省略，行为条件是比较重要的一个要素，它直接决定了行为的表现程度。

结果性目标的学习水平和行为动词

学习水平	说明	行为动词
了解	要求学生能正确地说出或写出这类历史内容	说出、写出、背诵、辨认、选出、举例、列举、复述、描述、识别等
理解	要求学生达到第一层次要求的基础上,能对所学的历史内容进行归纳和整理,形成对历史问题的初步认识	解释、说明、阐明、分类、归纳、概述、概括、判断、收集、整理等
应用	要求学生能运用已有的知识与能力,初步分析所学历史问题的因果关系、利弊得失、影响意义,并能够做出自己的解释和判断	分析、比较、讨论、探讨、质疑、总结、评价等

体验性目标的学习水平和行为动词

学习水平	说明	行为动词
经历(感受)	通过独立从事或者合作参与的相关活动,建立感性认识等	经历、感受、参加、参与、尝试、讨论、交流、合作、分享、参观、访问、考查、体验等
反应(认同)	在经历基础上,表达感受、态度和价值判断,做出相应的反应等	认同、接受、同意、反对、欣赏、称赞、喜欢、讨厌、感兴趣、关心、关注、支持、尊重、爱护、珍惜、怀疑、抵制、克服、帮助、拥护等
领悟(内化)	具有相对稳定的态度,表现出持续的行为,具有个性化的价值观	形成、养成、具有、热爱、树立、建立、坚持、保持、确立、追求等

表述教学目标,要加上生产目标指向的结果行为条件。如"在教师的指引下,能够分析1953年到1956年我国社会发生的变化"和"能够自主地分析这一时期的变化"是不同的目标要求。行为条件有以下几种情况:第一种是时间上的限定,是在课堂上、还是课后,课堂上也可以限定在特定的时间范围(如几分钟)之内;第二种是行为的情景,是在讨论中,还是在写作过程中;第三种是辅助手段。如"在教师的指导下""根据提供的史料""依据图表所提供的信息"等。

典例精析

教学的行为目标有哪些主要特点?

【专家点评】教学的行为目标强调目标的具体性、可操作性、可观测性,具有统一性、预定性。

【参考答案】

(1)具体性、可操作性、可观测性。行为目标要求表述得很具体,即直接指明学习者能够完成什么样的具体行为;是否按照教学目标进行教学活动,这是可以操作的,即教学目标指明了如果要按照教学目标开展教学活动,应该如何操作;是否实现了教学目标以及在怎样的程度上实现了教学目标,这是可以观察和测量的。

(2)具有统一性,即行为目标适应于所有的人,而且对所有人都采取同样的标准、相同的要求,而不是因人而异。

(3)预定性,即行为目标是在教学活动进行之前预先确定的,而不是随着教学活动的展开或者在教学活动结束之后才根据实际结果来确定的。

第二节　教学过程设计

一、教学内容设计

教学内容是为实现教学目标,依据《历史课程标准》和教科书,并结合课程的实际(学生实际、教学实际)传授给学生的各种知识,是教学过程中教师提供给学生学习、以教科书为主的各种信息。从广义上说,教学内容是学科知识、学科能力和思想教育因素三者的统一,其中学科能力是教学内容的核心。教学内容是各种知识,是课程内容、教科书内容的具体化,是教育的载体和中介,是师生对话的平台,其直接的物化形式是教科书。教学内容是教科书内容的上位概念,教科书是教学所需要的主要材料。

历史教学内容是历史教学过程中,按《历史课程标准》的要求为实现一定的目标,教师提供给学生的一切历史学习信息。从狭义上说,历史教学内容主要包括四方面的基础知识,即基本历史事实、基本历史概念、基本历史线索和基本历史规律。

(一)教学内容的选择标准

《历史课程标准》对历史学科的教学内容从质和量上作出了规定,为我们提供了选择教学内容的根本依据。在此基础上,在选定教学内容时,应特别注意遵循下面六条标准。

1.科学性

科学性是选择教学内容最重要的标准。科学性指教学内容观点准确、论据确实、表述规范,甚至连字、词、句和标点符号也无错误。

2.基础性

基础性指精选基础知识、基本规律为教学的主干内容。历史主干知识是指在纷繁复杂的历史现象中最能体现历史趋势和本质特征的基本线索,它能够起到纲举目张和总揽全局的作用。如"统一的多民族的中央集权制封建国家的形成与发展""中国近代化的历程""资本主义世界体系的形成与发展"分别是中国古代史、中国近现代史和世界近现代史的主干知识。

3.发展性

发展性指教学内容蕴涵了培养学生能力的显著成分与价值,通过教学能显著地促进学生发展。根据发展性标准,那些对培养学生的能力特别有效、有用的内容,尽管其实用性不够强,也应列为学习的重要内容。

4.可接受性

可接受性指立足于目标,把高难度和量力性有机结合起来,使内容的难度恰好落在学生通过努力可以达到的潜在能力的"最近发展区"上。教学内容具有可接受性可从两方面考虑:一是设计的内容刚好适合学生思维发展的年龄特征,这是教学内容设计的通常做法;二是设计的内容可适当高于学生的现有思维发展水平。虽然内容难度较大,但可教给学生解决问题的策略。例如,若经济危机相关内容放在高中,一般结合政治经济学原理来介绍;若放在初中,就初中历史课本涉及的特点、措施、影响简要介绍即可,不需要太过专业的内容。

5.时代性

时代性指教学内容在体现人类知识宝库的精华时,也能反映科学发展的最新成果,体现现代社会甚至未来社会所要求的知识,具有鲜明的时代特点。随着社会发展的日新月异,一些新的具有时代性的内容不断充实到初中历史教学中,如克隆技术、载人航天、新的国际组织、国际区域合作等。教师在教学中要随时融入新观点(如文明史观、全球史观等)、新的研究问题(如能源、人口、环境等)。

6.多功能性

多功能性指同一内容可以达到多种教学目标。历史教学中许多内容都蕴藏着多种目标,历史教材重在传授基础知识,培养学生的能力,但同时也兼有培养学生思想品德的作用。教师要注意挖掘,以便收到"一石二鸟"或"三鸟"的教学效果。

典例精析

简述初中历史教学内容选择的基本准则是什么。

【参考答案】(1)科学性。科学性是选择教学内容最重要的标准。

(2)基础性。基础性指精选基础知识、基本规律为教学的主干内容。

(3)发展性。发展性指教学内容蕴涵了培养学生能力的显著成分与价值,通过教学显著地促进学生发展。

(4)可接受性。可接受性指立足于目标,把高难度和量力性有机结合起来,使内容的难度恰好落在学生通过努力可以达到的潜在能力的"最近发展区"上。

(5)时代性。时代性指教学内容在体现人类知识宝库的精华时,也能反映科学发展的最新成果,体现现代社会甚至未来社会所要求的知识,具有鲜明的时代特点。

(6)多功能性。多功能性指同一内容可以达到多种教学目标。

(二)不同知识类型的教学设计

1.陈述性知识的教学设计

陈述性知识指个人具有的有关世界是什么的知识。检查的标准是看学生能否回答"是什么"的问题。历史学科中的时间、地点、人名、事件经过等等都是陈述性知识。这一类知识是学习、生活中必不可少的基础知识。学习陈述性知识的目的不仅是识记这些知识,更重要的是为了提取与回忆这些知识。

陈述性知识可以分为三种:

(1)有关事件的名称或符号的知识。

(2)简单的命题知识或事实知识。如"中国第一个统一的中央集权的封建王朝是秦朝"。

(3)有意义的命题的组合知识,即经过组织的言语信息。如陈述鸦片战争产生的原因。

进行教学设计时,重点是让学生掌握与理解新知识,并使新知识能够纳入学生的认知结构,为新旧知识的联系服务。如我们在讲述中国古代史上的科技文化内容时,就应当将前面学习过的各个时期的科技文化分门别类进行简单的比较(教师可制作出表格,引导学生完成),如:天文、历法、数学、建筑、医学、书法、绘画等进行归纳对比,从而引导学生回忆旧知识,掌握新知识,并形成网络知识体系。

2. 程序性知识的教学设计

历史学科的程序性知识,就是关于历史这一门学问是"如何而来"的知识。历史程序性知识的教学设计主要帮助学生形成运用概念、规则和原理解决问题的能力以及一些技能。

初中历史程序性知识既包括分析、综合、归纳、整理、比较、概括、说明等一般的思维技能在历史学科中的应用,又包括阅读理解、分析史料的技能与阐述、解决历史问题的技能,以及动手能力的培养,即制作历史地图、历史仿古制作等技能,还包括运用史学观点观察、分析问题的能力,即初步分析历史问题的因果关系、利弊得失及作用影响,并能做出自己的解释和判断,形成对民族、国家和人类历史发展的认同感,确立正确的情感态度与价值观,等等。

"程序性知识"是关于"怎么做"的"认知技能"和"操作技能",不能靠"记诵"习得,而需要"在做中学"、深层理解。初中历史学习的任务不仅仅是记诵重要的历史事实,更在于习得基本的"历史观念"与"历史方法"。其中,"历史的方法"包括解释原始资料、探索因果关系、思考变迁本质,构建历史叙述等;而"历史观念"是指变迁与延续、原因与结果、偶然与必然、历史与现实、证据与解释等"深层知识",即"历史程序性知识"。由此观之,初中历史程序性知识的教学内容包括:证据与探究、解释与理解、时序与延续、因果关系、"神入"历史等等。

历史程序性知识的教学设计主要是帮助学生形成运用概念、规则和原理解决问题的能力以及一些技能。在具体设计时,教师应注意以下几点:

(1)明确设计历史程序性知识教与学的程序、步骤。

(2)要有充分的历史程序性知识的练习设计,无论是历史概念学习,还是史学原理学习,都要设计适量练习,使学生得到充分的练习、实践。

(3)正确处理历史程序性知识的练习时间的分配,对于较复杂的历史程序性知识应先练习局部技能,然后进行整体练习。

(4)合理规划和分配历史程序性知识的讲授与练习的时间,使学生对历史程序性知识的理解与技能训练都能得到有效保障。

(5)把作为教学内容的概念或规则放入相应的知识网络中进行讲解,使新知识能顺利地纳入相应的知识网络中。

3. 策略性知识的教学设计

策略性知识实际上就是关于"如何学习"的知识,例如,如何在较短时间内记住尽可能多的重大事件。策略性知识也是一种程序性知识,不过,一般程序性知识所处理的对象是客观事物,而策略性知识所处理的对象是个人自身的认知活动。在陈述性知识具备的条件下,学生处理问题的差异就是由他们的策略性知识所决定的。

根据策略性知识的特点进行教学设计,需注意以下几点:

(1)确立策略性知识的地位。在所拟定的教学目标中,必须有检查"学生学会学习"的教学目标。如要求学生学会设计图表,系统整理所学的某节、某章内容;学会用比较法鉴别事物、事件等的异同;能总结自己学习中的有效方法等。

(2)教学内容应结合陈述性知识和程序性知识的教学,突出学习方法的教学,或者专门开设学习方法课,教给学生如何预习、复习、记笔记及如何反思等具体学习方法。

(3)教师要学会如何教策略性知识,要善于将内隐思维活动的调节、控制过程展示出来,使学生能够效仿。

4. 开放性知识的教学设计

历史开放性知识是指根据目前的教材和史学观点,还没有最终给予肯定或否定判断的知识或观点。如目前对于洋务运动的评价、对辛亥革命功绩的评价、对雅尔塔体系作用的看法、对郑和下西洋历史功绩的重新认定、对拿破仑的评价等等,都还处于争论中,或随历史的发展处于重新认识中。对于这样的知识,我们在教学中要尽量发挥和利用其"价值",搞活课堂,引入多种形式的教学方式,如辩论赛、演讲赛、小论文、课外阅读、网上搜索等。

(三)教学内容的组织原则

1. 知识序和认知序相结合

从知识性来看,每门学科的知识都是有机的整体,各个概念和各条原理之间具有内在的逻辑性、系统性、连贯性和关联性,这种内在联系即为知识本身的"序"。从学习者来看,学习者认知的发展也有内在的程序性和连贯性。如从已知到未知、从感知到理解、从巩固到应用、从具体到抽象、从易到难、由简到繁、由近及远等等,这是学习者的认知的"序"。学科知识的序不一定就是学习者认知的序,因此教学内容的组织既应考虑知识的序,又必须遵循学生认知的序,只有通过对教材的合理组织把教材的知识结构和学生的认知结构很好地结合起来,才会有利于学生快速有效地掌握知识。

2. 网络化

网络化指知识之间的纵横联系交错,相互沟通。遵循网络化原则。以网络方式组织知识,学生在掌握知识时就可左右逢源、上下贯通,形成"点成线、横成片"的知识结构。进行网络化教学时,应注意以下几个方面:

(1)纵向分析,理清线索。

(2)横向分析,全面把握。

(3)纵横联系,形成网络。

3. 最优化

最优化指通过教学内容的合理、最佳组织,学生能在最短的学习时间内获得最佳的学习效果。学习受多种因素制约,教学内容的组织也应有多种不同方式。虽然不同的组织均可达到同一教学目标,但其效能却大不一样。根据系统论"整体大于各部分之和"的观点,各部分最优并非就能达到整体优化。因此,我们在进行教学内容组织时,除考虑各部分外,既要充分考虑各种制约因素的协调,又要把握各部分内容上下左右的衔接,才能达到整体最优化的效果。

(四)教学重点、难点的确定

1.教学重点

教学重点是依据教学目标,在对教材进行科学分析的基础上而确定的最基本、最核心的教学内容,一般是一门学科所阐述的最重要的原理、规律,是学科思想或学科特色的集中体现。它的突破是一节课必须要达到的目标,也是教学设计的重要内容。教学重点是指本节课主要讲授的内容是什么。设置每一节课的教学重点要准确、书写清晰。

2.教学难点

设置每一节课的教学难点要根据教学的环境、学生的认知能力、理解能力、接受能力精心设计。对于不同的地区、学校教学环境和学生,教师在讲授同一节课的内容时,教案中设置的教学难点也会有所不同。

在授课时就有可能发现,课前设置的教学难点,在不同的班级中会有一些偏差,课后在教案的反思部分中需要调整改变,并要及时地总结经验和教训,提高自己在备课时,设置教学重难点的精度和准确度。

注意按照学生已有的知识基础,已有的学习技能,能否承担这些任务及这些任务完成的效果、收效大小等来确定教学内容的重、难点。这可从观察学生课堂表现、学生作业、测试结果等得知。在组织教学内容和确定重、难点时还要注意学习者对学习内容的已知点和兴趣点。

(五)教师选择与组织教学内容

准确把握教学内容是教师提高教学效果的关键,也是确定教学方法的关键,它体现的是一个教师的专业素质。做好教学内容分析可以从以下方面入手:

1.选择和组织教学内容的主要依据是教材

当教学目标确定后如何把教学目标转化为具体的教学行为,即如何组织教学内容来实现这些教学目标,从而有效实施教学,这就要求对教材进行认真分析。我们面对教材不能不分主次、轻重,不能照本宣科,要认真分析、研究教材,对教材内容进行取舍。

在分析教学内容时,可以从教材内容出发,但不要拘泥于教材,因为教材内容是有限的,不可能反映出历史的全面内容,教师要依据自己的专业知识,对教学内容做出分析,以便在教学中既能深入浅出地把知识传授给学生,又要用正确的分析与评价,对学生形成正确的价值观给以积极影响。

2.组织教学内容时必须考虑学生因素

在整个教学过程中,教师必须时刻清楚自己的教学对象是一个个活生生的个体,我们必须在可能的情况下增加更多的感性材料,这样才能够让学生有更深刻的理性认识,在注意知识传授的同时,要充分挖掘教材中蕴涵的智力因素和情意因素,培养学生的能力和非智力品质。比如用一些历史上比较有争议的事情引发学生的兴趣,激发他们的参与热情,如讲到明朝时,可以用朱元璋的几幅完全不一样的画像引发他们的兴趣,然后再开始后面的相关内容。

3.教学内容的深广度恰当

教学内容既要有利于发展学生的"潜在水平",又要与学生的"现有水平"相衔接。如果学习的内容在概括程度上高于学习者原有的概念,或要学习的新的命题与学习者认知结构中已有的概念不能产生从属关系时,就应采取由浅入深、由易到难、由具体到抽象、由较简单的先决技能到复杂技能的序列,排成一个有层次或有关联的系统,使前一部分的学习为后一部分的学习提供基础。既要避免容量过大,完不成教学任务,又要力戒容量小、密度疏,学生因吃不饱而"开小差"。

4. 通过内容的选择与组织,可以确定出课程内容的基本框架

教学内容的组织、排列、呈现方式要恰当,练习的配置、方式方法要精心设计。按事物发展的规律排列。如果教学内容是线性的,可以通过向前的、进化的、按年代发展或从起源出发的方法来编排。这样的组织方式与研究的社会现象、自然现象的变化顺序和客观事物本身发展的顺序相一致,符合事物的运动变化规律。能使学习者对自然和社会现象的发展过程有比较全面的认识。安排教学内容时,不仅要注意概念纵向发展之间的联系,还要注意从横向方面加强概念原理、单元课题之间的联系以及知识、技能、情感各部分内容之间的协调衔接,以促进学习者融会贯通地学习。

(六)教学内容的有效整合

要真正实现教学时间的最优化,必须在教学内容上做精心的安排,对教学内容加以有目的的整合。教学内容的有效整合包括对教学内容进行联系实际的扩展、结构调整和顺序梳理,也包括在各个教学环节中教育者主动的创造发挥。要做到对教学内容的有效整合,主要有四种途径:

1. 教学内容的优化

教学内容的优化主要包括两个方面的含义:一是指删除枝节内容,保留主干部分,突出学科的基础知识、核心知识和骨干知识;二是指合理调整原有知识的组织形式,使之系统化、结构化、层次化。这样,学习内容既有量的变化,更有质的变化。优化的本质就是提高学习内容的质量,优化学习过程。

2. 教学内容的创新

教师对教学内容的正确理解是教学内容创新的前提。要做到教学内容的创新,首先,在组织教学内容时要关注学生的个性发展,适当拓宽课程标准、教科书内容,增加与教科书内容相关的现实生活、历史研究新进展以及教育研究新成果,适当调整教学内容呈现顺序,对学习内容进行有根据的质疑,挖掘教学内容隐含的教育价值。其次,为使学生获得更多的知识信息,并在获得信息的过程中认识发生发展过程和知识的内在联系,使学生从中掌握认知策略,学会主动建构知识。再次,注重教学内容的应用化处理,即选择、组织教学内容时应注重知识的应用,主要有两层含义:一是将知识应用于生产生活实际;二是运用知识解决问题。

3. 教学内容的衔接

历史知识是相互联系的,教学内容间需要相互衔接。首先是初中阶段各年级历史的衔接。其次是学生已有历史知识与真实历史知识间的衔接。最后,历史学科与其他学科、社会生活衔接。

4. 教学内容的重组

教师对教学内容的掌握和驾驭,在实际的教学活动中是非常重要的,这也是教师在教学活动中起主导作用的具体体现。首先,要保证《历史课程标准》对教学内容的目标要求,根据"下保底,上不封顶"的原则,对教学内容进行重组和创造;其次,要对教科书内容和学生实际进行第二次重组和改造;第三,将教学内容运用于教学过程,即将教学内容问题化,使师生学习教学内容的过程变成问题解决的过程,促进学生能动的思维和行动。

典例精析

说一说如何进行历史教学内容设计创新？

【专家点评】历史教学的任务绝不仅仅是描述历史。教师在进行历史教学设计时，还应该注重引导学生对历史进行解释，只有对历史进行解释，历史才能成为一门学科。

【参考答案】(1)在进行历史教学内容设计创新时，依据教材内容所呈现的历史现象，发掘内涵，明确一节课的重点，围绕重点，设计问题，根据问题设计探究程序，提升学生对历史问题的认识。

(2)研究教材，找出各部分内容之间的逻辑关系，进行知识架构，为学生呈现知识结构，有结构的知识便于学生总体把握，将死的知识变成有机联系的知识。

(3)根据初中学生重形象思维、乐于表现的特点，整合素材，创设情境，吸引学生，使学生"神入"历史。形成技能、能力、方法、认识；进行师生之间、学生之间的交流，不断丰富、完善学生的认识。

(4)初中学生在学习历史时，很容易认为历史是过去发生的事情，是"死"的，不变的。教师在进行教学设计时，要运用联系的方法，使学生认识到历史展现社会的变迁，是动态的发展；注重历史与现实的联系，探求现实问题的历史渊源，进行历史反思，为解决现实问题提供思路。

二、教学时间设计

(一)设计教学时间的意义

教学时间是影响教学活动的一个重要因素，控制和改变教学时间在一定程度上也就意味着控制和改变教学活动。因此，在教学实践中，了解、研究教学时间，并根据教学需要对教学时间进行合理分配和控制，是教学设计的一项重要内容。时间是教学的中心变量，时间与学生的学习活动和学习成绩有极为密切的关系。学生的学习成绩取决于学生主动参与学习的时间和已有的学习准备状态。也就是说，用于教学的时间总量越多，学生主动参与学习的时间越多，学习的成绩和教学效果就越高、越好。

(二)设计教学时间的维度

实际设计过程中，教师必须综合考虑多方面因素，从不同维度把握教学时间的确切含义，从不同方面了解并考查教学的时间效益，从而使教学时间的设计更加科学合理，切合教学实际需要。以下几个概念是教师设计教学时间时必须了解和掌握的，它们从不同的维度决定着教学的时间效益。

1. 名义学习量

也就是学生所需要的学习时间总量，它具体表现为学校每年的总学时量。在我国，这一时间量由国家统一规定，是针对学生整体设计的，具体到每个学生个体，这一时间量是不尽相同的，所以还有必要考查个别学生实际的有效学习量。

2. 实际学习量

指每个学生实际接受的有效学习时间量。在实际教学过程中，由于受学生迟到、缺勤和教师缺课以及其他因素的影响，每个学生及不同学校的学生实际接受的有效学习量是不完全一致的。因此，保证每个学生的实际学习量，是教学时间设计、控制的一个重要方面。

3. 单元课时量

指学生在课堂上学习某一单元或某一具体内容时获得的学习时间量。在实际教学中，教师在课堂上对各种课程内容的时间分配是有很大差异的(比如对阅读、思考、练习、讨论、测验活动的时间分配)。因此,教师在确定课堂教学时间分配时应全面考虑教材内容、学生学习特点等多方面因素,切不可凭个人兴趣、习惯行事。

4.专注学习时间

指学生在课堂上积极专注学习的时间。实践表明,教师授课期间,并不是所有学生都在始终如一地专心听课,即使在同一节课的时间内,每个学生的专注学习时间也是不完全一样的。学生学习成绩的好坏在很大程度上就取决于专注学习时间的多少。另外,学生专注学习时间与其能力还密切相关。因此,教师在课堂教学中应尽可能使学生集中注意力,以保证学生专注学习时间得到增加。

5.教学时间的遗失

指由于受外界干扰或教师对教学处理不当造成的教学时间的浪费。教学时间的遗失对一堂课的质量有较大影响,教师在教学中要尽可能避免以下几种教学时间的遗失现象:

(1)因课堂偶发事件引起的教学中断。

(2)过渡时间过长。

(3)不当的练习作业造成的时间浪费。

(三)设计教学时间的策略

1.把握好整体时间分配

主要指教师在设计教学时,首先应对一学期甚至一学年教学时间的总体分配情况做到心中有数,要依据《历史课程标准》的规定和教学的实际需要对整体教学时间(一般以学期为限)作出合理规划。

2.保证学生的实际学习时间

教师应通过加强管理,尽可能减少学生的迟到、早退及无故缺勤现象,同时也避免自身缺课。一旦发生了缺勤情况,只要有可能补救,就应当采取措施把损失的时间补回来,以此来保证学生的实际学习时间能维持在一定水平。

3.科学规划课时

课时的设计是教学时间设计的核心。教师应认真钻研教材,分析学生已有的知识准备状况,找出教学内容中包含的知识点以及重点、难点,在此基础上确定每个子目标所需的教学时间。教师对每堂课的时间分配作具体规划,如导入新课用多长时间,讲授用多长时间,提问讨论用多长时间,练习用多长时间,总结用多长时间等,都必须事先一一分配好。

4.尽可能增加学生的专注学习时间

增加学生专注学习时间的途径主要有两方面:一方面是教师通过采取一定的教学策略将学生的注意力和学习兴趣维持在一定水平。另一方面是教师根据学生的学习心理特点和学习能力的生理周期变化,采取一定措施合理设计与组合教学时间,以此来增加学生专注学习的时间。教师可以通过合理组合搭配教学时间来增强学生专心学习的程度,增加专注学习的时间。

5.防止教学时间遗失

防止教学时间遗失,实际上就等于增加了有效教学时间。从教学设计的角度看,教师在事先设计过程中一定要把握好每个环节,精心设计好每项内容,同时又要对课堂上可能出现的问题及处理办法有一定预测和心理准备,只有这样,在课堂上才有可能避免教学时间遗失现象的发生。

三、教学措施设计

教学措施设计是教学设计的中心环节,课堂教学组织得如何,在很大程度上取决于教学措施设计得是否科学、合理、有效。教学措施的设计范围较广,它一般包括教学方法、教学媒体的选用,课堂教学结构的确定和教学环境的调控等方面内容。

(一)教学方法的选用

1.教学方法的概念

教学方法是教师和学生为了达到预定的教学目标,在教学理论与学习理论的指导下,为完成共同的教学任务,在教学过程中运用的方式与手段的总称。教学方法是师生双方共同完成教学活动内容的手段,包括教师教的方法和学生学的方法两方面,是教授方法与学习方法的统一。

采用教学方法的目的在于引起学生学习的准备,维持他们的兴趣和注意,以学生可接受的方式呈现教材,强化和调节学生的行为和解决学生的学习障碍。教学方法体现了特定的教育和教学的价值观念,它指向实现特定的教学目标要求。教学方法受到特定的教学内容的制约,受到具体的教学组织形式的影响和制约。

2.教学方法的基本类型

根据各种历史教学方法教育功能的不同,历史教学的基本方法大致可以分为以下六个系列:

①讲授方法系列:以教师口头讲授为这种方法的基本特征,其主要功能在于使学生获得系统的知识。又可分为讲述法、讲解法、讲读法等。

②引导方法系列:以教师引导、学生独立探索为这种方法的基本特征,其主要功能在于发展学生的智能。又可分为问答式引导法、研讨式引导法、辅导式引导法、范例式引导法,以及其他各种变式。

③直观方法系列:运用各种直观教具和直观手段进行教学活动的方法系列,其功能在于培养学生的形象思维,获得感性知识,为获得理性知识奠定基础。可分为象征图示直观方法、象形直观方法、直感直观方法、图解直观方法等系列。

④逻辑方法系列:以培养学生的逻辑思维能力,获得理性知识为这种方法的基本功能。可分为比较法、分析综合法、归纳演绎法等系列。

⑤练习方法系列:这种方法的主要功能在于培养学生掌握能力和巩固知识,促进知能转化。可分为问答练习、选择练习、读图练习、填充练习、计算练习等等。

⑥专题方法系列:即讲授和学习某一课题的方法,其功能主要在于使学生掌握基础知识,为学习特定专题奠定方法论基础。

▶典例精析◀

教学方法多种多样,请你根据自己的理解说一说怎样优化各种教学方法,使之在教学中合理运用。

【专家点评】选择教学方法应全面、综合地考虑到教学任务、教学目标、教学内容、学生特点、教师特点、教学环境和条件诸多因素,对多种教学方法进行有效组合。

【参考答案】首先,教学内容是选择教学方法的主要依据。

其次,教学过程中不能拘泥于教学设计,要具体灵活运用各种教法、教学中运用各种教具、多媒体课件等等,让各种教学方法和各种教学风格都能相尊相竞。

第三,每种教学方法,都有自己的特点、性能、适用范围和条件,但没有一种教学方法是万能的,适用于一切范围和条件。因此,多种教学方法的组合可以是并列的,即同时采用多种教学方法,也可以是系列的,即一种方式结束后再开始另一种。

3.选择教学方法的基本依据

科学合理地选择教学方法,是完成教学任务,实现教学目标的重要保障。教师需要考虑各种教学方法及其要素,科学、合理地选择教学方法,并优化组合,以适合教学目标。选择教学方法需要考虑以下因素:

首先,应该善于学习,通过各种渠道,博采众法,广泛吸收,注意储存各种教学方法的信息,仔细研究其中的异同,这样才能在设计教学方案时,做到信手拈来。

其次,"教无定法",教学方法不能一成不变,要因人、因课、因境而异。

(1)"因人而异",即要因教师、学生的实际而异。

①根据学生实际特点选择教学方法。

注意学生的心理及生理差异,学生的实际特点直接制约着教师对教学方法的选择,这就要求教师能够科学而准确地研究分析学生的上述特点,有针对性地选择和运用相应的教学方法。

②依据教师的自身素质选择教学方法。

任何一种教学方法,只有适应了教师的素养条件,并能为教师充分理解和把握,才有可能在实际教学活动中有效地发挥其功能和作用。因此,教师在选择教学方法时,还应当根据自己的实际优势,扬长避短,选择与自己最相适应的教学方法。

(2)"因课而异"即因历史教学内容而异。

①依据教学目标选择教学方法。

不同领域或不同层次的教学目标的有效达成,要借助于相应的教学方法和技术。教师可依据具体的可操作性目标来选择和确定具体的教学方法。

②依据教学内容的特点选择教学方法。

不同学科的知识内容与学习要求不同,不同阶段、不同单元、不同课时的内容与要求也不一致,这些都要求教学方法的选择具有多样性和灵活性的特点。

(3)所谓"因境而异",即因教学情境而异。

随着教学对象、教学环境的不同,教师应施以不同的教法。有时学生也可能提出一些出人意料的问题,教师可用谈话"乘势追问""引发讨论""引导学生结合史实自查自找"等方法加以解决。

4.初中历史常用教学方法

(1)讲授式教学方法。

①定义。

教师主要运用语言方式,辅助以板书、挂图、投影等媒体,向学生描绘历史情境,叙述历史过程、特征和线索,解释历史概念和阐明历史发展规律,表达思想感情的教学行为。它是通过叙述、描绘、解释、推论来传递信息、传授知识,引导学生分析和认识问题。从2500多年前孔子首创"私学",直至今天,讲授一直是历史教学中运用得最广泛的方式。

②具体形式。

讲解法:是通过对史实分析进行科学论证,从而形成历史概念和揭示历史规律的讲授方法。其主要特点是对一些规律性的历史知识,如概念、规律、原理等,进行严密的逻辑分析和科学判断。讲解法又分为原理中心式和问题中心式。

谈话法:也叫"问答法"。它是教师根据学生已有的知识和经验,提出问题,启发学生积极思维,通过师生之间的对话,引导学生主动地掌握和理解历史知识的教学方法。运用谈话法进行历史课堂教学,改变了只有教师一人滔滔不绝地讲,而学生默默无声地听的局面,更大程度上调动学生积极地参与教学活动,使教师与学生相互配合和呼应,共同完成教学任务。

讨论法:是在教师的指导下,由全班或小组学生围绕某一问题各抒己见,通过讨论或辩论活动,相互学习的方法。这种方法既可以发挥教师的主导作用,也可以有效地体现学生的主体地位,是师生交流最为直接的一种方法。学生在群体思考过程中,相互启发、相互激励,可以有效地加深学生对所学知识的理解。

讲读法:讲读法是把讲授与阅读材料有机结合的教学方法,它是在老师的指导下,通过对教材和其他相关资料的阅读,并加以阐释和分析,来加强历史基础知识教学的一种手段。运用讲读法通常是边读边讲、以讲导读、以读助讲、讲读并进。

讲演法:是教育历史上最悠久的方法之一,是教师向学生传授知识的重要手段。讲演法是指教师借助口头言语呈现教材,对某些重要理论和复杂问题,充分展开进行系统阐述和深入分析,阐明知识的联系,促进知识的理解。教师要详细指定学生将要学习什么,向学生提供学习材料,分析和讲解材料,并负责诊断学习者的困难,为他们提供适当的补救。

典例精析

简述讨论式教学法。

【专家点评】本题是对讲授式教学法中讨论法的考查。要求考生在理解的基础上加以运用。

【参考答案】讨论法是在教师的指导下,由全班或小组学生围绕某一问题各抒己见,通过讨论或辩论活动,相互学习的方法。这种方法既可以发挥教师的主导作用,也可以有效地体现学生的主体地位,是师生交流最为直接的一种方法。学生在群体思考过程中,相互启发、相互激励,可以有效地加深学生对所学知识的理解。

(2)启发式教学方法。

启发式教学的最大特点是充分调动学生的积极性,引导学生积极思考,自己概括出结论,从而达到掌握知识,提高能力的目的。历史教学中常用的有如下几种启发方式:

①因果启发。

历史条件的因果关系贯穿于历史教材,是教师创设情景普遍采用的方法。它易于操作,主要是指导学生阅读教材,然后由学生回答。因果启发属一般层次,有助于逐步培养学生的辩证观点,形成正确的思想方法。

②温故启发。

此法常用于讲新课前的复习提问。如在进入"第二次鸦片战争"的学习时这样提问:鸦片战争的根本原因是什么？为什么十几年后的这场战争被称为"第二次鸦片战争"？为什么说它是第一次鸦片战争的继续和扩大？这种新课引入法以旧知识为桥梁，使学生不断递进知识，增加知识坡度，减轻学生的学习难度，激发学生对新知识探究欲望，通过新旧知识的比较，体会并摸索出带有普遍性规律的知识。

③情境启发。

历史情境是指历史事件发生以及历史人物活动所处的时间、地点、背景等。历史情境启发，就是教师充分依托富含高尚情感的历史素材与历史情境，或用激越而又妙趣横生的艺术语言，或用电教的动态手段，来渲染气氛，烘托主题，使历史事件真实直观、历史人物栩栩如生，形成一种意境，使学生触景生情，来增强体验与记忆，产生由感性认识到理性认识的飞跃，并使学生从中受到教育的方法。

④比较启发。

在教学活动中妙用比较启发，有助于提高学生的分析、辨别和联想能力，甚至能使学生引起学术研究和发明创造的冲动。

⑤现实性启发。

也就是以史鉴今，史为今用的启发。引导学生运用历史的经验教训和处理问题的方法解决现实问题，是历史课的重要功能之一。现实性启发切忌牵强附会，力求自然。

启发方式远不止上述几种，课堂教学运用各种启发都是互相渗透、交错其中的。教师要充分挖掘历史知识的教育潜能，尽量多层次、多角度地设问，做到"一事多启"，一题多问，从历史知识的内涵和外延吃透教材。

(3)问题探究式教学方法。

①定义。

问题探究式教学方法就是教师或教师引导学生提出问题，在教师组织和指导下，通过学生的探究和研究活动，探求问题的答案而获得知识的方法。

②具体形式。

问题教学法：就是把教学内容设计成一系列问题进行教学的方法。这有两种基本模式，一是教师直接提出问题，让学生带着问题自学、思考、讨论，然后在教师指导或帮助下解答问题；二是教师只创设问题的情景，启发学生自己发现问题并提出问题，然后再解决问题。教师在课堂上问什么，怎样问，是否问到点上，是关系到教学成败的大事。在课堂上提问应该注意以下几点：紧扣教学目标，设计明确的问题；问题要难易适中，大小得当，符合学生的实际水平；提问要有艺术性，形式要多样，环环相扣；提问要尽量使全体学生积极参与，使更多的学生有被问的机会，并鼓励学生提出问题，对答案质疑。

自主学习法：为了充分拓展学生的视野，培养学生的学习习惯和自主学习能力，锻炼学生的综合素质，通常给学生留思考题，让学生利用网络资源，采用自主学习的方式寻找答案，提出解决问题的措施，然后进行讨论评价。

发现教学法：是指教师向学生提出有关问题，引导学生学习、搜集有关资料，通过积极思考，自己体会、"发现"概念和原理，强调发现式的教学策略——史料教学。史料教学是历史认识的一大特点。

在这种形式的教学过程中，教师对于提出的问题、对象、引导、提示等要做好充分的准备。对设计课堂提问的要求：

精细设计;了解学生;正确引导;面向全体。

(4)训练与实践式教学方法。

①定义。

通过课内外的练习、实验、实习、社会实践、研究性学习等以学生为主体的实践性活动,使学生巩固、丰富和完善所学知识,培养学生解决实际问题的能力和多方面的实践能力。

②具体形式。

直观演示法:把教材内容编制成有序的知识信息,借助多种载体传递输出。如在教学中穿插展示有关的实物和图片,调动电影、录像、录音等现代教学手段,结合实地考察,参观古迹、遗址、纪念场所感知具体的历史环境,走访近现代社会的经历者,以他们的讲述为活教材。使学生通过视听器官,刺激大脑皮层,产生浓厚的学习兴趣,积极思维,积极参与教学的整体过程。

示范教学法:在教学过程中,教师通过示范操作和讲解使学生获得知识、技能的教学方法。在示范教学中,教师对实践操作内容进行现场演示,一边操作,一边讲解,强调关键步骤和注意事项,使学生边做边学,理论与技能并重,较好地实现了师生互动,提高了学生的学习兴趣和学习效率。

练习体验法:是学生在教师的指导下巩固知识、运用知识、形成技能技巧的方法。通过口头语言和书面语言的练习,培养学生的表达能力。通过口头和书面解答问题的练习,培养学生运用知识解决问题的能力。通过实际操作的练习,让学生在动手中加深印象,体验历史学习的乐趣。

读书指导法:教师指导学生通过阅读教科书或参考书,以获得知识、巩固知识、培养学生自学能力的一种方法。具体操作各不相同,步骤多少不一、顺序不同,但都以读书作为教学活动开展的基础,在指导学生阅读的同时,及时加以总结、归纳,帮助学生理清知识的内在联系,形成知识系统,培养学生的阅读理解、归纳分析、逻辑思辨的能力。

任务驱动教学法:教师给学生布置探究性的学习任务,学生查阅资料,对知识体系进行整理,再选出代表进行讲解,最后由教师进行总结。任务驱动教学法可以以小组为单位进行,也可以以个人为单位组织进行,它要求教师布置任务要具体,其他学生要积极提问,以达到共同学习的目的。任务驱动教学法可以让学生在完成"任务"的过程中,培养分析问题、解决问题的能力,培养学生独立探索及合作精神。

参观教学法:组织或指导实地观察、调查、研究和学习,从而获得新知识或巩固已学知识的教学方法。一般要求学生围绕参观内容收集有关资料,质疑问难,做好记录,参观结束后,整理参观笔记,写出书面参观报告,将感性认识升华为理性知识。

尝试教学法:新知识都是在旧知识的基础上引申发展起来的,尝试教学的奥秘就是用"七分熟"的旧知识自己学习"三分生"的新知识。尝试教学法的特征:先试后导,先练后讲。

(5)结构式教学方法。

①定义。

就是在教学过程中教师引导学生认识历史事实和历史概念间的内在联系,形成历史知识的线索、网络,进而掌握历史知识结构的教学方法。还有一种知识结构图示教学法,以图形、图像或表格为主要方式,揭示历史事物的现象或本质的特征,表现知识结构,使历史知识结构更加形象和直观,从而增强教学效果。

②具体形式。

a. 图示教学法。

图示历史,就是用符号、文字、数字组成图形,表示历史过程内在联系和本质的一种工具,也是使信息传递趋向现代化的一种工具。

基本过程:教师根据教科书的内容进行生动形象的讲述;把教材的内容依照图示的设计,简明扼要地总结一下;让学生把图示抄录在笔记本上;让学生根据投影所示,回忆教材的主要内容,以巩固记忆并熟悉图示表达的意思。由于图示出示的方式不同,课堂结构会出现很多变式:如边讲边绘制图示;先出示图示,再由教师讲述;教师讲完后,由学生自己来设计等等。

图示教学法的特点:

简约性:关键是要设计好图示,其实质是把用文字来叙述的历史知识结构,运用图示法浓缩教材突出重点。

系统性:图示能表示历史事件之间的横向关系和纵向关系,形成一个知识系统。如关于"中国的近代化探索"这一专题,将"洋务运动""戊戌变法""辛亥革命"和"新文化运动"按背景、经过、口号、失败原因、意义、教训等方面制作图表。

条理性:运用图示法把复杂的历史问题条理化,可以起到统摄全貌,提示全章的作用。

b. 纲要导学教学法。

对历史信息进行提炼、浓缩、抽取、概括、集成等加工处理,取其"纲要",用简练的语言文字或图表图示传递给学生。历史教学是一个"系统工程",教师把这种方法贯穿于教学的全过程,步步诱导,既能帮助学生形成正确的历史概念,建立完整的知识体系,又能帮助学生科学地阐释历史,使学生的历史思维能力不断提高。

纲要导学教学法关键在于把历史知识信息有机地统筹,借助于多种教学手段,展现"活"的历史,培养学生形象再造和抽象概括的思维能力。其基本程序为:信息确定与纲要编制;呈现新课知识结构;师生互动探究;新课小结;强化知识运用阶段,也是总结、评价教学效果阶段。

c. 纵横联系历史教学法。

一切历史现象都不是孤立的,而是互相联系的,或前后相承,或左右相关。历史教师教给学生的历史应是完整的系统的历史知识,而不是彼此孤立的支离破碎的历史知识。通过横向的和纵向的知识归纳、比较、概括,把大量分散的、相对孤立的历史事实和历史概念纳入到完整的学科知识体系之中。揭示历史发展规律的纵横联系历史教学法,能较好地培养学生的理解、应用、分析、综合、比较、评价等方面的能力。

纵向联系:纵向联系是以历史事件发展过程为线索,即历史事件过程及因果关系,是从时间上推移,探索历史发展趋势。包括背景(原因)、经过(内容)、意义(影响),说明历史事件的性质、特点,形成历史发展的"一条纵线"。

横向联系:横向联系把同时期的、不同地区的性质相同(或不同)的相互依赖、相互影响的历史事件连接起来,构成历史发展的"一个横断面"。即这一历史事件对其他历史事件从空间上的影响、作用,显示出某一时期某些地区历史发展的"横断面"及其特征。

（6）主题教学法。

①基本含义。

主题教学法以培养综合学力为目的，以研究实际问题为课程方式，着重培养学生对原理与方法的掌握。主题教学法就是要通过原理与方法的教授，引导学生根据自己的需求，自主建立适合自身特点的知识框架，设计全新的探索过程，以获得自由且具有完整思考的自我体验。

②基本模式。

引出话题——确定主题——自主探究——反馈交流——感悟升华。

③基本程序。

确立主题——自主探究阶段——合作探究阶段——展示交流。

（7）情境教学法

①定义。

指历史教师在教学过程中综合运用多种教学手段，从教学需要出发引入、创设与教学内容相适应的场景或氛围，营造历史情境，寓教于"情"于"境"，将历史"复原"，使那些久远的、陌生的历史"重现"在学生面前，使学生产生浓厚的学习兴趣，进而积极思维，达到主动地学习历史知识，理解教学内容，提高分析、解决问题能力的一种教学方法。历史情境教学把历史课程的学习内容与多种多样的活动形式结合起来，让学生跨越时空隧道"走进"历史、演绎历史中的某一角色或片断，同时通过讨论有关问题，了解和掌握距离他们遥远而难以记忆、难以理解的历史知识与历史现象。因此，情境教学法是一种把教育科学和艺术融为一炉的教学方法。

②创设教学情境要遵循的原则。

目标性原则：情境的创设应具有明确的学习目标，为历史课堂教学服务。

诱发性原则：在创设教学情境时，一定要保证新设情境能激起学生的认知冲突，引发学生的积极思考。

真实性原则：在创设情境时，一定要尽量使情境是真实的或接近真实的。

接近性原则：创设问题情境的深度要稍高于学习者原有的知识经验水平，具有一定的思维容量和思维强度，使学生需要经过努力思考，才能解决问题。

合作性原则：时代要求培养学生的集体观念和团队精神，让他们学会交流和分享获得的信息、创意及成果，在讨论中整理自己的思路，集大家的智慧作为自己继续思考的起点、支柱，最后获得个性化、主体化的认识。

互动性原则：学习是一个互动、交流、合作的过程。

层次性原则：认识事物的过程是一个从简单到复杂、由易到难循序渐进的过程。

联系学生实际时效性原则：教学情境的设计不仅要针对学生发展的现有实际水平，还要针对学生最近发展的现状，既提出当前教学要解决的问题，又包含着与当前问题有关、能诱发进一步学习的问题，形成新的情境，有利于学生积极主动地继续学习，在原有的学习实际上获得发展。

③创设历史教学情境的方式。

利用实物创设情境。实物情境就是以展现实物为主，也可利用投影做一相应历史背景，以表现某一特定情境。

利用表演创设情境。历史教学中的情境创设虽不可能使逝去的历史真实再现,但借助实物、图片、语言等情境的创设与展现,把历史课本上的角色让学生自己表演,能缩短学生与久远的事物的时空和距离,很自然加深了内心体会。

利用音乐渲染情境。音乐以特有的旋律、节奏,塑造出音乐形象。利用音乐创设情境,可使学生在欣赏音乐的同时,产生一种身临其境的感觉。

运用语言描述情境。在情境展现时,教师伴以语言描绘,对学生的认知、理解起着导向性的作用。

利用问题创设情境。只有那些带有探索因素与问题性的情境,才具有强大的吸引力,更容易吸引学生的注意,激发他们的学习兴趣和热情。

利用典故、诗词创设情境。初中生正处于由形象思维向抽象思维发展的重要阶段,讲生动有趣的历史故事,增强教学的生动性,是激发学生学习兴趣的有效途径之一。通过创设富于趣味性的教学情境,让学生对历史产生兴趣从而获得知识。

诗词以其内容表述多彩的社会真情和逼真的社会风貌,强烈地再现历史图像。文史互通,诗史相融,运用诗词去理解历史史实,更容易贴近生活,贴近历史实际,更容易融意境于现实之中。为此,在历史教学中,教师完全可以借助诗词歌赋,再现历史图像,创设历史情境。

典例精析

历史教学中常常要创设情境,请阐述历史教学中创设情境的基本策略。

【专家点评】创设情境符合初中生的特点,在历史教学过程中要善于从学生的实际出发,对平淡的书本史料进行形象化、艺术化的加工,适当补充资料,根据教学内容,创设学生感兴趣的情境。

【参考答案】(1)创设设疑式情境,激发学生的好奇心。"学启于思,思源于疑。"在整个教学过程中,处处都可以设疑。时刻引起学生的好奇心、注意力和求知欲,使学生的思维处在积极的活跃状态,尝试探寻各种解决问题的方法,掌握知识,提高能力。

(2)创设讨论、操作式情境,能营造宽松和谐的教学氛围,对探究性问题,需学生在实践中探究,在操作中尝试,在讨论中释疑。通过动口讨论,动脑思考,动眼观察,动手操作,让他们的感官参与教学活动,培养学生观察、分析、应用及解决问题的能力,激活学生的创造潜能。

(3)创设争论式情境,启迪学生的发散思维。使学生设身处"境",就会激发学生的学习热情,使学生在"我要学""我爱学"的氛围中愉快地接受新知识,在潜移默化中,领悟到学习历史的乐趣。

(二)教学媒体的设计

1.教学媒体的含义

教学媒体也简称媒体,指教学过程中用以运载信息、传递经验的物质手段和工具,如课本、挂图、录音、录像带等。教学的目的在于掌握一定知识、技能、策略、规范等,也就是信息。但信息本身是观念性的东西,看不见、摸不着,必须借助于一定的教学媒体即信息载体才能传授教学的内容。在教学过程中,教师运用媒体把教学内容的信息传输给学生,学生则通过媒体接受教学内容的信息。

教学媒体是教学资源的重要组成部分之一,教学媒体用于教学信息从信息源到学习者之间的传递,具有明确的教学目的、教学内容和教学对象。

2.教学媒体的作用

(1)使学习者接受的教学信息更为一致,有利于教学标准化。

(2)为学生提供一个积极有效的气氛,激发学习者的动机与兴趣,使教学活动更为有趣。

(3)设计并制作良好的教学媒体材料能够提供有效的交互。

(4)设计并制作良好的教学媒体材料有利于提高教学质量和教学效率。

(5)实现个别化教育的有效工具。

(6)促进教师的作用发生变化。

典例精析

试论述媒体的教学作用。

【专家点评】本题考查对教学媒体作用的认识和理解。

【参考答案】(1)使学习者接受的教学信息更为一致,有利于教学标准化。

(2)为学生提供一个积极有效的气氛,激发学习者的动机与兴趣,使教学活动更为有趣。

(3)设计制作良好的教学媒体材料能够提供有效的交互。

(4)设计制作良好的教学媒体材料有利于提高教学质量和教学效率。

(5)实现个别化教育的有效工具。

(6)促进教师的作用发生变化。

3.教学媒体的分类

教学媒体是教学的基本要素之一,教学活动离不开一定的媒体的支持。对教学媒体可以从不同的角度进行分类,按其产生的时代划分为传统教学媒体和现代教学媒体;按媒体的物理性质分为光学投影教学媒体、电声教学媒体、电视教学媒体、计算机教学媒体、网络等;按其作用于人的不同感官分为视觉媒体、听觉媒体、视听觉媒体、交互多媒体等。对教学媒体进行分类,是为了更好地在教学中选择和运用这些媒体。因此,对媒体的分类应该以教学过程中的要素为依据,以下从教学的需要来分类:

课堂展示媒体:幻灯片、投影仪、录像、黑板、挂图、实物、模型等。

个别化学习媒体:印刷品、录音带等。

小组教学媒体:图片、图表、投影仪、白板等。

远程教育媒体:广播电视、计算机网络等。

这种分类方法为教师在不同的教学形式、教学规模下选择教学媒体提供了有效的指导,教师可以根据自己的教学活动、学生数量来合理地选择媒体,争取最佳的教学效果与效率。

4.成功地运用多媒体教学原则

(1)必要性原则。

运用多媒体手法应是教学所必需的,不牵强,不硬套,宜则用,不宜则弃。日常教学中,教师生动的语言讲解,有益的启发,情感化的演示,人性化的表达以及教师自身的人格的濡染,师生之间的互动交流等等,都不是简单课件可比拟的。

（2）简捷性原则。

多媒体教学手段应具有简要、便捷、易操作的特点，不要认为蛋糕越大越好，太繁太难不便驾驭，有碍教学的实施，运用的时间，安排要适中，切忌变相"满堂灌"。

（3）实效性原则。

这是在必要性的前提下，力求教学的实际效果，充分发挥现代化的先进性、优效性。实效的宗旨是，既利于教师主导的运行，又利于学生主体的投入。选择教学媒体，要根据能得到的效能和需要付出的代价来做决定，力求做到以最小的代价，得到最大的收获。

（4）多重刺激原则。

选择的教学媒体，应是从不同角度、侧面，去表现事物的本质特征。所讲对象，在不同的时间、地点、条件下多次重复出现，用不同的形式，表现同一内容。

（5）共同经验原则。

选择的教学媒体所传输的知识经验，同学生已有的经验，必须有若干共同的地方，以便于理解和掌握。

5. 教学媒体的选择与设计

教学媒体设计是指确定各种媒体的具体内容、呈现方式和各种媒体间的组合关系。为了达到预期的教学目标，高效地完成既定的教学任务，在丰富多彩、功能各异的教学媒体中选择哪一种或哪几种媒体的组合才最为合适、最为有效呢？要想使教学媒体发挥出应有的作用，应从以下几方面考虑媒体的选择与设计：

（1）教学任务方面的因素。

选择什么样的教学媒体来传递经验，要考虑教学任务方面的因素，如教学目标、教学内容、教学方式等。

①要考虑教学目标。

在选择教学媒体时，应首先考虑针对一定的教学任务和教学目标，可使用哪些教学媒体，媒体的使用是否有利于达成特定的教学目标，是否符合具体教学任务的实际需要，是否切合教学内容的性质和特点。

②要考虑教学内容的特点。

根据教学内容中的知识、技能、情感态度的特点选择媒体。如果所要传递的是一种感性的具体经验，则必须在非言语系统中选择适用的媒体。如果所要传递的是一种理性的抽象经验，则除了要有必要的非言语系统的媒体相配合外，必须选择用言语系统的媒体，否则就难以完成传递任务。

③要考虑教学方式。

教学方式不同，可供选用的媒体也往往不同。如采用直接交往方式来传递经验时，可用口语系统的媒体；采用间接交往方式来传递经验时，一般用书面言语系统。所以，教学方式也是选择媒体的一个依据。

（2）学习者方面的因素。

教学媒体对经验的传递作用，取决于经验接受者的信号接收及加工能力，如感知、接受能力、知识状况、智力水平、认知风格、先前的经验、兴趣爱好及年龄等。学生年龄不同，经验发展水平不同，对教学媒体的接受能力不同，采用的教学媒体也应有差别。

（3）技术方面的因素。

不同的教学媒体有不同的特点，依据媒体的技术特性选择教学媒体。如何使用与在什么情况下使用是媒体设计的核心内容。具体有两方面要求：

①依据媒体特征。应充分了解各个媒体的优点和局限性,在使用中扬长避短,综合应用。

②要考虑所选媒体教师自己能否熟练地操作,以及运用媒体是否有助于发挥自己教学的特长。

（4）教学管理方面的因素。

教学中能否选用某种媒体,还要看当时当地的具体条件,其中包括资源状况、经济能力、师生技能、使用环境、管理水平等因素。

6. 运用现代教学媒体进行教学的基本模式

（1）辅助式。

基本做法是:教师主要借助现代教学媒体,向学生传递教学信息,师生进行交互反馈。

模式的特点:教师的面授与媒体的电授结合进行。媒体基本上是作为教学辅助手段。

这种教学模式主要在课堂上进行,要求教师能够恰当地选择媒体并正确运用。

（2）直接式。

基本做法是:学生直接向现代教学媒体学习,现代教学媒体对学生的反应作出反馈。

模式的特点:电授,不需要教师做中介。教师主要是为学生编制教学软件——程序教材,通过软件的程序设计来间接控制教学过程。

这种模式一般是在使用程序教学机学习和计算机辅助教学时采用,它要求教师编制和提供数量足够的优质的成套程序教材,同时要求学生要有高度的独立自主的学习精神。

（3）循环式。

模式的基本做法是:学生向现代教学媒体学习,通过教师作出反馈。

模式的特点:电授、函授、面授相结合。

这种模式主要在自学辅导和远距离教学时采用,它除了要求有足够数量的合格的教学条件外,还要求教师要及时获得学生学习效果的反馈信息,以调整教学内容,改进教学。

典例精析

简述媒体在历史课堂教学中的应用有什么优点。

【专家点评】可以按照媒体在历史课堂中应用的时序（导入、课中、小结、练习）展开论述。

【参考答案】（1）利用多媒体信息技术,优化课堂氛围,激发学生学习兴趣,促进学生主动学习。

（2）利用多媒体技术,优化问题设计,促使学生自主探究,培养学生的学习能力。

（3）反思总结,提高学生知识迁移的能力。利用多媒体技术能构建清晰、概括、包容的认知结构,使学生把新知识同化纳入到自己的知识结构中,完成知识的迁移和运用。

（4）利用多媒体技术创设历史情景,激发学生的爱国主义情感。

（三）课堂教学结构的设计

课堂教学结构的设计也是教学设计的一项重要内容,在确定了具体的教学目标、内容、方法和媒体后,如何将这些因素有效地组织在教学过程中,就需要从教学结构的角度加以设计。因此,确定课堂教学结构的过程,实际上也就是对各种教学因素、教学环节进行组装、统整的过程。

1. 课堂教学结构的步骤

一般遵循三个步骤:

第一步,选取教学环节。一般的教学环节包括明确教学目标,阅读感知教材,教师讲授、解疑,学生讨论问题、演练、复习、系统小结等,但由于学科性质、教学任务的差异,这些环节并不是每堂课都必须具备的。一堂课究竟应由哪些环节组成,需要教师根据学科特点和教学的实际需要来选取。

第二步,在选取教学环节后,要具体设计课堂教学各环节的组织,即将各教学环节进行有机组合,安排各环节的先后顺序,使之前后环连,成为一个适于教学的整体结构。

第三步,对各教学环节的设计进行"统调",使各部分教学内容的组织有机协调,协同作用,做到重点突出,兼顾全面,以保证整体功能大于各部分之和,保证教学目标的实现。

2. 不同课型的教学设计

教师根据不同的教学任务和教学实际情况而确定的课的类型,即为课型。不同的教学内容、不同的教学目的,就要使用不同的课型。就历史课的课型而言,主要有绪论课、新授课、讨论课、活动课、复习课、视听课、练习课等。

(1)绪论课。

又叫导言课或引言课。一般作为新学期第一课、大单元教材开讲时或新班级教学第一课时进行讲授。内容包括说明学习历史的目的和意义,介绍本学期、本单元的历史时期时限和教材内容,具体要求和介绍学习方法,作用在于为学生学习历史打下基础。

(2)新授课。

学生建立新概念、学习新知识的基本课型。用三五分钟时间导入新课后,绝大部分时间都用来讲授新知识。新授课是教学中传授新知识的一种重要课型,一般有组织教学、检查复习、讲授新知识、概括新内容、总结巩固、课后设计等环节。运用这种课堂结构要注意把握以下主要环节:

①让学生明确本次课的教学目标,激发学生的学习动机。

②回顾学过的已有相关知识,为新知识找到生长点;基础训练要紧扣新知识,设计的复习题要为学习新知识作铺垫。

③自然地引出新教学内容。

④新知识探索阶段的教学要根据不同的教学内容,用不同的教学方法,要发挥各种教学方法的优势和长处,揭示新的教学内容的重点、难点,并解决疑问,以期达到最佳效果。

⑤巩固练习的设计,要围绕教学重点组成一个训练整体,并利用有序原理,设计好练习题的坡度;安排新学内容的迁移练习,练习安排时要先易后难,先具体后抽象,先局部后综合。

⑥应给学生及时反馈和评价。对照目标验收,形成性测试题的设计要依据课时目标的数量和内容,练习后要注意对未达到的学生进行及时补救。

(3)讨论课。

讨论课是教师组织学生就某个中心问题发表自己的看法,进行相互学习的一种课型。此课型的教学组织有课堂讨论准备、课堂讨论过程、课堂讨论总结三个环节。其教学组织应主要把握:

①在课堂讨论准备环节上,应针对教学内容的重点、难点或具有不确定性、不一致性的论题,题目一般一到两个即可,题目难度应面向大多数学生。

②在课堂讨论环节,教师要发扬民主,鼓励发言,给讨论的展开提供各种必要支持,要使讨论紧紧围绕

讨论中心,避免在枝节问题上纠缠不清,要注意讨论中出现的普遍或典型的看法,善于发现讨论中出现的争论焦点,善于引导讨论以便使问题变得明朗。

③在讨论结束时,教师要有明确的结论,要针对学生讨论中存在的问题进行讲解,把学生理解不深刻、不正确的问题给予补充、纠正与深化,起到画龙点睛的作用。

(4)活动课。

活动课是打破学科逻辑组织的界限,以学生的兴趣、需要和能力为基础,通过学生自己组织的一系列活动而实施的课型。以通过活动促进学生发展为目标,以教学实践作为切入点,充分引导学生积极主动学习、主动探究、主动实践,从而使学生产生学习历史的兴趣和热情,并在活动中不断建构历史知识和能力。

历史活动课的类型主要有以下几种:以搜集资料为主的活动课,如寻访丝绸之路;表演历史剧,如文成公主入藏;知识竞赛,如成语故事竞赛;历史辩论会,如秦始皇的功与过;社会调查,如家乡的昨天和今天;综合型,如话说《清明上河图》等。

历史活动课教学的组织过程:

①确定活动主题;②制订活动目标;③学生分组;④学生广泛搜集资料、整理资料,并形成研究成果;⑤活动成果展示;⑥活动评价与总结。

典例精析

什么叫活动课? 为什么要设计和开展活动课? 请结合新课程的理念谈谈自己的看法。

【专家点评】设计和开展活动课,让学生作为主体积极参与教学过程,得到生动、鲜活的体验,在情感态度、价值观、能力、技能知识等层次得到发展。

【参考答案】活动课是打破学科逻辑组织的界限,以学生的兴趣、需要和能力为基础,通过学生自己组织的一系列活动而实施的课型。以通过活动促进学生发展为目标,以教学实践作为切入点,充分引导学生积极主动学习、主动探究、主动实践,从而使学生产生学习历史的兴趣和热情,并在活动中不断建构历史知识和能力。

目前课程改革之所以提倡采取活动课的教学方式,是因为活动课可以很好地体现学生的主体作用和教师的主导作用,这与倡导学生参与历史教学的学习方式和开放性、多样化的教学方式的课程理念是吻合的。

(5)复习课。

复习课是巩固知识的一种重要课型。教师通过复习要达到既查漏补缺又加深学生对所教内容的理解,为后继学习打下良好基础的作用。其课堂结构包括:①目标导入阶段;②知识复习阶段;③对照目标验收阶段。

由于教材类型多,复习内容不同,复习课的课堂结构也不完全一致,教师可根据实际情况灵活设计。复习课遵循的基本原则是:新中有旧,旧中有新。此处的"新"不是引入新知识,而是有新意,在原有知识基础上深化、引申,使学生产生一种新的认识与理解。

组织复习课应主要把握:

①同一材料以不同形式呈现,用不同例子讲解。

②复习时应提高针对性,着重在重点、难点及学生易出错处下工夫。

③复习时应对知识进行系统梳理,形成网络,加深学生对知识的认识与理解,注意引申迁移。

(6)练习课。

检查课、测验课是以检查学生掌握知识和技能程度为目的的课。这是学生掌握新概念以后,引导学生深化理解,把知识转化为技能的一种常用课型。一般在一单元内容教学完毕,或期中、期末复习期间组织进行。任务在于检查学生学习效果,由此也间接地评估了教学效果。对于考查结果必须进行客观、公正、科学的分析和评价。其课堂结构如下:

①公布目标阶段:公布目标,使学生明白练习内容与要点。

②深化练习阶段。

③对照目标验收阶段:对照目标检查验收,突出主要问题。

(7)综合课。

综合课是历史课堂教学中比较常用的课型,它的特点是在一节课之内要完成两个及其以上的教学任务,将讲授、复习巩固、检查提问、作业练习等活动交叉进行。其课程结构一般有组织教学、复习提问、新课导入、讲授新知识、巩固新知识、布置课外作业或设计第二课堂活动。

(四)板书设计

板书内容构成直接影响板书质量和教学效果。因此,教师应对板书内容进行精心设计,使其达到科学、精炼、好懂、易记的要求。对每堂课的板书内容设计,应根据教材的内容、教师的设计技巧和学生的适应程度而定,难以作统一的规定。因为即使同一教学内容,不同的教师、不同的对象,可以设计出不同的板书内容。

1.板书内容构成形式

板书一般可分为系统性板书和辅助性板书两种类型。系统性板书是对教学内容的高度概括,如讲课提纲、基本内容、重要结论等;辅助性板书是根据教学需要,将一些重要概念、名词术语或重要的时间、地点及其他需强调的内容,简要地写在黑板一侧。系统性板书一般写在黑板重要位置上,相对保持时间长些,辅助性板书往往边写边擦。系统性板书内容的构成形式,有内容式板书、强调式板书、设问式板书、序列式板书等。

(1)内容式板书。

以全面概括教学内容为主的板书。它便于学生全面理解所学内容,是板书内容构成的基本形式。

(2)强调式板书。

以发挥某种强调作用的板书。这种形式的板书可根据需要,灵活机动地突出教学内容的某一部分,增强针对性,以使学生把握学习的重点。

(3)设问式板书。

用问号启发学生思考问题的板书。这种板书,可根据教学目的、要求,在课题的难点或重点下边引而不发地划上一个或几个问号,并配上必要的文字提示,以指导学生预习时注意阅读和思考。

(4)序列式板书。

是以课文内容内在逻辑性和系统性设计板书内容的板书。

2. 板书设计应注意的几个问题

（1）深挖教材，把握重点。

板书是学生掌握教材的凭借，巩固知识的依据。因此，教师的板书设计，应在十分准确地掌握了教材基本观点的基础上进行。要力求向更深层次挖掘，使认识达到更高的层次。设计应遵循教材的逻辑顺序，紧紧把握教学内容的重点和难点。

（2）掌握情况，有的放矢。

要设计好一堂课的板书，必须掌握学生的动态，了解他们的知识水平和接受能力。不然，设计出的板书就不会发挥很好的作用，勉强使用也不会得到好的效果。

（3）讲写结合，相得益彰。

板书内容设计必须与讲解紧密结合。课堂的板书只是条条框框，它与教师的讲解是纲与目的关系。因此板书的内容不可能很多，这就要求教师在进行内容设计时，应与讲述内容通盘考虑，对写哪些内容，什么时机写，写在什么位置都应作周密合理地安排，使板书与讲解互相协调，相得益彰。

（4）主辅相随，紧密结合。

系统性板书与辅助性板书应紧密结合。系统性板书是板书的主体，辅助性板书为系统性板书奠定基础。二者相辅相成，密切结合才能收到好的效果。

（5）语言准确，启发性强。

教师板书的语言要确切、精当、言简意明、一目了然，给人以凝练之感，能起到"画龙点睛"、指点引路的作用。

（6）内容完整，条理系统。

有些板书虽是在授课过程中不规则地间隔出现的，但最后要形成一个整体。一堂课的板书，应是对该堂课讲述内容的浓缩，内容应完整系统，以便学生在课后利用板书的章、节、目、条、款，进行归纳小结，收到再现知识、加深理解、强化记忆的效果。

典例精析

简述板书设计时应注意的问题。

【专家点评】本题是对教学设计中板书设计的考查，清晰明了，结构合理的板书设计有助学生对教学内容的接受。

【参考答案】（1）深挖教材，把握重点；（2）掌握情况，有的放矢；（3）讲写结合，相得益彰；（4）主辅相随，紧密结合；（5）语言准确，启发性强；（6）内容完整，条理系统。

（五）教学环境的调控与设计

教学环境就是影响教学活动的各种外部条件。在现代教育技术条件下，教学环境包含了以下两个方面的要素，那就是各类资源和递授系统。教学环境也是制约教学活动的一个重要因素，设计、调控教学环境是教学设计的一个重要方面。

1. 课堂座位的编排设计问题

教学环境的有关实验研究及教育实践均表明，课堂座位编排方式对学生的课堂行为、学习成绩、社会交往、学习态度、人际关系以及整个教学活动发生着直接或间接的影响,因而是一个具有广泛的教学意义的环境因素。合理设计和编排课堂座位,充分利用不同座位模式的特点适应教学目标和教学情境的变化,满足不同课程和不同教学活动的需要,是教学环境设计中一项非常重要的工作。就目前这方面的研究进展及实际状况来看,中小学一般的课堂座位编排方式主要有以下几种:秧田式排列法;圆形排列法;会议式排列法;小组式排列法;U 型排列法等。

教师必须根据教学目标和课程实施的要求,灵活运用各种不同的座位编排模式,使座位编排与教学活动的性质及参加人员的需要协调一致,使教学活动在相应的座位模式下获得最大效益。

2. 利用网络环境开展互动学习

在网络高度迅猛发展的今天,利用网络环境开展互动学习必将成为学生自主学习和人们终身教育的主要手段。在网络环境下的交互有多种,根据构成交互主客体的不同主要分三种不同的形式:学习者与内容的交互,学习者与教师的交互,学习者之间的交互。相应的有两种不同的交互模式:人机交互、人人交互。人机模式的交互学习是通过多媒体电脑、利用多媒体教学软件或网上教学资源进行交互的过程。在这种交互模式下,学生可根据自己的需要选择学习内容和适合自己的练习,做到真正的独立学习。人人交互模式是学习者与教师或学习者之间通过媒体的交互或联机对话进行联系,在这种模式下,学生通过和教师以及和其他的学生进行交流,达到相互学习、相互促进的作用。

(六)教学评价设计

教学评价是根据教学目标,运用评价的方法和手段对教学活动及其预期效果进行价值判断的过程。教学评价的主要目的是获取教学活动的反馈信息,检测学生学到了什么,学到何种程度,以及判断教学是否达到了预定的教学目标,若没有达到,具体的原因在哪里,有没有加以调整的可能和必要等等。合理设计教学评价,对于促进教学目标的达成和提高教学设计的科学性、有效性,无疑都有着积极的作用。

1. 教学评价设计的目的

对学生历史学习的评价,既要关注学生对历史知识和历史学科能力的掌握,又要重视其在学习过程中的情感态度和参与表现。教师在进行教学评价时,教师要结合自己的教学目标、教学内容和学生的学习环境以及学生的个体差异等设计适合自己的教学和学生学习的评价工具,制定切实可行的评价标准。科学合理的教学评价设计具有以下几点作用:

(1)教学评价要起到一种检测的作用。

(2)教学评价设计还要起到一种激励作用。

(3)评价还应起到使学生发展的作用。

2. 教学评价设计的原则

(1)目标性原则。

教学评价的设计要以教学目标为依据,在教学之后,学习者在认知、情感和动作技能等方面是否产生了如教学目标所期待的变化,这是要通过教学评价来回答的,离开了明确具体的教学目标就无法进行教学评价。设计教学评价时应关联教学目标与评价方式,追求不同评价方式的互补,通过多样化的评价方式和工具,促进学习目标的实现。

(2)过程与结果统一原则。

教学评价,既要评价教学的结果,也要对教学的过程,对教学中的方方面面进行评价。信息技术环境下的教学设计要改变以往过分重视总结性评价的教学评价方法,强调形成性评价、面向学习过程的评价,对学生在学习过程中的态度、兴趣、参与程度、任务完成情况以及学习过程中所形成的作品等进行评估。

(3)客观性原则。

在设计教学评价时,从测量的标准和方法到评价者所持的态度,特别是最终结果的评定,都应符合客观实际,不能主观臆断或掺入个人情感。

(4)整体性原则。

在设计教学评价时,要对教学活动的各个方面做多角度、全方位的评价,而不能以点代面,以偏概全。为此,教学评价应该具有多样化的特点,实现评价的主体、内容、方式、对象和标准的多元化和评价过程动态化。

(5)指导性原则。

在设计教学评价时,不能就事论事,而应把评价和指导结合起来,要对可能的评价结果进行认真分析,从不同角度探讨因果关系,确认产生的原因,设计具有启发性的应对方案,以帮助被评价者明确今后的努力方向。

3.评价内容

评价设计首先要解决的是"评价什么"的问题。教师在教学过程中实施形成性评价应该认真考虑这样一个问题:五个方面的教学目标究竟以什么形式体现在教学活动之中。

学生在课堂中的真实表现可以分为以下几种类型:

(1)学生话语。

在语言教学评价中,学生话语是一项重要的指标。教师应当采取有效措施收集学生的活动表现证据,其中包括话语量、话语真实水平、话语连贯流畅程度、话语的随机建构水平等。

(2)学生行动。

伴随着学生话语,还有相应的行动发生。我们需要重点评价学生行动的目的性、互动性、主动性,还应评价学生行动的实际效能。

(3)学生认知水平。

教师应当采取有效手段得知学生的思维进程与线索,学生对教学信息的领悟程度,学生对教学资源的感受深度,以及学生接受新语言学习项目的敏锐程度。

(4)临场机智。

课堂过程是教师与学生随机构建教与学的关系的过程。所以,学生在现场所表现出来的临场灵活性、创造性,以及对学习情景的适应性,也是教师的评价内容。

4.评价主体

评价主体主要指的是"谁来评价"的问题。形成性评价设计应当注意评价主体的多元性。教师、学生以及身居课堂之外的家长都可以是评价的主体。

(1)教师评价。

①教师对全班的评价。

②教师对部分学生的评价。

③教师对学生小组的评价。

④教师对学生个人的评价。

关于评价语言教师应遵循以下三个原则:选用评价语言要准确。使用评价语言要多样。采用评价语言要有效。

(2)学生评价。

①学生自评。

教师应当在教学过程中有计划地培养学生进行自我反思的能力,逐步培育和构建学生的有效评价行为,如及时采集个人表现的信息,记录自己的学习过程,学会进行自我监控,学会描述自己的学习行为等。

②两人互评。

两人互评是一种常见的自主评价形式。两人互评可能在所有的两人一组的活动之中和之后都应当发生。

③小组互评。

小组内部的合作评价是课堂形成性评价的难点。学生在课堂上是不太善于进行合作评价的,但是,教师应当有计划地培养学生良好的合作评价行为,这需要一定的时间,需要在每节课上引导学生自主管理小组活动,自主实施小组评价任务,自主积累过程评价信息和实证材料,而所有这些"自主"都需要在教师的有计划的行为中进行训练。

④群体合作评价。

全班参与合作评价,因参与的人员增多变得难度加大,但这样的评价对学生合作能力的培养则更有意义。教师在进行全班合作评价时应进行周密的规划,应准备更加完备的评价工具,应提供更为详细的具体指导,同时,还应做好组织工作。此类评价活动实际上与教学活动是一体的,评价活动本身就包含着教学内容。

(3)家长评价。

如学生在家里做完作业,家长给予必要的评语;学生在校的一些课业成果拿回家里做展示汇报,家长对此给予评价。家长参与评价,需要学校和教师的及时指导。要不断地改变家长的评价态度,改善家长的评价行为,改进家长的评价方法,更好地发挥家长参与评价的积极作用。

5.教学评价设计的方法

怎样设计教学评价,设计教学评价的基本环节:

(1)明确评价内容和评价标准。

(2)设计评价工具。

(3)搜集和分析反映学习情况的数据和证据。

(4)明确促进学生发展的改进要点,并制订改进计划。

教学评价采用的具体方式也是多种多样的,如课堂提问、讨论、练习、作业和各种测验等。教师究竟采用什么评价方法,运用何种评价手段,还需要根据评价的目标、性质以及教学的实际情况而定。总之,全面、客观、公正、及时应当是设计教学评价时遵循的一些基本准则。

教学评价的方法主要有:量规的设计、档案袋的设计、问卷调查法、访谈法、观察法、作业与测验法等。

6. 评价在教学设计中的地位和作用

(1)评价是教学设计活动的有机组成部分。

评价活动是渗透在教学设计过程之中的。在实际工作中,评价活动贯穿于教学设计的各个环节,在实施的时间上没有严格的先后次序。例如,分析学习需要的过程,从某种意义上说,就是对内部需要或外部需要进行评价的过程;又如,在分析教学内容的设计环节中,在对学习任务进行了选择、组织和分类之后,紧接着最好对它进行一次初步评价;再如,当建立起教学目标体系后,往往应该马上进行目标价值的判断,使之能够成为以后评价教学成果的科学基准。由此可见,教学评价实施的次数和次序是由评价对象的要求而定的,是与教学设计的各个环节密切联系的。

(2)评价使教学设计及其成果更趋有效。

评价活动可以为教学设计者提供决策信息。决策过程按性质又可分为两种:一种是初始决策过程,如依据人、物(学习资源)、费用、社会需求等信息,制订教学设计计划的过程;另一种是优化决策过程,如依据有关专家和领导的意见,对初步制订的教学设计计划进行修改完善的过程。就实现预期教学目标的程度而言,每次评价活动都把教学设计方案或教学成果提高到更高的价值层次,使其逼近教学设计活动的价值基准。可以说,没有评价环节,教学设计过程就会缺少一种重要的内部动力,教学设计成果也难以达到真正完美。

7. 教学评价应注意的问题

(1)评价主客体互动化。

强调评价过程中主客体间的双向选择、沟通和协作,关注评价结果的认同问题,即如何使评价对象最大程度地接受评价结果,而不仅仅是拘泥于结果本身的正确性,比如要求学生对自己每天的历史学习情况作一简单的小结,作为期末评价的内容之一。改变单一评价主体的现状,加强自评、互评,使评价成为教师、学生、家长共同积极参与的交互活动。

(2)评价内容多元化。

注重学生综合素质的考察,不仅关注学业成绩,而且关注学生创新精神和语言实践能力的培养以及学习历史兴趣与积极情感态度体验等方面的发展,学生的课堂表现包括听的态度、讲的次数、交流的多少都是课堂教学设计中评价学生的参数。尊重主体差异,注重主体发展独特的认可,给予积极评价,发挥学生诸方面能力,使学生逐步建立并拥有自信,利于课堂教学师生共赢并走向成功。

(3)评价过程动态化。

在教学设计时不仅关注结果,更注重学生成长发展的过程,有机地将结果性评价与形成性评价相结合;并给予多次评价机会,将评价贯穿于平时课堂教学设计中,如上课的口头评价、作业评价、成长记录袋等,其目的在于促进学生的转变与发展。

【典例精析】

简述教学评价的设计应注意哪些问题。

【专家点评】历史教学评价是历史教学环节的重要组成部分,对改进历史教学,提高教学质量具有重要的意义。

【参考答案】在教学设计中要考虑到:

(1)评价主客体互动化。

(2)评价内容多元化。

(3)评价过程动态化。

第三节　教学设计案例

一、初中历史教学设计基本格式

(一)教学设计指导思想和理论依据

1.依据"课程标准"要求,结合所选教学内容特点,阐释设计思路及其理论依据。

2.简要说明本课教学的指导思想、理论依据和设计特色。

(二)教材分析

1.分析《课程标准》对本课教学内容的要求。

2.分析本课内容的组成成分和在教材学习中的地位和作用。

(1)本节教材内容在整个课程标准或模块中的地位和作用。

(2)本节教材内容与前后相关内容间的联系。

3.教学目标

用具体、明确、可操作的行为语言,描述本课的教学目标,要求叙述准确、可测量。

4.教学重点、难点

除应简要说明重点、难点的内容外,更重要的是考虑如何突出和强化教学重点、突破和化解教学难点。

(三)学情分析

1.分析学生已有的认知水平和能力基础。

2.分析学生学习本课可能遇到的困难和问题。

3.分析学生在学习过程中可能采取的各种学习策略。

(四)教法、学法及理论依据(教学策略及手段)

说明本课教学中所运用的教学模式、教学策略和教学手段等。

学习策略包括学习情境的创设、学习模式和学习方法的选择等内容。

（五）课前准备

1. 学生的学习准备。

2. 教师的教学准备。

3. 教学环境的设计与布置。

4. 教学用具的设计和准备。

（六）教学过程设计

这是教学设计的主体部分。分几个环节具体说明教师指导活动、学生学习活动及师生交互活动。

教学过程是教学设计的核心，应把教学内容、教学重点与难点、教学进程、学生活动、教学资源及教学指导策略表达清楚。教学过程既可以采用表格式描述，也可以采取叙事的方式。

1. 教学过程（文字描述式）

2. 教学过程（表格描述式）（供参考可根据实际需要进行调整）

教学环节	教学内容及呈现方式	教师活动	学生活动	设置意图	时间安排
导入新课					
新课学习					
课堂小结					
巩固练习					

学习活动和学习建议栏：在此栏中设计学习者完成学习任务时应遵循的步骤。应说明学习活动的过程和结构，包括学习者应阅读的材料、教师和学习资源中心能给予学习者必要支持的类型和内容，以及关于学习活动的建议等。

（七）知识结构或板书设计

板书是整个教学思路和内容的浓缩，是课堂教学重要的一环。板书设计的目的不仅仅是从表面上要求做到美观、整齐，充分合理地利用板面，更重要的在于板书可以使课堂讲授的主要内容按一定的形式有条理地呈现在黑板上，有助于学生更好地突破难点、掌握重点，进而提高教学质量。因此，要求板书设计紧密结合教学内容，做到重点突出、内容完整，系统性、逻辑性强，符合视觉心理，便于学生的学习。

（八）学习效果评价设计（作业设计）

1. 评价方式力求灵活多样，具有可操作性。

2. 评价内容全面反映学生完成学习任务的情况。

（九）教学反思

教师的反思包括启示与困惑。要反思目标达成情况（学生参与度、参与热情、参与效果），反思教与学的方法是否得当。对教学中暴露出来的问题，进行二次备课，有必要时及时改进回授，进行纠错"补救"，同时为下一轮备课及教学提供宝贵的经验借鉴。

二、教学设计案例

《海峡两岸的交往》教学设计

(一)教学目标

1. 知识与能力

(1)通过对本课的学习,使学生了解"和平统一,一国两制"的对台方针;"汪辜会谈"及"九二共识";江泽民提出的八项主张;海峡两岸交往概况。

(2)培养并锻炼学生以下能力:归纳分析的能力、合作交流能力、客观评价历史现象的能力、获取历史信息、处理历史信息、史论结合地陈述历史问题的能力。

2. 过程与方法

(1)通过欣赏歌曲和联系实事热点两个环节导入新课。

(2)学生结合课本内容及其课前收集的资料,介绍宝岛台湾的历史沿革,自然地理情况,了解台湾的重要性及台湾问题的由来,激发学生对这方宝地的热爱与珍重。

(3)通过史料分析归纳党和政府在不同时期的对台方针政策。

(4)学生结合课本内容及其课下收集的资料,介绍海峡两岸交往日益密切的史实,认识到统一是历史发展的必然趋势。

(5)在教学过程中,遵循自主、合作、探究的学习方式,利用问题的层层铺垫、推进,把历史和现实更好地结合,通过师生间、生生间的互动信息交流,使学生对祖国统一的认识从感性上升到理性,增强对历史的感悟力。

3. 情感态度与价值观

(1)通过对中国共产党推进祖国统一大业方针的归纳和分析,使学生认识到中国共产党始终把国家民族的利益放在首位,树立爱国爱党的思想,也对统一前景充满信心。

(2)通过对两岸交往信息的交流学习,认识到两岸人民血脉相连,台独分子想使台湾从中国分离出去的企图永远不会得逞,统一是民心所向、大势所趋,从而也树立起对国家、民族的历史责任感和使命感。

(二)教学重点、难点

教学重点

1. 党和政府确定的和平统一祖国的大政方针。

2. 祖国大陆与台湾交往日益密切的史实。

教学难点

"和平统一、一国两制"的对台基本方针。

(三)教学方法

教法:五步教学法——创设情境,导入新课——自主学习,获取新知——汇报交流,整合信息——质疑释疑,分析探究——联系实际,拓展延伸。

学法:课前查询信息、阅读、讲述、讨论探究、合作学习。

(四)教学资源

(1)教师教学用书(人民教育出版社出版,八年级下册)。

(2)自制多媒体课件。

(3)网站资料。

(五)过程设计

1. 创设情境,导入新课

教师用课件播放歌曲《爸爸的草鞋》,画面反映了2005年四五月份,连战、宋楚瑜大陆行。

提问:同学们在欣赏歌曲的同时看到了一幕幕熟悉的画面,谁能说出这首歌反映了什么事件?

回答:连战、宋楚瑜大陆行。

伴随着台海坚冰的融化,我们步入了两岸关系的和解之春,今天让我们借着这缕暖风,也来探讨这一热门话题——海峡两岸的交往。

2. 自主学习,获取新知

教师用课件出示自学题目,学生带问题阅读教材,整理课前收集的相关信息。

介绍一下台湾省的地理位置,为什么说台湾是祖国的宝岛?

台湾问题是怎样形成的?

各个时期党和政府对台湾的重大政策。

两岸交往日益密切的史实。

3. 汇报交流,整合信息

学生汇报自学成果,师生互动、生生互动,整合信息,合作学习。

(1)台湾自古就是中国的领土

(出示《中国地图》)

提问:请同学们看地图,谁能给大家介绍一下台湾省的地理位置?

回答:台湾省地处我国东南,与大陆隔台湾海峡。

提问:提到台湾,我们往往情不自禁地称之为——"祖国的宝岛",请同学们细细品味"祖国的宝岛"一词,它包含哪些含义?

回答:一是说这是中国的领土,二是说这是一方宝地。

提问:好,下面就请同学们用史实证明台湾是祖国领土不可分割的一部分。为什么说台湾是一方宝地?

回答:(见学生演示课件1)总结为一首诗——《同根源》(卫温赴夷洲,成功收台湾。隋通流求岛,元设巡检司,清置台湾府。本是同根源,自古皆中华。)

(2)台湾的重要性

教师总结并提出下一步探讨的问题:

同学们的介绍十分全面,有些内容令我们耳目一新,大开眼界。你们用大量的史实验证了两岸人民同根同源,同文同祖。说到宝岛台湾,我不禁想起这样一句歌词:"日月潭碧波在胸中荡漾,阿里山林海在耳边震响。"这个美丽富饶的地方不论是秀美的风光还是诱人的水果都对我们产生了巨大的吸引为。但是台湾作为祖国的宝岛,它的魅力不仅与此,下面请同学们思考一个严肃的问题——台湾对祖国有多重要?

学生回答:台湾是中国 21 世纪的生命线。

政治方面:台湾回归有利于维护我国多民族国家的统一与安定,反之,则会助长西藏、新疆等地民族分裂势力的反动气焰。

经济方面:两岸的经贸利益,涉及领海及海洋经济专属区的划定,从而涉及石油开采等经济利益。

军事方面:从战略角度讲,作为中国第一大岛,台湾扼守着中国的东南门户。

国际地位:和平统一台湾是维护国家统一、捍卫民族尊严的大事,关系到中国的国际形象和地位。

教师总结并提问:通过同学们的回答,我们认识到台湾这方宝地关系着我国多民族国家的统一与安定,关系中国未来的前途与命运,这是一块举足轻重之地。然而今天它却成为我国政治生活中的一大问题,即台湾问题。请同学们回忆台湾问题是怎样形成的?

学生回答:内战的遗留问题,属于中国内政问题。

各个时期党和政府对台湾的重大政策。

教师:新中国成立后,党和历届政府都把实现海峡两岸统一作为神圣使命,请同学们结合教材和收集的资料填充下面表格,归纳出党和政府对台湾的大政方针是什么?

学生填表并总结出党和政府对台湾的大政方针是:和平统一。

党和政府对台湾问题的政策		
时　　间	人　　物	政　　　　策
新中国成立初	毛泽东	武装解放
50 年代中期		和平解放　"和为上计"
改革开放以后	邓小平	和平统一　一国两制
	江泽民	八项主张
	胡锦涛	四点意见《反分裂国家法》

两岸交往日益密切的史实。

教师:下面请同学们阅读教材,整理资料,找出史实证明两岸交流日益密切。

教师提示学生:从四个方面找史实,一是两岸人员的交往;二是汪辜会谈;三是两岸的经济交往;四是热点问题——连宋大陆行。

学生回答并演示自制课件。

4.质疑释疑,分析探究

分析党和政府采取和平统一的方式解决台湾问题有什么重大意义?

学生讨论回答并概括出三点意义:

(1)我国目前是集中精力发展生产力,提高综合国力,需要安定和平的国内、国际环境。

(2)和平统一同样有利于台湾地区的稳定、繁荣与发展。

（3）当今世界的两大主题是和平与发展,和平统一方式顺应历史发展的潮流,有利于世界的和平与发展。

教师总结:和平统一符合两岸人民的根本利益,符合世界发展潮流。党和政府与时俱进地制订出"和平统一,一国两制"方针,使海峡两岸关系发生了深刻变化。同时采取了一系列缓和两岸关系的具体政策和措施,打破了长期以来两岸人为隔绝的局面。随着形势的发展,台湾当局也开始调整对大陆的某些政策,逐步放宽对两岸交流的限制,两岸交流日益密切起来。

分析阻碍祖国统一的因素及我们该如何应对。

教师提问:数不清的事实证明两岸交往日益密切。可是为什么祖国统一的步伐却是如此的艰难呢? 请同学们思考:在祖国统一的道路上有哪些障碍? 我们应该怎样应对?

学生回答:台独势力的作梗和美国的干涉,社会体制问题等等。

我们该如何应对:

对台独分子决不妥协,坚决打击,制定《反分裂国家法》。

美国以台制华,遏制中国发展,把台湾问题当做牵制中国的一张王牌,既不支持台独,也不愿看到中国统一。我们要识破美国的伎俩,阐明我国立场,反对美国以任何形式干涉中国内政。

采取"一国两制"的方针解决社会体制问题。

青年学生要努力学习,提高祖国的综合国力,产生强大的凝聚力和向心力,使祖国早日统一。

5. 联系实际,拓展延伸

教师:通过对台湾及国际形势的分析,我们意识到解决台湾问题的艰难、复杂、任重而道远。如果我们把"China"中"i"上的小点比作台湾的话,对偌大的中国来说,台湾可以只算作弹丸之地,但是少了这一点,就不是一个完整的中国。台湾问题是维护国家统一、捍卫民族尊严的大事,它关系到中国的国际形象和地位,关乎中华民族前途命运与发展的希望。还好,我们也看到了两岸同胞血浓于水的血肉亲情,求和平、求发展、求安定,希望改善、发展两岸关系如今也成为台湾的主流民意。海峡两岸和则两利,分则无益。这让我们更加坚信祖国统一是历史发展的必然趋势,让我们对此充满信心、充满期待。下面请同学们进行激情创作——设计一条呼吁台湾回归的宣传语,来表达对祖国早日统一的美好祝愿。

学生:设计宣传语,如"炎黄子孙不忘本,两岸兄弟一家亲""本是同根,赤子情深"等等。

（六）板书设计

推进祖国统一大业

1. 大政方针

2. 对台基本方针

3. 八项主张

日益密切的交往

（七）课堂总结

面对如诗如画的宝岛台湾,老师也想用一首诗表达一下心声,"燕子飞了,有再来的时候;桃花谢了,有再开的时候;杨柳枯了,有再青的时候;两岸暂时的别离,终有团圆的时候"。我们都坚信海峡两岸的统一一定会实现,因为两岸人民血脉相连,我们都是炎黄子孙,我们都是中国人,最后让我们用歌声祝愿祖国早日

完成统一大业。(播放《上下五千年》主题曲《我们拥有一个名字叫中国》)

(八)巩固练习

布置课后探究题

知己知彼——查询"台独"言论,结合历史与现实对其进行批驳。

第四节　说课设计

一、说课的概念

说课,一般是指执教者以教育教学理论为指导,在精心备课的基础上,在特定的场合,面对同行或教学研究人员,主要用口头语言和有关的辅助手段阐述自己的教学设计及理论根据,然后由听者评议、说者答辩、相互切磋、共同研讨,进一步改进和优化教学设计的一种教研形式。

说课时,要求说课者在有限的时间内将一节课的教学设计、教学过程及教学内容用简要的语言表达出来,呈现给听众。说课的时间一般安排为 20 分钟,但也可根据活动的目的需要,适当延长或缩短"说课"的时间。

二、说课的类型

说课有两种组织形式:一是说—上—评;二是上—说—评。说课可以说未上过的课,这类课主要从教学设想入手,侧重于说设想、分析学情。也可以说已上过的课,这类课主要侧重于反思,总结得与失、成功与失败的经验或教训。

从说的形式讲,大致有以下几种类型:

训练性说课;研究性说课;示范性说课;评比性说课;汇报性说课。

三、说课的特点

不论是何种类型的说课,一般都呈现以下特点:

1.灵活性:短时高效,机动灵活。

2.理论性:重在分析,注重理论。

3.阐发性:表达方式,重在阐明。

4.综合性:综合素质,全面反映。

5.发展性:修改完善,合作提高。

6.说课也有一定的局限性。

四、说课与备课、上课的关系

(一)说课与备课的关系

1.相同点

(1)主要内容相同,说课与备课的教学内容都是相同的。

(2)主要任务相同,都是课前的准备工作。

(3)主要作法相同,都是要学习课标,吃透教材,了解学生,选择教法,设计教学过程。

2.不同点

(1)概念内涵不同。说课是属于教研活动,要比备课研究问题更深入。而备课是教学任务如何完成的方法步骤,是知识结构如何转化为学生认识结构的实施方案,属于教学活动。

(2)对象不同。备课是要把结果展示给学生,即面对学生去上课,而说课是对其他教师,说明自己为什么要这样备课。

(3)目的不同。说课帮助教师认识备课规律,提高备课能力,而备课是面向学生,它促使教师搞好教学设计,优化教学过程,提高课堂效率。

(4)活动形式不同。说课是一种集体进行的动态的教学备课活动,而备课是教师个体进行的静态教学活动。

(5)基本要求不同。说课教师不仅要说出每一具体内容的教学设计,做什么,怎么做,而且还要说出为什么要这样做,即说出设计的依据是什么。而备课特点就在于实用,强调教学活动安排,只需要写出做什么,怎么做就行了。

(二)说课与上课的关系

1.说课与上课要求不同

上课主要解决教什么,怎么教的问题;说课则不仅解决教什么,怎么教的问题,而且还要说出"为什么要这样教"的问题。

2.说课与上课的对象不同

上课的对象是学生,说课的对象是具有一定教学研究水平的领导或同行。由于对象不同,因此说课比上课更具有灵活性,它不受空间限制,不受教学进度影响,不会干扰正常的教学。同时,说课不受教材,年级的限制,也不受人员限制,大可到学校,小可到教研组。

另外,我们从下面的这图表中还可以看出,说课的目的、形式、内容、评价也是有很大差异的。

差异项目	说课	上课
目的不同	提高教师知识水平与教学能力	全面提高学生整体素质
形式不同	执教者以教师为对象,是面对教师的一项单边活动	执教者以学生为对象,是面对学生的一种双边活动
内容不同	运用教材及相关教育科学理论	运用教材
评价不同	以教师整体素质作为评价标准	以学生的学习效果为评价

综上分析可以看出,说课是介于备课和上课之间的一种教学研究活动,对于备课是一种深化和检查,能使备课理性化,对于上课是一种更为缜密的科学准备。

五、说课的基本内容

教师说课从准备到说课而后评析分为下面几个步骤:钻研教材,分析学情;确定教学目标,选择教学方法;设计教学过程,弄清教学理论依据;写出演讲稿,说前演练;登台说课;说后评议。

历史课说课的内容一般有以下几个方面：

（一）说课标

课程标准是国家教委颁发的指导性文件，是教学的依据，具有法定的指导作用。说课标就是要把课程标准中的课程目标(三维目标)作为本课题教学的指导思想和教学依据，从课程论的高度驾驭教材和指导教学设计。说课标，要重点说明有关课题教学目标、教学内容及教学操作等在课程标准中的原则性要求，从而为自己的教学设计寻找到有力的依据。

（二）说教材

教材是实施课堂教学的最基本依据，也是说课的基本依据。对教材的整体了解和局部把握是上好课也是说好课的一个重要方面。能否准确而深刻地理解教材，合乎实际地处理教材，科学合理地组织教材，是备好课、上好课的前提，也是说课的首要环节。

说教材的要求有：

1. 说教材内容与地位。

2. 说教学目标的确定。

3. 说教学重点、难点的确定及其依据。

4. 说教材处理上值得注意和探讨的问题。

（三）说学情分析

学情，就是包括学生年龄特征、认知规律、学习方法及已有知识和经验等在内的总和，它是教师组织教学活动的依据，是学生学习新知的基础。说学情，就是要依据学生的年龄特征和认知规律，全面客观地阐述学生已有的学业情况和已经掌握的学习方法，为优化教学设计提供参考。它既可以与教材一起作为教学资源加以分析，也可以单独阐述。一般来说，学情应重点关注以下内容：

1. 已有知识和经验。

2. 学习方法和技巧。

3. 个性发展和群体提高。

（四）说教法

就是根据本课题内容的特点、教学目标和学生学业情况，说出选用的教学方法和教学手段，以及采用这些教学方法和教学手段的理论依据。说教法，应说出"怎么教"的办法以及"为什么这样教"的根据，具体要做到以下几个方面：

1. 说教法及其依据

要说出本节课所采用的最基本或最主要的教法及其所依据的教学原理或原则。说教法，就是根据本节课内容的特点和教学目标要求，说出选用的教学方法和教学手段，教学方法多种多样，但没有哪一种是普遍适用的。为了达到教学方法的优化，常常在现代教学理论的指导下，对各种教学方法进行优化组合，通过发挥各种方法的长处和优点，最终实现教学过程的最优化。在说课中，教师有必要把采用的这些方法及相关的理论依据说出来。说教法的依据要从教材内容、学生特点、教学媒体、教师特长以及授课时间等方面说明。

2. 说教学手段及其依据

要说出本节课所选择的一组教学方法、手段，以及它们的优化组合及其依据。教学手段是指教具的选择及其使用方法。多样化教学手段的运用,直观性强,实用性大,可以增强学生的感性认识和学习兴趣,给学生留下的印象深,效果好。因此,教师的说课应说明在教学过程中,准备采用哪些教学手段以及采用这些手段的好处对教学手段的依据,要联系教学目标、教材内容、学生的年龄特征、学校设备条件、主要教具的功能等方面作出解释。

(五)说学法

说学法,即说明在教学过程中,针对所授课内容的难易程度结合学生的实际情况,告诉学生掌握知识的方法或技巧,亦即学法指导。说课活动中虽然没有学生,看不到师生之间和学生之间的多边活动,但从教师的说课过程中要体现以学生为主体,充分发挥学生在学习活动中的作用、调动学生的学习积极性。在最大程度上体现课改精神——教师是课堂教学的组织者、引导者、参与者、启发者。具体要说清两大问题:

1.说明采用的学习方法及特点。

2.说明学法指导的依据。

(六)说程序

所谓教学程序,就是指教学活动的系统展开,它表现为教学活动推移的时间序列。通俗地讲,就是教学活动是如何发起的,又是怎样开展的,最终又是怎样结束的。说教学过程是说课的重点部分,因为通过这一过程的分析才能看到说课者独具匠心的教学安排,它反映着教师的教学思想,教学个性与风格。也只有通过对教学过程设计的阐述,才能看到其教学安排是否合理、科学,是否具有艺术性。

一般地,说教学程序应关注以下几个环节:(1)教具学具准备;(2)设计思路;(3)教学流程;(4)板书设计。

说教学程序要求做到:

(1)说出教学全程的总体结构设计。

(2)说明理论依据。

(3)要对教学过程作出动态性预测。

(4)说板书设计及其依据。

说课的过程,最能体现教师的教学基本功和素质,所以,说课时教师要紧紧把握教材的重点、难点,围绕教学目标,切实处理好各教学环节的关系,进行精练、简捷的概述。

以上几个方面,只是为说课内容提供一个大致的范围,并不意味着具体说课时都要面面俱到,逐项说来,应该突出重点,抓住关键,以便在有限是时间内进行有效的陈述,该展开的内容充分地展开,该说透的道理尽量去说透,这样才能取得良好的效果。

典例精析

简述说课的基本程序。

【专家点评】要想说好课,首先明确说课要说什么。关于说课的内容,主要根据自己的习惯和教材的特点进行处理安排,没有什么固定不变的"框框"。

【参考答案】(1)说课标。

(2)说教材。

(3)说学情分析。

(4)说教法。

(5)说学法。

(6)说教学过程。

六、说课的技巧

1. 把握要求

说课质量高低取决于教师的教学理论水平和实践经验以及对教材把握的程度。说课有一般环节的要求,但无固定的模式。

(1)选好要说的课。

教师备课,通常每一个课时都需要编写教案,但是每一个课时不一定都要说课。这就有一个如何选择的问题。说课的选择要注意两点:一是注意课的代表性、针对性、典型性。即选择那些有研究价值,老师又能驾驭的课;二是选课也要注意突出重点,也可以着重说某一课时的教学,甚至还可以说某一重点、难点的教学。一言一蔽之,说课尽可能突破一点,有所收获,面面俱到反而会收效甚微。

(2)鉴于说课与备课、上课的关系。教师在说课中就应注意以下几个问题:

说课不是备课,不能按教案来说课。

说课不是讲课,教师不能把听说课的老师和领导视为学生,如正常上课那样讲。

说课不是宣讲教案,不是浓缩课堂教学过程。

说课不是"背课",不能按教案只字不漏地背;说课不等于读课,不能拿事先写好的说课稿去读。

2. 诠释理念

说课的核心在于说理,在于说清"为什么这样教"。因此,说课要说理精辟,突出理论性。注意运用教学理论来分析研究问题,理念是整个说课的灵魂。

3. 客观真实

说课的内容必须客观真实、科学合理,不能生搬硬套一些教育教学理论的专业术语。要真实地反映自己所为所思。以引起听者的思考,通过相互切磋,形成共识,进而完善说者的教学设计。

4. 语气得体

备课主要表现为教者内功和一定的书写技能,说课是一种告知,是集中体现在说者心口相应的协调和面对同行演说的技巧。巧妙运用好说课的综合技能,如使用普通话,运用充满激情、简练而准确的语言,充满自信、轻松自然亲切的表现力,说课的语言应具有较强的针对性(对象为教师同行)。

5. 容量适当

说课要重理性,讲课注重感性和实践,每次说课,时间总是有规定的。用极有限的时间完成说课内容不容易,要把握好程度分量,合理安排时间,必须做到详略得当、简繁适宜、准确把握说度。

6. 形式灵活

不拘形式,富有灵活性。说课可针对某一章节展开,也可针对某一专题或课题展开,课型也可灵活多样,如新授课或复习课等;说课是深层次的教学探究活动,也是将师者活动构想转化为具体活动之前的一种预演,在说课中,教师一定要尽现自己特有的教学特长和风格,并利用有同行、专家参与评说、众人共同研究的良好契机,探索出新的思路和方法,及时发现、解决新的教学问题,努力提高自己的教学水平。

7. 说出风格

说课者对教学的创造,对教学准确而独到的见解,对于教学环节独具一格的安排,对于教学策略独具匠心的理解和独特的运用技巧,注意发挥教师自身教学个性的创新精神,展示教师独特的教学风采与教学智慧。

强化训练

简答题

1. 简述说课时说学情分析应关注的内容。

2. 简述说教学程序的基本要求。

3. 进行教学设计时对教学媒体选择的一般要求有哪些?

参考答案及解析

简答题

1.【答案要点】

(1)已有的知识和经验;(2)学习方法和技巧;(3)个性发展和群体提高。

2.【答案要点】

(1)说出教学全程的总体结构设计;(2)说明理论依据;

(3)要对教学过程做出动态性的预测;(4)说板书设计及其依据。

3.【答案要点】

选择教学媒体要从课程标准的要求和教学对象出发,应与教学目的、教学内容相统一;与教学方法相匹配;与学生认知水平相容;要有助于激发学习兴趣,实现教学目标。

应从以下几方面考虑媒体的选择与设计:①教学上实用;②内容上正确;③形式上美观;④制作上经济;⑤手法上创新。多种媒体组合,发挥多感官的功能,体现媒体的先进性和组合性。概括而言,即实用、正确、美观、经济、创新。

真题预测

简答题

1. 为了学生的全面发展,我们要从学生的实际出发、个别差异出发,设计不同层次的教学目标,使不同层次的学生都得到最优发展、最佳发挥。请谈谈你对教学目标分层确定的看法。

2. 开展历史活动课有哪些作用?

教学设计题

3. 初中历史教学中,评价历史人物是必须要教给学生的一项基本技能。《三国鼎立》一课涉及人物较多,如曹操、诸葛亮、刘备、孙权等人,如何正确评价这些历史人物是一个难点。请谈一谈你的教学思路。

参考答案及解析

简答题

1.【答案要点】

在实施分层教学的过程中,要制定出明确的分层次教学目标,教师必须要有三个熟悉:一是熟悉你的学生群体,对你所授课的班级的同学的学习状况、学习品性、学习要求等了然于胸;二是熟悉课程标准、中考要求和考试说明,从而可以比较科学地设计分层次教学目标;三是熟悉教材,合理地设计教学过程。

2.【答案要点】

(1)历史活动课有利于充分发挥学生的主体作用,让学生通过自主活动、思考,自主探索和实践,在活动中体验、感受和亲近历史,调动了学生学习历史的积极性和主动性。(2)有利于培养学生的各种能力,促进学生的全面素质的提高。开展活动课就是要鼓励学生自己设计、组织和参与,学生的主观能动性、创造性得到充分发挥。(3)有利于形成良好的师生关系和生生关系。小组成员之间分工协作、取长补短、互相启发、互相帮助,增强小组成员的责任感,培养他们的团体协作的精神。

教学设计题

3.【答案要点】

由于《三国演义》大家比较熟悉,很容易犯先入为主的错误。学习过程中,我们既要将三国历史和《三国演义》有机结合,又要还原历史的真实性。"正统"思想不可以作为评价历史人物的标准,只有认清历史人物对社会发展所起的作用,才能正确地评价一个历史人物。

本课中选取三个主要人物:曹操、周瑜、诸葛亮,引导学生讨论分析,教给学生评价历史人物的方法。下面以评价曹操为例加以说明:

一是要结合史实评价。政治上,曹操挟豪强之威,挟天子以令,注意发展生产,唯才是举,掌握军事计谋,运筹帷幄。文学上开创建安文学新气象,作品流传千古,如《短歌行》等,意蕴深远。

二是要注意区分文学作品的曹操形象与历史中真实的曹操。文学作品中,由于受到"忠奸论"与"正统"(正名)思想影响,将曹操丑化,评为乱世奸雄。戏剧舞台上定位之为"白脸"。问题出在文学作品脱离了当时具体的历史环境,更多地是以个人的感情作为了评价历史人物的标准,违背了评价历史人物的真实性与客观性。

三是将"正统"思想与历史人物对中国社会进步的客观或主观进步性加以区分。东汉没落瓦解,非曹操之过,亦非曹操所能挽救,罪不在操,但曹操发动战争兼并战争,当然给人民带来困苦,此为过。

四是注意曹操为统一天下所做的努力,尤其是赤壁之战。此乃条件不成熟之举。要求统一是历史的进步,但违背历史客观,一意孤行,未能实现,此为主观努力与客观条件。

第三部分　历史教学实施

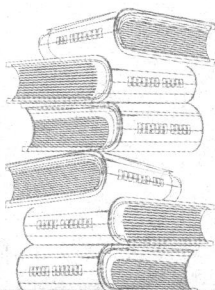

学习指导与应试策略

初中历史教师资格证考试要求掌握初中历史教学实施的组织形式及基本步骤，恰当地运用教学策略和教学方法；能够准确地表述教学内容，有效地引导和组织学生的学习活动，并有针对性地对学生进行学法指导；能够运用现代教育技术进行历史教学。

本部分主要介绍了历史教学实施，包括两章内容，第一章主要介绍了教学实施的理论和方法，第二章主要介绍了历史教学的基本技能和策略。重点考查考生组织课堂实施、实现教学目的、掌握课程内容、运用教学语言和教学资源等能力，使用普通话提问、板书和讲解的技巧以及运用现代教育技术的能力和制作教具的技能。

对于这部分内容的考查，主要题型有简答题、材料分析题，按照考试大纲的要求，本部分在考试中的比例约占 17%。

第一章　教学实施的理论和方法

考纲呈现

一、考试目标

掌握初中历史教学实施的组织形式及基本步骤,恰当地运用教学策略和教学方法;能够准确地表述教学内容,有效地引导和组织学生的学习活动,并有针对性地对学生进行学法指导;能够运用现代教育技术进行历史教学。

二、考试内容模块与要求

1. 能够创设合理的历史情境,促进学生对历史的感悟和体验,引导学生积极思考。

2. 能够准确、清晰地表述历史教学内容,对历史概念进行正确的阐释,合理地对历史进行评析。

3. 能够有效地组织学生的学习活动,注重培养学生的历史学习兴趣与能力,对学生进行学法指导。

4. 能够坚持正确的思想导向,以正确的历史观、人生观和价值观引导学生。

5. 能够合理整合多种教学资源,运用现代教育技术进行历史教学。

本章考试指南

本章主要介绍了历史教学实施的概况和历史教学的过程和方法。考查对象包括教学实施的概念、教学原则、理念、教学组织形式、历史教学方法、教学模式、教学资源、教学过程等。

本节内容往往以简答题和材料分析题的形式出现,对考生理解问题、分析问题的能力要求较高。

本章基本结构框架

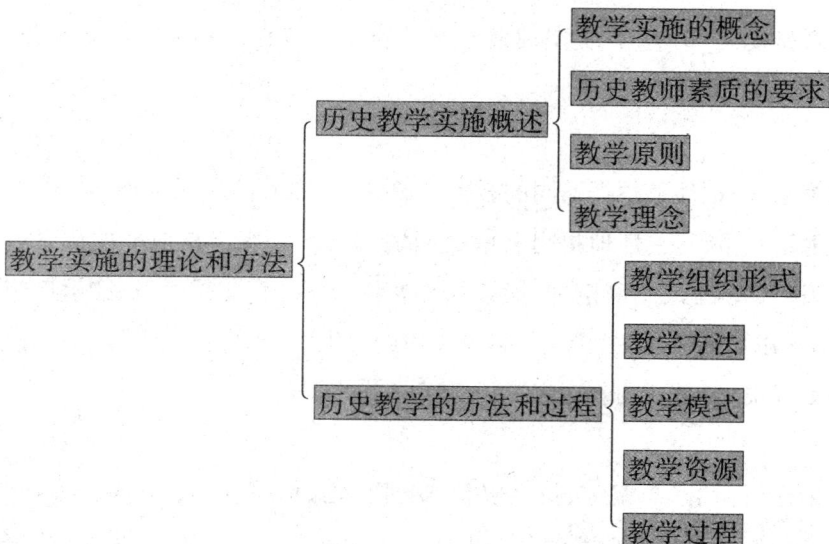

```
                                        ┌─ 教学实施的概念
                                        │
                                        ├─ 历史教师素质的要求
                          ┌─ 历史教学实施概述 ┤
                          │               ├─ 教学原则
                          │               │
                          │               └─ 教学理念
教学实施的理论和方法 ┤
                          │               ┌─ 教学组织形式
                          │               │
                          │               ├─ 教学方法
                          │               │
                          └─ 历史教学的方法和过程 ┤─ 教学模式
                                          │
                                          ├─ 教学资源
                                          │
                                          └─ 教学过程
```

名师讲堂

第一节　历史教学实施概述

一、教学实施的概念

教学实施是指在一定的教学环境中,在深入了解学生学习风格和技术掌握程度的基础上,将设计好的教案逐步加以实现,并对教学进行有效管理的过程。教学实施是实现教学目标的中心阶段,教学实施策略的选择既要符合教学内容、教学目标的要求和教学对象的特点,又要考虑在特定教学环境中的必要性和可能性,包括学习心态的积极维持策略、教学内容的传输加工策略、有效认知指导与干预策略和课堂秩序管理策略等。

二、历史教师素质的要求

中学历史教育的成败,将关系到一代代成长中的新人文化底蕴的丰厚与否,中华文化的传承与发展,影响到民族的未来。中学历史老师任重而道远,其素养如何,将直接关系到一代新人完美人格的塑造、关系到整个民族素质的提高。中学历史老师应具备以下基本素养:

(一)健康的心理素质

所谓健康的心理素质,主要是指历史教师应具有爱国主义精神、高尚的职业道德、坚定的为师信念、乐观进取的工作生活态度、终身学习的意识、科学求实的态度、永不满足的创新精神、良好的自我调控能力、率先垂范的人格魅力等。主要表现在：

1. 心理开放

能够宽容地对待、正确地理解和接受外部信息。尤其是能够有分析地对待自己和他人的教育经验，既不盲从迷信，也不一意孤行。

2. 意识创新

在对待学生上，具备全新的教育教学观，能够根据不同的教育对象，因材施教，因时因地而易；善于运用教育科学研究方法考察身边的教育现象；能创造性地提出和解决问题，有计划、有步骤地推进教育教学改革。在对待自身发展上，具备促进发展的职业意识和能力；能够及时吸收最新教育成果信息；能够恰当地把教育科研课题研究与日常教育教学工作紧密结合；能够养成终身学习的习惯，主动发展，形成获取、处理、使用各种信息的能力，不断增强自我发展能力，从而向着更完善的目标前进。

3. 主体性强

它包括教师人格的独立性强、敢于冒险、意志坚定、持之以恒、热情洋溢、情绪饱满、富于想象等人格素质。这样，教师通过自己健全的人格特征为开展教学活动提供良好的个体心理背景，从而创设出良好的师生关系，帮助学生提高参与教育教学活动的主动性、积极性和创造性。

（二）厚积薄发的专业素养

历史贯穿于古今中外人类社会发展的整个过程和几乎涉及人类活动的一切领域。历史学科的特点决定了历史教师应当具备高度综合的科学文化素质和丰厚的专业知识，真正具备专深与广博相结合的多层次、多元化的知识结构。多元化的知识结构主要包括：专业基础知识、专业主体知识和专业前沿知识三要素。专业基础知识是为从事本学科教学打基础的知识；专业主体知识是胜任教学工作的基本功；专业前沿知识是指对所教学科的发展前景进行分析和了解，学科的改革动态及新兴的学科知识。

（三）扎实的理论知识

1. 政治理论素养

教师不仅是学生知识的传授者，同时也是学生思想品质的塑造者。历史教学要以正确的理论作指导，帮助学生认识历史发展规律，形成历史唯物主义基本观点，学会初步运用这些观点去分析和解决问题。要做到这一点，首先要求历史教师具有一定的政治理论素养，并能够以正确的立场、观点和方法去讲解、分析、评价历史人物和事件，寓思想教育于历史教学中。

2. 教育理论素养

历史教师要掌握教育学的基本理论、认真学习现代教育理论，如教育的目的、教育的原则、教学的过程和教学的方法等一系列重要教育理论与教育实践问题，使我们在历史教学的实践中，能够自觉地运用教育规律，根据教学内容、学生实际，选择切实而有效的教学方法和手段，以达到教学的最佳效果。

（四）良好的表达能力

历史的过去性和时序性决定了历史教学有很强的表述性特点，要求历史教师具有较强的口头表达能力和书面表达能力。包括标准的普通话、较富有感染力的表达能力、较有条理的科研写作能力等等，这是人文学科教师所必备的基本素质。良好的语言素质将能使学生清晰地了解和掌握史实,获得科学的历史知识和真情实感,历史教师语言表达能力的优劣,直接影响着学生对历史知识吸收的程度和学习历史的积极性,关系到教师教学效果的好坏。

(五)过硬的教学科研能力

新时期的教师必须实现由经验型向研究型转变,具备过硬的教学研究和科学研究能力。积极参加教研活动,有利于教师深入研究大纲和教材,提高自己的知识水平和教学能力,提高自己的研究水平和总结能力,提高自己的理论水平和实践能力。中学历史教师应当具有用创造性的态度和科学的精神,以现代的教育理论为指导,去设计、实施、总结和改进自己的教育行为的能力,并具有在教育实践中发现、形成、研究和解决问题,提供经验、进行理论概括的能力。这样,教师的劳动才能真正成为创造性的劳动,从而培养出富有创新精神和实践能力的新人。

(六)良好的信息素养

教师的信息素养也是历史教师整体素养的重要组成部分,是教师创造力结构中的基本要素,它由三个不同层面的内容组成:

1. 信息品质:包括信息意识、信息观念、信息觉悟、信息道德和信息心理等,它是其他层面素质的基础。

2. 信息知识:主要是指教师个体的知识面及拥有信息的总量与质量的素质状况。

3. 信息能力:从信息资源的角度看,主要包括教师个体获取信息、加工处理信息、最佳筛选和利用信息以及创新信息等能力。

三、教学原则

(一)教学原则的概念

教学原则是根据教育教学目的、反映教学规律而制定的指导教学工作的基本要求。它既指教师的教,也指学生的学,应贯彻于教学过程的各个方面和始终。它反映了人们对教学活动本质性特点和内在规律性的认识,是指导教学工作有效进行的指导性原理和行为准则。

教学原则必须与国家所规定的教育教学目的一致,对教学中的各项活动起着指导和制约的作用。教学原则在一定程度上决定了教学内容、教学方法与手段、教学组织形式的选择。教学原则确定之后,对教学活动中的内容、方法、手段、形式的选择,都有着积极而重要的作用。教学原则在教学活动中的正确和灵活运用,对提高教学质量和教学效率发挥着一种重要的保障性作用。一般地说,教学活动越是能够符合教学原则,就越是容易成功;反之,教学活动越是脱离教学原则的要求,就越是可能失败。

(二)主要的教学原则

1. 启发式原则

启发原则指教师在教学活动中要最大限度地调动学生学习的积极性和自觉性,激发他们的创造性思维,使得学生能够主动地学习,以达到对所学知识的理解和掌握。在世界教学发展史上,启发式原则是孔子最早提出的。孔子认为"不愤不启,不悱不发",即任何学习活动都要建立在学生自觉需要的基础上,应当充分调动学生的主动性和积极性。

2. 直观性原则

指根据教学活动的需要,让学生直接感知学习对象。教学活动的特点之一在于它是一种间接认识,历史本身又具有过去性,学生在教学中是以学习前人经验即书本知识为主的。直观性原则的意义在于克服这些困难和障碍,通过提供给学生直接经验或利用学生已有的经验,帮助他们掌握原本生疏难解的知识。

一般地说,直观的具体手段有以下三种:

(1)实物直观。

(2)模像直观。

(3)语言直观。

直观是手段而不是目的。直观给予学生的是感性经验,而教学的根本任务在于让学生掌握理论知识,因此教师应当在运用直观时注意指导,比如通过提问和解释鼓励学生细致深入地观察,启发学生区分主次轻重,引导学生思考现象和本质及原因和结果等。

3.循序渐进原则

指教学工作要结合学科的逻辑结构和学生的身心发展情况,有次序、有步骤地开展和进行,由浅入深,循序渐进,因势利导,进而取得好的教学效果,有效地促进学生身心的健康发展。历史教学要处理好教学活动的顺序、历史课程的体系、历史知识的体系、学生发展规律之间错综复杂的关系。

4.巩固性原则

指教学活动应该使学生在理解的基础上,获得广博、深厚和牢固的基础知识和基本技能,形成良好的个性品质,进而使他们对知识、技能的掌握能够达到熟练和运用自如的程度。学生要不断地学习、记忆新知识,而人的记忆和遗忘是同一事物的两个方面,在学习新知识的同时必然会产生对旧知识的遗忘,因此在历史教学中需要进行不断的巩固工作,通过练习、复习帮助学生牢固地掌握所学知识。

典例精析

在初中历史教学中,如何贯彻巩固与发展相结合原则?

【专家点评】首先应准确理解巩固与发展相结合的原则,然后结合教学实际进行论述。

【参考答案】首先,要认识发展与巩固相结合的意义,将学习新知识,复习巩固旧知识贯穿于教学的全过程,既要重视阶段性复习、总结性复习,更要重视日常课堂教学的复习巩固,将复习巩固作为一个重要的教学环节。

其次,要重视对学生所学知识、技能和方法进行复习巩固工作的研究。同时,在于将所学知识在实际中予以应用,通过反复阅读教材,学会推理论证方法。在教授新知识时,要有目的、有计划地安排一定的练习,让学生通过练习来加深理解。

再次,在复习巩固过程中,要指导学生记忆,提高记忆能力,并通过适当途径予以检查。

5.理论联系实际原则

指教学活动要把理论知识与生活和社会实践结合起来,用理论分析实际,用实际验证理论,使学生从理论和实际的结合中理解、掌握知识,并在这个结合的过程中学会运用知识。学生主要学习理论知识,而且是在相对封闭的学校和课堂里通过教师的讲授和书本学习的。在教学中教师必须提供和创造机会,通过多种多样的途径和形式,引导他们体会思想观点、态度信念等的形成对于解决实际问题的意义。

6.因材施教原则

指教师在教学活动中,按一定的教学目标,针对学生的个别差异和具体特点,采取不同的方式和方法,进行差异性的教育,使每个学生都能在各自原有的基础上得到充分的、最好的发展。这条原则事实上是学生的个性特征和身心发展规律在教学中的反映。教学活动要讲究效率,在同样的时间内,学生所学越多则教学效率就越高。但是,教学效率的获取必须以符合学生身心发展规律为基础。

7. 思想性与科学性相统一的原则

指教学要在科学的方法论的指导下进行。这一原则是为了将教学中历史知识的传授学习与思想品德教育统一起来而提出的。作为社会公民,教师享有思想和信仰自由,但是在教学中教师必须体现国家意志,按照国家制定的教育目的教学,坚持和维护社会基本的政治观点和价值观念,不能用带有个人色彩的思想观点随意地影响学生。

8. 教学相长原则

教学相长,即教与学的相辅相成。在现代意义下,师生之间、学生之间在教学过程中形成动态的信息互动,通过这种信息交流,实现师生互动、相互沟通、相互影响、相互补充,从而达成共识、共享、共进。这是教学相长的真谛。

9. 教学整体性原则

这一原则包含着两重含义:一是教学所承担的任务具有整体性,教学任务的完成应是完整的、全面的;二是指教学活动的本身具有整体性,教学是由一系列教学要素构成的一个完整系统。在教学活动中,教师在充分发挥自身作用的同时,还要充分调动学生的积极性和主动性,使教学过程真正处于师生协同活动、相互促进的状态之中,要处理好教师与学生,教与学的关系。在教学活动中,教师与学生从教和学的活动中及时获得反馈信息,以便及时了解教与学的情况,并能够及时有效地调节和控制教学活动的顺利开展,达到提高教学效率和教学质量的目的。

10. 教学最优化原则

指教学活动中,要对教学效果起制约作用的各种因素,进行综合调控,实施最优的教学,取得最优的教学效果。

教学过程最优化的实质是在教学设计和实施过程中,运用系统和综合的观点,充分发挥现有的教学条件,克服各种不利因素,调动和创设有利于发挥教学最优功能的各种因素,尽力争取使师生双方都能以比较经济的时间和精力,取得相对于该种条件下最好的教与学的效果。

四、教学理念

教学理念是人们对教学和学习活动内在规律认识的集中体现,同时也是人们对教学活动的看法和持有的基本的态度和观念,是人们从事教学活动的信念。教学理念有理论层面、操作层面和学科层面之分。明确表达的教学理念对教学活动有着极其重要的指导意义。

历史教学理念是历史教师教学行为的基本理性支点。历史教师要用先进的教学理念指导教育教学实践,改变传统的以教师、教材、课堂为中心的观念,确立起与新课程相适应的体现素质教育精神的崭新的历史教学理念。新课程理念下历史教师应具备的教学理念包括以下几个方面:

(一)从"注重知识传授"转向"注重学生的全面发展"

传统的历史教学理念将历史学科视为以记诵为主的"单向接受的科目",教师的教学则以知识点的落实为根本,形成"教师灌输,学生背书"的历史教学模式。这是历史课长期被学生视为"枯燥、没意思的课"的最重要原因。新课程规定了三大课程目标:知识与能力,过程与方法,情感态度与价值观。历史教师不仅要认识到历史教育的根本目的:既要让学生了解、认识人类社会发展的基本历程和重大事件,又要通过各种有效的方法和途径让学生初步掌握学习历史的基本方法——学会学习历史,养成正确的历史思维习惯,从而为学生人格、个性的健康发展和学习潜力的发掘提供坚实的基础,更要认识到学生是历史知识的学习与探究者,是历史知识的体验与质疑者,是历史知识的评议与运用者,还是历史知识的传播和普及者。所以,历史教学必须是努力促使学生在这三大目标领域上得到全面、充分的发展。历史教学要以学生、兴趣、活动为中心,要以"学生的发展为本"。

(二)从"以教师的教为中心"转向"以学生的学为中心"

教学的"效"体现于学生的主动学习上,体现于学生知识的习得与思维能力的发展上。这就是平时我们所说的"以学论教"。在教学中,彰显学生的主体地位,促进学生积极主动地参与学习的全过程。教学不是唱独角戏,离开"学",就无所谓"教",因此,教师必须确立学生的主体地位,树立"一切为了学生的发展"的思想。

典例精析

如何理解新课改"以生为本"的教学理念?

【专家点评】以人为本,是科学发展观的本质和核心,在教学中就表现为"以生为本"。

【参考答案】教学中,以学生为本,就要坚持贴近实际、贴近生活、贴近学生的原则。立足于学生现实的生活经验,尊重学生的情感体验,满足学生的发展需要,以促进学生的全面发展;关注学生个性发展的独特性,满足不同学生发展的需要;将理论逻辑与生活逻辑有机结合起来,以生活逻辑为主线,选择、安排教学内容;从学生的爱好、能力出发,遵循学生的生理、心理和认知发展。

(三)从"注重教学的结果"转向"注重教学的过程"

在新课程背景下,教师要致力于转变学生的学习方式,使学生由被动学习转变为主动学习,由信息的单向输入转变为信息的循环交流,由封闭型学习转变为开放型学习。因此,有效教学的行为特征随之发生了根本性的变化:①开放性特征,开放的教学行为能容纳各种类型的知识,产生不同类型的学习方式;②个体适应性特征,教学行为的指向侧重于学生丰富多彩的个性。支持学生的个性化发展是有效教学的差异性表现;③反思性特征。反思作为一种重要的教学行为,经常发生于教学的全过程中。因此,教师要正确处理预设与生成的关系,既要统筹全局,又要注意教学过程中的细节变化。

(四)从统一规格的教学模式转向个性化教学模式

在教学过程中,教师应指导学生灵活采用各种行之有效的学习方法、体验学习过程。要关注不同年级、不同学生在历史学习方面的差异,注意这些差异之间的层次性和相互衔接,给学生以更大的选择余地,充分发挥学生的个性。学生不仅应学习、接受所学习的历史知识,掌握基本技能,而且应该自觉地在教师的指导下,发展自己的技能、培养自己的个性。

(五)从评价模式的单一化转向评价模式的多元化

关注可测性和量化。如教学目标尽可能明确与具体,以便检测教师的工作效益。但是并不能简单地说量化就是好的、科学的。应该科学地对待定量与定性、过程与结果的结合,全面地反映学生的学业成就与教师的工作表现。

(六)从教师权威的教授转向师生平等的交往与对话

从本质来看,课堂教学意味着师生间的交往,意味着人人参与,平等对话。然而,在传统的课堂教学中,师生之间实际上是一种不平等的关系。教师不仅是教学过程的控制者、教学活动的组织者、教学内容的制定者和学生学习成绩的评判者,而且是绝对的权威。由于对教师"权威"的过分强调,通常只有教师对学生说"不"。新课程要求建立民主、平等的新型师生关系,教师由居高临下的权威转向"平等中的首席",珍视学生思维的独立性,善于倾听学生的声音,还给学生说"不"的权利,既然一千个读者就有一千个哈姆雷特,那不妨让历史课堂也呈现一种海纳百川的新气象。同时,"蹲下身"用虚心的态度以学生为师,使传统意义上的教师教和学生学不断让位于师生互教互学,彼此形成一个真正的"学习共同体"。

典例精析

目前我国一直在进行新课程改革,教师如何适应新课程标准形成全新教学理念?

【专家点评】新课改倡导转变教学方式和学习方式,实现从以"教"为中心转向以"学"为中心。

【参考答案】(1)以学生为本,以育人为本。坚持以学生为中心,关注学生生命发展的不同需要,从学生的认知、能力、情感态度和价值观出发,选择和确定教学目标、教学内容、教学方法和教学评价等,以达到学教共进的目的。

(2)教学内容与时俱进,充分体现时代精神。

(3)促使学生经历探究学习和社会实践的过程,领悟课程目标的意义。创建师生形成"学习共同体",通过提出有意义的问题,促进学生在解决问题的过程中成为学习活动的主体。

(4)注重培养学生的创新精神和参与能力,全面提高学生素质。

(5)教学评价要注重学生的参与,使学生能够对学习的内容和过程进行反思和调控,要有利于促进学生发展。

第二节　历史教学的方法和过程

一、教学组织形式

(一)教学组织形式的概念

教学组织形式是指为实现教学目标,完成教学任务,教师和学生按一定要求组合起来进行活动的结构。任何一种教学活动都是由教师和学生双方所构成,在一定的时间和空间环境之中进行。要进行教学活动,就必然要涉及教师、学生、时间和空间的组织和安排问题。教学组织形式不是固定不变的东西。随着社会政治经济和科学文化的发展及其对培养人才要求的不断提高,教学组织形式也不断发展和改进。

（二）几种主要的教学组织形式

目前历史教学组织形式主要有:班级授课制、分组教学制、个别教学制、复式教学、现场教学、协作教学和开放教学等。

1.班级授课制

在我国目前普遍采用的是全班组织形式,通常称班级授课制,它是指把学生按照年龄或在某科目上的大体程度分成若干个人数较多的教学班,教师同时面对全班学生进行教学,所有学生每次的学习内容、学习进度及采用的教学行为都是一样的。

共同的教学对象、共同的目标设定、直接的共同活动,形成了教师和班级集体之间紧密的、恒定的关系。这种形式可使教师同时为许多学生提供教育,不必将同样的内容和问题重复若干遍,从而提高了效率,而且增加了学生"互相激励,互相帮助"的机会,但它难以适应学生在学习速度、学习方式和个性等方面的个别差异。目前发展的趋势是减少教师花费在集中授课的时间,更多地安排个别学习和小组相互作用,使学生能积极、主动地参与到教学过程中来。

2.分组教学

小组学习就是把学生分成若干小组,以小组为单位进行自主性的共同学习。学生彼此间进行信息交换,教师则起指导作用。分组学习是学生共同地、自主地解决问题的教学方式,学生可借此提高解决问题的能力,提高自主学习能力。通过小组学习,学生可以发展集体意识,发展作为集体一员共同地、自主地从事活动的能力。在小组学习中,学生的学习态度是能动的,尤其是成绩居中下水平的学生,可以进行主动的、能动的学习,大幅度减少了同步学习中常见的学习分化现象;能促进学生间在学习上互相帮助、共同提高;能增进同学间的情感沟通,改善人际关系。

当然,小组学习也有一些缺点,如有因组内成员的意见不一致、分歧大而争论不休,造成内耗,浪费了大家的时间和精力;小组进行讨论时,有时一些不愿意承担责任的小组组员推卸责任,或是在活动中不积极配合小组活动,表现消极,降低全组的学习效率;小组内同学间的交流相对小组间的交流要多得多,不利于各组间的交流与合作。而且,各小组在学习过程中不可避免地会出现竞争,也会影响各组的工作效率,甚至伤害成员之间的感情。

要保证小组合作的有效性,应注意:小组合作学习的任务应有一定的难度,问题应有一定的挑战性,有利于激发学生主动性与小组学习活动的激情以及发挥学习共同体的创造性。处理好集体教学、小组合作学习的时间分配。

3.个别教学

学习主要是一种内部操作,必须由学生自己来完成。所谓"个别化学习",是指学生之间不交换信息,每一个学生自主进行的问题解决学习。在整个学习活动中,教师尽可能加以指导。通过这种方式,学生可以按照自己的进度学习,积极主动完成课题并体验到成功的快乐。这种学习方式常用于巩固知识技能的练习,也可用于掌握并扩展新的知识技能,深化思考。这种组织形式可用在通常的课题教学中,也可用于自习课、家庭学习中。

4.复式教学

指一个教师在同一教室进行的一堂课上给两个以上不同年级的学生上课的教学组织形式。教师在一节课内巧妙地同时安排几个年级或班级的活动。

复式教学主要适用于学生少、教师少和教学设备条件较差的地区,主要是普及农村和山区教育。

不足:教师直接指导学生的时间少;相互干扰多;教师工作量繁重。

典例精析

如何选择合理的教学组织形式?

【专家点评】不存在一种万能的教学组织形式,每种教学组织形式各有其优缺点。合理教学组织形式的关键是有利于学生。

【参考答案】在选择教学组织形式时,要本着从实际出发的原则,要充分考虑大到国家、地区,小到学校、班级的具体情况。教师应该积极创造条件,有步骤、有计划、有秩序地在教学实践中尝试使用各种教学组织形式。教师应该明确几种常用教学组织形式的优点和缺点,并且掌握几种常用教学组织形式的应用要点,针对多种教学组织形式的利与弊进行综合利用,优化组合,这样才能发挥每一种教学组织形式的优势,克服其本身的劣势,保证教学组织整体的有效性,达到教学效果的真正优化。

二、教学方法

历史教学方法是在教师组织和引导下,为了达到预定的教学目标,学生就历史主体开展学习活动的具体程序和手段的总和。历史课堂教学是对教学设计实施的过程,是在教学实施中对教学方法的灵活应用,是历史教学获得成功的关键性举措。在初中历史课堂教学中常用的方法有讲述法、讲解法、谈话法、图示法、讨论法、读书指导法等。

(一)教学方法的选择与运用

1. 讲述法

讲述法是初中历史教学中最基本、最常用的教学方法。首先,历史知识具有过去性和时序性的特征,学生所学的历史都是间接性的知识。讲述法能通过教师生动形象的语言,使初中学生对间接的历史知识形成表象和概念,进而以此为基础理解历史现象乃至把握历史规律。其次,任何一种教学方法都离不开教师的语言表达,讲述法实际上也是其他教学方法的基础,各种教学方法在实践中都是与讲述法配合使用的。

讲述法分为叙述、描述和概述三种基本类型,他们在历史课堂教学中经常合并使用。

(1)叙述

叙述即按照历史时间的发展过程或某一重要历史人物活动的时间顺序,对史实具体的情节进行清楚的讲述。叙述一般以叙事为主,完整清楚地交代历史事件和人物历程是叙述的明显特点。叙述的作用主要在于说明历史事件和人物活动的发生、发展直至结束的全过程,以帮助学生掌握基本史实和梳理历史脉络。

(2)描述

描述具有形象性的显著特点,以生动、形象的语言来吸引、感染学生,其作用主要在于丰富和发展学生的想象力,使学生形成具体而鲜明的历史表象。描述可以再现特定的历史情境,包括事件过程中的情节和场面,以及典型历史现象或地理环境的具体状貌,还可以描绘历史人物的行为举止、典型事迹和外貌特征。但历史描述不应违背历史的真实性,不能肆意地渲染和夸张,也不必对所有的历史现象都做一番描述。在使用中,描述应与教科书和其他相应资源相互配合。

（3）概述

概述不需要像叙述那样具有纤细完整的过程情节,也不需要像描述那样有生动细腻的具体情境和鲜明形象。概述只要求用精炼的语言对历史事实、概念、任务、过程、线索等作概括性的讲述。其基本要求是概括的条理清晰、层析鲜明和逻辑严谨。一般情况下,概述用在历史知识非主要部分的讲述中。

对讲述法的应用需要注意以下三个基本原则:①同一性原则;②关联性原则;③灵活性原则。

根据各课不同的历史教学目标和内容,灵活地将讲述法与其他教学方法如图示法、谈话法、讨论法等结合起来,实行交互策略,以取得更好的教学效果。事实上,任何一种教学方法都离不开讲述,其他方法只有结合讲述才能发挥应有的效果。尤其是讲述法应与演示技能结合起来,可借助电化教育技术增强直观感,调动学生多方面的感官功能,赋予课堂讲述生机和活力。

尽管课堂教学不只是讲述,然而讲述却是历史教学的一个重要组成部分,没有一个教师在教学中可以不用讲述法。讲述法具有省时、可控性强、简便易行的优点,便于系统传授间接性的知识,如使用得当会发挥较高的教学效率。

2. 讲解法

讲解法是对历史名词和概念、历史观点和规律等进行解析与论证的常用方法。与讲述法相比,讲述法以"述"为主,重在交代事实,讲解法则以"解"为主,重在解疑解惑。一般而言,讲解法多用于讲解历史上的政治制度、法令条约、科技文化成就等。由于这些内容专业性强,情感因素偏弱,学生往往不容易理解,因此,在历史教学中必须运用一定分量的讲解法、深入解释这些历史知识。

讲解的方式主要分为三大类:一是解释与比喻,二是分析与综合,三是类比与对比。在教学实践中,这三类讲解是相互配合使用的。

（1）解释与比喻。

解释是对历史概念和难懂的字、词、句等作扼要的解释与说明,比喻是借助鲜明的形象比拟来说明某些历史现象和历史概念。解释应注意可接受性,要有的放矢,通俗易懂;比喻则需要贴切,生动形象。

（2）分析与综合。

分析是把历史事件或历史现象分解为各个因素或层面,给予条理化的具体说明。综合则是把从历史事件或历史现象分解出来的各个因素或部分归纳起来,做出整体的结论。

（3）类比与对比。

类比是把两个或两个以上本质相同的历史事件、历史现象或历史概念进行比较,找出它们的各自特点和共同特征。对比是把两个或两个以上表面相同或相似而本质相异的历史事件、历史现象或历史概念进行比较,揭示它们本质上的区别。类比与对比既有联系又有区别,是两种不同形式的比较。

相对而言,分析与综合、类比与对比是比解释与比喻更为重要的讲解方式,目的都在于引导学生从纷繁复杂的史实中认识历史现象与本质的内在联系与区别,培养学生的历史思维能力,使学生理解重要的历史概念,认识基本的历史观点和历史规律。

3. 谈话法

谈话法是以师生对话的方式开展教学的一种方法,在中学历史教学中经常使用,与课堂提问技能有直接的关系。这是一种古老的教学方法,至今仍是充分形成课堂互动的有效方法。其根本特征是:教师不讲历史知识直接交代学生,二是为学生提供一系列思考的方向和线索,启发学生根据原有知识和经验,开展思维的积极性,培养学生的学习灵动性。借助谈话法,可随时进行课堂教学的非正式评价,有助于师生对历史教学作适时的调整。

根据教学任务和教学程序的不同,历史课堂教学使用的谈话法,可分为:

(1)检测性谈话法。

(2)启发性谈话法。

(3)概括性谈话法。

(4)巩固性谈话。

由于谈话法有助于学生语言表达、分析综合判断推理等多方面能力的培养,所以在初中历史教学中谈话法颇受重视。不过,谈话法容易受到教育教学内容、教育思想等诸多因素的影响,对教师的历史学科的专业功底和教学经验,以及驾驭课堂的能力要求较高,所以应用谈话法要加以精心周密的设计。

运用谈话法需要注意:其一,认清教学任务和目标。其二,关照学生的年龄特征、知识水平和思维特点。其三,正确对待学生作答。其四,应及时把握生成性因素。

典例精析

运用讲解法、谈话法时应注意哪些问题?

【专家点评】讲解法、谈话法都属于讲授式教学方法系列,可以分别说明教学方法的注意事项,也可以通过阐述这几种方法的联系与区别,突出应注意的问题。

【参考答案】讲解法:是对历史名词、概念、观点和规律等内容进行解析论证的一种方法。重在解释疑难问题。

谈话法:是教师和学生通过交谈而进行教学的一种方法,教师在学生原有知识和经验的基础上提出问题或线索,引导学生独立思考,从而获得新知识。运用谈话法教学,应注意:(1)有的放矢;(2)答案明确;(3)逻辑关系;(4)面向全体。

4.图示法

图示法又称图表示意法,是指以各种符号、数字、图形、词组等构成历史信息图表,由此直观表达历史史实或历史概念体系的一种方法。苏联教育家沙塔洛夫曾创立一套"纲要信号"图表,是用字母、单词、数字或其他"信号"所组成的直观性很强的图示,把需要重点掌握的知识提纲挈领、简明扼要地表现出来。我国广大教师根据自己的实验,并借鉴沙塔洛夫教学法的经验,设计了具有中国特色的历史图示法。

图示法具有形象、美观、简明的特征,便于学生掌握历史线索和概念系列,它不需要先进的电化教育手段,可把比较复杂化的知识变为直观的概要化的知识,可把零散化的知识变为直观的系统化知识,可把比较抽象的知识变为直观的形象化的知识。

设计和实施图示法应注意以下几个方面:

(1)图示法运用得成功与否,关键在于设计的图示是否能科学使用。

(2)适时出示图示。图示的呈现,要与教师的讲授和教学的进程相吻合。图示可以反复使用。

图示是历史知识的必要概括、提炼和浓缩,无论怎样也不能替代历史课堂的语言交流。因此,图示法一般是作为讲述、讲解、谈话等教学的辅助法。只有把图示法与讲述、讲解、谈话等方法巧妙和谐地结合起来,才能获得良好的历史教学效果。没有师生的语言表达,再好的图示也会显得枯燥、苍白。

5.读书指导法

读书指导法是教师指导学生通过阅读教科书或参考书,以获得知识、巩固知识、培养学生的自学能力的一种方法。虽然历史知识都是间接性的知识,但学生获取历史知识的渠道不仅是历史课堂,还可以通过网络、影视作品、历史小说、人物传记等获得历史知识。当代社会是一个信息化的社会,人们每日接触的是一个充满各种信息的海洋,面对信息化的社会,学生的阅读能力至为重要。

综上所述,在历史教学实践中,无论实施哪种类型的教学,都要综合使用多种教学方法。对上述各种教学方法的使用,都有可能增加达成有效教学的机会,但不一定确保有效教学的实现。我们应该认识到,各种教学方法都是可能采用的,而不是必须采用的。每一种教学方法都有专长,也有缺点,在选择和使用教学法时应注意扬长避短。俗话说:教学有法,施无定法;灵活施法,乃为至法。

(二)明确选择教学方法的标准

历史教师常用的教学方法主要有讲授法、谈话法、读书指导法、演示法、参观法、练习法和讨论法等。就这些方法本身来看,它们都有各自的特点、优越性和适用范围,同时也都有各自的局限性。在实际教学中,不存在万能的或唯一好的教学方法。用好教学方法的关键是根据需要合理选择、扬长避短、优化组合,教师在选择历史课教学方法时一般的选择标准主要有:

1. 根据具体的教学目标、教学任务、教学进度和教学时间选择教学方法,比如考虑所选的方法是否适宜于完成教学目标,解决教材内容,是否有时间应用等。

2. 根据"学情"选择教学方法。所谓学情主要是指学生的年龄特征、知识基础、能力水平、学习习惯和班级的整体素质,在教学方法中要发挥非智力因素的作用,使学生主动、活泼地学习,由"学会"再到"会学"。

3. 依据教师自身的素质。教师要能灵活、综合地运用多种教学方法,立足整体,优化课堂教学过程。

4. 根据现有的教学条件选择教学方法,如考虑到教学设施、教学媒体的现状等。

(三)选择教学方法时的一般决策步骤

教师选择教学方法的目的,是要在实际教学活动中有效地运用。教师收集了解到的教学方法越多,就愈有利于进行优化选择,要尽可能广泛地了解和提出有关的教学方法,以便自己考虑和选择,对各种可供选择的教学方法进行比较,主要比较各种教学方法的特点、适用范围、优越性和局限性等。以下归纳出教师在选择教学方法时的一般决策步骤,可供我们参考:

决定是选择由学生独立地学习该课题的方法,还是选择在教师指导下学习教材的方法。

首先,教师根据具体教学的实际,对所选择的教学方法进行优化组合和综合运用。

第一步:决定是选择再现法,还是选择探索法。

第二步:决定是选择归纳的教学法,还是选择演绎的教学法。

第三步:决定关于口述法、直观法和实际操作法三者如何结合问题。

第四步:决定关于激发学习活动的方法选择问题。

第五步:决定关于检查和自我检查的方法选择问题。

第六步:认真考虑所选择的各种方法相结合时的不同方案。

其次,无论选择或采用哪种教学方法,要以启发式教学思想作为运用各种教学方法的指导思想。

另外,教师在运用各种教学方法的过程中,还必须充分关注学生的参与性。

教学方法的整体效应与多种教学方法在教学过程中的相互联系、相互作用有关。这种联系和作用可以是并列的,即同时采用几种教学方法,学生也进行相应的活动;也可以是连贯式的,即一种活动方式结束之后再开始另一种,如采用演示→讨论→讲授的组合法、谈话→讲授→练习的组合法等等。教师可以在谙熟各种教学方法特点的基础上,根据不同的教学目标、教材、学生和环境,组合出不同的教学方案。

(四)运用教学方法的基本要求

1.运用讲授法的基本要求

(1)科学地组织教学内容。

讲授既要重视内容的科学性和思想性,同时又要尽可能地与学生的认知基础发生联系。讲授应注意培养学生的学科思维。教师应该以有组织的、清晰的、循序渐进的方式呈现新信息,指导学生获得对所学内容的清晰理解。

(2)讲授要有吸引力。

生动形象的语言、丰富多样的非语言表达以及饱满的热情、充满感染力是具有吸引力的更高境界。历史教师的教学语言应具有清晰、精练、准确、生动等特点。讲授要讲究语言艺术,语言要通俗易懂,音量、语速要适度,语调要抑扬顿挫,适应学生的心理节奏。

(3)讲授应具有启发性。

善于设问解疑,激发学生的求知欲望和积极的思维活动。如讨论的问题要具有吸引力。讨论前教师应提出讨论题和讨论的具体要求,指导学生收集阅读有关资料或进行调查研究,认真写好发言提纲。讨论时,要善于启发引导学生自由发表意见。讨论要围绕中心,联系实际,让每个学生都有发言机会。

2.运用问题探究式教学法的基本要求

(1)努力创设一个有利于学生进行探究发现的良好的教学情境。在教学中的灵活性和自发性都很大,要根据不同内容和不同学生的特点来进行。

(2)选择和确定探究发现的问题与过程。在问题设计中,把知识性问题与能力性问题,封闭性问题与开放性问题,再现性问题与生成性问题相结合起来,逐层深化,共同呈现课标要求。

(3)有序组织教学,积极引导学生的探究发现活动。教师应认真钻研课标教材,针对"情景再现"中的每一个问题,认真研究,率先完成。在如何分析理解、语言表述、答案组织、拓展运用、活动设计时,做到心中有数,并及时地指导学生按要求认真完成每一个问题,及时地对学生完成问题的情况进行检查反馈,及时地对学生完成问题的过程和方法进行总结评价。

典例精析

运用问题探究式教学方法的基本要求是什么?

【专家点评】从心理学角度来说,问题可以激发学生学习的动机。"疑者,思之始,学之端也。"疑就是问题,最能激起学生由此及彼,由表及里,深入思考。

【参考答案】以问题探究为主的教学方法,主要是指教师或教师引导学生提出问题,在教师组织和指导下,通过学生比较独立的探究和研究活动,探求问题的答案而获得知识的方法。运用问题探究式教学方法的基本要求如下:(1)教师要努力创设一个有利于学生进行探究发现的良好的教学情境。(2)要依据学科教学目标的整体要求,依据具体教学内容的特点,依据学生实际已有的和可能的发展水平,选择和确定探究发现的问题(课题)与过程。(3)有序组织教学,积极引导学生的探究发现活动。

3. 运用主题教学法的基本要求

(1)首先要确定主题,让学生产生兴趣,使学生愿意学,教师易控制学生进步方向。要求突破学科中心,关注学生的兴趣与经验。密切教科书与学生生活以及现代社会、科技发展的联系,打破单纯地强调学科自身的系统性、逻辑性的局限。

(2)主题教学法是动态的。主题教学法有一条主线,但没有固定模式。课程的组织及教学是能动的,自始至终是在一个不断演变和拓展的进程中完成的。

三、教学模式

(一)教学模式的含义

教学模式是在一定教学思想或教学理论指导下建立起来的为完成特定的教学目标和内容,而运用的比较稳定的教学结构理论框架及其具体可操作的教学活动方式。简洁地说就是在一定教学理论指导下,以简化形式表示的关于教学活动的基本程序或框架。在实际教学环境中,由于教学目的、教学内容及学生情况的千差万别,形成了各种各样的教学模式,每种教学模式都有自己的指导思想,具有独特的功能,没有哪种模式是普遍适用的,教学过程中具体采用哪种教学模式要视具体情况而定。

教学模式是教学理论与教学实践的桥梁,既是教学理论的应用,对教学实践起直接指导作用,又是教学实践的理论化、简约化概括,可以丰富和发展教学理论。优秀教师取得成功的关键就在于他们能对教学内容(教什么)和教学方法(如何教)进行合理的组合,即能按某一种或某几种有效的教学模式进行教学。

(二)教学模式的结构

教学模式包含着一定的教学思想以及在此教学思想指导下的课程设计、教学原则、师生活动结构、方式、手段等,在一种教育模式中可以集中多种教学方法。任何模式都不是僵死的教条,而是既稳定又有发展变化的程序框架。一般而言,历史教学模式通常包括五个因素:

1. 理论依据

教学模式是一定的教学理论或教学思想的反映,是一定理论指导下的教学行为规范。例如,罗杰斯的学生中心教学模式是以人本主义心理学及其学习与教学理论为依据的。

2. 教学目标

任何教学模式都指向和完成一定的教学目标,在教学模式的结构中教学目标处于核心地位,并对构成教学模式的其他因素起着制约作用,它决定着教学模式的操作程序和师生在教学活动中的组合关系,也是教学评价的标准和尺度。

3. 操作程序

指对教学活动顺序和教学阶段的安排。每一种教学模式都有其特定的逻辑步骤和操作程序,它规定了在教学活动中师生先做什么、后做什么,各步骤应当完成的任务。一个教师采用某种教学模式,那么他就要考虑需组织哪些教学活动,第一步做什么,接下来再做什么。

4. 实现条件

是指能使教学模式发挥效力的各种条件因素,如教师、学生、教学内容、教学手段、教学环境、教学时间等等。师生在教学活动中的地位、所应遵循的规则及师生之间的相互关系一般有教师中心(集中型)、学生中心(松散型)和师生互动(温和型)三种典型方式。此外,任何一种教学模式都要求配备有一定的物质条件,如图书、声像设备等。

5. 教学评价

指教师如何看待学生,如何对学生的表现进行反应。由于不同教学模式所要完成的教学任务和达到的教学目的不同,使用的程序和条件不同,当然其评价的方法和标准也有所不同。在某些模式中,教师要公开奖励学生的某些行为,以此来塑造良好的行为习惯。在另一些模式中,教师对学生的行为不进行评价,而是充分发挥学生的创造力,使他们富有自主性。目前,除了一些比较成熟的教学模式已经形成了一套相应的评价方法和标准外,有不少教学模式还没有形成自己独特的评价方法和标准。

(三)教学模式的特点

教学模式是教学理论的具体化,是教学实践的概括化的形式和系统,具有多样性和可操作性,因此教学模式必须要与教学目标相契合,历史教师要考虑实际的教学条件并针对不同的教学内容来选择教学模式。

1. 指向性

由于任何一种教学模式都是围绕着一定的教学目标设计的,而且每种教学模式的有效运用也是需要一定条件的,因此不存在对任何教学过程都适用的普适性的模式,也谈不上哪一种教学模式是最好的。历史教学中在选择教学模式时必须注意不同教学模式的特点和性能,注意教学模式的指向性。

2. 操作性

教学模式是一种具体化、操作化的教学思想或理论,它把某种教学理论或活动方式中最核心的部分用简化的形式反映出来,为人们提供了一个比抽象的理论具体得多的教学行为框架,具体地规定了教师的教学行为,使得教师在课堂上有章可循,便于教师理解、把握和运用。

3. 完整性

教学模式是教学现实和教学理论构想的统一,所以它有一套完整的结构和一系列的运行要求。

4. 稳定性

教学模式是大量教学实践活动的理论概括,在一定程度上揭示了教学活动带有的普遍性规律。一般情况下,教学模式并不涉及具体的学科内容,所提供的程序对教学起着普遍的参考作用,具有一定的稳定性。

5. 灵活性

作为并非针对特定的教学内容教学,体现某种理论或思想,又要在具体的教学过程中进行操作的教学模式,历史教师在运用的过程中必须考虑到历史学科的特点、教学内容、现有的教学条件和师生的具体情况,并进行细微的方法上的调整,以体现对学科特点的主动适应。

(四)选择教学模式的依据

教学不可能脱离现实情况而独立存在,从经济性、可操作性、时间、精力、人流、物流成本等角度综合考虑,选择出来最适合的教学模式,才是有效的、有意义的教学模式。我们要根据所采用的教学模式实施计划,主要考虑的因素有单元课程名称、上课时间、上课地点、学生人数、教学环境、技术设备、软件环境、学生

技能要求、教学管理、教学实施准备等。在选择教学模式时,可以重点考虑以下几点:

1. 依据教学目标选择合适的教学模式

历史课要落实三维目标,当历史教学的核心目标是知识掌握时,可以更多采用以教师活动为主的教学模式,突出系统讲授和系统训练;如果教学的核心目标是实际能力或方法的培养,那就要在历史教学中更多采用以学生活动为主的教学模式,突出学生的自主学习和主动探索;如果历史教学的核心目标是让学生形成某种态度或价值观,那就要更多采用突出社会活动、情感体验的教学模式。一个单元、一节课的教学往往同时会涉及多个目标,所以,要在历史教学中适当对不同模式加以组合。

2. 依据学生的认知发展水平选择合适的教学模式

教学模式必须符合学生的认知发展水平。如果所要进行的学习活动具有较高的认知复杂性,就需要选择采用结构较松散的教学模式,即教师及教学程序的控制性较低,允许学生进行更主动的、更开放的探索性活动的教学模式,如发现学习的模式、基于问题式学习的模式、非指导性教学等;相反,如果所要进行的学习活动主要依赖于较低复杂性的认知活动,那就可以选择结构更严格的教学模式,即教师、教学程序对学生的学习过程做详细严格的规定,如程序教学等。另外,在选择教学模式时,也要考虑学生的学习能力和学习习惯,而且应该在教学中有意识地培养学生的独立学习能力。

(五)各种教学模式综述

尽管教学模式多种多样,但大致可以归入如下四类:行为矫正模式、信息加工模式、个人发展模式、社会作用模式。这里介绍教学模式中与我们目前的初中历史教学状况比较相符的模式。

1. 传递—接受式

该模式以传授系统知识、培养基本技能为目标。其着眼点在于充分挖掘人的记忆力、推理能力与间接经验在掌握知识方面的作用,使学生比较快速有效地掌握更多的信息。该模式强调教师的指导作用,认为知识是教师到学生的一种单向传递的作用,非常注重教师的权威性。

(1)教学基本程序。

该模式的基本教学程序是:复习旧课——激发学习动机——讲授新课——巩固练习——检查评价——间隔性复习。

(2)实施建议。

教师要根据学生的知识结构和认知水平对教学内容进行加工整理,力求使得所传授的知识与学生原有的认知结构相联系。充分发挥教师的主导作用,教师在传授知识的时候需要很高的语言表达能力,同时要对学生在掌握知识时常遇到的问题有所经验与觉察。在介绍讲解性的内容上运用比较有效,当期望学生在短时间掌握一定的知识去应试时比较可行。

(3)教学效果。

优点:学生能在短时间内接受大量的信息,能够培养学生的纪律性,能够培养学生的抽象思维能力。

缺点:学生对接受的信息很难真正地理解,易培养单一化、模式化的人格,不利于学生创新性、分析性的发展,不利于培养的学生创新思维和解决实际问题的能力。

2. 自学—辅导式

自学—辅导式的教学模式是在教师的指导下自己独立进行学习的模式。这种教学模式能够培养学生的独立思考能力,在教学实践中也有很多教师在运用它。

(1)教学基本程序。

自学辅导式的教学程序是:自学——讨论——启发——总结——练习巩固。

教师在教学中根据学生的最近发展区,布置一些有关新教学内容的学习任务组织学生自学,在自学之后让学生之间交流讨论,发现他们所遇到的困难,然后教师根据这些情况对学生进行点拨和启发,总结出规律,再组织学生进行练习巩固。

(2)实施建议。

自学内容难度适宜,教师在教学过程中要适时点拨,先进行自主学习,然后教师进行指导概括和总结。要提供必要的学习材料和学习的辅助设施,给学生自学提供有力的支持。最好选择难度适合且学生比较感兴趣的内容进行自学,教师要有很高的组织能力和业务水平,教师避免讲解而是多启发。

(3)教学效果。

优点:能够培养学生分析问题、解决问题的能力;有利于教师因材施教;能发挥学生的自主性和创造性;有利于培养学生相互合作的精神。

缺点:学生如果对自学内容不感兴趣,可能在课堂上一无所获;需要较长的时间;需要教师非常敏锐地观察学生的学习情况,必要时进行启发和调动学生的学习热情,针对不同学生进行讲解和教学,所以很难在大班教学中开展。

3.探究式教学模式

探究式教学模式以问题解决为中心,注重学生的独立活动,着眼于学生的思维能力的培养。

(1)基本程序。

教学的基本程序是:问题——假设——推理——验证——总结提高。

首先创设一定的问题情境提出问题,然后组织学生对问题进行猜想和作假设性的解释,再设计实验进行验证,最后总结规律。

(2)实施建议。

建立一个民主宽松的教学环境,充分发挥学生的思维能力,教师要掌握学生的前认知特点,实施一定的教学策略。需要一定的供学生探究学习的设备和相关资料。在探究性教学中要尊重学生的主体性,创设一个宽松民主平等的教学环境,要对那些打破常规的学生予以一定的鼓励,不要轻易地对学生说对或错,教师要以引导为主,切不可轻易告知学生探究的结果。

(3)教学效果。

优点:能够培养学生创新能力和思维能力,能够培养学生的民主与合作的精神,能够培养学生自主学习的能力。

缺点:一般只能在小班进行,需要较好的教学支持系统,教学需要的时间比较长。

4.自主学习模式

(1)教学程序。

基本教学程序是:设置情境——激发动机——组织教学——应用新知——检测评价——巩固练习——拓展与迁移。

（2）实施建议。

这是一个比较普适性的教学模式,根据不同的教学内容它可以转化为不同的教学法,只要教师灵活驾驭就能达到想要的教学效果。教师在利用这种模式的时候,要时常提醒学生反思自己的学习行为,要考虑各种步骤的组成要素,根据不同情况有所侧重。

5. 合作学习模式

（1）创立理念。

①师生关系。师生在人格上是平等的。

②评价。主张在教学中不要轻易地给学生不及格的分数,教师要采取缓置原则,给学生进一步思考的机会,直到学生纠正了错误,很好地完成了作业,教师再给其一个满意的分数。

③自由选择思想。在教学过程中,教师要给学生提供自由选择的机会,要充分给其"言说"的权利,使他们体验到受尊重、受信任的感觉,从而培养其学习的积极性、独立性和创造性。

④最近发展区。教师教给学生的东西和要求学生掌握的东西,要具有一定的超前性,要有一定的难度,能够激起学生的挑战欲望;同时,学生只有在教师的帮助和合作中才能克服这些困难,达到目标。

（2）教学程序。

①课堂教学中要为学生创造一个良好的心理环境。

②在检查提问时,教师要创造条件消除学生的种种顾虑。

③在布置作业时,不应当强制学生定时定量完成同等作业,要有所区别;

④评分要采取鼓励性原则。

6. 发现式学习模式

发现式学习是以培养学生探索知识、发现知识为主要目标的一种教学模式。历史教学中的发现学习是在教师提供必要的资料和条件,并经过适当设计,不断地提问、引导,最后由学生发现要学习的内容,使学生经历一次再发现的过程。在历史教学中,运用发现学习理论,采用发现教学方式,具有重大意义。因为学习历史的重要目的不在于学生记住多少历史知识,而应引导学生去探讨历史规律,掌握研究历史的方法,形成从历史学习中吸取营养和智慧的品质。发现学习一般有以下几个步骤:

(1)提供例证,提出问题。

(2)学生辨别,提出假设。

(3)检验假设,解答问题。

(4)建构知识,运用转化。

典例精析

比较接受式教学和发现式教学的优缺点。

【专家点评】接受式教学是指学生通过教师呈现的教学内容来掌握现成知识、形成技能的一种教学形式。发现式教学是学生通过自己再发现知识形成的步骤,以获取知识并发展探究性思维的一种教学方式。

【参考答案】接受式教学的主要优点是:首先,它可以使学生在较短的时间内掌握大量的系统的科学文化知识;其次,接受式教学有助于培养学生从书本中获取知识的能力,这对他们的终身学习是有益的;最后,在教学经费不足的发展中国家或地区的学校,接受式教学要求的教育设施水平较低,因而经济易行。其缺点是不利于培养学生的探究精神和创造精神及学会科学的探究方法。

发现式教学的主要优点是一旦学生体验到发现的乐趣,就会大大增强他们对学习的兴趣;有利于保证教学中学生的主体作用得到充分发挥,在主动解决问题的过程中,最大限度地促进学生智力的发展;学生掌握了发现的方法和探究的方式,有助于保持记忆并形成迁移能力。其最大的缺点是教学过程费时较多。

7. 抛锚式教学(基于问题的教学模式)

这种教学要求建立在有感染力的真实事件或真实问题的基础上,确定这类真实事件或问题被形象地比喻为"抛锚",因为一旦这类事件或问题被确定了,整个教学内容和教学进程也就被确定了。由于抛锚式教学要以真实事例或问题为基础(作为"锚"),所以有时也被称为"实例式教学"或"基于问题的教学"或"情境性教学"。

(1)基本程序。

基于问题的教学设计模式一般有五个步骤:

①创设问题情境,使学生发现并提出问题。

②引导学生针对提出的问题,结合教学目的,明确要解决的主要问题,即问题定向。

③学生自主探究,分析问题,提出假设、猜想,设计解决问题方案。

④对假设方案、推论、尝试解决问题。要允许学生犯错误,这往往是正确的先导。

⑤对解决的问题及时反馈;进行科学检验,使问题解决,并掌握科学方法。

⑥在解决了某一类若干问题后,能发展预期知识与技能,使问题得以拓展与延伸,使学习的知识系统化,又为探求新知奠定基础。

(2)实施建议。

创设情境适时抛出问题,注意情境感染与熏陶作用。教材的知识点以问题的形式呈现在学生的面前,让学生在寻求、探索、解决问题的思维活动中,掌握知识、发展智力、培养技能,进而培养学生自己发现问题解决问题的能力。

要从培养问题意识、科学精神和构建创新素质的宗旨出发,注意问题的层次性;不能只限于"呈现型"问题,要注重"发现型"问题与"创造性"问题。

8. 目标教学模式

(1)目标教学。

所谓"目标教学"就是目标控制教学。它有两个基本特征:第一,它有统一的细目化、行为化的教学目标。第二,它的教学程序和课堂教学模式体现了不断地进行反馈矫正,直至所有或大多数学生达到全部或大部分教学目标。

(2)目标教学的评价。

因为目标教学主要是通过反馈机制形成的,所以目标教学的评价在目标教学过程中就显示了十分重要的作用,教师务必要重视这一环节。评价主要分为:

①课堂目标测试及试卷评价。

②单元目标测试及试卷评价。

③终结性目标测试及试卷评价。

（3）目标实施的基本模式——课堂目标教学。

其主要程序包括编制目标、达标教学、测试目标、矫正教学等步骤。其中编制目标（定标）是目标教学的关键。课堂目标教学的一般步骤：

①前提诊测（3~5分钟）。

②展示目标（1~2分钟）。

③实施目标——议、讲、练、结（25~30分钟）。

④评价检测（2~5分钟）。

⑤反馈矫正。

四、教学资源

媒体环境与一切可用于教育教学的物质条件、自然条件以及社会条件结合在一起统称为资源环境，也即教学资源。

教学资源是为教学的有效开展提供的素材等各种可利用的条件，一切可以利用于教育、教学的物质条件、自然条件、社会条件以及媒体条件都可以理解为教学资源，是教学材料与信息的来源。通常包括教材、案例、影视、图片、课件等，也包括教师资源、教具、基础设施、教学媒体等，广义也应该涉及教育政策等内容，要充分利用一切可以利用的资源，为学生创造一个更完善的环境。

（一）教学资源的分类

按资源的功能属性可分为素材性资源与条件性资源，包括：媒体素材、量规集、教学工具与模板、课件、案例、文献资源、课程、索引目录。

按资源的媒体属性可分为：文本、动画、音频、视频、图形、图像及其他应用类软件等。

按照资源的实用属性可以分为：知识类（包括基本资源＋拓展资源）、工具类（包括学科专用软件＋工具模板）、案例类（包括教学案例＋学生作品）、评估类（包括小测验工具＋量规）、素材类（包括各种可能有用的其他教学媒体材料）等。

教学资源包括教学资料、支持系统、教学环境等组成部分。

不同类型的资源具有不同的教学功能，教师应该合理把握教学资源的作用，考虑到各种不同资源类型之间的关系，并结合教学目标的不同和学生的不同年龄特征，形成特定的学习资源。

（二）教材资源的开发与利用

历史教材是历史课程资源的核心，是进行历史课程教学的基础，合理利用与开发历史教材，必须吃透教材。应对教材结构、课文内容有一个总体认识；对照课标，找出教学内容的重点难点，了解教学目标中知识、能力、过程、方法以及情感方面的要求；应对教材中辅助材料，如课前的引文、历史图片、问题设计、课后练习等进行深入研究，揣摩编者这样设计的意图；分析课与课、专题与专题之间的关系等。做到课内外结合，用活教材、准确把握教材。根据实际大胆调整教材顺序，活用教材。结合学生情况灵活、大胆地筛选和补充、调整教材。

历史教学中应该加强学生的阅读能力的指导、培养，要求学生领会教科书的篇章结构、大小子目和内在联系,哪些是基本史实,哪些是基本原理或观点。可把每个历史事件分成背景、经过和结果三个方面进行,从阅读中寻找答案。设计一些旨在提高能力的问题,帮助他们通过阅读去进行思维、分析、判断,提高阅读能力。学生在阅读教材的过程中通过感知,参与了观察、思维、想象分析、归纳、综合等多种思维活动,这个过程也就是通过阅读获取历史信息的过程。遵照循序渐进的原则,从单纯地按课本顺序看书,提高到从各个角度看;从基本史实上升到概念,最终进行理论概括。

(三)多媒体教学资源的应用

在历史教学中应想办法充分发挥多媒体优势,灵活运用文字、符号、图形、动画和视频图像等多种媒体教学资源,培养学生获取信息、分析信息的能力。

历史教学涉及大量的地图。为了动态展示战争进程、交通路线,利用多媒体课件进行动态演示,就能将知识形象直观地展现出来。这样,既活跃了课堂气氛,又激发了学生的求知欲,使教与学成为有机整体。

日常生活中有许许多多反映历史题材的影视作品和音像资料,有的同历史教学直接相关,若能把这些剪辑收集过来,用于课堂教学,则会大大增强课堂的生动性、趣味性。

典例精析

有人说历史课程建设和课程资源的开发是课程专家的事,我们只要按教科书教完该教的书就是了,何况我们基层一线教师也没什么课程资源。你认为这种观点对吗?为什么?

【专家点评】课程资源是教学的基础,是教学实践的必要。课程资源是为历史教学服务的有利于学生历史素养的形成与发展的校内、校外一切课程资源。

【参考答案】这种观点是不对的。因为,我们一线的许多老师对于"课程资源"的认识比较模糊,总认为课程资源建设和课程资源的开发是课程专家的事,我们只要按教科书教完该教的书就行了。其实这也是课程资源开发与利用中存在的误区。对于初中历史课程,其可以开发与利用的资源很多,可以开发的素材丰富多彩。如:教材、学校图书室、实践基地、教师、学生、家长及社会相关人士、课堂上的生成性资源,师生的生活经验,校园课间文化等。因此,作为一线老师,进行历史课程建设和资源的开发是必要的,也是有条件的。每一位教师都要树立课程资源观,积极开发利用新的课程资源,以切实提高学生的人文素养、学科能力和综合素质。

五、教学过程

教学过程,即指教学活动的展开过程,是教师和学生以教材为依据,运用恰当的教学组织形式和教学方法,完成一定教学目的和任务的教学互动的程序。教学过程是一种特殊的认识过程,也是一个促进学生身心发展的过程,它是教学诸多因素的集中反映和综合运用,教学目标、教学任务、教学对象的分析、教学媒体的选择、课堂教学结构类型的选择与组合等,都将在教学过程最终得到体现。教学过程应充分体现教师的主导作用和学生的主体作用,遵循感性认识和理性认识统一、认识和实践统一的规律。在教学过程中,按照拟订的设计方案,随时结合现状修正方案并将之实施。

(一)学生掌握知识的基本阶段

引起求知欲:教学应从诱发和激起求知欲开始,从做好学习的心理准备开始;产生了知与不知矛盾,出现了求知的内在动力。

感知教材:如果学生有了必要的感性知识,形成了清晰的表象,则理解书本知识就比较容易。

理解教材:是教学的中心环节。

巩固知识:只在理解的基础上牢记所学基础知识,才能顺利吸收新知识,自如运用已有知识,发展学生的记忆力。

运用知识:重视运用知识,培养学生的技能技巧。

检查知识、技能、技巧:培养学生及时对所学知识作自我检查的能力和习惯是非常必要的。

运用时要注意的问题:根据具体情况灵活运用;注意阶段之间的内在联系不要割裂;每个阶段的功能都是整个教学过程中不可缺少的因素。

(二)教学活动的顺序

教学实施就是合理地设计教学活动顺序,从起点成功地达到预期的终点——教学目标的过程。为了实现预期的目标,教师需要有效地组织教学活动顺序,做好各项教学准备工作。

1. 引起注意

用于引起学生注意的事件有很多种。教师通常可通过以下三种方式来引起学生的注意:

(1)激发求知欲。

(2)变化教学情景。

(3)配合学生的经验。

2. 告知学生目标

引起学生注意后,要向学生提示教学目标,使学生在心理上做好准备,明了学习的方法和结果,以免学生在学习中迷失方向。

3. 回忆相关旧知

任何新知识的学习必须以原有知识技能为基础,因为原有知识和技能是新的观念获得的支撑点。在教学中教师要激活学生头脑中与新知识学习有关的旧的知识技能,以此为基础推导和引发新知识。有时,教师需要简短地测查学生对相关旧知识的掌握情况。

4. 呈现教学内容

教学内容是引起学生学习行为的刺激物,是学生要掌握的知识、技能和情感。呈现教学内容是整个教学过程中最重要的环节,所有类型的教学都不可缺少,否则学习行为无从发生。教师在呈现教学内容时要根据教学目标、学生学习的特点等有关因素,采取呈现形式。

5. 提供学习指导

在呈现教学内容之后,教师要指导学生完成学习任务。学习指导并不是告诉学生问题的答案,而是重在指出学习的思路,明确思考的方向。学习指导包括直接指导和间接指导,具体使用哪种要视学习的类型而定。

6. 引出行为

学习是学习者内在的心理活动,在充分的学习指导后,如果想要确定学生是否产生了学习,就要求他们展现其外显行为,这时教师通常会对学生说"请说明一下""做给我看"等等。当认知活动由困惑达到理解时,学生的眼神和表情会流露出一种满意的状态;教师可以随时指定学生将所学知识或问题答案说出来;根据学生的课堂作业来检查全班学生的学习情况。

7.适时给予反馈

学生展现学习行为之后,教学必须提供学生学习行为正确性或正确程度的反馈。学生反应的反馈线索可以来自学生自己,也可来自教师,尤其是知识的学习,可以通过作业和谈话获得反馈。

8.评定学习结果

当学生正确的学习行为表现出来时,实际上就直接标志着预期的学习已经发生,其本身就是对学习结果的评估,只不过是这种评估还要考虑信度和效度的问题。通常情况下,系统的学习结果评定要通过标准化测验或教师自编测验完成,在平时或对于一个具体教学目标,可以通过课堂作业情况、课堂小测验或者课堂问答了解学生对本内容的掌握程度。

(三)教学过程的开展

结合教学过程的一般规律与原则,初中历史课的教学过程可以围绕以下方面展开:

1.注重趣味性,创设生动有趣的问题情境。

2.注重历史教育的思想性和教学过程的逻辑性。

3.突出互动性,创造民主的学习气氛。

4.充分运用多媒体等现代化的教学手段和多样的教学方法。

5.强调自主性,提供学生自主学习的空间。

强化训练

简答题

1.讲授法与讨论法各有什么优点? 分别说明其适用条件。

2.新课程的教学理念十分重视学生在学习中的主体地位,请你谈谈对学生主体地位的理解。

材料分析题

3.阅读材料,说一说在教学实施前,应先考虑哪些问题。

现在,可以开始教学活动了。如果课堂教学是以教师为主的,教师应当表现的像一个专业人士。有一个词专门用来形容教师的表现,叫做"演示技巧",正如演员要能控制观众的注意力一样,在课堂教学中,教师也一定要能引导学生的注意力。如果课程是以学生为主的,教师的角色就应当是一个引导者的角色,帮助学生查找因特网上的主题,讨论课程内容,准备多媒体文件夹的材料,或者向别的同学呈现自己找到的信息。

——选自 Smaldino 等《教学媒体与学习技术》(2005 皮尔森教育出版公司)

参考答案及解析

简答题

1.【答案要点】

讲授法的优点:

(1)能用学生易懂的形式有效地概括学科的内容,可以用不同词语陈述相同的内容,从而有助于理解;

(2)讲授中有师生的情感交流,师生相互作用,相互强化;

(3)在讲授时教师还可以根据听课对象、设备和教材对讲授内容灵活处理。

讲授法适用于以下条件:

(1)教学的基本目的是同化信息,即知识的理解;

(2)缺乏现成的可以利用的学习材料;

(3)材料需要重新组织并以特殊的方式为特殊对象呈现。在上述任一条件满足的情况下,都可使用讲授法。

讨论法的优点:能有效地培养学生合作学习的意识,培养批判性思维的能力和口头表达能力。在历史教学中,当有多种观点时,比较适合用讨论法,通过讨论,学生能比较各种观点的异同,形成自己的看法。但讨论法要求班级和小组有较好的自我控制能力。如果班级纪律很差,学生中缺少好的骨干,一旦讨论开始,班级就可能失去控制。这样一来就达不到讨论的目的。因此,从班级的条件来看,讲授法用于纪律较差的班级比较好,讨论法比较适合于班级纪律较好、学生自我控制力较强的班级。

2.【答案要点】

新课程的教学理念认为学生的学习是在教师的指导下认识事物的过程,学生是认知的主体,其主体性发挥得愈充分,学习的自主性、主动性和创造性就愈强,学习效果也就愈佳。教师在教学过程中所起的主导作用应表现为强化学生在学习过程中的主体地位,帮助学生树立信心,促使其积极主动的学习。

新的教学理念非常强调培养学生健康、稳定的心理素质和对所学科目的持久兴趣,这是新课程标准能否成功的关键。倡导学生主动学习,在多样化、开放式的学习环境中,充分发挥学生的主体性、积极性与参与性。

材料分析题

3.【答案要点】在教学实施前,请先考虑以下内容:

教学实施的环境是什么。

需要使用哪些软件、硬件或教学材料,如何获取。

在教学实施前,学生应做好哪些学习准备。

实施教学过程中有哪些需要注意的演示技巧。

真题预测

简答题

1. 课堂交流是教学中必不可少的活动,在课堂交流中教师的作用有哪些?

2. 贯彻与实施教学原则的基本要求是什么?

3. 在选择教学模式时,教师应考虑哪些问题?

材料分析题

4. 阅读材料,回答问题。

小组学习有它的一些缺点,如有因组内成员的意见不一致、分歧大而争论不休,造成内耗,浪费了大家的时间和精力;小组进行讨论时,有时一些不愿意承担责任的小组组员推卸责任,或是在活动中不积极配合小组活动,表现消极,降低全组的学习效率;小组内同学间的交流相对小组间的交流要多得多,不利于各组间的交流与合作。而且,各小组在学习过程中不可避免地会出现竞争,也会影响各组的工作效率,甚至伤害成员相互间的感情。

说一说小组学习的特点,并针对材料中指出的缺点分析解决策略。

参考答案及解析

简答题

1.【答案要点】

(1)对学生的探究报告、调查报告等进行审阅和指导,并提出相应的修改意见和建议。

(2)交流前做好学生的思想工作,特别要关注胆小和表达(口头表达)能力差的学生。

(3)交流时做好现场记录,为成绩评定提供第一手材料。

(4)组织协调好各小组的交流,控制好交流时间,掌握好交流节奏,把握好交流的势头和方向。

2.【答案要点】

(1)发挥教学原则的整体性功能和作用。

(2)运用教学原则要处理好科学与人文的关系。

(3)实施教学原则要处理好继承与发展、引进与吸收的关系。

3.【答案要点】

在选择教学模式时,教师要重点考虑以下问题:

(1)教学目标:当教学的核心目标是知识掌握时,可以更多采用以教师活动为主的教学模式,突出系统讲授和系统训练。

(2)学习过程的复杂性:从认知的角度来看,学习活动的认知复杂性是不同的。如果所要进行的学习活动具有较高的认知复杂性,就需要选择采用结构较松散的教学模式,即教师教学程序的控制性较低,允许学生进行更主动的、更开放的探索性活动的教学模式,如发现学习的模式、基于问题式学习的模式、非指导性教学等;相反,如果所要进行的学习活动主要依赖于较低复杂性的认知活动,那就可以选择结构更严格的教学模式,即教师、教学程序对学生的学习过程做详细严格的规定,如程序教学等。

（3）学生的特点：教学模式必须符合学生的认知发展水平。不仅要考虑学生的学习能力和学习习惯，而且应该在教学中有意识地培养学生的独立学习能力。

（4）各种教学模式对教学资源、教学环境等客观条件的要求。同样的，教学策略的选择也必须考虑上述问题。

材料分析题

4.【答案要点】

分组学习是学生共同地、自主地解决问题的教学方式，学生可借此提高解决问题的能力，提高自主学习能力。

小组学习具有下列特点：第一，通过小组学习，学生可以发展集体意识，发展作为集体一员共同地、自主地从事活动的能力；能激励学生发挥出自己的最高水平；第二，在小组学习中，学生的学习态度是能动的，尤其是成绩居中下水平的学生，可以进行主动的、能动的学习，大幅度减少了同步学习中常见的学习分化现象；能促进学生间在学习上互相帮助、共同提高；能增进同学间的情感沟通，改善人际关系；第三，由于强调小组中的每个成员都积极地参与到学习活动中来，学习任务由大家共同分担，问题会比较容易解决。

要保证小组合作的有效性，应注意：小组合作学习的任务应有一定的难度，问题应有一定的挑战性，有利于激发学生主动性与小组学习活动的激情以及发挥学习共同体的创造性。处理好集体教学、小组合作学习的时间分配。

第二章　历史教学的基本技能和策略

考纲呈现

一、考试目标

掌握初中历史教学实施的组织形式及基本步骤,恰当地运用教学策略和教学方法;能够准确地表述教学内容,有效地引导和组织学生的学习活动,并有针对性地对学生进行学法指导;能够运用现代教育技术进行历史教学。

二、考试内容模块与要求

1. 能够运用合理的组织形式开展初中历史教学,恰当地运用教学策略和教学方法,完成教学任务。

2. 能够创设合理的历史情境,促进学生对历史的感悟和体验,引导学生积极思考。

3. 能够准确、清晰地表述历史教学内容,对历史概念进行正确的阐释,合理地对历史进行评析。

4. 能够有效地组织学生的学习活动,注重培养学生的历史学习兴趣与能力,对学生进行学法指导。

5. 能够坚持正确的思想导向,以正确的历史观、人生观和价值观引导学生。

6. 能够合理整合多种教学资源,运用现代教育技术进行历史教学。

本章考试指南

本章内容主要介绍了历史教学的基本技能和策略,重点考查考生对导入技能、提问技能、语言组织技能、板书设计技能、教学演示技能、学习策略、教学实施策略等的理解和掌握程度。

本节内容在考试中往往以简答题和材料分析题的形式出现,对考生理解问题、分析问题的能力要求较高。

本章基本结构框架

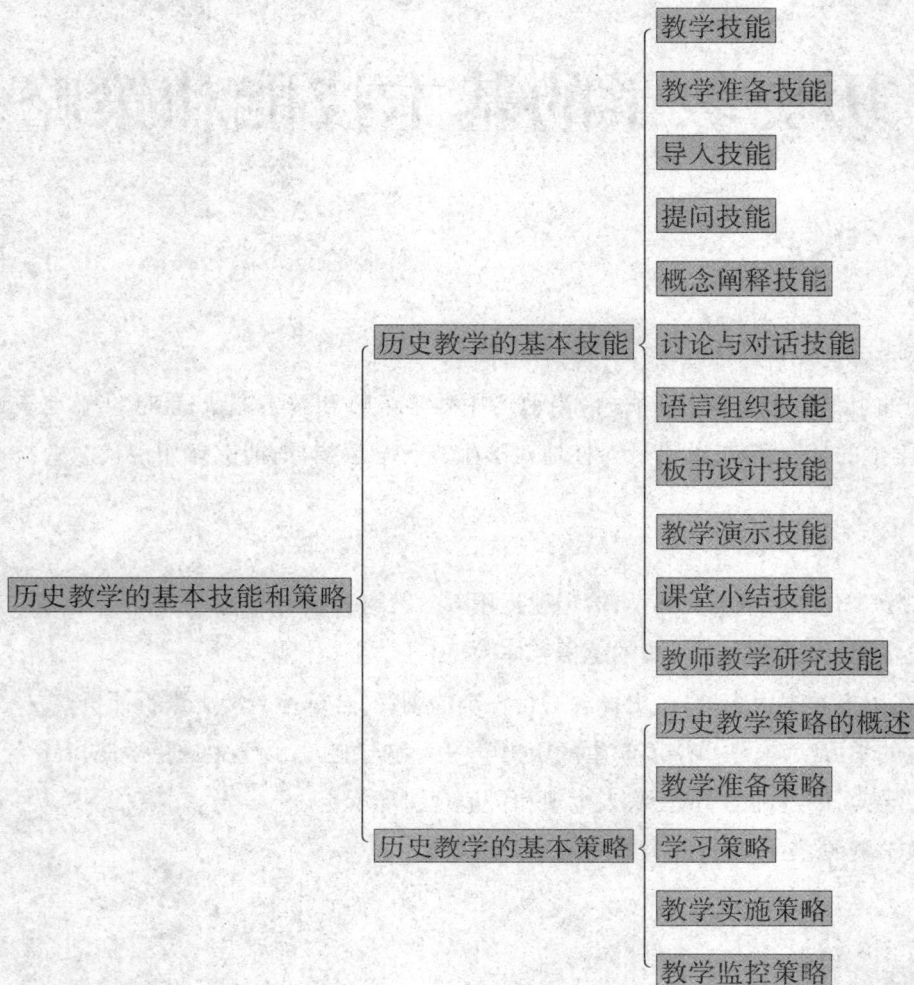

历史教学的基本技能和策略
- 历史教学的基本技能
  - 教学技能
  - 教学准备技能
  - 导入技能
  - 提问技能
  - 概念阐释技能
  - 讨论与对话技能
  - 语言组织技能
  - 板书设计技能
  - 教学演示技能
  - 课堂小结技能
  - 教师教学研究技能
- 历史教学的基本策略
  - 历史教学策略的概述
  - 教学准备策略
  - 学习策略
  - 教学实施策略
  - 教学监控策略

名师讲堂

第一节　历史教学的基本技能

一、教学技能

教学技能对外表现为成功地、创造性地完成既定的教学任务,卓有成效地达到教学目的和获得有效的教学方法;对内表现为保证完成教学任务的知识、技巧、心理特征和个性特征的功能体系,是教师的个性、创造性与教学要求的内在统一。

历史课堂教学技能,是教师在历史教学过程中的心智活动能力和教学行为能力的综合。历史教学技能不是单纯的技术,它是教师依据教育理论和预定的教学目标,运用历史学科知识以及教学经验,促进学生开展有效学习的教学综合能力。教学技能也体现在教师的教学艺术境界之中。历史教学技能具有习得性、发展性的特点,教师可以经过实践训练和不断反思获得长期进步。历史课堂教学技能也具有多样性的特点。

二、教学准备技能

教师的教学工作在走进教室之前就已经开始了。为了上好每一节课,教师的教学准备工作是必须的,这要求教师有较高的教学设计技能,包括:目标编订技能、教学素材处理技能、教学媒体选择技能、教学策略制订技能以及教案编制技能。

(一)制订课程授课计划的技能

1.清楚本专业课程设置的种类和相互关系。

2.对自己所授课程在本专业总体的教学计划中的地位作用有正确认识。

3.能够根据教学计划制订详细的课程授课计划和教学进度计划。

(二)撰写教案的技能

1.掌握撰写教案的基本程序和方法。

2.掌握教材的知识结构和体系,正确把握教材的内容和重点、难点。

3.能够根据课程标准和学生的接受能力对教材进行恰当的处理。

4.能够根据教学内容和教学对象制定恰当的教学策略,优化教学方法。

5.会编制电子教案,在课上演示和供学生在校园网上学习。

(三)使用教学媒体的技能

1.掌握常规教学媒体及其教学特征。

2.掌握现代教学媒体及其教学特征。

3.掌握教学软件、课件的编制及其使用方法。

(四)了解学生的技能

1.掌握了解学生的一般方法。

2.熟悉教学对象的总体思想状况和知识基础。

3.了解教学对象的个别差异(包括智力水平、心理特征和个性倾向)。

三、导入技能

历史课堂教学导入是教师引入教学的首要环节。导入不仅用在一节历史课的开始,也可以用在历史教学进行之中各环节之间的转换,或相对独立阶段(讨论、放视频等)的起点。历史教学导入技能,即教师设计和实施教学导入的心智、行为能力。

(一)导入的功能

通常人们认为,好的开头就意味着赢得了一半的成功。所以,主张教师有必要设计一个有效地导入,以使历史课堂出现一个良好的开端。实际上,导入并不仅是为了获得一个好的开端。历史课堂导入技能有四项基本的功能。

1.提醒学生注意

学生要真正进入学习状态有一个过程,在这个过程中,教学导入要紧接着课堂教学的课前准备,具有引导学生开始历史学习的作用。

2.明确学习导向

导入除了提醒学生注意之外,更为重要的功能是使学生明确历史学习的方向和目标。学生通常在上课之初还未完全认清学习主题,以至学习方向是不明确的,甚至有可能存在某些认识误区。教师的导入可以通过设置一定的历史情境,或结合现实提出一些问题,使学生找到进入历史学习的视角和方向。

3.引发认知需求

因历史知识远离学生的生活经历,教师所设置的情境或问题应该与初中生的心理认知水平、生活经验、兴趣爱好和热门话题进行合理的衔接,以调动学生的非智力因素,调整好学生在学习历史新知前的兴趣和动机。

4.促进主动参与

当代的历史课堂教学强调学生对学习的主动参与,教师在导入时通过采用强化历史学习兴趣的策略,及时鼓励、肯定学生的积极态度和表现,使学生在成功的愉悦中得到进一步学习的信息,从而以主动参与的姿态投入到历史学习中。

(二)导入的原则

为了更好地发挥教学导入技能的功能,历史教师有必要认清导入设置和使用的原则。主要有以下几个方面。

1.目标性原则

要求导入的目标要明确,设置和使用的针对性要强,必须直接指向历史学习的主题。为此,必须根据教学目标、教学的重点和难点,以及结合学生情况来设计导入。

2.衔接性原则

这是对导入的更高要求。首先,导语应使学生将已知的历史和新知之间建立起实质性的联系。其次,导语要解决学生在学习历史新知前所出现的认知结构上的不协调,以及由新旧知识之间的差异造成心理上的不协调。导入的情境应有助于学生使新旧历史知识联系起来,在大脑中形成历史知识的网络结构,既巩固已学,也为新的学习铺平道路,并使二者协调起来。

3.启发性原则

导入应启发学生对将学的历史主题进行思考,使历史学习从问题的思维激情开始,再深入到问题核心中去。

4.有效性原则

在历史课堂教学中,导入仅是一个"引子",不是教学的主要内容,因此,应言简意赅,以引入正题、点名题意为度,以便在较短的时间内有效地达成教学目标。长篇大论的导入语,或细节问题上左右徘徊,或花太多时间放视频,将会冲淡历史主题,影响后续环节的进行。

5.灵活性原则

导入是一种灵活的教学策略,导入的类型和方式是灵活多样的,可因课而异、不拘一格、呈现新意。导入的精心预设并不排除适时的调整。在历史课堂教学中,对预设与生成关系的处理,不仅会发生在教学过程中,也会发生在导入阶段。

典例精析

简述历史课堂导入的原则。

【专家点评】本题是对课堂导入技能的考查,为了更好地发挥教学导入技能,历史教师有必要认清导入设置和使用原则。

【参考答案】(1)目标性原则。要求导入的目标要明确,设置和使用的针对性要强,必须直接指向历史学习的主题。

(2)衔接性原则。这是对导入的更高要求。首先,导语应使学生将已知的历史和新知之间建立起实质性的联系。其次,导语要解决学生在学习历史新知前所出现的认知结构上的不协调,以及由新旧知识之间的差异造成心理上的不协调。

(3)启发性原则。导入应启发学生对将学的历史主题进行思考,使历史学习从问题的思维激情开始,再深入到问题核心中去。

(4)有效性原则。在历史课堂教学中,导入仅是一个"引子",不是教学的主要内容,因此,应言简意赅,以引入正题、点名题意为度,以便在较短的时间内有效地达成教学目标。

(5)灵活性原则。导入是一种灵活的教学策略,导入的类型和方式是灵活多样的,可因课而异、不拘一格、呈现新意。

(三)导入的类型

按导入的方式划分,可以分为以下几种类型:

1.复习式

因为历史知识有前后衔接的特点,学习大都需要之前所学为基础,因此,复习导入使用频率很高。教师在复习导入中可采用检测性谈话法或巩固性谈话法,使学生在已知和新知之间建立起实质的联系。

2.置疑式

教师根据学生的心理特点和知识之间的联系,提出悬念性的疑问导语,诱导学生围绕问题展开积极的思考,巧妙地向学生提出了学习任务,营造了探索知识的佳境,置疑式导语,可以激发学生思维的兴奋点,促使其在好奇和求知的迫切情绪下去探索新知识。置疑式可以结合启发性谈话法、读书指导法、图示法等教学方法实施。

3.情景式

指教师通过对课堂气氛的渲染,创造出一种历史意境来导入新课。包括以富有情感的语言叙述、诗歌诵读,以及用多媒体平台播放歌曲、演示影视片段等,将学生带入特定的意境中去,使学生心灵受到感染,启发丰富的联想,继而顺利切入学习主题。创设情境可以使用语言、挂图、图片、模型、录音、录像、电视、电影、电脑等多种教学手段。

4.直接式

直接式导入不受教学条件的限制,比较节省时间、简单易行。在呈现教学内容时,不作过多的渲染,可以采取教师直接讲述、提出核心概念、展示学习目标、学生自行阅读课本等方式进行。因初中学生的历史学习兴趣不易通过直接导入产生,所以,直接式在初中较少使用。

上述的各种导入方式,在教学实践中可以单独使用,也可以组合使用。教师可根据历史学科和历史知识特点,根据学生的年龄和心理认知特点,充分利用现有的教学手段和资源,创设出历史教学具体、形象、生动、感人的环境和氛围,让初中学生身临其境地感知历史,顺利地进入历史主题的学习。

四、提问技能

提问是促进师生互动的基本形式,是启发学生思维的重要手段,它具有教学信息双向和多维流动的特点。课堂提问是教师常用的一种教学行为,具有调动学习兴趣、培养思维能力和及时了解课堂学习效果的作用。历史课堂提问技巧的主要表现是,教师在教学过程中提出问题,并对学生的回答作出适时反应的行为能力。

提问可以在课堂教学的不同环节进行,可以与不同的教学方法配合使用。提问根据在不同环节或与不同教学方法衔接来分类,有再认再现提问、理解提问、运用提问、分析提问、综合提问、评价提问等。提问依据技巧分类,一般可以分为诱导式提问、疏导式提问、梯度式提问、对比式提问、迂回式提问等几种类型。

(一)提问技能的要求

教师组织课堂提问,应关注以下几个要点:

(1)提出的问题,不仅应创设未知的需求,还应关照未知与已知的关联,应体现对未知求解的活动方式和条件,还要考虑学生解决未知的可能性。

(2)问题的组合和系列结构应避免盲目性和随意性,关键问题要精心设计,设问的重点应紧扣教学目标,系列问题要构成利于学生层层攀登的"脚手架"。

(3)要讲究提问的方法和技巧,使提问富有成效,即启发思维的提问难度要适中,发问速度的快慢要得宜,题目覆盖的广度要恰当,问题的数量要相应,提问要使学生的思维活动具有节奏感和逻辑性。

(4)提问要遵循一定的教学规律,发问时机要把握得当,要关照学生个性特征,问题难易度要符合学生的认知水平。

(5)教师不仅自己善问,还要鼓励学生提问,培养学生的求异思维、想象力,创设宽松和谐的学习氛围。

(6)教师应把对学生作答的回应归纳入教学评价的科学范畴。

(二)提问技能的功能

教学的不同环节,提问所要到达的目的是不同的。课堂教学开始时,从复习旧知识引入新知识的导入式提问,目的是巩固旧知识,建立新旧知识之间的联系,起着集中学生注意力的作用,使教和学保持一致和同步;变换讲授主题时,从旧主题转入新主题的过渡性提问,是要启发学生知识及其内在联系;播放影像资料时提问,是要使学生从形象思维上升为抽象思维;讲授知识过程中的纵横联系性的提问,是要使学生从局部认识发展为系统完整的规律性认识;课堂讨论过程中的提问,则是要引导学生步步深入,看到事物的本质,从而掌握解决问题的关键;课堂教学结束时的总结式提问,则是为巩固、升华新知识或为下节课设下伏笔,或为指导学生进行有效联系,引导学生自觉、正确地运用知识去解决问题等。教师在各个教学环节中的提问,其共同的功能有以下几点:

1. 集中定向

把学生分散的注意力和兴趣集中到某一个问题(或课题、专题、概念)上,从而产生解决的自觉意向,调动学生的学习激情。

2. 反馈检查

了解学生掌握知识的情况和认知水平,诊断阻碍学生思考的困难所在,发现教学过程中的难点与疑点,使教师及时调整教学,更加有的放矢地解决学生学习中存在的问题,从而准确把握教学活动的方向和进程,顺利达到课堂教学目标。

3. 交流沟通

师生的问答过程,就是教师和学生及学生之间交流信息的过程。它沟通了感情,为学生提供参与的机会,不仅活跃了课堂气氛,有利于形成民主合作的教学风气,还可以促使师生间的教学相长。

4. 发展思维

组织学生参与学习,主要是指思维的参与,设计好课堂提问,是促进思维发展的有效方法。

5. 探究规律

提出问题是为了解决问题。历史教师要围绕重点提出环环紧扣的问题。同时,鼓励学生提出问题,然后引导学生沿着正确思维路线激疑、释疑、探究规律,培养他们发现问题、提出问题和解决问题的能力。如此循环往复,以至无穷。

五、概念阐释技能

概念阐释技能也称为概念讲解技能,是一项源远流长的教学常用技能。它以语言为主要媒介,向学生说明重要历史概念的系列结构,解释概念之间的相互关系。历史概念是人们对于历史事件、历史现象、历史事物和历史人物的基本认识。学生对于历史概念的感知,包括了对历史个别概念和历史概念体系的认识,是一个将形象思维与抽象思维相结合的过程。

历史教学涉及了众多的概念,大量的历史概念以一定的系列结构存在于历史知识体系中。以往中学历史教学大纲中的历史内容,就是以各种历史基本概念构成的。在现行的历史课程标准中的"内容标准",也涵盖了众多的历史基本概念。

不同的历史概念有各自的特点。有些历史概念具有时间、空间、人物和特征等要素,在历史课本中一般多属较完整的而又相对独立的历史事件和历史人物。有些历史概念较为复杂,在教科书中不一定给出明确定义,而且散见于较多的学习单元中,一般都是涉及面积较大的概念,在必要时,教师需要对某些概念进行范例式的阐释。

六、讨论与对话技能

讨论与对话,是一种根据学习的主题或研究的课题,师生在课堂教学中进行互动交流的有效方法。其中,课堂讨论法是在中外教学中得到广泛运用的方法。在历史课堂讨论中,学生根据教师提出的问题,互相议论交换意见,互相启发、弄懂问题,这是常见的讨论与对话的活动过程。

在自主探究的历史学习中,引发讨论的问题并不是由教师提出的,学生也可以就某一历史主题的学习提出相应的论题。

就教学任务而言,通常课堂讨论有两种:一是在教授完新课后,教师组织学生对教学的重点或难点展开讨论;二是在校外参观、实地考查等活动后,教师组织学生对参观、考察中接触到的新事物和新问题开展讨论。从对话的范围来看,课堂讨论也可以分为两种:一是整个班级的集体讨论;二是分组讨论。此外,在不同的教学理论指导下,还有许多专门的讨论形式,如集体协商式、分组议论式、头脑风暴式、专题讨论式等。教师可以把一节课都设计为讨论课,也可以在某节课内穿插一段讨论活动。

从技能的角度看,教师对于讨论与对话活动的组织,应把握以下几个要领:

(1)讨论前要做充分的准备。

(2)讨论时要启发学生独立思考。

(3)可以采用灵活的策略和方式组织讨论。

(4)在集体讨论时,应当避免只有教师提问启发、学生作答的情况发生,凡是没有学生交换意见的现象出现,都不是真正意义上的讨论。

(5)在分组讨论时,应当避免学生偏离主题、放任自流的现象,教师要积极巡视全场,或参与一个小组的讨论,其间发现问题及时通知各组。

(6)讨论结束时,要作出总结。

课堂讨论与对话活动的优势十分明显。他们可以通过调动学生历史学习的积极性,促进学生对教学的参与性,培养和发展学生的创造性思维,帮助学生形成自己的观点。它们还可使学生通过交流思想,开拓学习思路,培养科学的治学态度,坚持史论结合,反对空发议论,培养口头表达能力,学会准确、清楚地表述自己的观点和意见。同时,讨论有助于活跃课堂气氛,加强学生的人际交往能力、协作能力,形成同伴之间的相互信任感。但因历史课时十分有限,而讨论与对话比较费时,不能经常进行。此外讨论与对话引导不当会出现概念化的争议,偏离学习目标。在讨论中,也会因个别人的固执己见而引发争吵,造成不愉快的场面,既浪费时间,又不能达成预定的教学效果。这些都是开展讨论与对话活动时必须注意的。

七、语言组织技能

历史课堂上,教师的口头语言表达是传递历史信息的重要手段。教师在历史课堂上运用各种教学方法授课时,都要用上语言组织技能。历史教学语言必须符合科学准确,简明生动的原则。教师表达的条理性,集中反映了教学语言的内在逻辑性。教师对历史内容作有条理的讲述,与历史知识的系统性、综合性特征完全吻合,能有效提高历史讲述、讲解的说服力和论证性。

教师的教学语言艺术水平,对历史课堂教学效果和学习效率具有决定性的意义。学生所学的历史是间接性的知识,学习间接性知识的效率与教师表述的清晰度有直接的关系。此外,教师适度的语速和动听的表达,也能感染学生,提高学生对知识的接受程度。显然,语言组织是一项十分重要的教学技能。

教学语言的变化也是一项重要的技能,包括音质、声调、语速、节奏和停顿等方面的变化。语言变化可以应用在课堂教学的任何一个环节,并且可以反复、交替使用,训练有素的教师对于语言变化的掌控是十分适时和灵活的。通常,教师要使喧闹嘈杂的课堂安静下来,不是一味加大音量,或简单地训斥,而是使用语言变化所带给学生的暗示效果。尤其是适时的停顿(一般3秒左右),是课堂教学引起学生注意的有效技巧。教师在停顿期间,可以环顾全班,观察学生的学习状态。学生在停顿期间,可以做好诸如接受提问、思考问题、开展互动、深入学习等方面的准备。

除了有声语言之外,无声的肢体语言也包括在语言组织技能之内。肢体语言的变化也是教师应该予以把握的重要技能。例如,在教学中,教师始终要面向全体学生,师生之间的目光的接触能增强心灵的共鸣。教师目光的变化,包括注视的范围、时间和目光等,都会对学生发出无声的召唤。教师从学生目光的变化中,也可以及时获得学习信息的反馈。

八、板书设计技能

版式是直观教学的一种简便易行的方法,而直观教学又是近代以来的一种重要的教学手段。在课堂上,板书是学生注意的焦点之一。因此,教师必须把板书作为一门专门的教学技能来研究并熟练把握。

(一)板书的类型

板书的形式是多种多样的,从不同的角度划分,可以分为以下几种形式:根据位置和内容来划分,可分为系统板书和辅助板书,也称为正板书和副板书;根据板书的功能可划分为提问型板书、授课类板书、活动主题类板书和复习型板书等。通常,板书形式是根据授课的内容、教学方法、课型及学生的学习心理认知来设计的,可以分为以下几个类型:

1. 纲目式板书

纲目式板书是以文字表达为主,把教材内容纲目化,形成层次分明的板书样式,这种形式板书的特点是提纲挈领、条理分明、层次清楚,言简意明,重点突出。它以其规范化、标准化而被广泛适用于新授课的教学中。

2. 表格式板书

表格式板书是一种用表格结合文字组成的板书形式。它能把有关的历史事件、任务活动按时间顺序或相关项目整合为综合式因素。其特点是形式简明、内容扼要。既便于学生掌握知识,又能提高学生的综合能力,充分发挥其学习的主体作用。表格式板书实用性较强,可用于不同课型及教学内容。例如,对比式的内容就可以用表格来呈现。

3. 问题式板书

教师根据课文的主题思想提炼观点,必要时可以重新分解和整合教材内容。本着既突出学习重点,又注重知识扩展与提升的原则,以新颖、有创意的文字确立多个小课题,在更大的空间里精心设计主题,引导学生开展探究性学习。

4. 线索式板书

根据教学内容的纵向发展过程设计板书。主要用箭头、线条等符号显示内容层层推进的发展线索或过程,显示历史的动态发展。

5. 图解式板书

图解式板书是用文字、数字、线条等表示历史的演变。它比较形象具体,既可用于新授课,又可用于复习课。例如,板书表示地理区域时可按东、西、南、北、前后、上下等方位,配以有相关逻辑关系的历史事件或重要地名、人名、族名、国名等组成板书。

(二)板书设计的原则

板书的设计要依据一定的科学原则,以灵活多样的方式呈现,才会给学生留下一目了然的视觉印象,从而达到事半功倍的效果。板书的设计应把握以下原则：

1. 板书的语言要精炼恰当

板书要用最凝练的文字或简洁明了的图形、符号反应教学的主要内容。能准确反映教学重难点，能够恰如其分地表达教学内容，帮助学生有效地学习和掌握历史内容。具有高度的概括性，能以简驭繁，应有助于学生学习和掌握复杂的历史内容。

2. 板书既要有周密的计划性，又要有一定的灵活性

教师上课之前，对于板书内容出现的先后、内容间相互呼应和联系、文字的详略大小和去留、布局位置的调整、虚实的配合、符号的运用、板书与讲述的统一、板书与其他教学活动的配合等，都要进行周密的考虑。但周密的计划并不等于一成不变，在实际授课时教师也可临时变通，对板书从布局到内容上进行适当调整，使整个教学过程自然流畅。

3. 板书的形式要有灵活多样性和清晰的条理性

板书是由文字、线条、符号、图表和色彩所构成的，从内容到形式都应该是丰富多彩的，不能千篇一律。教师应针对教学内容、学生的心理等因素，设计出富于变化，有创意的板书形式，同时要保持条理清晰。应尽量避免公式化和模式化。

4. 板书的内容要能调控学生的思维方向，有一定的启发性

启发学生的积极思维，开动学生的大脑，是教师推进历史课堂教学的基本动力。教师应充分利用富有启发性的板书，使学生通过板书联想到整个教学内容，并引发思考，产生求知欲和创造性想象力。

虽然板书是课堂上最简易的视觉交流手段，但却是一门无边的艺术。从教学有效性的角度而言，教师高超精湛的板书艺术，是打开学生智慧之门的钥匙。即使是在现代化教学手段已普及的今天，或是未来的课堂教学，板书仍是一种便捷而有效的直观教学手段，有着广泛的实用性。

九、教学演示技能

演示技能也是一种重要的直观教学技能，因演示的事物具有多样性，所以能够充分调动学生的多种感官参与学习。历史教学演示可以为学生提供丰富的历史感性材料，有助于学生形成历史表象，借助想象力再现历史现象，从而加深对历史事物的理解。

初中阶段的学生，正沿着形象思维占优向抽象思维占优的趋向发展，因历史知识具有过去性的特点，单纯的文字材料会给学生形成历史表象带来一定的难度。由于课堂教学演示符合从生动直观到抽象思维这一人类认知的基本规律，同时有较强的操作性和实践性，因此，演示一直在历史教学中受到普遍的重视。

历史教学演示包括了实物、模型、教具、挂图、幻灯、投影、影视制品、音响、多媒体、板书等的演示。以往，历史课堂教学以文物、模型、教具等实物演示为主。如今，在现代教育技术手段逐步推广的情况下，以往演示的实物大都被电子图片所替代。但是，无论现代的数字模拟技术如何先进，三维画面如何逼真，历史课堂的实物演示仍具有特殊的作用。

在历史课堂教学中，教师实施演示应注意以下几点：

(1)结合教学目标确定演示的内容和资源。

(2)根据不同的教学环节选择演示的时间、速度、数量、方式和步骤。

(3)根据学生的认知特点安排一定的演示顺序。

(4)教师应引导学生掌握事物观察的方法。

值得注意的是,在历史课堂教学中,板书和多媒体课件是两种最为常见的课堂教学演示手段,两者的优劣具有互补性。例如,多媒体课件的信息容量大,与幻灯片等相比,有制作简单、操作便利、视觉美观和感染力强等特点。但若课件页数过多,则会对学生形成信息轰炸,还会因翻页过频等导致重要信息的丢失。虽然,板书不能呈现大量信息,但设计良好的某一课时板书,其信息概括性较强,可在一节课内容逐步补充完整,并且所有内容可以一直保留到课末,便于学生统观全部学习要点。此外,多媒体课件因为按照一定流程设计,其灵活性不如板书。板书可以在一些生成性因素出现后,适时予以反映,从而增加历史教学的灵动性。如何使板书与多媒体演示结合得更好,是值得广大教师关注的。

典例精析

试述课堂演示技能的作用与原则。

【专家点评】初中阶段的学生,正沿着形象思维占优向抽象思维占优的趋向发展,因历史知识具有过去性的特点,单纯的文字材料会给学生形成历史表象带来一定的难度。因此,演示一直在历史教学中受到普遍的重视。

【参考答案】作用:(1)演示可以给学生提供丰富的感性材料、帮助学生形成历史表象。再现历史形象,从而加深对历史事件的印象。

(2)演示可以培养学生的观察思维能力。

(3)演示可以培养学生的动手操作能力。

(4)演示能够激发学生兴趣,集中学生注意力,并使无意注意尽快转为有意注意。

原则:(1)科学直观,易于理解。

(2)现象明显,易于观察。

(3)动作规范,可以重复。

十、课堂小结技能

课堂小结技能一般是在课堂结束前使用的,故也称为结束技能。实际上,结束技能不仅用在一节课后,也可以用在任何一个相对独立的教学阶段。例如,用在某一课的讨论环节结束时。通常,历史课堂小结包括了巩固新课、布置作业和教学评价等三项内容。其中,巩固新课并不是简单地将新知识重复一遍,而是需要概括精要、理清线索,引导学生及时巩固所学,并将新知识与原有知识进行系统化的转化升华,妥善、稳固地内化到学生的知识体系当中去。布置作业可以是课堂内练习,也可以是课外习作,都需要结合教学评价进行。

(一)课堂小结的分类

通常,历史课堂小结分为系统归纳、比较异同、巧做铺垫、巩固练习等基本形式。总体而言,课堂小结所采用的方式分为以下两大类:

1.以教师概括为主的总结式

总结式可以采用教师讲述,表格与图示归纳、分析与比较等多种形式。总结式一般都有一个教师的结束语,主要是强调重要的史实和历史规律,对相关的知识进行归纳、概括和比较,做到化繁为简,理清易混淆的知识和概念,建立新旧知识之间的联系。结束语还可帮助学生总结教学中的思维过程和解决问题的方法,促进学生历史思维能力的发展。教师通过重复、强调、概括、实践和转化等教学方式,帮助学生对新学的历史知识进行及时地巩固、系统化和迁移应用,从而稳固地形成新的知识结构。

2. 以学生联系活动为主的参与方式

参与式大都用在自主、合作、探究等活动后,也可用在操作、通论、辩论、角色扮演等类型的历史课后。学生在小结中可以将图表制作、口头表达、演示操作等环节连为一体。参与式还可采用问题探究、师生问答、学生对话等方式进行,以突出学生的学习主体地位。学生参加小结和评价,不仅有利于学生巩固、拓深所学,还可以促进其原认知的发展,发挥其智力因素和非智力因素的作用,实现知、情、理三者的统一实现升华。在实践中,教师并不是完全脱离参与式小结,而是随时关注和掌控小结的正确导向,以取得更好的学习效果。

(二)课堂小结的基本要求

课堂小结不论以哪一种方式进行,都应注意以下几点:

1. 做到首尾呼应。

2. 结语要突出重点,结论扼要明确。

3. 既紧扣时代精神,也要避免空洞说教。

4. 适当留下悬念。

5. 注重评价的作用。

6. 小结通常也会根据实际情况布置课外作业。

典例精析

简述课堂结束技能的基本要求。

【参考答案】(1)做到首尾呼应。

(2)结语要突出重点,结论扼要明确。

(3)既紧扣时代精神,也要避免空洞说教。

(4)适当留下悬念。

(5)注重评价的作用。

(6)小结通常也会根据实际情况布置课外作业。

十一、教师教学研究技能

贯彻新理念、实施新课程,不仅迫切需要教师教学观念的更新和教学方法的改变,更需要学校教研活动方式的改革和教学研究制度的创新。另外,随着教师专业化的发展,教师职业强调教师同医生、律师一样,必须经过严格的、持续不断的专业训练。教师的反思技能、说课技能、听课技能、评课技能、教育叙事技能、行动研究技能在新形势下呈现出新的面貌和发展态势。

(一)掌握教学研究的基本方法

1. 掌握教学研究的基本程序和方法。

2. 掌握选择课题、制订教学研究计划的原则和方法。

3.掌握经验总结、调查问卷、科学观察、行动研究、教育实验等教育应用研究的基本方法。

4.掌握对教学研究资料进行统计、撰写课题总结和研究论文的方法。

（二）了解学科发展动态和吸取科研成果的技能

1.了解本学科发展的动态。

2.了解本学科和相近学科新的科技成果及其应用。

3.根据学生实际情况,在教学中吸取先进的科研成果,更新教学内容。

（三）信息检索技能

1.掌握本学科的主要文献种类。

2.掌握图书馆书目的检索方法。

第二节　历史教学的基本策略

一、历史教学策略的概述

（一）历史教学策略的概念

教学策略是对完成特定的教学目标而设计的教学过程系统。包括教学组织策略、传递策略与学习策略,是教学活动顺序、教学方法、教学组织形式和教学媒体等因素的综合考虑。

教学策略是在教学目标确定以后,制定的教学实施总体方案,在不同的教学条件下达到不同的教学结果所采用的方式、方法、媒体的总和。教学策略不是一成不变的,相反它是灵活的、多变的。在某个教学模式中,可以采用多种教学策略,同时,一个教学策略也可用于多种教学模式中。不同教学策略适合不同年级,教学策略具体体现在教与学的相互作用的活动中。

结合历史学科的特点,历史教学策略是指在教学过程中,为完成特定的历史教学目标,依据教学的主客观条件,对教学活动程序、教学组织形式、教学方法和教学手段等采取的总体性操控措施。在实践中,教学策略应转化为学习策略才能达成学生的有效学习。学习策略是指学生用于学习活动的各种操控措施,包括认知学习目标、把握学习规则、控制学习过程、运用学习方法等,学生的元认知能力在其中具有核心的作用。

▶ **典例精析**

简述教学策略的内涵。

【参考答案】教学策略是在教学目标确定以后,制定的教学实施总体方案,在不同的教学条件下达到不同的教学结果所采用的方式、方法、媒体的总和。教学策略不是一成不变的,相反它是灵活的、多变的。在某个教学模式中,可以采用多种教学策略,同时,一个教学策略也可用于多种教学模式中。不同教学策略适合不同年级,教学策略具体体现在教与学的相互作用的活动中。

（二）教学策略的特点

1. 目标指向性

教学策略是为实际的教学服务的,是为了达到一定的教学目标和教学效果。任何教学策略都指向特定的问题情境、特定的教学内容、特定的教学目标,规定着师生的教学行为。

2. 综合性

教学过程是一个彼此之间相互联系、相互作用的整体,其中的任何一个子过程都会牵涉其他过程。因此,在选择和制订教学策略时,必须统观教学的全过程,综合考虑其中的各要素。在此基础上对教学进程和师生相互作用方式作全面的安排,并能在实施过程中及时地反馈、调整。也就是说,教学策略不是某一单方面的教学谋划或措施,而是某一范畴内具体教学方式、措施等的优化组合、合理构建、和谐协同。

3. 可操作性

任何教学策略都是针对教学目标的每一具体要求而制订的,具有与之相对应的方法、技术和实施程序,它要转化为教师与学生的具体行动。这就要求教学策略必须是可操作的。任何教学策略都应该是针对教学目标中的具体要求而形成的,具备相对应的方法技巧,从这个角度来说,教学策略就是达到教学目标的具体的实施计划或实施方案,并且可以转化为教师的外部动作,最终通过外部动作来达到教学目标。

4. 灵活性

课堂教学是一个个鲜活生命在特定情境中的对话与交流,因此生成性是新课程教学的重要特点。在生成性教学中会发生很多意外情况和问题。教学中教师对自身的教学活动的自觉意识和自觉调节,能够根据对教学的进程及其各种要素的认识反思,及时把握教学过程中的各种信息,及时反馈和调整教学的进程及师生相互作用的方式,推进教学的展开,向教学目标迈进。

5. 层次性

不同的教学层次有不同的达到教学目的的手段和方法,也就有不同的教学策略。教学策略可以来自理论的推演和具体化,也可以来自对教学实践经验的概括和总结。理论推演和经验概括的水平和程度不同,形成的教学策略也就适用于不同的教学层次。不同层次的教学策略具有不同的适用条件和范围,具有不同的功能。另外,不同层次的教学策略之间尤其是相邻层次的教学策略之间是相互联系的,高一层次的策略可分解为低一层次的教学策略,指导和规范低一层次的教学策略。

（三）教学策略的基本类型

教学策略是教学活动过程结构和教学方法的灵魂,不同类型的教学策略可以促进不同种类的知识和技能的学习。课堂教学所采用的基本教学策略类型主要有:

1. 内容型策略

内容型策略主要是根据教学内容的难易程度和内在的逻辑结构安排教学活动的策略,可划分为直线式、分支并行式、综合式。

2. 形式型策略

形式型策略是以教学组织形式为中心的策略。以教学为中心的策略能为学生提供不同的学习环境,以适应所涉及的教材类型及学习者水平;以学生为中心的策略有利于学生选择最喜爱的教学方法和教学媒体,能够按自己的特性、偏好、实际水平进行学习。另外,还有学者将其分为教师中心策略、学生中心策略或以时间中心、学习者中心、任务中心的策略来组织教学等等。

3.方法型策略

方法型策略是以教学技术和方法为中心的策略。其中又可划分为讲授型和发现型两种。讲授型策略：其主要倾向是向学习者系统传递知识，要求教师指定内容、提供材料、制定方法。发现型策略：其主要倾向是促进学生自己发现问题，要求教师设置问题、引导学生、指导方法、促进学习。

4.任务型策略

任务型策略主要是以教学任务和学习类型为中心实施教学的策略。围绕教学任务，针对不同的学习目标采取不同的教学措施，包括讲解策略、练习性策略、问题定向性策略和综合能动性策略。

教学策略还有很多种类，我们可以根据各自的实际情况进行选择，甚至是再创造。理论与实践要同步进行。学生的起始状态决定着教学的起点，教学策略的灵活性也决定着同一策略能解决不同问题。简言之，教师要从整体上把握教学策略，融会多种教学策略，创造性地组织教学，更好地为教学服务。

（四）制订教学策略的依据

教学策略是复杂多样的，影响因素比较多。一般来说，能实现教学目标的教学策略是有效的，因此，有效教学策略的制订或选择的基本依据主要包括教学目标、教学对象、教学者等方面的因素。

1.教学目标是制约教学策略制订或选择的决定性因素

不同的教学目标与教学任务需要不同的教学策略去完成。历史知识掌握的策略、历史技能形成的策略、激发动机的策略等，显然是针对不同的目标和任务的。历史学科中不同的具体内容的教学，又要求采用与之相适应的教学策略。

2.学习者的初始状态决定着教学的起点，是制约教学策略制订或选择的基础

教学策略要适应学生的基础条件和个性特征，制订或选择教学策略要考虑学生对某种策略在智力、能力、学习态度、班级学习氛围诸方面的准备水平，要能调动学生积极的学习兴趣和态度。学生的初始状态主要指学习者现有的知识和技能水平、学习风格、心理发展水平等。学习者的初始状态决定着教学的起点，教学策略的制订或选择必须以此起点出发进行具体分析。

3.教师自身的特征是制约有效教学策略制订或选择的重要条件

教师的知识经验、教学风格、心理素质等在一定程度上影响教学策略制订或选择。每个教师在制订或选择教学策略时都要考虑自身的学识、能力、性格及身体诸方面条件，尽量能扬长避短，有意识地克服自身特征中的消极因素对制订或选择教学策略的不利影响，选择最能表现自己才华，施展自己聪明才智的教学策略。要真正提高教学效果，历史教师必须在教学中实现教学内容与个性的有机结合，对于其他教师的教学策略的借鉴不能是简单的效仿。

4.教学内容的特点影响有效教学策略的选取

一般来说，历史学科中的具体内容的教学，要求采用与之相适应的教学策略。某种教学策略对于某一课题是有效的，但对另一课题或另一种形式的教学可能不会产生满意的效果，甚至是完全无用的。

5.教学环境制约有效教学策略的制订或选择

教学环境是教学活动赖以进行的重要因素，它由学校内部有形的物质环境和无形的心理环境两部分构成。从表面上看，教学环境只处于教学活动的周围，是相对静止的，但是实质上它却以自己特有的影响力潜

在地干预着教学与学习过程,并系统影响活动的效果。在科学技术迅猛发展的今天,学校教学环境正变得日趋复杂和多样化,因而对教学策略的制订或选择的影响也日益突出。

典例精析

简述制定教学策略的依据。

【专家点评】教学策略是复杂多样的,影响因素比较多。一般来说,能实现教学目标的教学策略是有效的,因此,有效教学策略的制订或选择要受诸多因素的影响。

【参考答案】(1)教学目标是制约教学策略制订或选择的决定性因素。

(2)学习者的初始状态决定着教学的起点,是制约教学策略制订或选择的基础。

(3)教师自身的特征是制约有效教学策略制订或选择的重要条件。

(4)教学内容的特点影响有效教学策略的选取。

(5)教学环境制约有效教学策略的制订或选择。

(五)制定教学策略的原则

1. 学习准备

学生为了完成要求他们历史学习的任务,必须熟悉必备的历史知识技能,具有一定的认识能力。这不仅保证他们在新的历史学习中有可能成功,而且还使他们的学习在时间和精力的消耗上合理。为此,教学策略中应包含对学习准备的验明、起动或补偿等。

2. 学习动机

如果学生对所教的东西有学习的欲望,就会产生积极进取的态度,增加行为内驱力。这种欲望能够通过让学生确认掌握教材的价值,以及通过设计他们期望的而且能够完成的目标来加以激励。为了使学生保持积极长远的学习动机,还需要帮助他们建立对于教材和教学、成功或失败等的正确态度。

3. 目标范例

不但要明确陈述历史教学目标,而且应当尽量展示给学生其学习活动结束时所要产生或完成的行为表现的典型例子。

4. 内容组织

把教学内容按照逻辑层次和心理程序组织起来,慎重地安排教材的呈示序列,学生就能循序渐进地理解知识并长久地记忆。每次呈示教材的分量应根据内容的复杂和困难程度,以及学生的特点、学习的类型而定。

5. 适当指导

在学生尝试做出所要学习的行为表现的时候,应该给予指导和提示。这种指导或提示应该随着教学的进程逐渐减少,即把注意必要信息和加工处理信息的责任转移给学生,使他们在没有教师指导或提示的情况下也能完成学习任务。

6. 积极反应

在教学开始的时候,学生看到或听到目标范例固然有益,但也只有当他们能将此行为表现出来,才会达到熟练。因此,要有意识地引发学生对所呈示的教学信息以各种方式做出反应。但这些反应应当尽量与终点教学目标的刺激反应相匹配。

7. 重复练习

应当提供给学生种种机会,以重复表现其习得的知识和技能。不断或定期地练习新学的行为能够促进记忆和迁移,锻炼应用的能力。如果练习的行为与终点目标接近或相似,效果更为明显。

8. 知道结果

学生应及时地或经常地明白自己理解和反应的正确与否。并且,为了强化学生的行为,必须让学生知道成功反应后能够得到的好处。可能的话,应该提供给学生一种效果标准,以评定自己反应的正确性。

9. 个别差异

人类个体的心理特征,如兴趣、能力、气质和性格等各不相同,因而学习的速度和方式不同,教学活动的安排需适应这种情况。制定教学策略时要设身处地以学生为出发点,尊重学生的独特的认知特征、情感特征和人格特征。教学设计要把促进每一个学生在各自的原有基础上的不断提高作为根本目的。

二、教学准备策略

教学是一种有目的、有计划的活动,因此在活动之前,教师需要进行必要的准备,在头脑或书面做一个计划。教学准备策略主要是指教师在课堂教学前所要处理的问题解决行为,也就是教师在制定教学方案(如教案)时须知的工作。在教学策略中,教学准备策略则是其中的第一步。教学目标、教学主体和教学材料是教学准备的三要素。

(一)教学目标的确定与叙写

课堂教学目标,是教师专业活动的灵魂,也是每堂课的方向,是判断教学是否有效的直接依据。在教学实施中,要注意在建立了一般教学目标后应该尽量使教学目标陈述得足够具体,达到可以观测和可以测量的目的。这里探讨三种描述目标的策略:

1. 目标关键词化

目标关键词化就是指教师在制订课时目标时,用明确、具体、有针对性的关键词来表达学生预期的认知、情感和动作技能的结果,使目标结构化,并具有可操作性、可检验性。

2. 目标行为化

目标行为化是指用预期学生学习之后将产生的行为变化来陈述教学目标。行为目标应该包括三个部分。首先,行为。描述通过教学后,学生能做什么,如知道、使用等。其次,条件。描述在什么环境或者条件下某种行为发生,如"假如……""基于……"。最后,流畅水平或者标准。如果教师对教学活动有十分明确的认识,就能设计出更合适的教学方案来满足学生的需要。而学生清楚地了解他们将要完成的学习任务,就能更有效地利用时间。目标行为化比较适合于低级水平的教学目标的陈述。较高级的认知目标尤其是情感领域的目标,难以从某个单一的行为中表现出来。

3. 目标演绎

为了使目标明确可测,教学目标应当细目化、行为化。所谓细目化,就是要把每个知识点在每个能力层次上所有要求达到的目标逐一列出来;所谓行为化,就是把目标用学生学习结束时应当达到的外显行为表述出来。教学目标应该首先用一般的词语陈述表明教学意图的一般性目标,然后再提供证明学习者满足目标要求的具体行为。这就是确定一般教学目标和确立特殊教学目标。比如,一般教学目标可以确定为是理解"封建君主集权制"的意义,而特殊的教学目标就可以细化成:用自己的话来说明什么是封建君主集权制;在课文找出秦朝建立君主集权制的措施。

(二)教学主体分析策略

1.学生起始状态分析

任何学习都是在已有的认知发展水平的前提下进行的,每个学习者都有以前经历所形成的独特的知识结构网、信念和态度,这一切是获得和整合新知识的基础。在课堂教学中,当学生形成了新旧知识之间的联系、新知识被纳入原有认知结构之中并与之产生相互作用时,知识意义便能够在学生的心中产生。另外,学生的认知风格的不同也会制约教师的教学策略。学生是整体性思维还是系列性思维,是求异思维还是求同思维,是场独立型还是场依存型,对教师教学策略的制订都有着重要的指导作用。

2.教师自我心理准备

一种较好的教学策略的制订,不仅遵循一般的教学规律,而且也渗透着教师的认知方式、教学习惯、个人特点等个性因素。教师对教学的自我监控能力主要包括在教学活动之前要结合个人的风格、特点和经验,分析所面临的教学任务和教学环境中的有关因素(如教材、教学时间、教学条件等),确定教学目标,然后根据这一特定的目标安排教学步骤、选择策略,预先构想设计出解决各种问题(如突出重点、突破难点)的可能方法,并预估其有效性即可能产生的效果,准备在未来的具体教学活动实施期间监控教学进程,反馈、维持或者调整教学行为。

(三)教学材料的选择策略

教学材料是指教学内容的各种载体。在历史教学实践中,教学材料包括教科书、教学参考书、VCD、录像带等。教学材料的选择要符合学生的实际水平。

1.研究课标,总体把握。

2.材料组织,整合结构。

3.联系生活,创设情境。

4.常用的课程教学平台/环境。

三、学习策略

(一)探究性学习策略

探究性学习是以探究为基本特征的学习活动形式,它包含了教师的启发诱导和学生的独立自主、合作讨论。探究性学习为学生提供了充分的自由的表达、质疑、抉择、阐述、辨析、运用的学习机会,学生通过个人、小组和集体等多种形式开展解难释疑的创造性思维活动。总体而言,历史探究性学习以提出问题、决定探究方向、自行组织探究、资料收集和分析处理、得出恰当结论等构成基本的学习流程。

探究学习主要分为情境启发式、提纲导读式、主体引申式和问题导读式四种类型。在初中历史课堂开展探究学习,应注意以下几点:

(1)探究性学习是学生获得知识和认识世界的一个重要途径。

(2)探究学习不是一朝一夕就能取得显著效果的,需要一个不断深化提高的过程。

（3）初中阶段进行探究性学习的目标不是培养历史学者。

（4）在开展探究性学习中,要尊重学生的个人感受和独特见解,让学习过程成为一个富有个性化的过程。

总而言之,探究性学习应充分发挥教师的指导性和学生的独立自主性,即在教师的指导下和启发下,学生以个人或小组的组织形式,通过自主独立的研究完成一系列由易到难的题目,并在这个过程中经受意志品质的培养和磨练的一种学习策略。

（二）合作性学习策略

合作是一种个人与个人、或个人与群体、或群体与群体的自愿、平等、协调,有一致目标的社会交往行为。历史课堂的合作学习是合作的一种特殊表现形式,是一种以学生个体或群体之间的相互合作为形式的学习策略。虽然我国合作性学习的理论移植于西方,但我国教育工作者也结合实践和学科特点创造了一些合作性学习的类型,主要有互助合作式、自主与合作结合两大类,这两类都适宜在历史教学中应用。

（三）体验性学习策略

历史体验就是要求学生用心智去感受、关注、理解、认同历史人物、历史事件、历史现象等。历史学习的内容具有过去性和间接性的特点,学生对已经消逝的历史进行直接的接触、观察是困难的,不仅需要借助历史材料,还需要借助一定的历史情境,借助教师的介绍、说明、启发和引导。由此,历史的体验性学习需要借助一定的教学活动进行,既让学生产生了学习主体的感受,也让学生在教学活动中形成一定的亲历感,更使学生在历史学习中体会到了其中的意义。

体验性学习具有以下几个特征:其一,由于学生的知识、智能、经历、兴趣、爱好、特长、性格等各不相同,因此,学生对同一历史内容的体验也不尽相同,学生的历史体验具有明显的差异性和层次性。其二,学生在体验性学习中知识、能力、情感、态度与价值观的树立和内化,是由学生通过体验而自主建构的。其三,学生在体验中接触的隐性知识是无法用语言和文字来传授的,只能靠学生在阅读、思考、观察、讨论、合作的活动过程中去感受与体验,其所得具有明显的会意性。其四,体验的本质特征是亲历性,但历史的体验无法获得像实验室那样高仿真的亲历,历史的体验更多表现为心灵的理解与认同。

（四）接受性学习策略

接受性学习,是指教师向学生提供前人发现、创造、积累的人类社会经验,引导学生把这些经验内化为自己的知识,使其成为认知事物、分析问题、处理问题及发明创造的学习活动过程。通常,接受性学习的主要内容是以确定的形式由教师传授给学生。对学生的学习来讲,只需要把接受的内容加以内化,结合进自己原有的认知结构中去。

接受性学习有显著的优势,由于教师向学生呈现的教学内容是人类的间接经验,所有的教学材料是由教师精心挑选、组成体系的,它们具有基础性、衍生性和系统性的特点。学生可以照单接受为自己的知识,或吸收改造为自身的经验。

在历史课堂实施接受性学习策略应注意以下几点:第一,学生进行接受性学习的途径不仅是教师讲授,历史知识也不仅是来自教科书。在学习中,教师应努力拓宽学生知识的来源,使学生形成接受多姿多彩历史知识的广阔视野。第二,机械学习与机械记忆在人们的生活实践与工作中都是不可避免的,而且在历史学习中机械记忆有其自身的必要性,因此对机械学习也不能一概否认,关键在于避免单纯的机械记忆。第三,教师应将接受性学习与探究、体验、自主学习、合作学习等策略相结合,以多元的学习策略赋予接受性学习崭新的活力。第四,引导学生提升历史学习兴趣,形成积极主动的学习态度,因为有意义、有效益的学习是一个积极主动寻求新知的过程。

典例精析

简述在历史课堂实施接受性学习策略时应注意的问题。

【专家点评】本题是对接受性学习策略的考查,接受性学习的主要内容是以确定的形式由教师传授给学生。对学生的学习来讲,只需要把接受的内容加以内化,结合进自己原有的认知结构中去。

【参考答案】(1)学生进行接受性学习的途径不仅是教师讲授,历史知识也不仅是来自教科书。在学习中,教师应努力拓宽学生知识的来源,使学生形成接受多姿多彩历史知识的广阔视野。

(2)机械学习与机械记忆在人们的生活实践与工作中都是不可避免的,而且在历史学习中机械记忆有其自身的必要性,因此对机械学习也不能一概否认,关键在于避免单纯的机械记忆。

(3)教师应将接受性学习与探究、体验、自主学习、合作学习等策略相结合,以多元的学习策略赋予接受性学习崭新的活力。

(4)引导学生提升历史学习兴趣,形成积极主动的学习态度,因为有意义、有效益的学习是一个积极主动寻求新知的过程。

(五)自主性学习策略

自主学习的基本特征是:学生参与提出对自己有意义的学习目标,自主决定学习进度,参与评价指标体系的设计;学生积极发展各种思考策略和学习策略,在解决问题中;学生在学习过程中,对认知活动能够进行自我监控。

历史教师实施自主学习策略,应注意以下几点:

第一,历史知识像浩瀚的大海,学生在自主学习中应多读一些历史课外读物。

第二,内在的学习动机是促进学生自主学习能力的必要条件之一。

第三,自主性学习是学生能够主动达到有效学习效果的一种方式,但它绝对不是一种自由、放任随意的学习。

为实现自主性学习的有效性,教师应引导学生进行学习自评,并将教师和其他同学的评价结合进来,以形成自主性学习的自我导向、自我激励、自我监控的机制。并通过学习评价,提升学生对学习进行自我调控的认知能力。

四、教学实施策略

教学实施是实现教学目标的关键阶段。教学过程的实施策略,主要是指教师为实施教学方案而发生在课堂内外的一系列行为。课堂教学行为包含两个方面的内容:一是管理行为,二是教学行为。

教学实施策略的选择既要符合教学内容、教学目标的要求和教学对象的特点,又要考虑在特定教学环境中的必要性和可能性。在此阶段,教师应该把握以下策略:学生学习心态的积极维持策略;教学内容的传输加工策略;有效认知指导策略。

SHANXIANG EDUCATION

（一）学生学习心态的积极维持策略

1.动机激发

动机对学生的行为和学习有很大的影响。动机激发策略是指教师在课堂上如何合理使用各种教学手段，提高学习兴趣，维持注意的方法。教师在进行课堂教学管理时应注意学生在遵守课堂秩序当中的不同动机和需要，给予应有的尊重，并适时、适度地给予满足和激励，同时还应当通过有效的教学策略增加学生对学习的兴趣。教师要从学生的切身经历或体验出发去教授新知识，寻求学生的最近发展区。适时引发适当的概念冲突或惊奇感来引发内在动机。给学生布置难度恰当的学习任务，使学生在好奇心的驱使下进行学习，产生学习成就感，以达到激励内在动机的目的。

2.兴趣培养

现代教学的基本特征是充分调动、培养学生学习的主动性与积极性，最大限度地实现所有学生的诸方面素质的主动、全面、和谐、充分的发展。为了激发和培养学生的兴趣，教师要经常不断地在历史教学中对他们进行人生观、价值观和理想教育，使他们明白学习对他们有什么用处，让兴趣深深地扎根于需要的土壤之中。教师要采用使学生保持愉快的心情而又不降低学习效率的教学方法，学习气氛比较热烈，学生学得积极主动、生动活泼，学习兴趣就比较容易激发和培养起来。

典例精析

阅读材料，回答问题。

教师是培养兴趣的决定因素。同样的一堂课，有的教师讲起来枯燥乏味，学生无精打采；有的教师讲起来却生动活泼，学生也兴致勃勃。因此，初中历史教师的自身素质、教学方法和教学技巧，直接影响学生学习历史的兴趣。

你同意材料中的说法吗？谈谈你对培养学生学习兴趣的看法。

【专家点评】材料中第一句话"教师是培养兴趣的决定因素"就确定了答题的方向。可以结合材料中"初中历史教师的自身素质、教学方法和教学技巧，直接影响学生学习历史的兴趣"展开论述，也可以由此发散开谈如何培养学生的学习兴趣。

【参考答案】同意材料中的说法："初中历史教师的自身素质、教学方法和教学技巧，直接影响学生学习历史的兴趣。"培养学生的学习兴趣可以从以下方面着手：首先，教师既要具有深厚的专业知识根底，又要具有优秀的表达能力，这是为人师者最基本的素质。其次，教师要不断探索和改进教学方法，着眼于提高学生的学习兴趣。第三，初中历史教材内容生动而丰富，具有自身特有的感染力，为培养学生的兴趣提供了得天独厚的条件。因此，教师应该充分利用教材的这一特点，引导学生阅读教材，在教材中发掘兴趣的源泉，唤起学生对历史内容的亲近感，激发他们探究历史的兴趣。

（二）教学内容的传输加工策略

教学内容是传授给学生的全部信息。课堂教学的基本任务是将教学内容传递给学生，并将教学内容引向深入，使其融入学生的认知结构，形成学生自己的知识结构。那么，如何达到教学内容的有效传递？

1.教学言语循环

教学言语循环是指教师的教学言语的各种成分在教学中自觉形成系列，依次循环，以达到良好的教学效果。该方法适合历史教学的所有情境,尤其是以讲授为主的课堂教学情境。教师讲话要清楚、完整,有适当的表情;把课讲得生动活泼,把一个问题讲透,使交流显得逻辑性强;提高对自己言语活动的意识及对学生反应的敏感性;建立合作、默契、和谐的师生关系。

2. 媒体—教学镶嵌

历史教学中要做到电教媒体与教学内容统一,电教媒体与教学方法协调,电教媒体与学生认知结构兼容,也就是要让媒体——教学一体化。总结历史教学中媒体的使用方式,主要有:设疑——演示——讲解、讲解——演示——概括、演示——练习——总结、边播放、边讲解等,使历史教学和媒体完全镶嵌在一起,相得益彰。教师在使用该策略时要注意尽量使传递的信息量大,要调动多种感官共同参与,相辅相成,各种媒体与学生的认知结构和教学内容形成一体,互相依赖;考虑各种媒体的优化组合,使各种教学媒体的主要优势都得到充分发挥,使教学媒体的系统功能充分发挥。

3. 板书结构化

板书结构化是使教学内容的逻辑结构、课堂教学的设计程序、学生的认知结构,在板书中达到艺术性和科学性上的高度统一。该策略适合以讲为主的历史课堂教学情境。在实施该策略时,教师应该做到:

（1）充分理解、加工教学内容。

（2）设计与教学内容相符、有利于学生记忆和思考、匠心独运的板书,如对比式板书设计、线条式板书设计、表格式板书设计、图示式板书设计等。

（3）规范操作,板书字迹要清楚,保持结构美观等。

（4）突出启发性。

（三）教学行为的选择

根据教学目标或教学意图,教师除了对教学内容作处理外,同时还必须考虑选择什么样的教学行为才是适当的。

1. 教学行为的分类

按教师在课堂教学情景中的行为方式及其发挥的功能来划分,将教师在课堂中发生的主要行为归为三类:

主要教学行为:是以课堂教学的目标与内容定向的,需要教师具备必要的专业知识与技能;

辅助教学行为:是以课堂教学中的学生和情景为定向的,需要教师具备一定的课堂经验和个性素养;

课堂管理行为:主要是为课堂教学的顺利进行创造条件,对课堂中的学生尤其是年龄较小的学生进行必需合理的管理,它需要教师具有一定的课堂经验与必需的技能。

2. 选择教学行为的依据

选择教学行为应遵循的最重要的原则就是灵活性,教育必须依据对各种教学行为的理解、教育情景与主客观条件而选择正确的教学行为。

（1）适合环境、学科、建筑、设施等条件。

（2）适合教育方针和教育管理方面的种种考虑。

（3）适合学生的能力、需要、学习风格方面的极大差异。

（4）适合教师自身的个性、态度和技能。

(四)课堂秩序管理策略

课堂秩序的形成经过习惯化、制度化和合法化三个阶段。如何维持好课堂秩序,做到严而不死、活而不乱呢?

1.确立课堂规则并确保在实践中得到执行

有效的课堂纪律管理,实际上是在建立有序的课堂规则的过程中实现的。课堂纪律规范要符合学生的年龄特征,切合班级实际,要循序渐进,不断地提高要求。制定了课堂纪律就必须严格执行才能发挥它应有的作用。运用奖励手段鼓励正当行为,惩罚制止不良行为,明确做得好会受到什么样的赞扬或奖励,违反了规范要承担什么责任,将受到什么处罚。

2.教师作为课堂的组织者,要具备较强的驾驭课堂的能力

师生之间最重要的是平等,因此,教师不能成为学生行为的控制者,应给予学生充分的自由,创造活跃的班级气氛,同时还要有相应的管理技巧。在课堂教学中,教师运用有效的沟通技能,建立和谐的师生关系。鼓励学生在课堂上自我表现的愿望,发展学生运用合适的方式进行自我表现的能力,鼓励学生在学术问题上大胆提出创见,并给予肯定等。当偶发事件出现时,教师应当善于因势利导,正确地处理好课堂教学中的偶发事件。

五、教学监控策略

教学监控策略是指教师为了保证达到预期的教学目标,而对教学过程进行积极主动的计划、检查、评价、反馈、控制和调节而采取的教学谋略或措施。

(一)自我管理策略

自觉遵守课堂纪律是自我管理的一项主要内容,由于其形成是一个从他律到自律的过程,科学的教育指导是促成这种转化的主要途径。如何让学生对自己的课堂行为进行自我管理呢?

(1)创设一种安全、积极的氛围,尊重学生人格与严格要求相结合,奖励与惩罚相结合,鼓励学生进行自我评价、监督和激励。

(2)外部控制与自我控制相结合,利用集体舆论导向和集体规范进行约束。让学生意识到自我管理不仅有利于自身的学习,同时它也是自身能力的重要体现,对自我意志的培养和个性的塑造都有一定的价值。

(二)课堂互动策略

积极的课堂互动既是课堂教学监控的重要途径,又是教师采取一系列有效监控策略的结果。因此,我们将有利于促进课堂互动的教学策略统称为课堂互动的策略。

1.营造和谐课堂气氛的策略

和谐的课堂气氛是历史课堂教学适宜的心理环境的体现,也是课堂互动的基本条件。要使课堂气氛和谐,教师平等诚实对待学生,实行民主领导,师生间高度的信任、尊重和诚实相待是关键。此外,激发学生学习历史的兴趣,尤其是求知兴趣也十分重要。

2.多向交往与合作学习策略

变师生单向、双向课堂交往为多向的全通道式的课堂交往,努力提高每个学生的课堂参与率。教学内容和问题面向全体学生,努力调动每一个学生的发展潜能,使师生彼此处在一种心理期待和认同的情境之中。

师生多向交往的有效策略是"合作学习"。合作学习把分组教学作为主要教学形式,由师生的双向交往改变为多向交往。历史课堂教学中合作学习的主要方式有:游戏竞赛法、成绩分阵法、切块拼接法、小组探索法和共同学习法。良好的合作关系是促进个体积极学习的保证。

3. 行为矫正策略

指通过对规范行为的练习和不良行为的矫正,保证课堂积极互动的策略。这方面的策略主要包括:

（1）随机管理策略

该策略强调系统地控制强化刺激,使之在特定时间强化所期望的行为反应。居于主导地位的教师决定着所有教学活动,以一种直截了当的、有条理的方式工作。教师严格控制交给学生的任务以培养学生的独立性和自治精神。这种策略多用于技能学习或其他复杂的行为强化。

（2）自我管理策略

即教师教给学生改变行为的方式方法。教师控制学生行为的总方向,引导学生行为达到特定的目标,其主要步骤是教给学生行为的原则和技巧,教给学生自我管理的计划,实施和修改自我管理计划,避免不良的随机行为。具体方法包括示范、督促、强化和指导。

（3）行为练习策略

又称为"直接教学",其特点是建立一系列模式化的教师行为。

①教师要制定出一整套规划,使学生不需要征求教师意见就知道做什么,如何做。

②在解答学生问题或检查他们的课堂作业时,让学生知道教师既注意学生的学习要求,又注意学生的课堂表现。

③让学生独立完成的作业要有兴趣、有意义,难易适度。

④为学生提供机会均等的行动机会,使每个学生都能得到行为的训练。

⑤要对学生的行为及时反馈、强化。对学生学习情况及时反馈,注意教学活动的节奏感。

4. 矫正不良行为策略

教师要对学生的不良行为细心观察和分析弄清引发不良行为的具体因素,并采取相应的改善措施,达到有效矫正的目的。

（三）教学反馈策略

教学反馈可以使教师正确评价自己的教学效果和学生的学习状况,是教师改善教学、进行教学监控的重要依据。历史教学的反馈策略包括多种形式,从反馈源上分,有教师反馈、专家反馈、学生反馈、同行反馈等形式;从反馈方式来看,有现场言语反馈、摄像反馈、测验反馈等。教学反馈的目的是使自己对教学各环节及效果有一个准确而客观的认识,历史教学中采取何种形式的反馈策略最有效,应该具体问题具体分析。

1. 课堂提问策略

课堂提问是为学生创造获得反馈机会的有效方式。历史教师通过恰当的提问、适当的问题设计,不仅要让学生掌握知识的结论,而且要让他们体验知识的发生过程并理解这个过程,要给学生提供实践的机会,让学生在实践中运用历史知识,并学会分析问题和解决问题。

①提问与教学目标相关的问题,做到目标、教学和问题的统一。

②要避免太一般的问题,如:"大家都懂了吗?"

③在提问过程中,教师要调动全体同学参与,避免老是有相同的几个学生回答问题,教师应以各种方式提问,以适合能力水平不同的学生回答。

④教师要注意在提出问题后留给学生思考的时间,这样可以提高回答问题的质量。

⑤针对学生的回答继续跟踪提问。提出问题后,教师要注意观察学生的表情,选择不同层次的学生回答,对学生的回答要适当地反馈,给予评价或鼓励。

⑥适当使用开放性问题,鼓励多种答案,或者利用有的问题要求多种解决的方法,形成讨论的氛围,促进思维,有利于培养学生的创新意识,提高学生的学习兴趣。

⑦学生不完整的回答或毫无意义的回答不应受到老师的嘲讽。

提问没有固定的题目和操作模式,教师要根据教学实际情况,根据教学需要和学生发展需要设计一些相关的题目,这样才能收到实效。教师则通过对学生回答的情况,掌握第一手资料进行适时调控,优化组合教材,争取取得最佳效益。

2. 课堂讨论策略

第一种情况:学习的主题事先已知。实施步骤为:

①围绕已确定的主题设计能引起争论的初始问题。

②设计能将讨论一步步引向深入的后续问题。

③教师要考虑如何站在稍稍超前于学生智力发展的边界上通过提问来引导讨论,切忌直接告诉学生应该做什么。

④对于学生在讨论过程中的表现,教师要适时作出恰如其分的评价。

第二种情况:学习主题事先未知。由于事先并不知道主题,这时的课堂讨论没有固定的程序,主要依靠教师的随机应变和临场的掌握,但应注意以下几点:

①教师在讨论过程中应认真、专注地倾听每个学生的发言,仔细注意每个学生的神态及反应,以便根据该生的反应及时对他提出问题或对他进行正确的引导。

②要善于发现每个学生发言中的积极因素(哪怕只是萌芽),并及时给予肯定和鼓励。

③要善于发现每个学生通过发言暴露出来的对于知识的模糊或不准确之处,并及时用学生能接受的方式予以指出(切忌使用容易挫伤学生自尊心的词语)。

④在讨论开始偏离教学内容或纠缠于枝节问题时,要及时加以正确的引导。

⑤在讨论的末尾,应由教师(或学生自己)对整个协作学习过程作出小结。

(四)现场指导策略

现场指导策略是指根据不同的教学情境条件、学生学习的实际状态,选择最佳的学与教的策略,以达到最佳的教学效果,使师生最终能达到对课堂教学的有效调节和矫正。

历史教学的指导策略包括:给予学生明确的指导和解释;引导课堂活动和讲解家庭作业,给学生足够的机会接受反馈和复习已掌握的知识。

1. 课堂规则的遵循性策略

课堂规则是课堂成员应该遵守的保证课堂秩序和效益的基本行为要求或准则。建立合理的课堂规则是保证教学效率的需要。课堂规则制订的目的是塑造学生良好的课堂行为,以保证课堂教学的秩序和教学质量。教师要把规则实施工作做细,在实施中要从细小的事情抓起,及时提醒,防微杜渐,并持之以恒。对规则要高标准、严要求,加强检查与督促。要求学生做到的,教师首先要做到,这样才能发挥榜样典型的作用,使学生积极学习、模仿,形成良好的班级气氛。执行规则时,教师应尽量做到一视同仁,并多使用正强化。实施工作要扎扎实实,一抓到底,不能半途而废。

2. 课堂管理模式的选择性策略

历史教学中存在三种较为普遍的课堂管理模式:民主型管理、专断型管理和放任型管理。实践证明,民主型课堂管理比专断型和放任型更能实现有效课堂管理的目标。民主管理是我们构建新型课堂管理的基本准则和指导思想。由于课堂管理模式的选择是为了达到一种良好的课堂管理效果,因此,教师必须根据实际的课堂教学情况,选择利用科学合理的课堂管理模式。

3. 课堂时间管理的策略

课堂教学效率实质上就是在单位时间内花费最少的精力,获得最有效的成果。要提高课堂教学效率,就必须坚持时间优化意识,注重课堂时间管理的策略。

(1)坚持时间效益观,最大限度地减少时间的损耗。

(2)把握最佳时域,优化教学过程。

(3)保持适度信息,提高知识的有效性。

(4)提高学生的专注率。

强化训练

简答题

1. 历史课堂教学运用提问技能应注意哪些方面?

2. 有效教学是一种用以指引教师教学、评价教师教学效果的标准,也是一种促进学生自主学习、实现教学目标采用的教学策略。那么,在新课程标准下,初中历史课堂教学如何才能实现有效教学呢?

3. 说一说研究教学策略对教学理论和历史教学实践的重要意义。

参考答案及解析

简答题

1.【答案要点】

(1)提出的问题,不仅应创设未知的需求,还应关照未知与已知的关联,应体现对未知求解的活动方式和条件,还要考虑学生解决未知的可能性。

(2)问题的组合和系列结构应避免盲目性和随意性,关键问题要精心设计,设问的重点应紧扣教学目标,系列问题要构成利于学生层层攀登的"脚手架"。

（3）要讲究提问的方法和技巧，使提问富有成效，即启发思维的提问难度要适中，发问速度的快慢要得宜，题目覆盖的广度要恰当，问题的数量要相应，提问要留有学生的思维活动具有节奏感和逻辑性。

（4）提问要遵循一定的教学规律，发问时机要把握得当，要关照学生个性特征，问题难易度要符合学生的认知水平。

（5）教师不仅自己善问，还要鼓励学生提问，培养学生的求异思维、想象力，创设宽松和谐的学习氛围。

（6）教师应把对学生作答的回应归纳入教学评价的科学范畴。

2.【答案要点】

有效教学着眼于"促进学生自主学习""实现教学目标"，可以从营造学习氛围、改变学生学习方式的角度展开论述。

（1）营造促进学生学习的氛围。创建自由质疑的学习环境；创设支持性的学习环境；创建富有挑战性的学习环境。

（2）提供多样化的学习机会。设计多样化的教学活动；把握偶发的学习机会。

（3）促使学生自主学习。鼓励学生自主学习；鼓励学生之间的合作；鼓励学生探究学习。

3.【答案要点】

从教学理论上看，教学策略可以帮助我们从整体上综合地认识和探讨教学过程中各种因素之间的相互作用，以及多样化的表现形态，有利于从动态上把握教学过程的本质和规律。这对改变长期以来形而上学的思维方式，只重视对教学各个部分的研究而忽视它们之间的相互联系，是有一定作用的；从教学实践来看，教学策略既是教学过程理论体系的具体化，又是建立在教学经验的基础上的，既具体、简明、可操作，又具有概括性、完整性和系统性，便于人们理解和掌握，有利于提高教学质量。因此，教学策略的研究是联系教学理论和实践的桥梁和纽带，有助于改变教学理论与实践相脱离的状况。

真题预测

简答题

1.结合实例说一说如何促使学生自主学习。

2.课堂纪律与问题行为常采取哪些管理策略？

3.您认为什么样的课堂是有效的以及开展有效课堂教学的实施策略。

材料分析题

4.请看下面一课的导入部分，指出这是哪种类型的导入，并简要阐述该种导入。

教学内容：古代希腊、罗马文化

导入新课：同学们，你们知道现代奥运会的起源吗？现代词汇中的很多术语，例如唯物论与唯心论、辩证法与形而上学、悲剧与喜剧等，起源于哪个国家？这些问题，我们学习了《古代希腊罗马文化》后就会得到圆满的答案。

参考答案及解析

简答题

1.【答案要点】

在历史课堂教学中,教师要注意激发学生的学习兴趣与热情,确保学生学习历史的内部动力的支持,以实现依靠内驱力积极主动地学习的目的。

(1)鼓励学生自主学习。如《美国的诞生》一课的教学,板书"独立战争前的'美国'",请学生关注这一标题有何特殊之处。学生很快发现'美国'一词被加上了引号,美国作为一个国家,这里为什么要加上引号呢?学生在认知上便产生了"知"与"不知"的矛盾。求知的内在动力一旦产生,其自主学习的积极性便不可遏制。

(2)鼓励学生之间的合作。在历史课堂教学中,初中生比较乐于采用小组合作交流的方式进行学习。每位学生都具有自己的智能优势,在小组合作交流中,由组织能力稍强的学生担任记录,由思维能力稍强的学生进行归纳,最后由语言能力稍强的学生总结发言。这样,在交流中各得其所,在合作中优势互补,在新旧知识的联系中博采众长,无论对历史现象的分析,还是对历史问题的阐述,都会收到扬长避短、集思广益的教学效果。

(3)鼓励学生探究学习。创设问题情境,并将现实世界的真实问题引进课堂,激发学生的探究欲望。如《蒸汽时代的到来》一课的教学,设置问题:"工场"与"工厂"有什么区别? 此前我们学习历史时,遇到最多的是"工场"一词,如"工场主""工场手工业"等,"工场"是如何演变为"工厂"的呢?

2.【答案要点】

(1)将一般要求变为课堂秩序和常规。

(2)及时巩固课堂管理制度。

(3)降低课堂焦虑水平。

(4)实现行为矫正、开展心理辅导。

3.【答案要点】

有效的课堂即学生学有所获。学生的探究活动始于问题,而问题产生于学生对教师创设的问题的仔细观察。这就要求学生的认知结构中具有与问题相适应的观念,而且学生的已有观念又不能对问题情境作出完全理性的解释。

(1)创设情境,营造利于能力发展的教学环境。

(2)围绕问题,让学生在情境中做学问。

(3)围绕活动,让学生在自主、合作中交流。

材料分析题

4.【答案要点】

该教师运用了设疑、悬念的导入法,这是一种围绕教学中的重点、难点、衔接点设计问题,造成悬念,激发学生求知欲的方法。

第四部分 历史教学评价

学习指导与应试策略

初中历史教师资格证考试要求了解历史教学评价的基本类型和具体方法,能够合理运用多种评价方式,通过教学评价改进教学和促进学生的发展。

本部分主要介绍了历史教学评价,包括两章内容,第一章主要介绍了初中历史教学评价,第二章主要介绍了历史教学评价的实施。教学评价是促进学生成长、教师专业发展和提高课堂教学质量的重要手段。本部分内容重点介绍教学评价的两个核心环节:教师评价、学生学习评价。教学评价是研究教师的教和学生的学的价值的过程。作为历史教师,不仅要了解历史教学评价的基本类型和具体方法,而且应该能运用多种评价方式,通过教学评价改进教学和促进学生的发展。

对于这部分内容的考查,主要题型有简答题、材料分析题,侧重于考查教师怎样运用教学评价反馈改进教学,按照考试大纲的要求,本部分在考试中的比例会占到11%。

第一章　初中历史教学评价

考纲呈现

一、考试目标

了解历史教学评价的基本类型和具体方法,能够合理运用多种评价方式,通过教学评价改进教学和促进学生的发展。

二、考试内容模块与要求

1. 能够对学生历史学习的过程和结果进行评价,全面考查学生在知识、能力、方法及情感态度与价值观等方面的发展状况。

2. 理解教学评价的导向、诊断、反馈、激励等功能,了解诊断性、过程性、总结性等评价类型和定性、定量等评价方式,并在历史教学中综合运用,促进学生的发展。

本章考试指南

教学评价是促进学生成长、教师专业发展和提高课堂教学质量的重要手段。本章主要考查教学评价的概况、功能和按不同的标准划分的教学评价的类型,并在历史教学中综合运用,促进学生的发展。

对于这部分内容的考查,主要题型有简答题、材料分析题,对学生的理解、分析能力要求较高。

本章基本结构框架

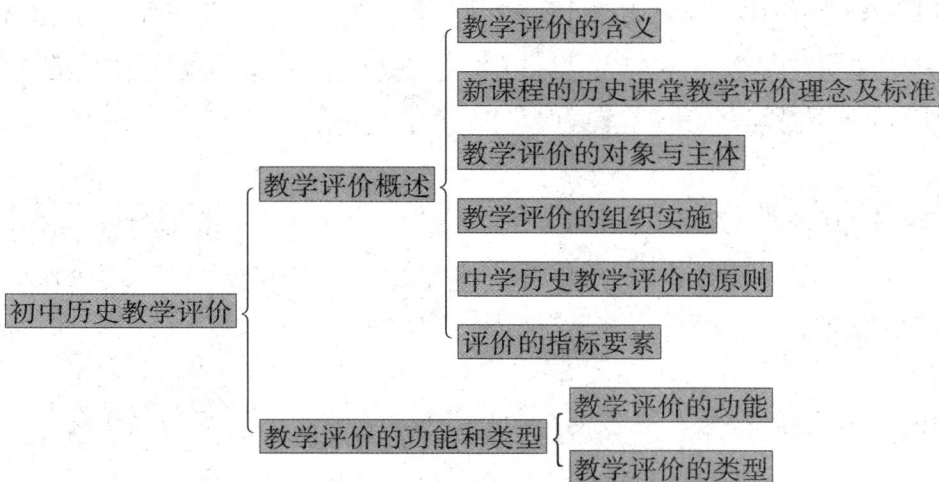

初中历史教学评价

　　教学评价概述
　　　　教学评价的含义
　　　　新课程的历史课堂教学评价理念及标准
　　　　教学评价的对象与主体
　　　　教学评价的组织实施
　　　　中学历史教学评价的原则
　　　　评价的指标要素

　　教学评价的功能和类型
　　　　教学评价的功能
　　　　教学评价的类型

名师讲堂

第一节　教学评价概述

一、教学评价的含义

　　教学评价是根据一定的教育目标,运用可行的科学手段,对教育现象及其效果进行价值判断,从而为教育决策提供教育依据,以改进教育服务的过程。教学评价是研究教师的教和学生的学的价值的过程。一般包括对教学过程中教师、学生、教学内容、教学方法手段、教学环境、教学管理诸因素的评价,但主要是对学生学习效果的评价和教师教学工作过程的评价。它有两个核心环节:对教师教学工作(教学设计、组织、实施等)的评价——教师教学评估(课堂、课外);对学生学习效果的评价——即考试与测验。评价的方法主要有量化评价和质性评价。

二、新课程的历史课堂教学评价理念及标准

(一)基本理念

　　历史课堂教学评价一是促进学生的发展;二是促进教师成长;三是"以学论教",即以学生的"学"来评价教师的"教"。它强调以学生在课堂学习中呈现的情绪状态、交往状态、思维状态和目标达成状态为参考,来评价教师教学质量的高低。

（二）评价标准

1. 优质的课堂教学目标

基础性目标与发展性目标的协调与统一。基础性目标是按照历史课程标准和教学内容的科学体系,进行有序的教学,完成知识、技能教学;发展性目标包括以培养学生学习能力为重点的学习素质和情感为重点的良好社会素质;课堂教学目标就是把知识、技能教学与能力情感教学有机结合起来。

2. 科学的课堂教学过程

课堂教学策略的有机统一。课堂教学策略主要解决学生"爱学""会学""善学"三方面的问题,由此推出历史课堂教学策略的三个体系:一是激励性教学策略体系;二是自主性教学策略体系;三是探究性教学策略体系。

3. 理想的课堂教学效果

情绪状态、交往状态和目标达成状态的和谐统一。"以学论教"是现代课堂教学评价的指导思想。"学"一是指学生能否学得轻松,学得自主,主要包括课堂教学的情绪状态、交往状态;二是指学生是不是会学,有没有学会,主要指课堂教学的思维状态、目标达成状态。"论教"主要是从课堂教学的四大状态(情绪、交往、思维、目标达成状态)来评价课堂教学效果。可以从下面三个角度进行判断。一是看师生是否保持良好的情绪状态和交往状态;二是看学生的思维状态是否被激活,教师有没有对学生形成积极的认知进行干预;三是看课堂教学目标的达成状态如何。通过课堂教学,学生有没有不同程度的、不同方面的收获。

典例精析

教学评价是研究教师的教和学生的学的价值的过程,试述教学评价的标准有哪些。

【专家点评】本题是对教学评价标准的考查,要求考生能正确地理解,并加以应用。

【参考答案】(1)优质的课堂教学目标。

(2)科学的课堂教学过程。

(3)理想的课堂教学效果。

三、教学评价的对象与主体

（一）教学评价的对象

教学评价的对象,可分为广义的和狭义的。广义的评价对象包括教学的一切方面,狭义的评价对象即为学生,它涉及学生智力、体质、品德、审美等方面的发展情况。作为历史教学的对象,作为历史教学活动最终目标实现与否的体现者,学生在教学评价中占据核心的地位。因此,历史教学中的教学评价对象主要是学生。

（二）教学评价的主体

教师评价以自评为主、各方协同参与。

1. 同行评价

由本校或校外的历史学科教师对某历史教师的课堂教学所作出的评价。由于同行拥有共同的历史专业知识背景,对教师在课堂教学中的标准(如,历史专业知识基础的掌握、历史教学目标的设定、历史教学方法的选择)都能够有合理客观的判断。应该注意的是本校同行的评价与校外同行的评价还是有所区别的,本校同行对授课教师本人的业务素养有更全面的认识,外校同行只能够对授课教师的某一节课做出评价,所以,对一堂课的评价要全面客观、避免渗入太多的主观色彩。

2. 学生评价

学生是教师课堂教学的对象,对教师课堂教学的质量最有发言权。通过学生的评价,可以反映出教师的教学方法是否符合学生的要求,教师的教学艺术是否受到学生的欢迎,教师在学生心目中的威信如何等。应该注意的是,由于学生在认知水平上的局限,不可能对教师课堂教学上的所有方面做出恰如其分的评价。因此,不宜把所有的课堂教学内容都纳入学生的评价内容。

3. 自我评价

自我评价是授课教师本人对自己的课所做的评价。教师本人也是课堂教学评价的主体,自我评价也是课堂教学评价的主要途径之一。自我评价基于教师对自己的课的自我反思和自我分析,通过撰写教学日志的方式来进行,短期内便于教师及时总结经验教训,长期内有助于教师的专业发展。当自我评价与同行评价、学生评价发生矛盾冲突时,评价者与被评价者应该进行协商,通过充分渗入的交流达成共识,预期达到促进教师发展的目标。

四、教学评价的组织实施

教学评价贯穿于整个教学过程,它是从教学的基本目标和教学过程中的各种目标出发,来考查学生的现实状况和达到目标的程度。教学评价的组织实施工作主要有:

(一)目标的追求与实现

教学是一种意图性很强的活动,也就是说,历史教学是一种引导学生一步步逼近所期待的成长目标的工作。一旦教学目标具体确定后,就得朝着目标不断地努力,这种努力是双向的,既是教师的,也是学生的,是通过整个教育、学习过程来完成的,但两者的汇合点是一致的,最终的效果是明确的,这就是希望教学成果与评价成果相吻合,从而达到教学目标与教学效果的一体化。历史教学效果应体现在三个方面,一是学生的知识水平,二是学生的能力水平,三是学生的态度水平。

(二)资料的收集

资料是评价的依据,如果资料不充足或者主观意识太强,那么评价的基础就不牢,信度就低。所以,为实施评价而收集资料是非常必要和重要的。这些资料包括由实验、测定而得到的量化资料;也包括由观察、记录而得到的非量化资料。无论哪一种资料的收集都必须充分利用一定的时间、场合和机会,以及有效利用各类评价工具。无论是通过观察法获得的观察资料,还是通过测验法获得的测验资料,都有它们各自的长处和短处。因此,必须把两者有机地结合起来利用,才能对学生作出恰如其分的评价。

(三)资料的处理、分析和利用

在取得评价资料之后,接下来的工作就是对评价资料的处理、分析和利用,这中间包括对资料进行整理、分类、统计、分析、解释和利用。它是评价本质之所在,离开了这项工作,也就失去了教学评价的意义,自然也谈不上改进今后的教学工作。所以,必须把对资料的处理、分析和利用贯穿于评价工作的全过程。教学评价是克服教学活动对目标的偏差,使教学活动保持稳定发展的重要手段。评价主体应该认识到,一个简单的分数,如 58 分或 94 分,其作为反馈信息的质量是不高的,只有除这个分数之外,再加上适当的描述性的评语和该分数反映的具体知识目标的掌握情况、能力目标的发展水平,才能真正发挥评价的反馈功能。

五、中学历史教学评价的原则

要建立科学的历史教育评价体系,就需要我们认识到评价的基本出发点是要有利于学生的发展,学生是教育活动的主体,我们应认识主体、尊重主体、发展主体,将主体视为教育评价模式的中心。

(一)导向性原则

中小学课堂教学评价,要引导学校充分发挥课堂教学主渠道的作用,全面实施素质教育,体现中小学新课程改革精神,反映课堂教学的价值取向和客观规律的要求;通过科学的评价指标体系及评价结果的使用,给中小学课堂教学正确的导向。

(二)科学性原则

这条原则是指在进行教学评价时,不能光靠经验和直觉,而要根据科学。只有科学合理的评价才能对教学发挥指导作用。科学性不仅要求评价目标标准的科学化,而且要求评价程序和方法的科学化。要求按客观事物的本来面目评价,即实事求是地评价。以科学可靠的评价技术为工具取得真实可靠的数据资料,以客观存在的事实为基础,实事求是,公正严肃地进行评定。

典例精析

如何贯彻历史教学评价的科学性原则?

【专家点评】在课堂教学评价中,多采用定量评价与定性评价相结合的方式,以达到优势互补,提高课堂教学评价的准确性和全面性。

【参考答案】(1)以教学目标体系为依据,确定合理统一的评价标准,不带随意性。

(2)为每一个学生提出适合其发展的、具体的、有针对性的建议,切忌用某一种统一的模式来评价学生。

(3)要推广使用先进的测量手段和统计方法,对获得的各种数据和资料进行严谨的处理。

(4)应做到评价态度客观,不带主观性。

(三)全面性原则

1. 评价标准全面

历史教学评价不仅要体现认知目标,还应体现情感、意志、能力等方面的目标。对一个学生学业的评价,不仅要对其在认知领域的水平能力进行评价,同时还要对其情感意志领域和能力操作领域也进行评价。多种评价内容的结合,才能体现一名学生的综合成绩。

2. 要把握主次,区分轻重,抓住主要矛盾

要对组成教学活动的各个方面做多角度、全方位的评价,而不能以点代面,以偏概全。由于教学系统的复杂性和教学任务的多样化,使得教学质量往往从不同的侧面反映出来,表现为一个由多因素组成的综合

体。因此,要真实反映教学效果,必须对教学活动从整体上进行评价。

3. 评价的内容与评价的方式要全面

从评价内容上讲,就是既要评价学生基础性发展,又要评价学生的学科学习;既要评价学生知识与技能的掌握情况,又要评价学生学习过程与方法、情感、态度和价值观等方面的发展;既要评价学生获取和解读信息的能力、调动和运用知识的能力、描述和阐释事物的能力以及论证和探讨问题的能力,又要评价学生的实践能力和创新能力。

从评价方式上讲,既要有教师对学生的评价,又要有学生的自我评价,还要有学生之间的相互评价以及家长对孩子的评价;既要有量化评价(如评分),又要有质性评价(如写评语、行为观察、情景测验、成长记录等);既要有过程评价,又要有结果评价。总之,评价的内容和方式应该尽量全面,切忌用某一方面的评价或某一种方式的评价代替全面的评价。

六、评价的指标要素

(一)课堂环境

教学要求课堂的物理环境和人文环境都具有支持性,要重视课堂的常规和程序、具体环境的安排、学生行为规范和要求的制定,以及民主、和谐、自由、安全的教学氛围的营造。要以学生为主体,平等地对待每一个学生;建立师生间、生生间和谐的互动关系;注意激发与维持学生学习的兴趣,让学生畅所欲言、充分表现和张扬个性、体验成功;鼓励学生大胆设想、质疑,允许学生冒险、犯错误。

(二)目标设定

历史教学要求以设计适切的目标为落脚点,提倡以目标为导向展开教学,坚持基础性目标与发展性目标的协调统一,用教学目标引导学生全面发展;目标设计要符合学生实际、分层、具体、可观察、可测。

1. 明晰教学目标

根据新课程标准,理清学年、单元、课时目标的层级关系,准确定位;设计具体明确的课时目标,并以可观察、可测量的方式加以陈述。

2. 融合三维目标

要以落实显性目标"知识与技能"为主线,夯实基础,挖掘、渗透隐性目标"情感、态度、价值观",并充分体现在学习探究的知识形成过程和有效学习方法运用的"过程与方法"之中。

3. 优化教学目标

要体现基础性目标与发展性目标的有机统一;教学目标设定学生要参与;教学目标要有挑战性;教学目标要有生成性;教学目标要问题化。

(三)教学内容

在围绕目标认真研究教学内容的基础上,把握教学内容的整体结构,建立不同内容间的有机联系。要明确教材编写意图,力求把"课标"信息、教材信息、资源信息转化为自己的信息。要坚持"用教材教",开发和利用多样化的教材资源,并以教学内容的重点为线索,延伸、拓展学习资源,为学生进一步学习创造条件。

（四）教学过程

教学要求关注与课堂教学发生关联的全过程,通过优化学生参与、科学组织、启发引领、动态生成、精致讲练、即时评价等教学过程,展示知识的发生发展过程、思维发展过程、知识应用过程、认知和情感态度形成过程。

1. 学生参与过程

要创设使学生主动参与到课堂教学过程中的情境,把教学与学生的生活经验联系起来。鼓励学生亲历活动,参与实践,独立思考,讨论交流;关注学生参与的广度、深度和自觉度。

2. 科学组织过程

要建立合理的课堂规则和程序,有条不紊地安排教学和学习活动,保证学生完成学习任务的时间;学习组织管理要有利于提供学生高效学习所需的一切帮助,适时处理教学中出现的突发问题,使教学按照教学计划设定的方向顺利进行。

3. 启发引领过程

不把"结论"直接抛给学生,而是通过展示和分析知识的发生发展过程、思维过程、改变现实的创造过程等活动,启发、引领学生向结论靠近;强调学生要经过一系列的质疑、判断、比较、选择,以及相应的分析、综合、概括等认知活动,最终获得"结论"。

4. 动态生成过程

要根据课堂学情的变化,随机调整教学的程序,减少教学的环节,学习目标可在生成中随机升降,学习重点可在生成中调适。探究的主题可在生成中替换,充分开发和利用生成资源,使教学取得最佳的效果。

5. 精致讲练过程

要在精讲中用少而精的语言,抓住中心,揭示教材中的内在规律和本质特征,以讲促思,以讲解惑,讲科学的思维方法和学习方法等;要在精练中向学生提供精心设计的练习,要有目的性、层次性、递进性、探究性、典型性和综合性,使学生在精致讲练中提升学习效果。

6. 即时评价过程

要把学生在学习过程中的表现及取得的成果作为评价对象,评价学生观察、讨论、解决问题、完成任务等活动的质量和行为表现,以及活动中表现出来的兴趣、好奇心、投入程度、合作态度、意志力和探索精神等,尤其是在活动中表现出来的独特的思维方式和解决问题的有效方法。

（五）学习方式

重视策略的教学,使学生在掌握知识与技能的同时,掌握学习策略,逐渐形成学习能力,学会学习;并力求形成"五变":一变"在听中学"为"在'做'或'玩'中学";二变"被动地学"为"主动而自主地学";三变"单一个体地学"为"独立自主与合作交流结合地学";四变"机械模仿地学"为"探究创新地学";五变"只向书本学"为"在多情境、多媒体的体验中学",追求一种开放的、互动的、动态的、多元的学习方式。

1. 指导自主学习

要让学生在参与确定学习目标的过程中,实现自我引导的学习;激发学生的学习兴趣与热情,确保学习有内部动力的支持,实现自我驱动的学习;帮助学生掌握各种学习策略。如让学生先识后记,学会组块;引导学生把新旧知识联系起来,学会精加工;教学生如何把知识组织起来,学会构建图式等。

2.组织合作学习

要激发学生在实现学习目标过程中相互帮助;选择合适的教学内容和任务,精心组织活动,为合作学习提供机会;有效设计学生之间面对面的互动,引导学生负责地承担共同任务中的个人责任,并努力促使小组其他成员履行自己的职责;促使小组成员相互尊重与信任,有效地解决冲突,实现共同发展。

3.鼓励探究学习

要善于创设问题情境,并将现实生活的真实问题引入课堂,树立"问题意识"。激发学生进行探究的兴趣;鼓励学生反思自己的学习生活实践与经验,质疑他人的知识与观点。探究知识的意义,使其在解决问题的过程中学会元认知;与学生共同探究新知,让学生敢于提问与猜想,让思维求变、求异、求新,支持并指导学生在创新思维中学习。

典例精析

对学习方式的评价是教学评价的指标要素之一。说一说在对历史学习方式进行评价时应该注意哪些方面?

【专家点评】新课程标准实施以来,倡导历史的学习方式主要包括自主学习、合作学习、探究学习,在进行评价时从这些方面展开论述即可。

【参考答案】(1)指导自主学习。激发学生的学习兴趣与热情,确保学习有内部动力的支持;帮助学生掌握各种学习策略,如让学生先识后记,引导学生把新旧知识联系起来,学会构建知识体系等。

(2)组织合作学习。要选择合适的教学内容和任务,精心组织活动,为合作学习提供机会;有效设计学生之间面对面的互动,引导学生负责地承担共同任务中的个人责任;促使小组成员相互尊重与信任,有效地解决冲突,实现共同发展。

(3)鼓励探究学习。要善于创设问题情境,树立"问题意识"。激发学生进行探究的兴趣,与学生共同探究新知,让学生敢于提问与猜想,让思维求变、求异、求新。

(六)学习效果

历史教学要求真正落实"以学论教"的现代课堂教学评价理念,一方面要重点关注学生在课堂学习中的情绪状态和交往状态,看学生能否学得轻松、自如;另一方面要重视学生在课堂学习中的思维状态和目标达成状态,看学生是否学会、会学,追求四种状态的和谐统一。

1.交往情绪良好

始终以饱满的热情投入教与学,平等交流、互动合作有效。注意对学生学习情绪的激励,促使学生的注意力、学习兴趣和求知欲得以提升,能把教材之情、学生之情、教师之情交融,形成历史教学活动的动力,课堂充满快乐体验。

2.学生思维激活

善于创设思维情境,激活学生思维状态,对学生认知形成积极正面的干预,注重从质量的角度对学生完成学习任务的方法和技巧予以指点,要求学生用有意义的方式来思考和运用学习材料,学会反思,引导学生从不同角度提出问题和作出解答,并巧妙的点拨、引导和训练学生的思维。

3.学习目标达成

通过课堂听学生答问,查学生练习,看学生操作等途径,获取学生真正理解、掌握、运用知识的程度和判定学生获得基本技能的实际水平;不同层次的学生在原有水平上得到不同程度、不同方面的收获和提高;认知、过程、体验的目标达成率高,教学相长,共促发展。

第二节　教学评价的功能和类型

一、教学评价的功能

(一)导向功能

在评价过程中,把师生的活动分解成若干部分,并制定出评价标准。根据这些标准判定师生的活动是否偏离了正确的教学轨道,偏离了教育方针和教学目标,有无全面完成历史课程标准规定的目的和任务,从而保证教学始终沿着正确的方向发展。教学评价可以了解教师教学的效果和水平、优点、缺点、矛盾和问题,以便对教师考察和鉴别。教学评价能对学生在知识掌握和能力发展上的程度作出区分,从而分出等级,为升留级提供依据,为选拔人才提供参考,同时也是向家长、社会、有关部门报告和阐释学生学习状况的依据。

(二)反馈功能

通过教学评价,能使教师和学生知道教学过程的结果,及时地提供反馈信息。反馈信息在教学中具有重要的调节作用。教师获得评价的反馈信息,能及时地调节自己的教学工作,能使教师了解自己的教学方法和教学过程组织中的某些不足,诊断出学生在学习上存在的问题与困难;可使教师明确教学目标的实现程度,明确教学活动中所采取的形式和方法是否有利于促进教学目标的实现,从而为改进教学提供依据。学生获得反馈信息,能加深对自己当前学习状况的了解,确定适合自己的学习目标,从而调整自己的学习。此外,还能起到激发学生学习动机的作用。研究表明,经常对学生进行记录成绩的测验,并加以适当的评定,可以有效地激发并调动学生的学习兴趣,推动课堂学习。

(三)诊断功能

教学评价如同体格检查,是对教学现状进行一次严谨的科学诊断,以便为教学的决策或改进指明方向。对教学效果进行评价,可以了解教学各方面的情况,从而判断它的质量和水平、成效和缺陷。全面客观的评价工作不仅能估计学生的成绩在多大程度上实现了教学目标,而且能解释成绩不良的原因,并找出主要原因。评价是对教学结果及其成因的分析过程,借此可以了解教学各方面的情况。全面的评价工作不仅能估计学生的成绩在多大程度上实现了教学目标,而且能解释成绩不良的原因,如学校、家庭、社会和个人中哪方面的因素是主要的,就学生个人来说,主要是由于智力因素,还是学习动机等其他非智力因素的影响,抑或是两者兼而有之。

(四)激励功能

评价对教学过程有监督和控制作用,对教师和学生则是一种促进和强化。通过评价反映出教师的教学效果和学生的学习成绩。

教学评价可以调动教师教学工作的积极性,激起学生学习的内部动因,维持教学过程中师生适度的紧张状态,可以使教师和学生把注意力集中在教学任务的某些重要部分。实验证明,适时地、客观地对教师的教学工作作出评价,可使教师明确教学中取得的成就和需要努力的方向,可促使教师进一步地研究教学内容、教学方法,以提高自己的教学水平。

对于学生来说,教师的表扬、鼓励、学习成绩测验等,可以提高学习的积极性和学习效果。同时,评价能促进学生根据外部获得的经验,学会独立地评价自己的学习结果,即自我评价。自我评价有助于学生成绩的提高。

二、教学评价的类型

(一)按评价基准的不同,可分为相对评价、绝对评价和个体内差异评价法

1.相对评价

相对评价法就是在被评价对象的群体或集合中建立基准,然后把各个对象逐一与基准进行比较,来判断群体中每一成员的相对优劣。对学习成绩的评定通常是以群体的平均水平为基准,以个人成绩在这个群体中所处的位置来判断。

相对评价法便于学生在相互比较中判断自己的位置,激发竞争意识。它的缺点是:基准会随着群体不同而发生变化,因而易使评价标准偏离教学目标;不能充分反映教学上的优缺点和为改进教学提供依据。

2.绝对评价

绝对评价法是在被评价对象的集合以外确定一个客观标准,将评价对象与这一客观标准相比较,以判断其达到程度的评价方法。这种评价就是将教学评价的基准建立在被评价对象的群体或集合之外,把群体中每一成员的某种指标逐一与基准进行对照,从而判断其优劣。可以促使学生有的放矢,主动学习,并根据评价结果及时发现差距,调整自我,具有明显的教育意义。

绝对评价的优点是评价标准比较客观,如果使用得当,可使每个被评价者都能看到自己与客观标准之间的差距,以便不断向标准靠近;它的缺点是在制定评价标准时,容易受评价者的原有经验和主观意愿的影响,也不易分析出学生之间的学习差异。

3.个体内差异评价法

个体内差异评价是以评价对象自身状况为基准,对评价对象进行价值判断的评价方法。在这种方法中,评价对象只与自身状况进行比较,包括自身现在成绩同过去成绩的比较,以及自身不同侧面的比较。个体内差异评价法比较充分地照顾到学生的个性差异,只是使评价对象与自身状况进行比较,是对被评价的

个体的过去和现在相比较,或者是对他的若干侧面进行比较。但由于被评价者没经过与具有相同条件的其他学生作比较,难以判定他的实际水平和差距,激励功能不明显,容易导致信度降低,学生自我满足。因此,在实践中常需把自身评价和相对评价结合起来使用。

(二)按评价的功能不同,可分为诊断性评价、形成性评价和总结性评价

1.诊断性评价

诊断性评价也称教学前评价或前置评价,是指某一知识块教学开始时,为弄清学生已有的认知水平、能力情况而进行的评价。通过诊断性评价可以了解每个学生对已学历史知识的了解和掌握情况、学生学习上的特点、优点和不足之处。这样,教师可以针对学生的具体情况因材施教,可以选择适合学生的最佳教学方法,充分发挥学生的潜能,做到事半功倍地达到教学目标。

2.形成性评价

形成性评价是指在教学过程中,为了解学生知识掌握和能力形成状况及发展态势的过程中而进行的评价。它能及时了解阶段教学的结果和学生学习的进展情况、存在的问题等,以便及时反馈、及时调整和改进教学工作。目的是为了修改该方案收集有力的数据和资料。它包括在一节课或一个课题教学中对学生的口头提问、动手操作和书面作业情况等。

3.总结性评价

总结性评价是以预先设定的教学目标为基准,对评价对象达成目标的程度即教学效果做出评价。总结性评价注重考查学生掌握某门学科的整体程度,概括水平较高,测验内容范围较广,常在学期中或学期末进行,次数较少。

典例精析

按评价的功能不同将教学评价分为哪三种? 在历史教学中如何综合运用以便更好地因材施教?

【专家点评】按评价的功能不同,可分为诊断性评价、形成性评价和总结性评价。根据这三种评价的具体要求和作用,结合自己的理解加以分析。

【参考答案】按评价的功能不同,可分为诊断性评价、形成性评价和总结性评价。

在历史教学进行中,要设计实施"形成性评价",以此了解学生学习的进展情况和所达到的水平。若学习进展顺利,可以给予必要的鼓励和强化。若学习效果不理想或学习进展困难,则需要寻找原因并给予及时的帮助,必要时还需进一步作"诊断性评价",通过这种评价诊断出学生学习困难的原因后,可以对症下药,提供补救的教学措施。在教学告一段落时,可以设计实施"总结性评价",以此来评定学生学习的成绩,判断学习水平的高低及相对地位,并对整个教学效果作出评价。

(三)按评价的方法不同,可分为定性评价、定量评价

1.定性评价

定性评价是对评价作"质"的分析,是运用分析和综合、比较和分类、归纳和演绎等逻辑分析的方法,对评价所获取的数据资料进行思维加工。分析的结果一种是描述性材料,数量化水平较低甚至没有数量化;而另一种是与定量分析密切结合的定性分析。一般情况下,定性评价不仅用于对成果或产品的评价分析,

更重视对过程和相互关系的动态分析,以评价变量之间相互影响的过程。

2.定量评价

定量评价是从量的角度运用统计分析、多元分析等数学方法,从复杂纷乱的评价数据中总结出规律性的结论。由于教学涉及人的因素、变量及其关系是比较复杂的,因此,为了揭示数据的特征和规律性,定量评价的方向、范围必须由定性评价来规定。

定性评价与定量评价是密不可分的,二者互为基础、互相补充,切不可片面强调一方面而偏废另一方面。

(四)以评价内容为依据分为过程评价和结果评价

1.过程评价

过程评价主要是关心和检查用于达到目标的方法和手段如何。例如,完成某一教学目标,用录像教材好还是用程序化教材好。因此,过程评价往往是在教学过程或教学设计过程进行的。它倾向于完成还需要修改的形成性评价的功能,但是也完成过程中对时间、费用、学生接受情况等方面的总结评价。

2.成果评价或称产品评价

成果评价是关心和检查计划实施后的结果或产品使用中的情况。例如,某录像教材的教学效果或某教学设计方案的实施效果。它倾向于完成总结性评价的功能,但也可提供形成性评价的信息。

(五)发展性评价

发展性评价突出评价的激励与控制功能,激发学生、教师的内在动力,促进个体发展。在评价内容上重视综合素质的发展。评价标准呈现层次化,同时关注不同个体的差异性和不同需求,考虑被评价者的发展基础,促进其在原有水平上不断提高,强调被评价者成为评价主体中的一员,并突出自我评价的作用,以多渠道的反馈信息促进被评价者的发展。

1.发展性教师评价

关注教师的背景和基础,关注教师的个体差异,通过多种渠道收集体现教师教学水平的资料,鼓励历史教师积极参与到评价中并反思自己的教学,其目的是为了促进教师的专业化发展。

2.发展性学生评价

发展性学生评价的根本目的是促进学生达到目标,而不是简单的检查和评比。所追求的不是给学生下一个结论,更不是给学生一个等级或分数,并与他人相比较,而是更多地体现对学生的关注和关怀,整个评价始终强调学生的主体性和积极性。

强化训练

简答题

1.简述中学历史教学评价的原则。

2.发展性评价注重综合素质的发展,简述发展性评价的内涵。

参考答案及解析

简答题

1.【答案要点】

(1)导向性原则。

(2)科学性原则。

(3)全面性原则。

2.【答案要点】

发展性评价突出评价的激励与控制功能,激发学生、教师的内在动力,促进个体发展。在评价内容上重视综合素质的发展。评价标准呈现层次化,同时关注不同个体的差异性和不同需求,考虑被评价者的发展基础,促进其在原有水平上不断提高,强调被评价者成为评价主体中的一员,并突出自我评价的作用,以多渠道的反馈信息促进被评价者的发展。它包括发展性教师评价和发展性学生评价。

真题预测

简答题

1.简述教学评价的功能。

2.谈谈你对个体内部差异评价的理解。

3.谈一谈教学评价对于师生的发展有何意义?

参考答案及解析

简答题

1.【答案要点】

导向功能;反馈功能;诊断功能;激励功能。

2.【答案要点】

个体内部差异评价是以评价对象自身状况为基准,对评价对象进行价值判断的评价方法。在这种方法中,评价对象只与自身状况进行比较,包括自身现在成绩同过去成绩的比较,以及自身不同侧面的比较。个体内部差异评价法比较充分地照顾到学生的个性差异,只是使评价对象与自身状况进行比较,是对被评价的个体的过去和现在相比较,或者是对他的若干侧面进行比较。但由于被评价者没经过与具有相同条件的其他学生作比较,难以判定他的实际水平和差距,激励功能不明显,容易导致信度降低,学生自我满足。因此,在实践中常需把自身评价和相对评价结合起来使用。

3.【答案要点】

(1)评估教师的教学,教师可以根据学生在评价中的表现来评估自己的教学效果,帮助教师决定是保留现行教学方案还是进行修订或者另起炉灶。

(2)合理开发和应用课堂教学评价能够有效提高学生的学业成就。能够诊断学生的优势和不足,了解这方面的信息能够为教师进行有针对性的指导提供帮助,同时教师还需要知道学生已经能够做什么,他们的学习准备情况怎样。

(3)教学评价能够帮助教师判断学生是否取得了预期的进步,这样可以为是否进行教学调整提供信息。

(4)课堂教学评价还能够促进学生在课堂上的积极参与,使得学生充分活动,形成良好教学氛围和师生互动关系,促进学生更好地学习,获得更好的发展。

第二章　历史教学评价的实施

考纲呈现

一、考试目标

了解历史教学评价的基本类型和具体方法,能够合理运用多种评价方式,通过教学评价改进教学和促进学生的发展。

二、考试内容模块与要求

1. 能够对学生历史学习的过程和结果进行评价,全面考查学生在知识、能力、方法及情感态度与价值观等方面的发展状况。

2. 能够全面、客观地对教学进行反思和评价,提出改进的思路和措施。

本章考试指南

本章内容重点介绍教学评价的两个核心环节:教师评价、学生学习评价。教学评价是研究教师的教和学生的学的价值的过程。作为历史教师,不仅要了解历史教学评价的基本类型和具体方法,而且应该能运用多种评价方式,通过教学评价改进教学和促进学生的发展。

对于这部分内容的考查,主要题型有简答题、材料分析题,侧重于考查教师怎样运用教学评价反馈改进教学。

本章基本结构框架

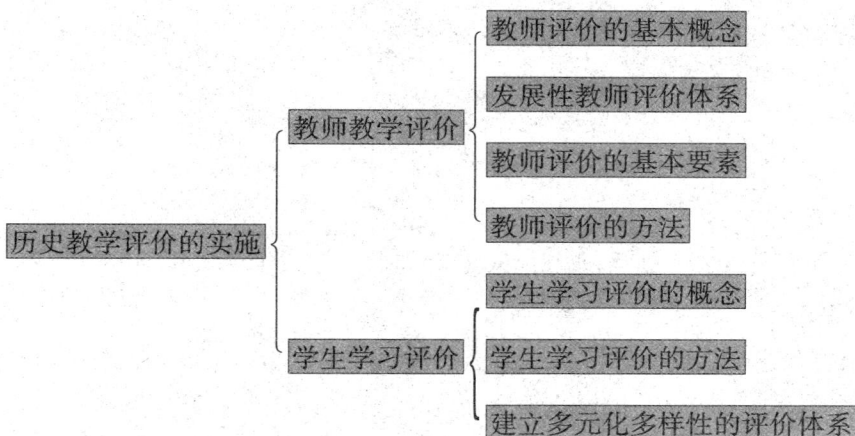

```
                                    ┌─ 教师评价的基本概念
                                    │
                                    ├─ 发展性教师评价体系
                         ┌─ 教师教学评价 ─┤
                         │          ├─ 教师评价的基本要素
                         │          │
                         │          └─ 教师评价的方法
  历史教学评价的实施 ─────┤
                         │          ┌─ 学生学习评价的概念
                         │          │
                         └─ 学生学习评价 ─┼─ 学生学习评价的方法
                                    │
                                    └─ 建立多元化多样性的评价体系
```

名师讲堂

第一节　教师教学评价

一、教师评价的基本概念

教师评价是对教师工作现实的或潜在的价值做出判断的活动。按教师评价目的通常有两种形式:业绩评价和教师发展评价。业绩评价关注于可达到的、相对短期的目标,倾向于在某个时间段内给教师的业绩和能力下一个结论,对于教学质量的监控有重要作用。

教师评价的目的主要有两个方面:一是"提高教学效能",即通过衡量结果、评判等明确职责、奖优罚劣或解聘不称职的教师来保证教学质量的提高,它通常与教师聘任、提升、增薪等人事决策相联系;二是"促进教师专业发展",即通过诊断问题,提供教师优缺点信息,鼓励改进,帮助教师不断提高业务素质和专业水平。

二、发展性教师评价体系

新课程倡导教师评价以促进教师专业发展为根本目的,要求建立发展性的教师评价体系。学校领导注重教师的未来发展;强调教师评价的真实性和准确性;注重教师的个人价值、伦理价值和专业价值;实施同事之间的评价;由评价者和评价对象配对,促进评价对象的未来发展;发挥全体教师的积极性;提高全体教师的参与积极性;扩大交流渠道;制订评价者和评价对象认可的评价计划,由评价双方共同承担实现发展目标的职责;注重长期的发展目标。

发展性教师评价体系的主要特征是：

第一,对于教师而言,内部动机比外部压力具有更大的激励作用。

第二,教师是具有学习能力的专业人员,应该或者愿意改进他们自己的工作表现,寻求专业的发展。当教师获得足够的信息与有用的建议后,他们就有可能达到预期的水平。

第三,作为专业工作者,教师对自身的职业具有较高的热情。

典例精析

谈一谈你对教师发展性评价的看法?

【专家点评】课程改革中的教师是发展中的教师,是进行适应和调整的不断追求的人,教师评价必须适应并促进教师角色的转变,建立促进教师成长的发展性评价体系。

【参考答案】教师评价必须改变以往评价者高高在上的姿态,从对教师冷冰冰的审视和裁判转向对教师的关注和关怀;从指令性的要求转向协商和讨论式的沟通和交流;从教师被动接受检查转向多主体参与的互动过程。教师发展性评价关注教师的背景和基础,关注教师的个体差异,通过多种渠道收集体现教师教学表现和水平的资料,鼓励教师积极参与到评价中并反思自己的教学。建立发展性的教师评价体系有助于提高教师的职业素养和教育教学能力,激发教师不断改进教学的主动性和创造性,促进教师自我价值的实现和提升。

三、教师评价的基本要素

教师评价的基本要素包括:师德师风、资历、教学业绩、科研业绩、管理业绩(教育业绩)、继续教育、获奖情况、综合评议、团队协作。

1.师德师风,运用《中小学教师职业道德规范》提出六个方面的标准进行,即爱国守法、敬业奉献、热爱学生、教书育人、为人师表、终身学习。

2.教学业绩,一方面考核教师的工作量状况;另一方面是着力工作质量。

3.科研业绩,一方面考察参与状况,考察过程;另一方面是着力所取得的业绩,获得的成果发表与获奖状况,以及科研中产生的作用。

4.管理业绩(教育业绩),一方面考察参与状况,考察过程;其次是着力所取得的业绩,用学生的发展变化作为考察的重要内容。

5.继续教育,一方面考察参与状况,考察过程;另一方面是着力所取得的业绩,体现能力提升状况。

6.获奖情况,一方面包括教师参加各类竞赛获奖;另一方面包括所指导的学生获奖,也包括所指导的学生在各类场合展示。

7.综合评议,包括学生评议、教师互评、领导评议、家长评议、社会有关人士评议。

8.团队协作,包括出勤状况、协同完成目标状况、接受批评意见的状况、知错改正的状况、关心集体发展状况、公益活动参与状况等。

四、教师评价的方法

新课程倡导教师评价是一种发展性评价,它以评价对象为主体,注重评价对象的个人价值,重视提高评价对象的参与意识和主体意识,发挥其积极性。具体而言,在评价开始时,评价者应与被评教师沟通协商,根据教育教学实际和教师本人的情况,形成个体化的评价目标和评价方法。在收集评价信息时,选择恰当的渠道和方式,鼓励教师自主提交评价资料,给教师提供表现自己能力和成就的机会。同时,创设宽松的氛围,鼓励教师反思教育教学过程中遇到的困难和存在的疑惑,并与教师一起分析和探索。在分析评价资料和数据信息时,要与教师进行充分的交流与沟通,注重资料的背景和影响因素。达成评价结论的过程要与教师一起进行讨论,对教师存在的优势、不足和进步尽量形成清晰一致的认识,注重引导教师分析现象背后的原因,提高教师自我反思和总结的能力,并且与教师一起寻找出改进教育教学实践的建议。

(一)课堂教学评价的过程

课堂教学是整个教育过程中最重要、最关键的环节,它的质量决定了整个教学质量的高低。课堂教学评价是依据现代教育评价理论,在一定观念指导下,对课堂教学活动状态和价值所进行的判断。理念是判断标准的内核,标准则是理念的外显,二者互为表里,不可分割。因此,在评价的具体实施过程中,评价者首先要有对评价理念的体悟和认同,否则,即使是同样的评价标准,不同的理念也会产生迥异的评价结果。

一般而言,课堂教学评价可以分为三个阶段。

1. 准备阶段

准备阶段主要就为什么要评价、谁来评价和评价什么等问题作充分准备。这一阶段的主要工作包括组织准备、人员准备、方案准备以及评价者和被评价者的心理准备。

2. 实施阶段

实施阶段是教学评价活动的中心环节,这个阶段的主要任务是运用各种评价方法和技术收集各种评价信息,并在整理评价信息的基础上作出价值判断,同时对评价者和被评价者的心理进行调控,以保证评价工作的顺利进行。主要包括以下几个步骤:

(1)收集评价信息。

(2)整理评价信息。

(3)分析处理评价信息。

(4)作出综合评价。

3. 评价结果的处理与反馈阶段

(1)评价结果的检验。

(2)分析诊断问题。

(3)撰写评价报告。

(4)反馈评价结果。

(二)教学反思

随着新课程改革的到来,对教师的要求也越来越高。历史教师要适应新课程的需要,一方面,必须参加有计划、有组织的培训和提高;另一方面,更应注重教学反思,促进自发学习和研究意识,提升教学实践能力。

1. 教学反思的含义

教学反思就是教师在教学实践过程中发现问题、思考问题、解决问题的一种行为,是教师对教学行为和教学活动进行批判的有意识的分析与再认知的过程。教师对自己教学过程和结果的自我监控和调整,通过反思,教师能够及时发现自己存在的缺陷和不足,以采取相应的补救或改进策略,从而加快教师专业发展的步伐。

在反思过程中,一般需要对观察到的和感受到的与制订和实施计划有关的各种现象进行归纳,描述出其过程和结果,并进行判断,对现象的原因作出分析解释,指出计划与结果之间的不一致,形成基本设想、总体计划和下一步行动的计划。反思有助于提高教师的教学能力和水平,反思有助于提高教师的科研水平。

2.教学反思的内容

教学反思的内容很多,它既有对教师自身教学理念的反思,也有对自己教学行为的反思;既有对教学内容的反思,也有对教学方法、教学手段的反思;既要在课前反思,也要在课中课后反思,还有哪些不足,怎样改进;既要通过自身感受进行反思,也要借"学生的眼睛"作为"镜头"来质疑自己的教学行为,等等。反思的内容包括:

(1)教学过程:教师反思自己在教学环境下采用了何种教学组织、调控与管理的方法? 为什么采用这些方法? 教学的效果如何?

(2)信息技术支持学生学习的可能性与方法:结合自己的教学实践,反思信息化教学环境下各种信息技术对教学支持的有效性以及更好地利用信息技术开展教学的方法。

3.教学反思的具体做法

(1)听课观摩,相互交流。

(2)从学生眼中反思自己。

(3)写好教学后记。

第二节　学生学习评价

一、学生学习评价的概念

学生评价是指在一定教育价值观指导下,根据一定的标准,运用现代教育评价的一系列方法和技术,对学生的思想品德,学业成绩,身心素质,情感态度等的发展过程和状况进行价值判断的活动。对评价涉及的目的、内容、范围、方法、手段等加以规范,形成有制约作用的可操作程序,以便被考核者知晓,努力创造条件,自觉接受考核。教师或者管理者要细化目标,形成循序渐进的逐步实现的目标体系,将目标渗透到活动的各个环节之中,转化为具体的实现目标的行为,以便被评价者循着目标行为系统逐步实现目标,比如:学生的阅读能力,其中可以细化为识别能力、理解能力、分析能力、概括能力、演绎能力等。

二、学生学习评价的方法

评价历史知识与能力的方法有:考试法、个人代表作品档案法(成长记录袋)、学期和学年报告法等。评价情感态度价值观的方法有:调查法、讨论法、行为观察、学习日记、情景测验以及学生自我评价法等。

(一)针对陈述性知识习得的评价

陈述性知识主要说明事物是什么、为什么、怎么样,是个人可以有意识地回忆出来的关于事物及其关系的知识。例如,历史事实、观点信念等都属于陈述性知识的范畴。对学生陈述性知识的检测,一般采用传统的纸笔测验方式,包括填空题、是非判断题、选择题、匹配题、简答题、辨析题、论述题等,前四类属于比较客观的测验题型,后三类属于比较主观的测验题型。除了传统的纸笔测验外,教师还可以运用诉诸口头语言的交流式评价,来检测学生对陈述性知识的理解与掌握程度。

1.测验法

测验法是对学生历史学习成果进行数量测定,并对测定结果进行解释、分析和评论,是历史教学中最常使用的一种方法,它一般用以评价学生一个教学单元、一个学期或一个学年历史教学目标的达成情况。新课程改革要求历史教学的测验、考试要把历史知识和历史能力有机地结合起来加以考查,不但要考查学生再认再现历史知识的能力,更要考查学生综合运用所学知识分析解决问题的能力。同时,测验要充分体现历史课程的综合性特点和独特的情感教育功能。

(1)测验的类型与特点

类型:测验法种类很多,根据不同的分类标准,把测验分为不同的类型。认识测验的类型,有利于有针对性地选择和有效地使用测验。按照测验的性质,可以分为成就测验和心理测验;按测验时机,可分为准备性测验、形成性测验和终结性测验;按试题类型,可分为客观性测验和主观性测验;按测验的标准化程度,可分为标准化测验和教师自编测验;按解释分数的标准,可分为常模参照测验和标准参照测验。

特点:测验的优点是能在同一时间内用同一试卷测验众多的对象,收集大量可供比较研究的宝贵资料,它不仅简单易行、运用广泛,而且结果也较可靠。但是,测验亦有局限性,难于测定学生智力、能力和行为技能的水平。

(2)测验题目的形式

目前历史教学的标准化考试试卷由客观性试题和主观性试题组成。

①客观测验题型

客观测验题型一般包括:填空题、是非判断题、选择题、匹配题。其主要优点是比较适合用来考查学生对事实性知识的掌握程度,但设计得好的话也可以用来评估学生的高级思维技能,如有些试题先给学生提供一篇小短文、一张数据表或一幅卡通漫画,然后要求学生根据所提供的材料回答问题、在指定的选项中做出选择;考题的取样范围较大,可容纳大量的评价内容,学生可以在很短的时间内完成大量的评价题目;评分省时省力,而且比较客观;试题编制者完全控制了题干与选择项,因此,学生书写能力的影响得以控制。其缺点是试题编制花费的时间较多,学生可以猜题等。客观测验题的编制一般应遵循以下要求:不可在测验的指导语中使用晦涩的语言;不可在题目中使用模棱两可的陈述;不可在题目中使用生僻的词汇或过于复杂的句型;不可无意中给学生提供正确答案的线索。

②主观测验题型

主观测验题型,并不是指这种题型完全是主观化的、随意的,没有相对正确的标准,而是指在这种测验题型中,学生可以自由地构建对问题的反应,他们有充分表达自己思想观点与情感的机会,而且,题目的答案可能不止一个,学生有一定的自由发挥的空间与余地。

主观测验题型通常表现为简答题、辨析题、论述题,其优点主要是比较适合用来考查和评估学生高级思维技能,如思维组织能力、逻辑表达能力、维护自己的立场与观点的能力、观点整合能力等;学生可以自由发挥,展示自己的独特理解;试题的编制相对较容易;减少了学生猜测正确答案的机会。其缺点主要是考试覆盖的教学主题偏少,考题的取样数量受到限制;考卷批阅和评分比较费时;评分带有一定的主观性,教师难以对学生的回答做出稳定而可靠的评分,教师对每份答案的评分可能会受到教师当时的情绪、学生过去的成绩、阅卷的先后顺序等变量的影响。

典例精析

阅读材料,回答问题。

目前历史教学的标准化考试试卷由客观性试题和主观性试题组成。所谓主观测验题型,并不是指这种题型完全是主观化的、随意的,没有相对正确的标准,而是指在这种测验题型中,学生可以自由地构建对问题的反应,他们有充分表达自己思想观点与情感的机会,而且,题目的答案可能不止一个,学生有一定的自由发挥的空间与余地。

主观测验题型主要适用于考查学生的哪些能力?是否有利于在初中历史教学中推广?

【专家点评】注意材料中的信息"学生可以自由地构建对问题的反应,他们有充分表达自己思想观点与情感的机会……学生有一定的自由发挥的空间与余地",可以看出主观型测验题有利于学生的"学",符合新课程的理念,有利于在初中历史教学中推广。

【参考答案】主观测验题型的优点主要是:比较适合用来考查和评估学生高级思维技能,如思维组织能力、逻辑表达能力、维护自己的立场与观点的能力、观点整合能力等;学生可以自由发挥,展示自己的独特理解。

有利于在初中历史教学中推广,因为试题的编制相对较容易;减少了学生猜测正确答案的机会。

(3)测验的注意事项

首先,编制试题的基本原则是:选题要有代表性、典型性;试题编制表述要清楚、准确,力求简明扼要;题目要符合学生认知特点,少一些"生搬硬套"的题目;试题中要注重解决实际问题的能力考查,少一些死记硬背的知识考查。

其次,测验的形式多样化。

最后,命题多样化。

2.交流式评价

通过与学生交谈,教师可以获得大量关于学生学习状况的有用信息。交流式评价要达到它的预期效果,必须满足一定的条件。首先,交流双方必须拥有共同的语言和文化背景。其次,教师应致力于为学生创建一个心理安全的评价环境。只有让学生感觉处于一个安全的、充满信任的学习环境中,他们才能在交谈中真实地表达自己的想法与看法,也只有这样,教师才能获得有价值的评价信息。再次,在交流中,教师的提问必须反映重要的学业目标,具有代表性,否则,就会因为取样误差导致无效的评价。

交流式评价主要包括以下几种形式:

(1)课堂问答。

(2)课堂讨论。

(3)口头测验。

（4）课堂表演。

（二）针对程序性知识习得的评价

程序性知识是关于"怎样做"的知识,或者说是关于完成某项任务的行为或操作步骤的知识。有时,人们把这种知识称为实践性知识。通常人们所讲的各种操作步骤、实践技能都属于程序性知识的范畴。除此以外,各种"策略性知识"(如学习策略、问题解决策略),都属于程序性知识的范畴。

策略性知识是关于"如何学习""如何思维""如何解决问题"的知识,是调节自己的注意力、记忆力、思维力的知识,是控制自己的学习与认知过程的知识。其中记忆属于较低的认知行为,理解、应用、分析综合、创新等则属于较高层次的认知行为。我们进行评价时要知道认知水平的特征以及如何进行评价。

1. 记忆评价

记忆,就是要学生记住学过的材料。教师可以用提问以及问卷的形式进行测评。方式比较简单,也比较容易得出结果。当然记忆也是进行深层次认知活动的基础,不可忽视它的作用。

2. 理解评价

理解是属于较高层次的认知行为,要求学生能够对所学知识用自己的话归纳、解释其中的特征和含义。建立在理解基础之上,学生对知识的理解比较透彻,就能够对知识进行简单的转换,用自己的话表达所学知识的特征和含义。如果学生理解了学习的意义,就能联系实际举出相关的例子。

3. 简单应用评价

巩固知识。这是浅层的运用,学生类似于"机械式"地运用自己所学的知识解决一些问题,巩固学生所学知识。

解决问题。将学习过的材料用于新的具体情境中去解决一些简单的问题。这就要求学生对知识能够深入理解,并根据具体的情境寻求解决问题的方法。

4. 综合应用评价

评价学生综合应用知识的能力,就是要求学生能够运用所学知识进行较高层次的思维活动。教师则可以通过编制综合运用的练习题或测试题来进行评价。主要考查学生:对具体的综合问题的理解;各部分知识之间相关联系的分析;识别知识的原理法则,并综合运用解决问题。

5. 替代性评价

替代性评价是在标准化测验的基础上发展起来的,可以用来评价那些在传统测验中表现不佳或受到限制的学生,以帮助教师作出关于这种学生的有效推论。由于替代性评价通常需要测验学生应用先前所学知识、经验解决新异问题和完成特定任务的能力,因此通常也被称为表现性评价。认知心理学研究认为,所有认知任务的完成都需要两种知识,即陈述性知识和程序性知识,某些类型的程序性知识很难通过传统的纸笔测验加以评价,只能通过表现性评价才能加以检测。

（三）针对学生情感发展状况的评价

一般来讲,对学生的情感发展状况进行评价涉及以下几个方面:

1. 接受评价

主要是看学生在接受来自老师的暗示或信息刺激时所表现出来的一种态度和反应,这种反应直接影响学生接受的方式和效果。关于接受的评价主要涉及以下三点:在教学环境中,学生能否有意注意学习对象的存在;当教师给予学生机会时,学生是否有意地注意;学生是否能够一直集中注意力观察教师的讲解或演示;学生是否积极配合教师所组织的学习探究活动。

2.思考评价

思考评价主要是评价学生思考问题时能否做到主动性和积极性,并做出相应的动作。关于思考的评价,我们要抓住这样几点:能遵照教师的指示积极做出回应,并做出系统动作;在老师发出信息时,能主动地和对象打交道,且与过去的经验相联系;能有意地兴致勃勃地和对象打交道;能有意跟对象进行思维碰撞,获取灵感。

3.兴趣评价

兴趣是最好的老师,有了兴趣的学习必将使学生学得快乐,获得成功。对于兴趣的评价,没有什么数据可以参照,但可以从这样几方面分析评价:学生对所学知识很感兴趣,有深入研究的意愿;在探究新知的过程中,能够愉快地和对象交往;活动结束后,还不愿意立即停止自己的思考和动作;对所学知识或掌握的技能比较持久地拥有一份激情,总是饶有兴趣地进行探究,总希望有新的发现;将兴趣内化成为自己的坚定信念,增强了探究意识。

(四)"成长记录袋"评价法

历史学科档案袋的评价方法,主要是指收集、记录学生自己、教师、同伴或家长做出评价的有关材料,学生的作品、反思,还有其他相关的证据与材料等,作为判定学生学习质量的依据的评价方法。成长记录袋是评价学生进步过程、努力程度、反省能力及其最终发展水平的理想方式。

1.历史学习成长记录袋的形式及内容

从学生开始学习历史,就为他们每个人建立一个成长记录袋,收集他们个人的历史学习的成果、历史学习作品、收集的历史资料、获得的各种历史信息、学习历史的感悟、学生的学习经历等。在建立成长记录袋的过程中进行评价。

历史档案袋的内容可以包括学生期末考试及平时考试或考查成绩最高的试卷、一件历史教具小制作(照片资料)、学生写的最佳历史研究论文、学生参与的一定量的最佳争议和讨论、学生提出的最佳原创历史理论、关于历史问题的最佳议论短文、关于当前事件的最佳评论、对学生所读历史传记的最佳评论、学生历史学习方面获得的表扬或参加活动书面评价材料及表彰证书的影印件,还可以放入自己、家长、教师认为可以反映学生历史学科能力的有关材料,等等。

2.成长记录袋的步骤

(1)明确目的。

(2)确定评价的内容和技能。

(3)确定评价的对象,在什么年级什么水平。

(4)确定要收集的内容和收集的次数、频率。

(5)调动学生参与。

(6)确定评分程序。

(7)向每一个人介绍成长记录袋。

(8)制订交流计划和保存、使用计划。

3. 运用过程中注意的问题

整个形成过程通常由学生和教师共同完成。成长记录袋的内容通常涵盖了一项任务从起始阶段到完成阶段的完整过程。使用成长记录袋,可能会面临一些实际问题,应注意四个环节:

(1)作品的收集是有目标的,不是随意的,要根据教学目标的要求去收集学生的作品。

(2)要挑选最能反映学生成就的材料放入档案袋,挑选的材料要体现阶段性,并要持之以恒。

(3)教师要及时对学生的成就作出评价,并反馈给学生。

(4)这些评价应该成为学生的最终评价的一部分。

4. 功能

在各种评价方式中,成长记录袋重视学生发展的全过程,能记录学生的成长历程;能够提供相对"真实"的信息和证据;能够提供丰富多样的评价材料;能开放地、多层面地、全面地评价学生;能够针对每一位学生进行评价,评价具有个性和针对性;能够使学生体验成功,感受成长与进步;有利于提高学生的自我反思能力等优点,成为促进学生发展的最佳评价方式之一。

以历史学科档案袋来代替成绩报告单,可以更好地鼓励学生,使其全面发展、学有所长,肯定成绩,激励进步,看到不足,继续进取。个人历史学习作品能有效地挖掘和促进学生学习潜能的发挥,为教师对学生的评价标准注入新的内容,更为学生重新认识、评价自己和同伴提供有力的证明。由于作品形式不一,学生在这一环节中能将自己最强的能力展现出来,有利于发展他们的个性差异。教师可以因势利导,通过作品展示让学生发表他们对作品的不同看法,引导他们发现和肯定同学的不同智能。这其实就是学生对作品的自评、互评表现。

(五)课堂观察

课堂观察是研究者带着明确的目的,凭借自身感官及有关辅助工具(观察表、录音录像设备),直接(或间接)从课堂上收集资料,并依据资料做相应研究。课堂观察是搜集资料、分析教学实施的有效性、了解教学与学习行为的基本途径。

1. 课堂观察的内容和分类

课堂观察的内容包括:师生交往的方式;教师提问的次数和问题类型以及学生对问题的反应;教学过程的开放性和探索性;教室的空间布局、班级规模等因素对学生认知、情感、态度和行为的影响。

根据研究的目的、内容、对象的不同,可采用不同的观察方法。依照不同的分类标准,观察法可以被分为不同的类型:以观察者是否参与被观察者的活动为标准,可以将观察分为参与观察和非参与观察;以观察对象是否受控制为标准,可以将观察分为实验观察和自然观察;以是否通过中介物为标准,可以将观察分为直接观察和间接观察。

2. 课堂观察的技术方法和手段

课堂观察的技术方法和手段主要有:课堂教学录像、录音;以时间标识进行选择性课堂实录;座位表法;学习动机问卷调查和访谈;学习效果的后测分析等。设计观察表格,如讨论会上的表现,包括:探究问题、语言表达、人际交流、参与活动的积极性和方式方法、对所讨论问题的态度等。要注意运用录音机、录像机、摄像机等现代化教育设备进行观察,提高观察法的信度。

（六）活动法

学生的活动包括日常学习的各个方面,如辩论、作业、演讲、历史知识竞赛、制作历史图表、参观考察、社会调查等。

通过活动,可以了解学生对历史的直观认识、考查学生综合运用历史知识分析和解决实际问题的能力。对学生的奖励,突出个性奖励,如设立最佳表演奖、最佳协作组、最佳创新奖、最佳进步奖、最佳点子奖、最佳创作奖。让学生充分体会成功的喜悦,认识历史学科的真正实质所在。

使用活动评价法要尽可能细化评价目标,制定明确的评价量表,确定评价主体和对象的多元化,及时公布评价结果,并将最有利于学生发展的评价结果放入对学生的最终评价之中。

（七）学生自我评价

在教育评价研究领域,自我评价(也称自我评定、自我测评或自我评估)是指评价主体根据评价目标和标准对自身的各个方面所做的评定和价值判断。学生自我评价则是指学生在学习过程中根据评价目标和标准对自身学习和发展中的各个方面所做的价值判断,是学生自我认识、自我反思的基本手段,也是学生自我诊断、自我矫正、自我完善和自我实现的过程。

1.学生自我评价的途径

自我评价是通过直接的自我评价和间接的自我评价两种途径或这两种途径的结合来实现的。

(1)直接的自我评价

直接的自我评价,是指学生通过自我参照和自我反思所进行的评价。从学生的发展过程来看,学生的成长过程也是一个自我反思的过程。在学习过程中,学生常常依据自己的个性特征或以往的成绩,把自我作为一个重要的参照,对自己的行为进行分析和反思;同时,又将外在的评价(他人评价)和自我评价相结合,形成自我判断,获得自我评价的结果。学生的自我参照、自我反思是最直接的自我评价途径。

(2)间接的自我评价

间接的自我评价是指学生通过参照他人的评价或通过与同伴的对照与比较进行的自我评价。他人评价是学生自我评价的重要参照和依据,是学生自我评价的"支架"。参照他人的评价进行自我评价也是学生自我评价的一个重要的方面。

2.学生自我评价的流程

根据不同的分类标准,学生自我评价有不同的分类。从评价的对象来看可以分为:自我指向性评价和基于任务的评价两种类型。自我指向性评价主要是学生在成长与发展过程中对自己的兴趣、态度、注意品质、动机、情绪等心理层面的因素所进行的评价;基于任务的评价主要是指学生对其学习过程中所参与的任务和活动进行的评价。在学生的学习和发展过程中,基于任务的学习活动异常普遍,学生自我指向性的评价往往是以学习任务和活动为载体的。因此,我们将主要对基于任务的学生自我评价进行分析。但需要说明的是,在学生实际的自我评价活动中,个体往往是将上述两种评价结合在一起,才能使基于任务的各种学习活动更有效果。

学生基于任务的自我评价活动遵循一个相对共性的流程,即明确目标→制订标准→进行反思性活动→信息反馈→自我矫正。

SHANXIANG EDUCATION

典例精析

阅读材料,回答问题。

"以人为镜"是学生通过与同伴的对照与比较进行自我评价的真实写照。有研究者认为:"主体的自我评价还通过与自己地位、条件相类似的个体与群体进行比较而获得。"由于学生这一群体的特殊性,他们的大多数时间是与同伴在学校一起学习和生活的,因此,学生自我评价中有一个非常重要的途径,就是与同伴或同伴群体相比较而进行自我评价。

为什么说"学生自我评价的过程又是一次学习提高的过程"?

【专家点评】如果每一个学生在自我评价中对自己应知、应会、应懂、应用什么十分明确,那么,教育评价将对教育发展产生巨大的推动作用。

【参考答案】在学生自我评价的过程中,同伴或同伴群体与进行自我评价的个体学生之间的关系是非常复杂的。在学生自我评价的过程中,学生的同伴或同伴群体成为其进行自我评价的重要"参照物"。"参照物"的选择直接关系到学生自我评价的效果。研究表明,"参照物"过高或过低都不利于学生的成长与发展。所以,在现实的教育、教学实践中,教师引导学生参照同伴或同伴群体进行自我评价时,要帮助学生寻找各方面(或所评价的方面)条件相近或略高于自己的同伴比较,这样的"参照物"才较符合自己的实际水平和自己在群体中的位置,进而使自我评价真正成为学生成长的动力。通过自评,尤其是同学们的评价,不仅使汇报人或展示人有实质性的反省价值。同时,对参与评价和在场的学生,又是一次学习提高的过程。

三、建立多元化多样性的评价体系

(一)明确评价内容和评价标准

1.道德品质

爱祖国、爱人民、爱劳动、爱科学、爱社会主义;遵纪守法、诚实可信、维护公德、关心集体、保护环境;自信、自尊、自强、自律、勤奋;能对个人的行为负责,表现出公民所应具有的社会责任感等。

2.学习能力

有学习的愿望与兴趣,能承担起学习的责任;能运用各种学习策略来提高学习水平,能对自己的学习过程和学习结果进行反思;能把不同的学科知识联系起来,运用已有的知识和技能分析、解决问题;具有初步的探究与创新精神等。

3.交流与合作

能与他人一起确立目标并努力去实现目标;尊重并理解他人的处境和观点,能评价和约束自己的行为;能综合地运用各种交流和沟通的方法进行合作等。

4.个性与情感

对生活、学习有着积极的情绪情感体验,拥有自尊和自信;能积极乐观地对待挫折与困难。表现出勤奋、独立、自律、宽容和自强不息等优秀的个性品质。

(二)对学生学习评价的要求

1.引入多元评价,改革对学生的评价

评价方式采取学生自评,同桌互评,好朋友互评,教师主评和家长助评等形式,做到过程性评价与终结

性评价相结合,使学生对自己的认识比较全面,也比较直观,并对自己下一阶段的学习、生活具有一定的促进作用。

2.注重即时评价,挖掘闪光点

在课堂教学中,要求教师要通过即时评价给学生创造成功的机会,让学生更多地看到自己的成长和进步,不能让任何一位回答问题的学生带着遗憾坐回自己的座位。教师评价的语言要富有激励性和启发性,要努力去发现学生回答中的闪光点和能够给予肯定的地方,要形成坦诚、关怀和相互尊重的师生关系,让学生真切地感受到教师对自己的关注和期望,并由此产生进一步学习和发展的动力。

3.用发展的眼光评价学生

由于学生所处的文化环境、家庭背景和自身的思维方式及素质的不同,学生与学生之间存在着个性差异,应允许一部分学生经过一段时间的努力来达到目标,采取"延迟评价法",注重"让过程长一点,让兴趣多一点,让形式活一点"的评价特色。

4.评价的主要策略

书面表述评价与实际表现评价相结合、量化评价与质性评价相结合、过程评价与结果评价相结合、教师对学生的评价与学生评价(包括自我评价与学生之间相互评价)相结合。

(1)书面表述评价与实际表现评价相结合是指内容评价。

(2)量化评价与质性评价相结合是指评价的呈现方式。

(3)过程评价与结果评价相结合是指评价的构成。

(4)教师对学生的评价与学生的评价相结合指的是评价具体运作方式。

强化训练

简答题

1.成长记录袋评价是在建立成长记录袋的过程中进行评价,历史教学中使用成长记录袋应注意哪些问题?

2.课程改革教师是关键,谈一谈怎样通过评价促进教学和教师的发展。

参考答案及解析

简答题

1.【答案要点】

成长记录袋的形成过程通常由学生和教师共同完成。成长记录袋的内容通常涵盖了一项任务从起始阶段到完成阶段的完整过程。成长记录袋运用过程中应注意以下问题:

(1)作品的收集是有目标的,不是随意的。要根据教学目标的要求去收集学生的作品。

(2)要挑选最能反映学生成就的材料放入档案袋,挑选的材料要体现阶段性。

(3)教师要及时对学生的成就作出评价,并反馈给学生。

(4)这些评价应该成为学生的最终评价的一部分。

SHANXIANG EDUCATION

2.【答案要点】

《基础教育课程改革纲要(试行)》指出:"要建立促进教师不断提高的评价体系。强调教师对自己教学行为的分析与反思,建立以教师自评为主,校长、教师、学生、家长共同参与的评价制度,使教师从多渠道获得信息,不断提高教学水平。"

(1)以评价促进教学方法的改革和教师发展。

(2)重视教师综合素质的提高。

(3)建立和谐的人际关系,共建课程文化。

真题预测

简答题

1.谈谈怎样"实现评价主体的多元化,使学生成为评价主体"?

2.怎样通过科学、合理的评价促使教与学的协同发展?

材料分析题

3.阅读材料,回答问题。

评价:在获取学生表现的信息时所使用的各种方法的总称。

它包括纸笔测验、开放性问题、活动任务等。评价重在了解学生个人的表现如何。

测验:是评价的一种特定的形式。确定学生对教师所教的知识和技能的掌握水平。

有相当一部分教师认为评价是对学生测验考试的新说法,评价就是测验,是不是这样呢? 谈谈你对评价的理解。

参考答案及解析

简答题

1.【答案要点】

(1)自评:被评者自评,应用自评量表、反思、阶段性总结、个案分析等自我反思方式,与可比对象比较,要求能经常地反思,自觉地认识自己的优势与不足,客观地分析别人的评价意见,确定自我发展目标,实行可持续性发展。

(2)互评:同一集体中被评者互评,对学生采取以班为单位开展批评与自我批评结合进行。

(3)他评:被评价者以外的人对被评价者的评价。在学校内的包括生生之间、师生之间、领导对师生的评价,来自校外的包括家长的评价、所接触的人的评价、社区评价等。

(4)档案:成长记录册、档案袋等都是记录发展历程的最好资料,可以从中发现发展的轨迹。

2.【答案要点】

(1)评价方式要多样。学生的学习结果具有确定性的一面,也存在着不确定的一面。对前者可主要采用定量评价,对后者可主要采用定性评价,如采用描述性评语来反映学生的参与程度、交流的主动性、所提出方法的新颖性和创造性等。

(2)评价主体要开放。要使评价对象最大限度地接受和认同评价结果,在评价主体上,就要改变由教师作为单一评价主体的做法,重视评价主体间的多向选择、沟通和协商,加强学生自评、互评,教师评价和其他人员交互评价相结合的方式。

(3)评价内容要多元。在评价内容上要力图把历史课程标准的知识与能力,过程与方法,情感态度与价值观目标尽可能地纳入到评价体系中。对学生的评价中,不仅要关注学业成绩,更要注重对学生综合素质的评价,注重学生创新精神和实践能力的发展,以及良好的心理素质、学习兴趣与积极情感体验等方面的发展。

(4)评价操作要科学。为兼顾学生的差异和特长,调动每一个学生学习的积极性,较好地发挥评价促进发展的功能,评价的操作方法一定要简明、有可操作性。

材料分析题

3.【答案要点】

(1)教师的评价本质上是一种学生研究和教学研究,目的在于发现学生学习上的问题和自己教学上的问题,获得改善教和学的依据。但如果评价的内容不能代表教学内容,或者只向学生提供分数或等级,评价就难以有效地促进学生学习。

(2)明确考试只是学生学业成就评价的一种方式,考试只能评价学生在知识领域的表现,对于问题解决、批判性思考之类的高层次技能的评价作用有限。教师需要综合运用考试以及表现性评价之类的多种评价方式获得关于学生学习的充分的证据。

(3)知道可靠的评价与不可靠的评价的区别。可靠的评价能够准确反映学生在达成目标过程中的进步,能够为教师调整教学和学生改善学习提供充分的信息;不可靠的评价不能代表所评价的内容领域,与教学目标无关,比如考试只考外部考试要考的内容而不是课程标准规定的课程目标,考试题怪、偏,过难或过易等。

(4)知道评价可能的误用以及误用可能带来的消极后果,并能有效地避免这种误用。评价最可能最经常的误用就是视评价结果为学生能力的标志,并按评价结果对学生进行排名。从评价结果推断学生能力是完全错误的,按评价结果排名更是非常有害的。

第二模块　强化题库

2012年下半年河北省历史学科知识与教学能力（初级中学）真题试卷（一）

一、单项选择题（本大题共25小题，每小题2分，共50分）

1. 下列遗址中，属于新石器时代的是（　　）

①北京人遗址　②河姆渡人遗址　③蓝田遗址　④半坡遗址

A. ①②　　　　　　　　　　　　　　B. ②③

C. ①④　　　　　　　　　　　　　　D. ②④

2. 《史记》中有记载"地东至海暨朝鲜，西至临洮、羌中，南至北向户，北据河为塞，并阴山至辽东。"指的是（　　）的疆域。

A. 秦朝　　　　　　　　　　　　　　B. 汉朝

C. 西周　　　　　　　　　　　　　　D. 齐国

3. 中国邮政发行"民间传说"纪念邮票，如图"牛郎织女，男耕女织"反映了（　　）

A. 农村商品经济发达　　　　　　　　B. 家庭手工业规模扩大

C. 个体生产的小农经济　　　　　　　D. 生产工具不断改进

4. 明末李贽说："夫天生一人，自有一人之用，不待取给孔子而后足也。若必待取足于孔子，则千古以前无孔子，终不得为人乎?"其思想核心是（　　）

A. 维护封建礼教　　　　　　　　　　B. 主张学以致用

C. 挑战儒家思想　　　　　　　　　　D. 抨击腐朽统治

5.在纺织、制瓷等行业中,私营手工业超过官营手工业并占据主导地位的是(　　)

　　A.商朝　　　　　　　　　　　　　　B.唐朝

　　C.宋朝　　　　　　　　　　　　　　D.明朝

6.下列选项中,属于康熙帝的举措是(　　)

　　A.设置驻藏大臣　　　　　　　　　　B.统一台湾

　　C.设置澎湖巡检司　　　　　　　　　D.抗击倭寇

7.甲午中日战争以后,资产阶级维新派为推进变法维新,主张(　　)

　　A.改革政治体制　　　　　　　　　　B.自强求富

　　C.师夷长技以制夷　　　　　　　　　D.中体西用

8.根据左宗棠"重新疆者,所以保蒙古,保蒙古者,所以卫京师"的上奏,清政府决定(　　)

　　A.设置伊犁将军　　　　　　　　　　B.平定大小和卓叛乱

　　C.收复新疆　　　　　　　　　　　　D.是土尔扈特部回归

9.一则报纸广告中有"真正国货""请国民每年挽回四千五百余万之权利"等字样。这则广告反映了(　　)

　　A.洋务运动兴起　　　　　　　　　　B.实业救国热潮

　　C.工人阶级诞生　　　　　　　　　　D.近代企业产生

10.1890年,一小吏看见"任载之重如此,脚费之轻如彼,果能各处仿行,其利于民生者正非浅鲜"。这种新式交通工具是(　　)

　　A.汽船　　　　　　　　　　　　　　B.飞机

　　C.汽车　　　　　　　　　　　　　　D.火车

11.1927年5月,中国出现了多个政权并存的局面,有(　　)

　　①北京政府　②南京政府　③武汉政府　④苏维埃政府

　　A.①②③　　　　　　　　　　　　　B.①②④

　　C.①③④　　　　　　　　　　　　　D.②③④

12.1937年,一位学者在《呐喊》中写道:"我相信中国文化界的优秀分子,以前没有一个不憎恶战争的,现在没有一个不讴歌战争的。"这件事发生的背景是(　　)

　　A.二七惨案　　　　　　　　　　　　B.四一二事变

　　C.五卅惨案　　　　　　　　　　　　D.八一三事变

13."小麦亩产十二万斤""水稻亩产三万斤""大白菜一棵五百斤"这类报道出现在(　　)

　　A.一五计划时期　　　　　　　　　　B.大跃进时期

　　C."文化大革命"时期　　　　　　　　D.改革开放时期

14."小球转动大球"指的是乒乓外交,这里的"大球"指的是(　　)

　　A.中日关系　　　　　　　　　　　　B.中英关系

　　C.中美关系　　　　　　　　　　　　D.中苏关系

15.1980年设立的特区是(　　)

　　A.深圳　　　　　　　　　　　　　　B.海南

C.辽宁大连　　　　　　　　　　　　D.上海浦东

16.罗马《十二铜表法》规定:"期满,债务人不还债的,债权人得拘捕之,押其到长官前,申请执行。此时如债务人仍不清偿,又无人为其担保,则债权人得将其押至家中拘留,系以皮带或脚镣,但重量最多为十五磅,愿减轻者听便。"体现罗马法的实质是(　　　)

A.保护私有财产　　　　　　　　　　B.主权在民

C.债务人地位低　　　　　　　　　　D.高利贷者地位高

17.庄园是西欧中世纪的社会基础,下列关于庄园的说法,不正确的是(　　　)

A.庄园制与农奴制之间互为表里　　　B.庄园的土地由领主自营地构成

C.庄园主人是统辖该地区的领主　　　D.庄园生产主要满足领主消费

18.1801～1851年,英国5000人以上的城镇由106座增加到265座,城镇人口由原来的26%增加到45%,该现象产生的原因是(　　　)

A.新航路的开辟　　　　　　　　　　B.手工作坊的发展

C.工业革命的推动　　　　　　　　　D.宗教改革的影响

19.列宁说"1921年春天遭到严重的经济危机和政治危机"。为扭转危机,苏俄实行下列哪种政策(　　　)

A.农业集体化政策　　　　　　　　　B.新经济政策

C.战时共产主义政策　　　　　　　　D.工业化政策

20.布雷顿森林体系建立后,美元也被称为"美金",美国财长福勒曾说"各个行星围绕太阳转,各国货币围绕着美元转"。其反映的基本特征是(　　　)

A.美元与黄金挂钩,各国货币与黄金挂钩

B.美元与白银挂钩,各国货币与美元挂钩

C.美元与白银挂钩,各国货币与白银挂钩

D.美元与黄金挂钩,各国货币与美元挂钩

21.海湾战争是自越南战争以后发生的规模最大的局部战争,起因是(　　　)

A.巴以冲突　　　　　　　　　　　　B.伊拉克进攻伊朗

C."伊朗门"事件　　　　　　　　　　D.伊拉克侵占科威特

22.20世纪初,普朗克、爱因斯坦、玻尔等科学家提出的科学理论是(　　　)

A.电磁学理论　　　　　　　　　　　B.相对论

C.生物进化论　　　　　　　　　　　D.量子论

23.《吕氏春秋》说:"夏太史令终古出其图法,执而泣之""殷内史向挚见纣之愈乱迷惑也,于是载其图法,出亡之周。"这资料说明夏商时期(　　　)

A.已有太史令　　　　　　　　　　　B.刻石记事

C.盛行绘画　　　　　　　　　　　　D.已有地图

24.《史学要论》一书是在中国传播马克思主义唯物史观的开山之作,作者是(　　　)

A.陈独秀　　　　　　　　　　　　　B.李大钊

C.郭沫若　　　　　　　　　　　　　D.范文澜

25. 教师确定教学难点需要考虑的因素有(　　)

① 知识的难易程度　　　　　　　　② 学生认知水平

③ 教学资源多少　　　　　　　　　④ 教学目标的要求

A.①②③　　　　　　　　　　　　B.②③④

C.①②④　　　　　　　　　　　　D.①③④

二、简答题(本大题共 3 小题,每小题 10 分,共 30 分)

26. 简述《辛丑条约》的主要内容。

27. 简述历史教学方法组合运用的依据。

28. 简述历史教师运用教科书的策略。

三、材料分析题(本大题共 3 小题,每小题 15 分,共 45 分)

29. 我们知道,就在英国发生革命的同时,开始于意大利文艺复兴时期的科学革命也在英国达到了它的高潮阶段。科学革命的集大成者艾萨克·牛顿的划时代的伟大工作主要就是在英国工业革命期间完成的。这两大革命由此构成了一幅 17 世纪的"双元革命"奇观。

——马克垚《世界文明史》

(1)列举材料中"双元革命"涉及典型史实。

(2)结合材料及所学知识概述 17 世纪的"双元革命"在人类科学和政治文明进程中的重大意义。

30. 某版本历史教科书中《三国鼎立》有两个子目：一、曹操统一北方，二、魏蜀吴鼎立。在一次公开课上，某教师在子目一之前，增加了东汉后期动荡的相关史实。在评课时，听课教师对此持有两种不同意见，一种认为，应严格按照教科书进行讲述，没有增加的必要；另一种认为，教师增加有必要，有助于学生更好地理解三国鼎立局面出现的背景。

(1) 这两种意见分别反映了什么样的教材观？

(2) 你赞同哪种？理由是什么？

31. 小王是刚分配到学校的师范大学的毕业生，他在备课时总是上网搜集优秀案例，然后稍加改造，结果往往效果不好，小王老师很是苦恼。

请分析问题产生的原因。

四、教学设计题(本大题共 25 分)

32.(1)《义务教育历史课程标准(2011 年版)》规定,知道隋朝的统一;了解科举取士制度的创建和大运河的开通;知道隋朝灭亡的原因。

(2)课文摘录

为了加强南北交通,巩固隋王朝对全国的统治,隋炀帝利用已有的经济实力,征发几百万人,从 605 年起,开通了一条纵贯南北的大运河。大运河以洛阳为中心,北达涿郡,南至余杭,全长两千多公里,是古代世界上最长的运河。它的开通,大大促进了我国南北经济的交流。

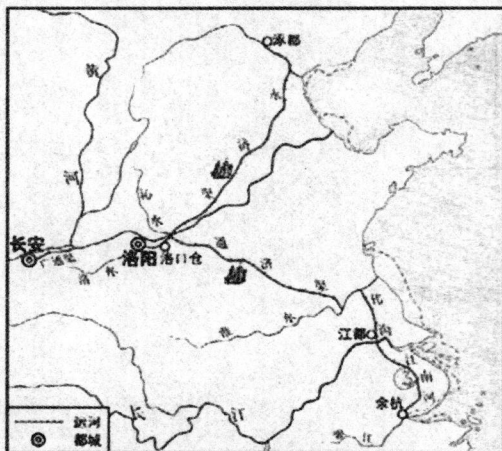

隋朝大运河

长安	在今陕西西安	洛阳	在今河南洛阳
江都	在今江苏扬州	余杭	在今浙江杭州
涿郡	在今北京	洛口仓	在今河南巩义

隋朝大运河是在已有的天然河道和古运河的基础上开通的。它分为永济渠、通济渠、邗沟和江南河四段,连接海河、黄河、淮河、长江和钱塘江五大河流,成为我国南北交通的大动脉。大运河的开通,对我国以后经济发展有重大意义。

要求:根据课文中的文字及地图,设计相关的教学过程,包括教学环节、教师活动和学生活动,并说明设计意图。

历史学科知识与教学能力(初级中学)预测试卷(二)

一、单项选择题(本大题共25小题,每小题2分,共50分)

1."秋种一粒粟,秋收万颗籽"在中华文明起源时期,种植粟的原始居民是(　　)

　　A.元谋人　　　　　　　　　　B.北京人

　　C.河姆渡人　　　　　　　　　D.半坡人

2."周幽王烽火戏诸侯""孔子周游列国",与"诸侯""列国"的产生相关的制度是(　　)

　　A.禅让制　　　　　　　　　　B.分封制

　　C.世袭制　　　　　　　　　　D.郡县制

3.公元前212年,一位商人从咸阳前往桂林郡做生意,他携带的货币应该是(　　)

　　A　　　　　B　　　　　C　　　　　D

4.生活在北魏孝文帝改革时期的某位鲜卑贵族不可能经历的是(　　)

　　A.在都城长安严惩贪官污吏　　B.与汉族贵族通婚

　　C.穿戴汉族服饰　　　　　　　D.努力学习汉话

5.唐太宗在位期间,下列说法正确的是(　　)

　　①重用敢于直言的魏征,虚心纳谏

　　②委派工匠李春设计并主持建造了赵州桥

　　③把文成公主嫁给松赞干布,增进了汉藏友好关系

　　④派遣鉴真东渡日本,传播唐朝文化

　　A.①②　　　　B.①③　　　　C.②④　　　　D.①③④

6.下列情节与史实不相符的是(　　)

　　A.汉朝时,人们过节放鞭炮　　B.科举考试时考生们用纸答题

　　C.宋朝时,远航的船上有指南针　D.元朝时,人们阅读活字印刷的书籍

7.北魏至唐朝前期实行均田制,宋代以后历朝都未实行统一的土地分配制度。上述变化主要是由于(　　)

　　A.小农经济的发展　　　　　　B.租佃关系的盛行

　　C.土地的高度集中　　　　　　D.农业生产水平提高

8.下列说法正确的是(　　)

　　A."八股取士"使读书人失去了自由报考的机会

B.明成祖派郑和七下西洋

C."闭关锁国"政策有利于清政府独立自主地发展民族经济

D.1727年,清朝开始设立驻藏大臣

南京在中国近代史上具有特殊地位,许多重大历史事件都与南京密切相关。据此回答第9~10题。

9.1842年,侵略军侵犯南京,清政府被迫在下关静海寺与之议约,静海寺因此成为中国近代史起点的象征。现在的静海寺,作为全国"百家爱国主义教育示范基地"之一,有"硝烟北移,寇入长江""媾和议约,丧权辱国""沧桑百年,毋忘国耻"三个展厅,其中第二展厅主要介绍的是(　　)

A.《南京条约》产生的过程和影响

B.南京大屠杀的过程与反响

C.《马关条约》产生的过程和影响

D.《辛丑条约》产生的过程和影响

10.南京"1912时尚休闲街区"是既有历史文化特色又具现代时尚风采的商业中心。该商业中心之所以取名为"1912"是为了纪念(　　)

A.洪秀全当年在此附近发布命令,命令李秀成率领太平军抗击洋枪队

B.孙中山当年在此附近宣誓就任中华民国临时大总统

C.蒋介石当年在此附近成立国民政府

D.人民解放军当年在此附近推翻了国民党政权

11.遍地枭雄、波谲云诡的北洋军阀统治时期(1)既被称为中国历史上最黑暗的时期,(2)也是革故鼎新近代化发展的重要时期。下列事件能体现观点(2)的是(　　)

①袁世凯尊孔复古　　　　　　　　②新文化运动

③五四运动爆发　　　　　　　　　④中国共产党成立

A.①②③　　　　B.①②④　　　　C.①③④　　　　D.②③④

12.近代上海开埠以后,城市急剧扩大,人口迅速膨胀,形成了清朝县衙、外国租界、青红帮会"三分天下"的格局,但是同样的开埠的广州却没有此类情况,是由于(　　)

A.列强逐步控制上海,实施"以华治华"政策

B.清政府放弃了上海的行政权

C.太平天国进攻上海,导致局势混乱

D.上海原有的地方机构级别过低,无法承担城市发展的职能

13.从社会发展的角度看,太平天国运动、辛亥革命和共产党领导的新民主主义革命的相同点在于(　　)

A.推进民主化进程　　　　　　　B.关注解决民生问题

C.明确提出反帝主张　　　　　　D.宣布平均分配土地

14.某夏令营活动的旅游路线图是:北京→上海→嘉兴→南昌→井冈山→瑞金→遵义。下列哪个主题符合这次夏令营活动(　　)

A.国共两党的第一次合作　　　　B.中国新民主主义革命的兴起

C.中国反抗侵略的艰难历程　　　D.中国近代化探索历程

15.电影能再现重大历史事件,下列四部影片所反映的历史事件按时间顺序排列正确的是( )

①《台儿庄战役》 ②《南昌起义》 ③《重庆谈判》 ④《开国大典》

A.①②③④　　　　　　　　　　B.②③④①

C.④①②③　　　　　　　　　　D.②①③④

16.针对下列情况,中国采取的相应举措是( )

人均产量(1950年)	中国	美国	印度
钢产量(kg)	2.37	538.3	4
发电量(kwh)	2.76	2949	10.9

A.进行土地改革　　　　　　　　B.进行三大改造

C.优先发展重工业　　　　　　　D.掀起"大跃进"运动

17."文章合为时而著",高考作文题也能彰显时代精神。1956年全国高考作文题是《我生活在幸福的年代里》。这里"幸福的年代"的含义是( )

A.社会主义制度的建立使人民过上好日子

B."大跃进"运动使人民丰衣足食

C.人民公社化运动改善了人民生活

D.改革开放使人民走上致富之路

18.从"全国农民家庭人均纯收入抽样统计曲线图"上看出,全国农民家庭人均纯收入从1978年到1982年呈现上升趋势,出现这种趋势的主要原因是( )

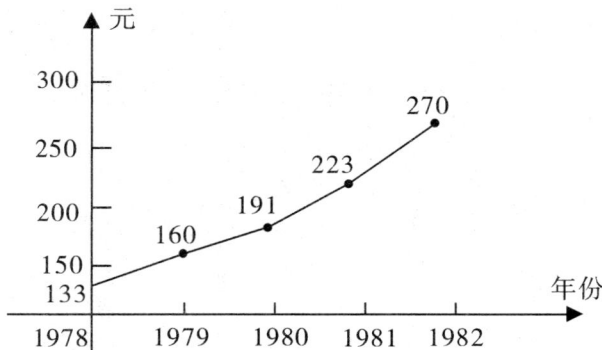

A.农村土地改革　　　　　　　　B."大跃进"运动

C.人民公社化运动　　　　　　　D.农村逐步实行了家庭联产承包责任制

19.20世纪90年代以后,国有大中型企业改革的主要内容是( )

A.实行计划经济管理模式　　　　B.进行公司制、股份制改革

C.完全实行资产私有制　　　　　D.大力推行政企合一

20."中国代表团是来求团结的,而不是来吵架的。我们是来求同,而不是来求异的。"与这句名言相关的是( )

A.1974年邓小平在联合国大会上的发言

B. 2009年温家宝在中欧合作会议上的发言

C. 1955年周恩来在万隆会议上的发言

D. 2001年江泽民在上海"亚太经合组织"会议上的发言

21. "从世界史的观点来看,美国革命之所以重要并不是因为它创造了一个独立的国家,而是因为它创造了一个新的、不同类型的国家。"对"新的不同类型"的正确理解是(　　)

A. 确立了现代政党制度　　　　　　B. 实现了民主独立

C. 确立了议会主权的原则　　　　　D. 开创了现代政体新形式

22. 俄国1861年改革与日本明治维新相比,最显著的特点是(　　)

A. 改变了社会性质　　　　　　　　B. 废除了农奴制度

C. 促进了社会进步　　　　　　　　D. 保留了大量封建残余

23. 有人说:"德国在19世纪六七十年代的一次胜利为它在20世纪上半期的两次失败埋下了伏笔。"能为这个论断提供依据的是(　　)

A. 德国完成对封建割据的改造　　　B. 德国继承了普鲁士的旧制度

C. 德国的殖民地范围小于英法　　　D. 统一后德国实行君主立宪制

24. 19世纪中期,深入探索化学元素之间的关系,并制定了化学元素周期表的科学家是(　　)

A. 牛顿　　　　　　　　　　　　　B. 道尔顿

C. 门捷列夫　　　　　　　　　　　D. 居里夫人

25. 历史教学最重要、最根本的教学原则是(　　)

A. 史论结合原则　　　　　　　　　B. 重点突出原则

C. 系统性原则　　　　　　　　　　D. 直观性原则

二、简答题(本大题共3小题,每小题10分,共30分)

26. 概括指出鸦片战争后至1919年的近代化的历程中,中国在政治、经济、思想等方面的重大变化。

27. 新课改以来一直提倡教学反思,请谈一谈怎样提高教学反思的有效性。

28."内容标准"将历史知识与能力的学习分为三个层次要求,请做出说明。

三、材料分析题(本大题共3小题,每小题15分,共45分)

29.阅读材料,回答问题。

　　材料一　到1952年底,全国近三亿无地或少地的农民分到了土地。存在中国两千多年的封建土地制度被彻底废除了,农民成为土地的主人。

　　材料二　中国共产党及时引导农民组织起来,走互助合作道路,把小农经济逐步改造成社会主义集体经济。

　　材料三　"谷撒地,薯叶枯,青壮炼铁去,收禾童与姑,来年日子怎么过。"

　　材料四　"正正反反,反反正正,正反一样;是是非非,非非是是,是非不分。"

请回答:

(1)材料一、二分别反映的是我国现代历史上哪些重大事件?

(2)材料三反映的20世纪50年代末的现象,这一现象出现在哪一运动中? 根据材料四判断,这副对联是我国建国后哪一历史时期的写照? 这两大运动有无联系?

(3)对比材料所反映的史实,对我们当今进行社会主义现代化建设有何启示?

30.阅读材料,回答问题。

　　吃透和领会课程标准是实施新课程的关键。中学历史课程标准是规定中学历史学科的课程性质、课程目标、内容目标、实施建议的教学指导性文件,是中学历史教材编写、教学、评估和考试命题的依据,它规定着中学历史学科教学目标和教材纲要、教学要点等重要内容,课程标准作为教学的依据,是教师有效教学的纲领性导向。所以,必须下工夫解读历史课程标准,这是搞好历史教学工作的前提。

　　你认为课程标准在教学中起着怎样的作用? 怎样解读课程标准?

31. 阅读材料,回答问题。

小组学习有它的一些缺点,如有因组内成员的意见不一致、分歧大而争论不休,造成内耗,浪费了大家的时间和精力;小组进行讨论时,有时一些不愿意承担责任的小组组员推卸责任,或是在活动中不积极配合小组活动,表现消极,降低全组的学习效率;小组内同学间的交流相对小组间的交流要多得多,不利于各组间的交流与合作。而且,各小组在学习过程中不可避免地会出现竞争,也会影响各组的工作效率,甚至伤害成员相互间的感情。

说一说小组学习的特点,并针对材料中指出的缺点分析解决策略。

四、教学设计题(本大题共 25 分)

32. 新课程则倡导既要关注学生的学习结果,更要关注学习的过程。因此,在教学中要帮助学生增强"我要学"的主动学习意识,培养学生树立"我能行"的独立学习的能力,指导学生在学习的过程中"学会学习、学会合作",并不断提高探究问题和解决问题的能力。试以"红军长征"为例,说一说你的教学设计。

历史学科知识与教学能力(初级中学)预测试卷(三)

一、单项选择题(本大题共25小题,每小题2分,共50分)

1. 徐天麟在《西汉会要》中说:"汉祖龙兴,取周秦之制而兼用之,其亦有意于矫前世之弊矣。"以下制度的实行印证了这一观点的是(　　　)

    A. 颁布推恩令　　　　　　　　　　　　　B. 实行察举制

    C. 中庸侍从、秘书等,削弱相权　　　　　D. 郡国并行制

2. 西周实行分封制、秦朝实行郡县制的根本目的都是为了(　　　)

    A. 镇压人民的反抗　　　　　　　　　　　B. 控制边疆地区

    C. 防止地方割据　　　　　　　　　　　　D. 巩固统治

3. 在中国历史上,国家大一统的观念有悠久历史、深厚的基础,这种国家大统一局面的形成始于(　　　)

    A. 炎黄部落的形成　　　　　　　　　　　B. 秦、汉巩固统一国家的措施

    C. 儒家思想的影响　　　　　　　　　　　D. 尧舜时期"天下为公"的传说

4. 假如穿越时光隧道来到唐朝,你可能经历的事情有(　　　)

    ①看到火药用于军事　　　　　　　　　　②见到日本遣唐使者

    ③欣赏到关汉卿的悲剧《窦娥冤》　　　　④参加科举考试

    A. ①②③　　　　　　　　　　　　　　　B. ②③④

    C. ①②④　　　　　　　　　　　　　　　D. ①②③④

5. 唐朝时长江流域的商业城市,以扬州、成都为东西两个中心,当时有"扬一益二"之说。唐朝后期扬州更成为全国最繁华的工商业城市,促使扬州繁盛的原因有(　　　)

    ①处于内外交通枢纽地位

    ②有比较发达的手工工业

    ③江南物产的主要集中地

    ④资本主义萌芽产生

    A. ①②　　　　　　　　　　　　　　　　B. ③④

    C. ①②③　　　　　　　　　　　　　　　D. ①②③④

6. 下列为维护国家主权和领土完整、保卫人民生命财产安全,英勇抗击外国侵略的人物有(　　　)

    ①郑成功　②戚继光　③康熙帝　④左宗棠　⑤郑和　⑥张骞

    A. ①②④　　　　　　　　　　　　　　　B. ①②③④

    C. ①②④⑤　　　　　　　　　　　　　　D. ①②③⑥

7. 与中英《南京条约》比较,中日《马关条约》新增的内容是(　　　)

    A. 割地　　　　　　　　　　　　　　　　B. 赔款

C. 开通商口岸　　　　　　　　　　　　D. 外国人可在华开设工厂

8. 下列对我国古代商业发展的表述正确的是(　　　)

①周朝实行"工商食官"政策

②唐朝长安实行整齐划一的坊市制

③宋代出现了夜市、晓市、草市

④元代广泛流通纸币

A. ①②③　　　　　　　　　　　　　　B. ①②④

C. ②③④　　　　　　　　　　　　　　D. ①②③④

9. 我国北方地区流行这样的俗话："人生有三宝,丑妻薄地破棉袄"。从本质上反映了(　　　)

A. 农民富裕安逸的生活　　　　　　　　B. 农业在社会经济中占重要地位

C. 以家庭为主的小农经济特征　　　　　D. 商品经济极端落后

10. "共和成,专制灭;民国成,清朝灭;总统成,皇帝灭。"导致这一现象发生的历史事件是(　　　)

A. 戊戌变法　　　　　　　　　　　　　B. 辛亥革命

C. 新文化运动　　　　　　　　　　　　D. 北伐战争

11. 18 世纪后期的英国"选择了海洋",中国却"选择了陆地"。"选择了陆地"是指中国(　　　)

A. 重视塞防忽视海防　　　　　　　　　B. 积极培育国内市场

C. 奉行"闭关锁国"政策　　　　　　　　D. 加强发展陆路交通

12. 郑观应在《商务叹》中写道:"轮船招商开平矿,创自商人尽商股。办有成效倏变更,官夺商权难自主。名为保密实剥商,管督商办势如虎。"他感慨的是(　　　)

A. 民族工业的成就显著　　　　　　　　B. 外商企业的敲诈勒索

C. 官僚资本的势力庞大　　　　　　　　D. 洋务企业的困难重重

13. 在社会主义道路探索时期,中国人民在民主法治建设方面取得的重大成就是(　　　)

A. 颁布了《共同纲领》　　　　　　　　B. 颁布《中华人民共和国宪法》

C. 制定了过渡时期总路线　　　　　　　D. 颁布《中华人民共和国刑法》

14. 党的十四届三中全会确立了我国国有企业改革的方向是(　　　)

A. 实行公司制　　　　　　　　　　　　B. 实行股份制

C. 包产到户　　　　　　　　　　　　　D. 建立现代企业制度

15. 中国共产党第一次独立自主地运用马克思主义原理解决自己的路线、方针、政策的问题是在(　　　)

A. 中共"一大"　　　　　　　　　　　　B. 文家市会议

C. 遵义会议　　　　　　　　　　　　　D. 中共"七大"

16. 凡尔赛—华盛顿体系破产的根本原因是(　　　)

A. 1929～1933 年资本主义世界经济危机

B. 帝国主义经济政治发展不平衡性加剧

C. 体系建立时就埋下了新的矛盾隐患

D. 经济危机引起政治危机,欧亚两个战争策源地形成

17. 大革命失败后,中国共产党对民主革命道路进行了新的探索,其主要内容是(　　)

    A. 领导工人阶级进行武装斗争　　　　B. 建立根据地,形成工农武装割据

    C. 联合各革命阶级建立统一战线　　　　D. 纠正"左"倾错误,促进革命形势发展

18. 西欧封建等级制度形成的基础是(　　)

    A. 罗马共和国的建立　　　　　　　　　B. 罗马帝国的扩张

    C. 亚历山大东征　　　　　　　　　　　D. 查理·马特的改革

19. 新航路开辟后,早期殖民活动出现。下列选项中不能说明殖民活动对资本主义发展产生重大影响的是(　　)

    A. 推动了西方资本主义原始积累的进程

    B. 加速了西欧封建主阶级的衰落

    C. 造成了商路和贸易中心的变换

    D. 为手工工场提供了大量的劳动力

20. 20世纪70年代以来,美国的资本主义世界霸主地位动摇。对这一结论的理解不正确的是

    A. 欧共体在许多经济领域赶上或超过美国

    B. 西欧、日本开始力求摆脱美国的控制

    C. 美国丧失资本主义世界强国地位

    D. 资本主义世界形成美、日、欧共体三足鼎立局面

21. 19世纪末20世纪初,世界资本主义发展的根本特点是(　　)

    A. 资本主义处于高度发展时期

    B. 资本主义各国政治经济发展不平衡

    C. 从自由资本主义过渡到垄断资本主义

    D. 大国间重新瓜分世界的斗争愈演愈烈

22. 苏俄新经济政策与战时共产主义政策相比,主要新在(　　)

    A. 加强了无产阶级国家政权对经济的管理

    B. 用固定的粮食税代替余粮收集制

    C. 利用市场和商品货币关系发展商品经济

    D. 目的是为了建立社会主义的经济基础

23. 一战期间,中国民族资本主义发展的特点不包括(　　)

    A. 没有形成独立完整的工业体系　　　　B. 自给自足的自然经济仍占优势

    C. 轻重工业发展比例严重失调　　　　　D. 民族资本首次超过外国资本

24. 中国明朝和西欧文艺复兴时期的科学技术都取得了辉煌的成就,这些成就的共同之处是(　　)

    A. 反映了尊重自然、探索自然的精神　　B. 侧重于理论探索

    C. 局限于生产、生活层面的探索　　　　D. 提倡实验科学

25. 下列评价方式中,在教学之后实施的是(　　)

    A. 诊断性评价　　　B. 形成性评价　　　C. 总结性评价　　　D. 预测性评价

二、简答题(本大题共 3 小题,每小题 10 分,共 30 分)

26.为什么说"第二次鸦片战争"是鸦片战争的继续和扩大?

27.简述课程标准和教学设计的关系。

28.在历史课堂中如何处理好教与学的关系?

三、材料分析题(本大题共 3 小题,每小题 15 分,共 45 分)

29.中国近代化是当今学术研究的热门话题。阅读下列材料,回答问题。

　　材料一　所谓"近代化"是指中国社会由古代封建社会向近代社会转变的过程。它包括政治上的民主化,经济上的工业化,以及思想文化上的"西化"。

　　材料二　史学界普遍认为,中国的近代化过程,也是中国人民向西方学习、探索救国之路的过程。由于外国资本主义和本国封建势力的双重挤压,近代中国各种政治力量追求近代化的脚步显得急促而又悲壮,却一刻也未曾停留。

请回答:

(1)19 世纪下半期到 20 世纪初,中国的近代化在饱受列强欺凌、被迫开放的环境中艰难起步,请说出 1919 年以前近代先进中国人向西方学习经历了哪些变化。

(2)材料二中"近代中国各种政治力量追求近代化",你认为主要指哪些政治派别?

(3)回首中国近代化历程,你有何感悟?

30.阅读材料,回答问题。

新课程的改革是一次教学方法和学习方法的革命,对教师来说这是一次新的挑战,必须努力学习教学理论,探索新的历史教学方法,以适应现实的需要。但是教学方法的转变遇到了想的简单实际操作难的尴尬局面。我们教师绞尽脑汁想出调动学生活动的"高招",学生一兴奋就争着发言,吵作一团,教师又得板起面孔维持秩序,活跃起来的气氛又"凉"了下去,节节课就这样"潮起潮落",教师声嘶力竭,精疲力竭。如何既能活跃课堂气氛又能保持课堂秩序,是新课改中教师遇到的一个难题。

你会怎么解决材料中反映的这个难题?

31. 结合材料谈一谈初中历史教学实施过程中要考虑哪些因素。

　　一位合格的历史教师,不能把教学活动看成是单纯的历史知识传授,它必须培养学生学会正确地运用辩证唯物主义和历史唯物主义的基本观点和方法分析问题、解决问题,必须能够站在理论和现实相结合的高度,观察以往的历史过程,给历史事件以合乎客观实际的评价,把握历史的本质和内在联系,揭示历史的发展规律。

四、教学设计题（本大题共 25 分）

32. 历史题材的电影,透过电影镜头的巧妙剪辑和衔接,不但可以使我们感受到电影独特的艺术魅力,还能重温那令人跌宕起伏的历史事件。对于习惯于用课本来学习历史的初中生而言,采用电影的方式讲述一段历史显然是具有诱惑力的。有关二战的影片不胜枚举,请为"世界反法西斯战争的转折与胜利"这一内容选择合适的影片片断,并说明你的设计意图。

历史学科知识与教学能力(初级中学)预测试卷(四)

一、单项选择题(本大题共 25 小题,每小题 2 分,共 50 分)

1. 在 2011 年春晚上,来自世界孔子学院的学生代表们表演的《四海之内皆兄弟》给大家留下了深刻的印象。世界各地孔子学院的建立有利于推动和谐世界的建立。孔子思想中,体现和谐社会要求的是( )

　　A. 仁者爱人　　　　　　　　　　　B. 等级观念

　　C. 举一反三　　　　　　　　　　　D. 温故知新

2. 下列王安石变法的哪一项措施与唐代的"庸"相似( )

　　A. 青苗法　　　　　　　　　　　　B. 募役法

　　C. 方田均税法　　　　　　　　　　D. 保甲法

3. 隋文帝时进行的重要改革包括( )

　　①确立三省六部制　　　　　　　　②废除九品中正制

　　③使府兵制与均田制相结合　　　　④部分推行以庸代役

　　A. ①②③　　　　　　　　　　　　B. ①③④

　　C. ①④　　　　　　　　　　　　　D. ①②③④

4. "君子之为学,以明道也,以救世也。徒以诗文而已,所谓雕虫篆刻,亦何益哉!"与此文观点相符的是( )

　　A. 孟子的"仁政"　　　　　　　　　B. 黄宗羲的"人民为主"

　　C. 王明阳的"心学"　　　　　　　　D. 顾炎武的"经世致用"

5. 下列古诗中,对隋炀帝开凿大运河的评价不正确的是( )

　　A. 千里长河一旦开,亡隋波浪九天来　　　B. 汴河通淮利最多,生人为害亦相和

　　C. 尽道隋亡为此河,至今千里赖通波　　　D. 若无水殿龙舟事,共禹论功不较多

6.《中国的科学与发明》一书中写道:"现代研究显示,中国早期的官僚政治组织,对于科学的发展有很强大的推动力。"下列选项最能说明上述看法的是( )

　　A. 火药的发明　　　　　　　　　　B. 贾思勰的《齐民要术》

　　C. 僧一行实测子午线长度　　　　　D. 宋应星写成《天工开物》

7. 春秋战国时期,铁器的使用和牛耕的推广产生了深远的社会影响,这些影响不包括( )

　　A. 促进井田制的瓦解　　　　　　　B. 导致地主阶级兴起

　　C. 强化了周王室的统治　　　　　　D. 引发改革变法的时代风潮

8. 下列关于辛亥革命意义的叙述不正确的是( )

　　A. 推翻了清朝的反动统治,结束了中国两千多年的封建制度

　　B. 建立了资产阶级共和国,使人民获得了一些民主自由的权利

C. 使资产阶级民主共和的观念深入人心

D. 打击了帝国主义在中国的殖民统治,为中国民族资本主义的进一步发展创造了有利条件

9. 洋务派提出"自强"口号的本质是(　　)

    A. 扩大地方实力派的势力　　　　　　　B. 壮大汉族地主的势力

    C. 挽救民族危亡　　　　　　　　　　　D. 挽救清王朝的统治

10. 清朝前期的"回部"指的是(　　)

    A. 西域　　　　　　　　　　　　　　　B. 维吾尔族

    C. 回族　　　　　　　　　　　　　　　D. 天山南路

11. 武昌起义后建立的湖北军政府是一个(　　)

    A. 资产阶级革命派完全掌权的政权

    B. 包括革命派、立宪派和旧官僚的联合政权

    C. 立宪派占主体的资产阶级政权

    D. 革命派所建立的第一个地方革命政权

12. 民国初年,我国民族工业进入了进一步发展阶段,我国民族工业在这期间得以迅速发展的主要内因是(　　)

    A. 海外华侨竞相投资办厂　　　　　　　B. 欧美列强在一战期间暂时放松经济侵略

    C. 各种实业团体广泛建立　　　　　　　D. 辛亥革命推翻了清王朝的专制统治

13. 明清推行的禁海闭关政策所造成的最严重的后果是(　　)

    A. 妨碍了海外贸易　　　　　　　　　　B. 妨碍了正常的交往,使中国土特产滞销

    C. 妨碍了东西方文化的交流　　　　　　D. 抵御了外国殖民势力侵入

14. 鸦片战争前我国能够取得反侵略斗争胜利的主要原因是(　　)

    A. 我国处于封建社会繁荣时期

    B. 封建统治者积极组织反侵略,同时国力与西方差距不大

    C. 我国商品经济发展,资本主义萌芽出现

    D. 西方国家军事力量不如我国强大

15. 孙中山领导的辛亥革命推翻了封建君主专制制度,建立了共和国,然而民主政治却难以实现,主要原因是(　　)

    A. 南京临时政府对帝国主义抱有幻想　　B. 旧三民主义的局限性

    C.《中华民国临时约法》不够完善　　　D. 缺乏彻底的革命纲领

16. 从辛亥革命到五四运动前,中国历史发展的主要特点包括(　　)

    ①国内政治斗争的焦点是民主共和与专制独裁

    ②民族工业出现短暂的春天

    ③民主共和、实业救国和马克思主义传播成为当时中国社会思潮的主流

    ④旧民主主义革命向新民主主义革命过渡

    A.①②④　　　　　　B.②③④　　　　　　C.①③④　　　　　　D.①②③

17. 下列有关 19 世纪六七十年代中国近代工业兴起情况的叙述,正确的是(   )

①主要集中于东部沿海地区　　　　　　②都由洋务派创办

③有些采用资本主义生产方式　　　　　④产生于中国封建经济瓦解的过程中

　A. ①②③　　　　　B. ①③④　　　　　C. ②③　　　　　D. ②③④

18. 1971 年 10 月 25 日,美国代表布什说:"这是联合国历史上的转折点,反西方国家在美国威信动摇时第一次击败了美国。"他哀叹,那些表决后欢声雷动的代表们"就是要踢山姆大叔一脚"。布什所说的历史事件是(   )

　A. 万隆会议圆满成功　　　　　　　　B. 中国在日内瓦会议外交胜利

　C. 中国复关谈判胜利　　　　　　　　D. 中国恢复在联合国的合法席位

19. 资产阶级革命派提出的民权主义比起维新派兴民权思想的进步主要体现在(   )

　A. 反对民族压迫　　　　　　　　　　B. 国家政权的组织形式

　C. 国家的阶级实质　　　　　　　　　D. 反对封建土地所有制

20. 17 世纪的英国革命是资产阶级性质的革命。下列各项中最能表明这一性质的是(   )

　A. 采取武装斗争方式打败了王军

　B. 没收、出卖王室土地,废除了地主对国王的封建义务

　C. 处死查理一世

　D. 1649 年 5 月英国宣布为共和国

21. 下列对工业革命的叙述不正确的是(   )

　A. 它开始于英国,18 世纪末向外扩展

　B. 一些国家的工业革命主要是靠从英国引进技术进行的

　C. 它使各国迅速实现工业化

　D. 英国由此成为世界工厂

22. 雅尔塔体系与凡尔赛体系的不同之处在于(   )

　A. 体现了大国的强权政治　　　　　　B. 重新划分世界版图和势力范围

　C. 打破了以欧洲为中心的国际格局　　D. 建立了新的国际关系格局

23. 下列事件"使那些生怕美国出口不景气的人为之陶醉"的是(   )

　A. 实施马歇尔计划　　　　　　　　　B. 发动朝鲜战争

　C. 单独占领日本　　　　　　　　　　D. 推行"冷战"政策

24. 下列国际会议所颁布的文件中,涉及台湾问题的是(   )

①《凡尔赛和约》　　　　　　　　　　②"九国公约"

③《开罗宣言》　　　　　　　　　　　④《波茨坦公告》

　A. ①②③　　　　　B. ①②④　　　　　C. ①③④　　　　　D. ②③④

25. 16 到 18 世纪,中国与西欧自然科学方面的最大差别是(   )

　A. 没有产生著名的科学家　　　　　　B. 没有产生具有世界影响的科技著作

　C. 应用科学太落后　　　　　　　　　D. 没有产生近代自然科学

二、简答题(本大题共 3 小题,每小题 10 分,共 30 分)

26. 20 世纪 20 年代至 40 年代,是国共两党关系的重要时期。请回答:

　　(1)这一时期国共关系变化呈现怎样的特征?

　　(2)结合史实概括分析两党在不同时期的关系各产生了怎样的影响?

　　(3)从上述问题中你得出了哪些认识?

27. 简述教学设计的特点。

28. 阐述中学历史教学的特点。

三、材料分析题(本大题共 3 小题,每小题 15 分,共 45 分)

29. 阅读材料,回答问题。

　　19 世纪后期至 20 世纪初,欧洲逐渐形成了三国同盟和三国协约两大军事集团。它们在备战的道路上你追我赶,火星四溅。可以说欧洲人是嗅着浓浓的火药味步入 20 世纪的。……以赛亚·柏林在谈到 20 世纪时说,20 世纪是人类经历的最糟糕的世纪,包含了两次世界大战,这个事实,是对永久和平的嘲讽,也是地缘政治崩溃的恶果。那么,对于 21 世纪第一个十年,人们再也不能用"这是最美好的年代,这是最糟糕的年代"的空话来打发。

请回答:

(1)在当今世界,战争频繁,动荡不已。威胁世界安全的因素有哪些? 当今国际社会关注的焦点是什么? 你认为应该如何解决当前的国际争端?

(2)结合材料及所学知识,分析二战结束至今的60多年间未曾爆发过新的世界大战的原因。(至少写出两方面)

(3)有一份统计显示说,在人类近两千年的历史中,全世界彻底没有战争和冲突的时间总共只有58天! 只有58天是太平的! 为有效防止战争,建设和谐世界,请你设计一条宣传标语。

30.下面是两位老师关于评价问题的讨论:

甲:老师您好! 可以问您一个问题吗?

乙:可以呀!

甲:请问您平时如何评价学生的学习呢?

乙:不就是考试吗? 考试最能说明问题。

甲:除了考试,不是还可以布置研究性学习的作业吗?

乙:研究性学习学生不够重视,而且应该如何评价呢? 怎样计入总分呢?

甲:这确实是个问题,还有其他评价方法吗? 比如课堂提问或讨论?

乙:课堂提问是有的,但是一般是为了让学生在课前复习一下,是以记忆为主的。课堂讨论一般不评价,讨论完了就结束了,而且讨论本来就不多。所以,期中考试与期末考试是最主要的评价。学生成绩单上也是只记这两项。

问题:

(1)结合所学知识,你如何评价材料中两位老师的讨论?

(2)你认为在教学评价中应注意什么问题?

31. 某老师对"文艺复兴"一节的教材内容作了以下分析:

文艺复兴运动是以复兴古希腊、罗马古典文化为旗帜的思想解放运动,而本质上它是一场资产阶级的思想解放运动。文艺复兴运动始于 14 世纪的意大利半岛,而后迅速波及西欧等地,它大力提倡人文主义、主张以人为中心,反对以神为中心,这就冲破了中世纪以来神学思想垄断欧洲思想文化,包括日常生活方式等诸多方面的桎梏。文艺复兴运动不仅推动了欧洲文化思想领域的解放,更为欧洲资本主义社会的发展奠定了思想文化基础,它与新航路的开辟,并称为人类社会跨入近代社会门槛的两大突出性事件。

(1)请你结合教师对教材内容的分析,评价该老师的教材分析有哪些优缺点?

(2)在讲解文艺复兴运动的成就时,你会选择什么样的板书形式? 请举例说明。

四、教学设计题(本大题共 25 分)

32. 根据下列教学材料设计教学片段。

(1)《义务教育历史课程标准(2011 版)》规定:了解香港、澳门回归和海峡两岸关系改善的史实,认识祖国统一是历史的必然趋势。

(2)课文摘录:新中国成立后,党和政府把台湾与祖国大陆的统一,作为神圣的使命,明确提出要解决台湾问题;改革开放以后,确立了和平统一祖国的大政方针,不久,在邓小平提出"一国两制"的基础上,形成了"和平统一,一国两制"的基本方针。

一九九七年三月二十六日江泽民接受法国《国际政治》杂志采访时说:"我们一贯主张在一个中国的原则下,通过两岸政治谈判解决两岸间的政治分歧,实现台湾和祖国大陆的统一。"

根据课程标准要求和课文内容,设计出相关的教学过程,包括教学环节、教师活动和学生活动,并说明设计意图。

历史学科知识与教学能力（初级中学）预测试卷（五）

一、单项选择题（本大题共 25 小题，每小题 2 分，共 50 分）

1. "我无为而民自化，我好静而民自正，我无事而民自富，我无欲而民自朴。""大小多少，报怨以德。图难于其易，为大于其细。天下难事必作于易，天下大事必作于细。"以上观点反映了诸子百家中哪一学派的思想主张（　　）

A. 墨家　　　　　　B. 道家　　　　　　C. 法家　　　　　　D. 儒家

2. 在西周时期，既赋予诸侯相关权利，又要求诸侯履行相关义务的制度是（　　）

A. 郡县制　　　　　　　　　　　　B. 分封制

C. 礼乐制　　　　　　　　　　　　D. 中央集权制

3. 商周时期，手工业技术已达到相当高的水平，其中最具代表性的是（　　）

A. 纺织业　　　　　　　　　　　　B. 制瓷业

C. 青铜制造业　　　　　　　　　　D. 造纸业

4. 人口迁移是人类社会发展的一种普遍现象。我国古代人口大量南迁开始于（　　）

A. 秦朝末年　　　　　　　　　　　B. 西汉末年

C. 东汉末年　　　　　　　　　　　D. 西晋末年

5. 汉代开辟的"丝绸之路"是联系中外的纽带，沟通东方和西方的桥梁。"丝绸之路"的走向是（　　）

A. 长安→葱岭→河西走廊→今新疆地区

B. 长安→今新疆地区→河西走廊→葱岭

C. 长安→河西走廊→今新疆地区→葱岭

D. 成都→云南→缅甸→印度→欧洲

6. 通过秦末和隋末农民战争可以看出农民起义对历史发展的推动作用主要体现在（　　）

A. 实现了改朝换代　　　　　　　　B. 改变了封建社会阶级力量的对比

C. 迫使统治阶级调整统治政策　　　D. 消灭了大批地主阶级

7. 唐太宗看到很多中举士子鱼贯而出时，高兴地说："天下英雄入吾彀中矣"。这一记载（　　）

A. 反映了我国古代帝王的奢侈生活　　B. 能说明唐朝科举制实施情况

C. 属于后人杜撰且不符合当时情况　　D. 说明了唐太宗善于虚心纳谏

8. 谚语"苏湖熟，天下足"反映的现象最可能出现在（　　）

A. 西汉时期　　　　　　　　　　　B. 三国时期

C. 南宋时期　　　　　　　　　　　D. 隋朝时期

9. 马可·波罗在中国有可能看到了（　　）

①《红楼梦》　　　　　　　　　②随蒙古大军东征西讨

③使用汉语穿汉服写毛笔字 ④读唐诗

　　A.①②③④ B.②③④

　　C.①②③ D.①③

10.中国古文字①金文、②隶书、③甲骨文、④小篆,按其出现的先后顺序排列应为( )

　　A.③④①② B.③①②④

　　C.③④②① D.③①④②

11.甲午战败后,李鸿章伤感地说:"我办了一辈子事,练兵也,海军也,都是纸糊的老虎……不过勉强涂饰,虚有其表。"从他的话中,我们能看出洋务运动是( )

　　A.一次使中国走上富强道路的运动 B.一次资产阶级的民主革命运动

　　C.一次失败的封建统治者的自救运动 D.一次资产阶级的改良运动

12.中国近代沦为半殖民地半封建社会,其中"半殖民地半封建"的含义是( )

　　A.封建的自然经济解体,商品经济发展

　　B.中国社会一半是半殖民地的,一半是半封建的

　　C.独立主权部分丧失,既保存了封建主义又发展了资本主义

　　D.政治上半殖民地,经济上半封建

13.在中国近代化的进程中,下列口号或主张出现的先后顺序是( )

　　①自强求富　②维新变法　③民主共和　④民主、科学

　　A.①②③④ B.②③④①

　　C.③④①② D.①③②④

14.蒋介石致张学良密电"沈阳日军行动,可作为地方事件,望力避冲突,以免事态扩大。一切对日交涉,听候中央处理"中的"沈阳日军行动"是指( )

　　A.九一八事变 B.西安事变

　　C.卢沟桥事变 D.南京大屠杀

15.建国初期,我国广大农民获得的最重要的权利是对土地有( )

　　A.使用权 B.管理权

　　C.经营权 D.所有权

16.下表为"文革"期间部分年份工农业总产值变化的情况。这些数字表明( )

年份	1966～1967	1967～1968	1972～1973	1974～1975
比上年增长	-9.6%	-4.2%	9.2%	11.9%

　　①"文化大革命"初期,国民经济受到严重影响

　　②"九一三"事件后,经济开始迅速回升

　　③"文化大革命"虽然是政治动乱,但仍促进了经济发展

④在周恩来、邓小平主持中央日常工作时,经济迅速回升

　　A.①②③④　　　　　　　　　　B.①③④

　　C.③④　　　　　　　　　　　　D.①④

17.“当年曾分田翻身当家做主人,今岁又分田勤劳致富奔小康”。对联中的两次“分田”指的是(　　)

　　A.土地改革和农业合作社　　　　　B.大跃进和人民公社化运动

　　C.农业合作社和人民公社化运动　　D.土地改革和家庭联产承包责任制

18.中国共产党领导的人民军队自创建以来,在艰苦卓绝的奋斗中,风雨兼程80载,铸就钢铁长城。下列有关人民军队发展历程叙述错误的是(　　)

　　A.南昌起义是中国共产党创建人民军队、独立领导武装斗争的开始

　　B.红军长征的胜利表明中国共产党和中国工农红军是一支不可战胜的力量

　　C.辽沈、淮海、平津三大战役在世界战争史上书写了一段奇迹

　　D.改革开放后,在不断扩大部队总人数的同时,坚定不移地走科技强军之路

19.日本效仿中国隋唐的封建制度而进行了大化改新,其主要作用是(　　)

　　A.引进了中国先进文化　　　　　　B.使日本由奴隶社会过渡到封建社会

　　C.加强了日本的中央集权　　　　　D.加强了奴隶主的统治

20.下列关于中古西欧社会的描述,正确的是(　　)

　　A.罗马教廷拥有至高无上的权力　　B.封建主可以管辖自己附庸的附庸

　　C.国王是最大的土地所有者　　　　D.伊斯兰教是西欧封建社会的精神支柱

21.与沙俄相比,19世纪中期英国对中国的侵略以开拓市场,而不是以扩张领土为主,这主要取决于它(　　)

　　A.处于“世界工场”的地位　　　　B.传统的对外殖民扩张政策的特点

　　C.与中国缺乏共同的边界　　　　　D.认为中国市场广阔

22.“应当以实物税代替余粮收集制,在纳税后剩余的一切粮食、原料和饲料,农民可以自己全权处理。”这一规定属于下列哪一经济政策的内容?(　　)

　　A.战时共产主义政策　　　　　　　B.新经济政策

　　C.国家工业化政策　　　　　　　　D.农业集体化政策

23.俄罗斯总统普京曾说:“华约和苏联解体后,北约实际上失去了存在的价值”,你认为普京此话的含义是(　　)

　　A.国与国之间应该友好合作　　　　B.世界局势日趋缓和

　　C.世界两极格局已经终结　　　　　D.经济全球化趋势日益增强

24.二战后,新加坡、韩国经济显著发展的共同经验是(　　)

　　A.引进外国先进技术是经济发展的根本原因

　　B.实行多种经济成分并存的协调发展

　　C.实行计划和市场相结合

　　D.根据本国国情制定并不断调整发展战略

25.20 世纪 60 年代末,在资本主义世界经济发展比重中,先后位次正确的是( )

A. 日本、美国、英国、联邦德国　　　　　B. 美国、日本、联邦德国、英国

C. 美国、联邦德国、日本、英国　　　　　D. 联邦德国、美国、英国、日本

二、简答题(本大题共 3 小题,每小题 10 分,共 30 分)

26. 简述工业革命在世界历史中的地位。

27. 谈谈教育教学技能对于历史教师的教学具有怎样的意义?

28. 某老师是一名年轻的初中历史教师,该老师向一名老教师抱怨自己不会制定教学目标。如果你是一名老教师,你应该给予这位年轻教师怎样的指导?

三、材料分析题(本大题共 3 小题,每小题 15 分,共 45 分)

29. 阅读材料,回答问题。

材料一 19 世纪末 20 世纪初,帝国主义各国政治经济发展不平衡,实力对比发生重大变化,后起的帝国主义国家要求重新瓜分世界,列强纷纷制定了争夺世界霸权的计划。在错综复杂的争夺霸权的斗争中,帝国主义两大军事集团逐渐形成。它们疯狂扩军备战,展开激烈的争夺,战争危机日益严重,一场世界性战争如箭在弦。

材料二　据 1938 年欧洲某国报载:"我不知道你们的国家是否从慕尼黑做出的决定中得到好处,但肯定无疑的是,我们绝不会是最后一个受害者。在我们之后,你们也将遭遇同样的命运"。

材料三　中国古代有"事不关己,高高挂起""搬起石头砸自己的脚"等说法,在二战初期,西方某些"智者"正式验证了中国的这些古老的说法,他们做出了很多可笑的历史表演。

请回答:

(1)从材料一中可以看出"一战"爆发的根本原因是什么?帝国主义两大军事集团分别由哪几个国家组成?请写出这两大军事集团的名称。

(2)材料二中"慕尼黑做出的决定"的主要内容是什么?"你们"和"我们"分别指的是哪几个国家?报道中的"预言"是否正确?

(3)结合材料三,请用"二战"前后的史实说明"事不关己,高高挂起""搬起石头砸自己的脚"的教训。

30."兴趣是最好的老师",初中历史教学应下工夫研究能够激发学生学习历史的持久兴趣的途径和方法。在课堂教学中我们该怎么做才能达到这样的效果呢?阅读材料,谈谈你的看法。

实验研究表明,课堂教学在高兴、愉快的情绪中进行,学生当堂的学习效果比一般情绪下的学习效果要高得多。历史课的预习阶段:可用疑问启思、练习启疑等方式激趣,使"课伊始,趣味生";课的展示阶段:可用任务分配、讨论交流、亲身示范、比较对照、举一反三等方式激趣,使"课正行,趣正浓";课的反馈阶段:可用向他挑战、质疑问难、讨论延伸、系统提高等方式激趣,使"课已尽,趣犹存"。我们可以采取将枯燥无味的理论知识贯穿在历史故事中,或讲讲"历史上的今天",或借助"影音"实现"情景再现"等灵活方式将学生吸引到我们的课堂。

31. 阅读材料,回答问题。

丰富多彩的活动是学生展示自我的舞台,而评价更是促进学生学习的催化剂,能使学生始终保持积极艰苦向上的学习劲头,进而更加积极、主动地参与到活动中来。一位教师组织学生进行春秋战国故事会,让学生对成语进行接龙,四组进行比赛。将全班分成四组,拿着一个钟表,转动指针,哪组学生能回答就给哪组加星星。这样的评价形式比较单一,只停留在教师对学生评价的层面上,没有体现评价的多样性。

(1)说一说学生评价的主要形式有哪些?

(2)材料反映了评价中存在的什么问题?谈谈你解决这一问题的对策。

四、教学设计题(本大题共25分)

32. 根据下列材料设计教学片段。

(1)《义务教育历史课程标准(2011年版)》规定:知道苏联模式社会主义的推广,了解苏联的改革与变化以及苏联解体和东欧剧变。

(2)课文摘录:

1985年戈尔巴乔夫上台后,针对苏联经济发展面临的停滞局面,进行政治经济体制改革。1991年底,苏联解体。

要求:根据课程标准要求和课文内容,设计出相关的教学过程,包括教学环节、教师活动和学生活动,并说明设计意图。

历史学科知识与教学能力(初级中学)预测试卷(六)

一、单项选择题(本大题共 25 小题,每小题 2 分,共 50 分)

1. 先秦时期,引起"一人踏耒而耕,不过十亩"到"一夫挟五口,治田百亩"变化的根本原因是(　　)

　　A. 铁器牛耕的推广　　　　　　　　　B. 土地私有制的确立

　　C. 国家走向统一　　　　　　　　　　D. 分封制崩溃

2. 秦统一后采取的一系列措施中,革除东周以来政治弊端的重要决策是(　　)

　　A. 在中央设丞相、御史大夫和太尉　　B. 用法律治理国家

　　C. 在全国推行郡县制　　　　　　　　D. 焚书坑儒

3. 唐朝的三省六部制进一步完善了专制主义中央集权制度,其完善的含义是(　　)

　　A. 中央机构设置的增加　　　　　　　B. 使地方权力进一步分散

　　C. 使皇权进一步加强　　　　　　　　D. 使中央各部门权力得以相互制约

4. 清朝政府为维护国家统一,加强了对西藏的管辖,其主要措施有(　　)

　　①设立驻藏大臣　②改土归流　③册封制度　④平定叛乱

　　A. ①②　　　　　　　　　　　　　　B. ③④

　　C. ①③　　　　　　　　　　　　　　D. ②④

5. 中国历代王朝以农为本,先进的农业生产技术推动了社会经济的发展。下列关于农业方面的叙述不正确的是(　　)

　　A.《齐民要术》是我国现存的第一步完整的农学著作

　　B. 隋唐时期流行着"苏湖熟,天下足"的谚语

　　C. 水稻在宋朝时跃居粮食产量首位

　　D. 宋朝时我国经济重心已转移到南方

6. 假如你生活在宋代,不可能看到的情景是(　　)

　　A. 驾驶配备指南针的船去海上捕鱼　　B. 在南方能吃到当地产的占城稻米饭

　　C. 供住宿的邸店很多　　　　　　　　D. 一边喝茶一边看吴承恩的《西游记》

7. 通过农民战争建立的新王朝是(　　)

　　①西汉　②西晋　③隋朝　④唐朝

　　A. ①②　　　　　　　　　　　　　　B. ②③

　　C. ③④　　　　　　　　　　　　　　D. ①④

8. 明朝专制主义中央集权制度较以前最大的区别是(　　)

　　A. 有无丞相(宰相)　　　　　　　　　B. 地方是否实行分权

　　C. 是否存在文字狱　　　　　　　　　D. 是否实行八股取士

9. 史学界把维新变法、辛亥革命和新文化运动都称为近代化运动,因为它们都要求(　　)

　　A. 民主和科学　　　　　　　　　　B. 彻底废除旧制度

　　C. 新思想新文化　　　　　　　　　D. 实行资产阶级民主政治

10. 马克思指出:"他们战战兢兢地请出亡灵来给他们以帮助,借用他们的名字、口号和衣服,以便穿着这种服装,用这种借用的语言,读出历史的新场面。"这一观点适用于(　　)

　　A. 洪秀全的绝对平均主义　　　　　B. 康有为的维新变法思想

　　C. 孙中山的旧三民主义　　　　　　D. 新文化运动前期的指导思想

11. 孙中山在遗嘱中指出:"革命尚未成功,同志仍须努力。"这里"革命尚未成功"的主要含义是(　　)

　　A. 反帝反封建的任务仍未完成　　　B. 资产阶级民主共和国仍然没有建立

　　C. 资产阶级政党出现了分裂　　　　D. 蒋介石等右派开始篡夺革命领导权

12. 十一届三中全会以来,非公有制经济蓬勃发展,非公有制经济包括(　　)

　　①集体经济　②个体经济　③私营经济　④外资经济

　　A. ①②③　　　　　　　　　　　　B. ②③④

　　C. ①③④　　　　　　　　　　　　D. ①②④

13. 在向西方学习问题上,《资政新篇》与《海国图志》的主要区别在于(　　)

　　A. 是否学习西方先进技术　　　　　B. 是否抵御外来侵略

　　C. 是否发展资本主义　　　　　　　D. 是否翻译外国书报

14. 第二次鸦片战争是第一次鸦片战争的继续,主要是因为(　　)

　　A. 背景相同　　　　　　　　　　　B. 目的和性质相同

　　C. 方式相同　　　　　　　　　　　D. 发动战争的国家相同

15. 有人认为,甲午中日战争是"传统中国与近代中国的分界线",这主要是因为(　　)

　　A. 帝国主义掀起瓜分中国的狂潮,中国面临严重的民族危机

　　B. 清政府开始引进西方的近代技术,放宽对民间设厂的限制

　　C. 民族工业获得进一步发展,资产阶级开始登上政治舞台

　　D. 发展商业和开设议院的要求出现,维新变法思想开始形成

16. 下列事件中,属于第一次国共合作时期的是(　　)

　　①西安事变　　　　　　　　　　　②打败吴佩孚、孙传芳

　　③建立黄埔军校　　　　　　　　　④取得抗日战争的彻底胜利

　　A. ①②　　　　　　　　　　　　　B. ②③

　　C. ③④　　　　　　　　　　　　　D. ①③

17. 中国共产党党史上有两次重大、具有深远意义的转折点,指的是(　　)

　　①中共一大　　　②遵义会议　　　③中共七大

　　④中共八大　　　⑤十一届三中全会

　　A. ①④　　　　　　　　　　　　　B. ②③

　　C. ②⑤　　　　　　　　　　　　　D. ④⑤

18. 新中国成立后,我国国防事业取得了巨大成就,主要有(　　)

①第一颗原子弹爆炸成功　　　　　　　②第一颗氢弹爆炸成功

③第一颗人造地球卫星顺利送入太空轨道　④"三位一体"战略核心力量的构成

A.①②

B.③④

C.①②④

D.①②③④

19. 中非友谊历史悠久,毛泽东当年曾深情地说:"是非洲兄弟把我们抬进了联合国。"这一历史事件是指(　　)

A.1945 年,中、苏、美、英等 50 多个国家通过了《联合国宪章》

B.1955 年亚非会议召开,表达了亚非人民要求独立的共同愿望

C.1971 年中华人民共和国在联合国的合法席位得到恢复

D. 中国加入被称为"经济联合国"的世界贸易组织

20. 新中国成立时面临的国际问题是(　　)

A.二战处于反攻阶段

B.美苏处于"冷战"之中

C.世界两大军事集团对峙局面形成

D.美苏争霸愈演愈烈

21. 与第一次工业革命相比,第二次工业革命的特点是(　　)

①主要发生在基础工业和重工业领域　　②科技含量大为提高

③推动垄断资本主义的形成　　　　　　④确立了资本主义在世界的统治

A.①②③

B.①②④

C.①③④

D.②③④

22. 19 世纪末 20 世纪初,世界资本主义发展的根本特点是(　　)

A. 资本主义处于高度发展时期

B. 资本主义各国政治经济发展不平衡

C. 自由资本主义过渡到垄断资本主义

D. 大国间重新瓜分世界的斗争愈演愈烈

23. 19 世纪西方国家对亚洲的侵略与 17 世纪相比,其影响的根本不同在于(　　)

A. 掠夺了各国人民

B. 带来了深重灾难

C. 加深了民族矛盾

D. 破坏了传统经济

24. 凡尔赛—华盛顿体系所体现的国际关系的实质是(　　)

A. 战后须建立新的世界秩序

B. 帝国主义重新瓜分世界

C. 国际社会要求维护世界和平

D. 和平已成为历史发展的主流

25. 19 世纪 70 年代以后,世界资本主义发展的最主要趋势是(　　)

A. 政治经济发展不平衡

B. 资本主义制度在世界范围内确立

C. 现代企业规模越来越大

D. 垄断资本主义出现

二、简答题(本大题共 3 小题,每小题 10 分,共 30 分)

26.用史实说明甲午中日战争后,《马关条约》的签订大大加深了中国半殖民地化程度。

27.简述影响课程实施的因素。

28.结合实例说一说如何促使学生自主学习。

三、材料分析题(本大题共 3 小题,每小题 15 分,共 45 分)

29.中国古代的科举制度被许多西方学者称为"中国的第五大发明"。沿用 1300 多年的科举考试,对中国乃
至世界都产生了深远的影响。

材料一　科第之设,草泽望之起家,簪绂(zānfú)望之继世。孤寒失之,族馁矣;世禄失之,其族绝矣。

——王定保《唐摭(zhí)言》

材料二　唐太宗在端门看见新科进士鱼贯而出,高兴地说:"天下英雄入吾彀(gòu)中矣"。

——王定保《唐摭言》

材料三　在一个我们看来特别注重私人关系的社会里,中国的科学考试却是惊人地大公无私。每当国势
鼎盛,科学制度有效施行时,总是尽一切努力消除科场中的徇私舞弊。

——美国学者费正清

材料四　故吾以为明太祖制义取士,与秦焚书无异,特明巧而秦拙耳,其欲愚天下之心则一也。

——廖燕《明太祖论》

请回答:

(1)材料一中"科第之设"是指哪一制度的创立?何时创立?简述"科第之设"的历史作用。

(2)简单介绍科举制度在隋、唐、明三个时期的发展状况。

(3)结合材料三、四和我们今天的考试制度,简要谈谈科举制度的利弊。

30.阅读材料,回答问题。

《中国邮政史》:中国古代没有邮局,寄一封信很困难,只能托人捎信。后来私人开设了"信局",但规模很小。1878 年,清政府开始试办国家邮政,设立邮局。但因为对现代邮政缺乏经验,也缺乏人才和其他设施,只好委托英国人赫德控制的海关来办。该年,海关印刷了中国第一套邮票,共三枚,面额为一分、三分和五分。邮票设计者是外国人,使用了龙的图案,所以被称为"大龙邮票"。

(1)材料从哪些方面说明洋务运动时期中国的邮政状况?

(2)如果将这一材料用于洋务运动一课的教学,请举一例说明你将用在哪个教学环节,并解释原因和用法。

31.阅读材料,回答问题。

长期以来,以评价"结果"为目的,过分重视中考、高考,用过多的时间于考试题型的训练。教师守着教科书、教辅和考试资料,强迫向学生灌输与考试相关的知识,导致学生"背多分",而实际能力低下。因此,在评价方式上,要彻底改变以前由学期考试"一锤定音"的评价方式,将评价渗透到每一个教学的环节中,将书面考试成绩、开放性考试成绩以及学生的日常学习表现、家长的评价、同学的评价、学生的自我评价结合起来,全面客观地评价学生的学业成绩,使教学与评价真正融为一体,真正做到在评价中学习,在学习中评价,促进教与学的协同发展。

说一说如何改进教学评价促进学生发展,解决材料中反映的问题。

四、教学设计题(本大题共 25 分)

32.如在讲授《两极对峙格局的形成》一课时,给出漫画(如图),画面上是一位医生把病人捆绑在病床上,病人身上有很多 $ 的符号,请你根据本课的教学内容和教学目标,为漫画设计思考题,并说明设计意图。

参考答案

2012年下半年河北省历史学科知识与教学能力（初级中学）真题试卷（一）

一、单项选择题

1.D【解析】旧石器时代人类使用磨制石器,粗糙而简单;新石器时代人类使用打制石器,精细而较丰富。元谋人、蓝田人、北京人遗址属于旧石器时代;河姆渡人遗址、半坡遗址属于新石器时代。

2.A【解析】秦朝的疆域北至长城一带、南达南海、东至东海、西到陇西,是当时世界上的大国。

3.C【解析】牛郎织女传说是中国过去封建社会男耕女织小农经济生活的艺术反映。

4.C【解析】李贽这句话的意思是:每一个人自出生,都有每一个人的用处(就是有天生我材必有用的意思),不是说有像孔子那样的人人类就满足了;如果一定要有像孔子那样的人才可以为人的话,那么千百年前孔子未出世时的历史就没有人了吗? 意思就是不要盲目地迷信孔子。

5.D【解析】明中叶以后,纺织、制瓷、矿冶等行业中,民营手工业甚至超过官营手工业,占据全社会手工业生产的主导地位。

6.B【解析】康熙年间,施琅攻克台湾,清政府设立台湾府,台湾又回到祖国的怀抱。驻藏大臣的设置是在雍正时期,设置澎湖巡检司的是元世祖忽必烈,抗击倭寇是在明朝。

7.A【解析】戊戌变法是一次资产阶级性质改革。资产阶级维新派要求实行有利于发展资本主义的政策,逐步变封建专制制度为资本主义君主立宪制度。自强求富、师夷长技以制夷和中体西用是洋务运动的口号。

8.C【解析】奏章内容充分地说明了新疆的重要性。在陕甘总督左宗棠等人的积极推动下,清政府决心派军队收复新疆。

9.B【解析】由题干中的信息可以得知,这则广告反映了主张以兴办实业拯救中国的社会政治思想。

10.D【解析】由题干中的年代和内容可知,该交通工具是火车。

11.A【解析】在此期间出现有北京政府、南京政府和武汉政府,中国最早的苏维埃政府是湖南汝城县苏维埃政府,成立时间是1927年9月。

12.D【解析】从题干中的时间1937年,可得知该事件发生的背景是八一三事变。二七惨案发生在1923年,四一二事变发生在1927年,五卅惨案发生在1925年。

13.B【解析】由于党和人民对于我国社会主义所处的发展阶段认识不足,对如何建设社会主义缺乏经验,又急于求成,忽视了经济发展的客观规律。大跃进就是超额完成各种计划指标。"跃进"就在于扩大数量。

14.C【解析】1970年,毛泽东邀请美国乒乓球队访华,率先打开了两国人民友好往来的大门。"乒乓外交"成为国际关系史上的一大创举。

15.A【解析】1980年国务院批准深圳、珠海、汕头、厦门四个城市设立特区。

16.A【解析】题干中反映了罗马法对私有财产保护的实质,保护私有财产有利于调整社会和经济的纠纷,有利于统治的稳定。

17. B【解析】庄园主的土地分为领主自营地和农民份地两部分。

18. C【解析】工业革命实现了从工场手工业到机器大工业的飞跃,工厂制度成为最普遍的生产组织形式。工场逐渐集中,形成了许多工业城市,越来越多的人从农村进入城市,城市化进程明显加快。

19. B【解析】本题是对新经济政策产生的背景知识的考查,为了克服由战时共产主义政策造成的消极后果,摆脱面临的经济危机和政治危机,苏俄提出了新经济政策。

20. D【解析】由材料"美元"也被称作"美金""各国货币围绕着美元转"可知美元与黄金挂钩,各国货币与美元挂钩。

21. D【解析】1991年,以美国为首的多国联盟在联合国安理会授权下,为恢复科威特领土完整而对伊拉克进行的局部战争。

22. D【解析】20世纪初,普朗克、爱因斯坦、玻尔等科学家提出量子力学的早期理论。

23. A【解析】根据题干中古文的信息,可知夏商时期已有太史令。

24. B【解析】李大钊是中国最早接受和传播唯物史观的先驱,是中国马克思主义史学的创始人之一,《史学要论》一书正是最集中地、系统地反映了他的史学观。

25. C【解析】确定历史教学难点的依据有教学目标、教学内容、学生的实际情况。

二、简答题

26.【答案要点】

(1)经济上,清政府赔偿白银4.5亿两,以海关税收作保;

(2)政治上,清政府保证严禁人民参加反帝活动;

(3)军事上,清政府拆毁大沽炮台,允许帝国主义国家派兵驻扎北京到山海关铁路沿线要地;

(4)外交上,划定北京东交民巷为使馆界,允许各国驻兵保护,不准中国人居住。

27.【答案要点】

(1)依据教学内容组合教学方法。

(2)依据教学目标组合教学方法。

(3)依据学生实际情况组合教学方法。

(4)依据教师的自身素质组合教学方法

(5)依据不同的教学环境组合教学方法。

28.【答案要点】

(1)清楚教科书的地位和作用。教科书既是教师施教的依据,也是学生学习的主要信息载体,是历史课堂教学最重要的媒介和资源。

(2)做好教材分析。首先,要树立新的教材观;其次,要认真研究课程标准;再次,要认真研读教科书,对照课标,通读教材,专题研读和研究,对不同版本的教材进行对比研读,要研读每一节课的教材,同时做好学科知识的储备。

(3)以教科书为主,组织教学内容,选择适宜的教学方法。

(4)需要注意到新课程下的大教材观认为中学历史教材是教师指导学生学习的各种历史教学材料,包括教科书、讲义、讲授提纲、教辅材料等,要突破传统的唯教科书是用的模式,在使用历史教科书的同时不能忽视其他形式的教材使用,引导学生进行丰富多彩的学习,培养学生的创新意识和思维意识,促进学生的全面发展。

三、材料分析题

29.【答案要点】

(1)材料中的"双元革命"是指英国资产阶级革命和牛顿力学体系的建立。

(2)英国资产阶级革命是人类历史上资本主义制度对封建制度的一次重大胜利;它为英国资本主义的迅速发展扫清了道路;揭开了资产阶级革命运动的序幕;推动了世界历史的发展进程。

牛顿力学体系的建立是科学形态上的重要改革,标志着近代自然科学理论的诞生。

30.【答案要点】

(1)这种意见分别反映了传统的以教科书至上的教材观和新课程理念下倡导的"材料式"的教材观。

(2)我赞同新课程理念下所倡导的"材料式"的教材观。

新课程理念下的现代教材观即"材料式"的教材观,凡是承载教学内容和信息的物化的材料,如文字印刷材料、电子音像材料、实物材料等都要视其为教材。从这个意义上说,教材的含义是很广泛的。这种"材料式"的教材观是一种大教材观。

"材料式"的教材观承认教科书是历史教学中最主要、最基本和最常用的教学材料,但不是唯一的教学材料,这将给历史教师的教学实践带来新的变化,具有非常现实而重要的意义。

①有助于打破"教材中心"的传统观念,以理性的眼光重新审视教材的功能与地位,把教师从对教科书的盲目崇拜和依赖中解放出来。

②"材料式"的教材观要求教师在其具体的教学情境中创造性地研究教的内容和教的方法,对教材作革新性和批判性的使用,以展现教材的功能,提高教学质量。

③"材料式"教材观的确立可使教师从精神上解放自己,达到自我认同,有助于从根本上改变教师的职业生活状况,提高职业素养。

④有助于改变学生的学习方式,培养其主体性和批判精神。

31.【答案要点】

第一,缺乏对新课标的深入理解和把握。在历史课程的实施中,教师要强化历史课程资源意识,因地制宜地开发和有效利用各种课程资源。小王只是搜索了一些教学设计和教学课件,未能遵循目标性、思想性、精选性和可行性原则。

第二,未能搜集足够的教学资源。教学资源是有助于历史课程目标实现的各种因素的总和,包括文本资源、博物馆资源、期刊资源、网络资源、社会资源、人力资源。小王只在网上下载一些教学设计和教学课件,稍加修改,忽视了其他的教学资源,尤其是教科书的使用。

第三,未做充分的学情分析。没能以学生为依据组织教学内容,选择适宜的教学方法。未能掌握编写教案的基本要求。

四、教学设计题

32.【答案要点】

根据课标要求、初中生的学习特点及教材内容,教学过程设计如下:

下面请同学们看课本的前言,有一个隋炀帝赏琼花的传说,哪位同学来给大家讲一讲?

师:讲得很流利,隋炀帝为看琼花开通大运河的说法对吗?大运河的开通对我国历史的发展又有什么重要作用呢?下面我们就到"大运河的开通"中寻找答案。哪位同学先来谈一谈"大运河的开通"呢?

生:为了加强南北交通,巩固隋王朝对全国的统治,大运河以洛阳为中心,北达涿郡,南至余杭,全长两千多公里,是古代最长的运河。它的开通,大大促进了我国南北经济的交流。

师:好!这位同学介绍了关于大运河开通的重要知识点。这位同学说的第一句话是"为了加强南北交通,巩固隋王朝对全国的统治",隋炀帝专为看琼花开凿大运河的说法对不对?

生:不对。

师:也不是完全不对,隋炀帝开凿南北大运河的目的和动机不是单一的,他有贪恋江都美景、搜刮江南财富的目的,也有耀兵江南、攻打高丽的目的。但他最主要的动机是为了加强南北的交通,巩固隋王朝对全国的统治。

关于大运河的开通,我这有一幅隋朝大运河的图,同学们请看图,大运河全长两千多公里,是世界古代史上最长的运河,老师现在想问问同学们,这么一项伟大的工程,为什么能够在隋朝完成呢?

生:隋朝南北统一,使隋炀帝有征发几百万人的可能性;隋文帝在位的二十多年里,国家治理得比较好,经济繁荣,使隋炀帝开通大运河具备了经济实力;有旧有天然河道和古运河为基础。

师:大运河开通后,南方的物资源源不断地运往北方,北方的物资源源不断地运往南方,大大促进了南北经济的交流。下面老师又不明白了,为什么水运在古代那么重要呢?

(学生回答,教师总结中国古代没有铁路、汽车等交通工具,陆路运输粮食只能利用车、马,靠人力、畜力进行,动力小、速度慢、费用大。相对来说,水运则动力大、速度快、费用小,所以水运在古代很重要。)

师:关于大运河,同学们还有补充材料吗?

生:我补充现在大运河的情况,我这儿有一幅现在运河的示意图。

师:这位同学搜集到了现在运河的示意图。这位同学,请把你的隋运河示意图借老师用用,请同学们看这两幅图,比较一下,古今运河有何不同?

生:今天的运河北段泥土淤塞,不通航了;今天的运河不经过洛阳。

师:你们谁知道,今天的运河为什么不经过洛阳了?

生:课本中,有幅《元朝运河示意图》,元朝以大都为都城,隋朝时是以长安为都城的,元朝时政治经济文化重心已经北移了。于是,元世祖便派人开了一条由通州到大都的通惠河。

设计意图:

通过故事引入激发学生的学习兴趣,在教学过程中充分体现学生的主体地位,师生达到了很好的交流互动,通过图示对比,学生更加清晰明了地了解隋朝运河的情况,增加教学直观性。

历史学科知识与教学能力(初级中学)预测试卷(二)

一、单项选择题

1.D【解析】中国是世界栽培作物起源的主要中心之一,在我国最早开始种植粟的原始居民是半坡人。

2.B【解析】周朝初期,由于灭商以及东征的胜利,周统治者开始分封诸侯。

3.C【解析】公元前221年,秦始皇统一中国后,对货币进行了统一,发行圆形方孔的"半两钱",故选C。

4.A【解析】北魏的都城不在长安。

5.B【解析】李春主持修建赵州桥是在隋朝;派遣鉴真东渡日本,传播唐朝文化是在唐玄宗时期。

6.A【解析】在汉朝时还未出现鞭炮。

7.C【解析】均田制实施的关键是政府掌握着大量可供分配的土地,即土地国有化,唐后期均田制瓦解的原因是土地高度集中。

8.D【解析】1727年清朝开始设立驻藏大臣,作为中央政府的代表常驻西藏,同达赖、班禅共同管理西藏。

9.A【解析】由题干中时间和事件可知第二展厅展示的内容应为《南京条约》的签订过程。

10.B【解析】该商业街之所以取名为"1912"主要是因为孙中山当年在此附近宣誓就任中华民国临时大总统。

11.D【解析】袁世凯尊孔复古不能体现(2)的观点。

12.D【解析】本题考查列强侵略和中国人民反抗斗争的知识。清政府即便在闭关锁国时期仍留广州一地对外通商,而上海的开放却要晚一些,这就造成了上海城市发展规模迅速扩大和城市管理滞后之间的矛盾,为列强和地方都会控制上海提供了可能,故选D。

13.B【解析】A项民主化不符合太平天国运动,C项明确提出反帝的只有共产党领导的新民主主义革命,D项平均地权不符合辛亥革命民主主义思想。只有B项都有体现。

14.B【解析】根据旅游线路图可知中国新民主主义革命的兴起符合这次夏令营活动的主题。

15.D【解析】台儿庄战役发生在1938年,南昌起义发生在1927年,重庆谈判发生时间是1945年,开国大典时间为1949年。故答案选D。

16.C【解析】根据图表信息可以推知中国应优先发展重工业。

17.A【解析】略。

18.D【解析】此阶段人均收入呈上升趋势主要是因为改革开放后实行家庭联产承包责任制。

19.B【解析】略。

20.C【解析】1955年,周恩来在亚非万隆会议上提出"求同存异"的方针。

21.D【解析】本题考查美国的总统共和制,解题关键是把握资产阶级代议制。首先确立政党制度和议会主权原则的是英国,故A、C两项错;题干已经强调不是因为它创造了一个独立的国家,故B项错;美国确立的总统制,这是世界历史上第一个确立这种体制的国家,故选D。

22.B【解析】A项都改变了社会性质,由封建社会进入资本主义社会;C项发展资本主义,促进了社会进步;D

项两个改革因为都是自上而下的,改革的很不彻底,都保留了大量的封建残余。故选 B。

23.B【解析】本题考查德意志统一所具有的历史局限性。从题干中可知,德国在 19 世纪六七十年代的胜利是指德国的统一,20 世纪上半期的两次失败是指两次世界大战。德国统一后,保留了大量的军国主义成分,因此在 20 世纪德国发动了两次世界大战,结果最终失败。故答案为 B。

24.C【解析】门捷列夫是 19 世纪俄国化学家,发现了元素周期律并就此发表世界上第一份元素周期表。

25.A【解析】略。

二、简答题

26.【答案要点】

鸦片战争后中国政治、经济、思想等方面的变化很多,注意题目关键词"近代化的历程"。

(1)政治上,鸦片战争前,中国是一个独立自主的封建国家。战后,中国的领土、领海、司法、关税、贸易等大量主权丧失,开始沦为半殖民地半封建社会,中国社会的主要矛盾、革命任务、革命性质都发生了变化,中国历史从此进入旧民主主义革命时期。

(2)经济上,西方列强利用侵略特权,疯狂向中国输出商品和掠夺原料,进行早期资本输出,沿海和长江流域直接受到列强经济入侵,中国被动地卷入世界资本主义市场,开始纳入资本主义世界经济体系。中国自给自足的封建经济开始解体。

(3)在思想观念方面,封建传统观念受到冲击,鸦片战争首先使一些爱国的地主阶级知识分子从"天朝上国"的梦幻中惊醒,开始关注世界,学习西方,萌发了"向西方学习"的新思潮,开启了学习西方的脚步。

27.【答案要点】

做到在实践中反思,在反思中实践。可以结合具体课例阐述,也可以只阐述反思的方法。

从实践中反思教学的有效与否,也要从反思中去不断推进教学的有效性,只有这样才能提高反思的有效性。可以从以下方面进行反思:课前教学设计中,预期的(知识、技能、情感)教学目标是否达到?采用的教学方法和手段是否适合学生?是否达到了最佳效果?是否需要进行适当的改进?教学难点设置是否准确?应当如何修正和改变?教学重点是否突出?教学难点是否突破?对教学过程中可能出现的问题,准备得是否周全?对于遇到的不定因素处理是否合情合理?对于课堂上意外的突发事件处理是否及时恰当?

28.【答案要点】

首先明确知识与能力的学习分为识记、理解和运用三个层次,然后结合实例加以分析。

(1)凡在内容标准的陈述中使用"列举""知道""了解""说出""讲述""简述""复述"等行为动词的,为识记层次要求;(2)凡在内容标准的陈述中使用"概述""理解""说明""阐明""归纳"等行为动词的,为理解层次要求,即了解知识所反映的事物的内在联系;(3)凡在内容标准的陈述中使用"分析""评价""比较""探讨""讨论"等行为动词的,为运用层次要求,即将所学的知识在实际中加以运用,用于解决新的问题。以"夏商周时代的社会"一课为例,首先设计它的知识技能目标,如识记西周分封制和宗法制的内容;理解宗法制与分封制的关系;认识中国早期政治制度的特点等,其中课堂的主要目标是理解宗法制与分封制的关系,认识中国早期政治制度的特点。在此基础上再确定与双基目标相对应的其他范畴的目标。

三、材料分析题

29.【答案要点】

(1)材料一反映的是土地改革;材料二反映的是对农业的社会主义改造。

(2)"大跃进"运动;"文化大革命";在探索中国建设社会主义的道路上,党内指导思想上的"左倾"错误发展越来越严重,也就是说"文化大革命"是"大跃进"运动时期党的"左倾"错误的延续。

(3)启示:社会主义要把发展生产力放在第一位,要按客观经济规律办事,制定政策必须从国情出发,不能脱离实际。坚持实事求是、一切从实际出发的思想路线,尊重客观经济规律。从历史中吸取教训,从反思中获取真知,这样一个民族才能获得前进的力量和勇气。(意思相近即可)

30.【答案要点】

(1)中学历史课程标准规定着中学历史学科教学目标和教材纲要、教学要点等重要内容,课程标准作为教学的依据,是教师有效教学的纲领性导向。

(2)提示:

用新课改理念进行解读,树立一切为了学生发展的教育理念,这是课程标准的精髓所在。必须认真阅读和研究课程标准及教学要求,把握新课程的理念以及倡导的教学原则和方法;明确相关的课程内容及本部分内容在整个课程中的地位和作用,从宏观上把课标要求分解在各册教材和每一单元每一课中,重点和难点一步到位。深入学习领会课程标准,重视课程标准的导向作用。历史教学评价强调以学生为中心,不仅考查学生历史知识、历史技能的掌握以及情感态度和价值观的变化等方面是否达到课程标准的要求,还要注意考查学生历史学习的过程和方法。避免将历史知识的掌握程度作为唯一的评价内容。不但要注重学生今天的现实,也要注重学生发展的可能性。

31.【答案要点】

分组学习是学生共同地、自主地解决问题的教学方式,学生可借此提高解决问题的能力,提高自主学习能力。

小组学习具有下列特点:

第一,通过小组学习,学生可以发展集体意识,发展作为集体一员共同地、自主地从事活动的能力;能激励学生发挥出自己的最高水平。第二,在小组学习中,学生的学习态度是能动的,尤其是成绩居中下水平的学生,可以进行主动的、能动的学习,大幅度减少了同步学习中常见的学习分化现象;能促进学生间在学习上互相帮助、共同提高;能增进同学间的情感沟通,改善人际关系。第三,由于强调小组中的每个成员都积极地参与到学习活动中来,学习任务由大家共同分担,问题会比较容易解决。

要保证小组合作的有效性,应注意:小组合作学习的任务应有一定的难度,问题应有一定的挑战性,有利于激发学生主动性与小组学习活动的激情以及发挥学习共同体的创造性;处理好集体教学、小组合作学习的时间分配。

四、教学设计题

32.【答案要点】

题目中主要强调了学生主动参与教学,在进行教学设计时主要考虑怎样体现学生参与教学、合作探究即可。

在讲长征经过时,由一位学生充当导游,带领全班同学沿着红军长征的路线"重走长征路",感受长征路途上的困难、险阻,感受长征精神,激发学生主动参与教学过程的热情。

历史学科知识与教学能力(初级中学)预测试卷(三)

一、单项选择题

1.D【解析】"汉祖"是指汉高祖,"取周秦之制而兼用之"是指西周的分封制度与秦朝的郡县制同时采用,故选D。

2.D【解析】略。

3.B【解析】公元前221年秦朝首次实现大一统,汉武帝时期西汉也得以实现大一统局面。

4.C【解析】关汉卿的悲剧《窦娥冤》是元朝时期的作品。

5.C【解析】唐朝时期还未出现资本主义萌芽。

6.B【解析】此题在考查重要历史人物的同时考查相关的历史事件。郑成功抗击荷兰侵略者收了台湾,戚继光抗击倭寇保卫东南沿海地区,康熙组织雅克萨之战抗击沙俄,左宗棠抗击阿古柏和沙俄的侵略收复新疆,这四个人物的事迹都符合题干要求。而郑和下西洋、张骞出使西域则主要是促进了经济文化的交流,应该排除。因此答案为B。

7.D【解析】《南京条约》和《马关条约》的内容中都有割地、赔款和开通商口岸;《马关条约》允许外国人在华开设工厂,而《南京条约》中没有相关规定。

8.D【解析】这四个选项,全都反映了我国古代商业的发展情况。

9.C【解析】此题材料主要反映了北方个体家庭最基本的需要,土地解决吃饭,棉袄解决穿衣,这说明自给自足的小农经济的特点。

10.B【解析】辛亥革命推翻了几千年的封建统治,建立了民国,孙中山任中华民国临时大总统。

11.C【解析】"选择了陆地"是指奉行"闭关锁国"政策,即在陆地上谋求发展,故选C。

12.D【解析】郑观应认为轮船招商局、开平矿务局、创办的时候是商人集资,但有了成效后,官权夺商。材料中提到的企业都是洋务运动时期创办的民用企业,受到了官府剥削和限制,故选择D项。

13.B【解析】略。

14.D【解析】十四届三中全会通过了《中共中央关于建立社会主义市场经济体制若干问题的决定》,该决定对社会主义市场经济体制的框架做了规定:要坚持以公有制为主体、多种经济成分共同发展的方针,进一步转换国有企业经验机制,建立适应市场经济的要求,产权清晰、权责明确、政企分开、管理科学的现代企业制度。

15.C【解析】在遵义会议上,中国共产党第一次独立自主地运用马克思主义原理解决自己的路线、方针、政策问题,并妥善地解决了党内存在的分歧,标志着中国共产党从幼稚走向成熟。

16. B【解析】略。

17. B【解析】国民大革命失败后,中国共产党在城市发动了三次起义均失败,毛泽东等人认识到走城市革命的道路难以取得胜利,进而转移到农村,建立农村革命根据地,形成了工农武装割据的革命新局面。

18. D【解析】西欧封建制度的形成是在查理·马特改革的基础上形成。

19. D【解析】当时主要劳动力来自黑奴,但其并没有人身自由,不可能为手工工场提供劳动力。

20. C【解析】题干中明确表明了"美国的资本主义世界霸主地位动摇",而C项中是"丧失资本主义世界强国地位",显然"动摇"与"丧失"互相矛盾。由于欧、日经济的发展,经济实力的增强,在外交上也开始要求独立,这样就形成了三足鼎立的局面。虽然美国的经济实力相对下降,但它仍然是世界上经济实力最强、军事力量最强、影响力最大的国家,所以不能认为它已经丧失了世界强国的地位。故本题的正确选项是C。

21. C【解析】四个选项都反映了这一时期资本主义发展的特征。其中A项反映的是发展速度,B、D两项反映的是资本主义进入帝国主义阶段后的两种必然现象,但都不能反映这一时期资本主义的特点。只有C项从本质上揭示了这一时期资本主义的基本特征。本题的正确选项是C。

22. C【解析】此题是比较型选择题,B、C两项都是新经济政策的表现,但B项是部分内容,C项反映了其本质,是最主要的。

23. D【解析】一战期间是我国民族资本主义进一步发展时期,被称为民族工业短暂的春天,但我国民族资本同外国资本相比,力量十分薄弱,在一些主要工业部门,外国资本仍然超过民族资本。

24. A【解析】同一时期的中国与西方在科学技术领域有很大的差异,可知B、D两项不符合明朝,C项不符合文艺复兴的时间,均应排除,故选A。

25. C【解析】诊断性评价是在教学之前实施的,形成性评价是在教学过程中实施的,总结性评价是在教学之后实施。

二、简答题

26.【答案要点】

第一,从背景及西方列强的根本目的看,虽然在第一次鸦片战争中,由于《南京条约》的签订在中国攫取了许多权利,但仍不满足鸦片战争所获得的利益。为了进一步打开中国市场,扩大侵略权益,无理提出"修约"的要求,遭拒绝后,就发动了侵略战争。

第二,从侵略力量上看,也有所扩大。第一次的侵略军只有英国;第二次英法两国出兵,又有美、俄等"调停"。

第三,从侵略区域看,也呈现扩大之势。第一次主要在长江以南沿海地区;第二次从沿海一直侵入北京。

第四,从战争的结果看,清政府都被打败,被迫签订了不平等条约,使中国丧失了种种主权,这种结果也表明这是第一次鸦片战争的继续。

因此,这次战争是鸦片战争的继续,历史上称之为第二次鸦片战争。

27.【答案要点】

课程标准给历史教学设计带来了新理念、新教法和新学法,历史教学设计要充分体现课程标准要求实现的目标。历史课标是选择课程内容、开展教学时间以及评价课堂的依据。因此,在历史教学设计诸多因素中,历史课标具有方向性的作用,历史教学设计要充分体现课程标准要求要达到的目标。

历史教学应避免专业化、成人化的倾向,克服重知识、轻能力的弊端,不刻意追求历史学科体系的完整性。教学内容选择应体现时代性,符合学生的心理特征和认知水平。

历史教学应减少艰深的历史理论和历史概念,增加贴近学生生活、贴近社会的内容,有利于学生的终身学习。

历史教学应倡导学生主动参与教学过程,积极提出问题,掌握分析问题和解决问题的方法。

历史教学有利于教师教学方式的转变,鼓励教师创造性探索新的教学途径,改进教学方法和教学手段。

历史教学应积极进行评价改革,形成以评价学生综合素质为目标的评价体系,全面实现历史教学评价的功能。

28.【答案要点】

在课堂教学过程,历史教学是师生交往、共同发展的互动过程。师生应共同明确教学目标,交流思想和情感,实现培养目标。

(1)教师在教学中应以学生为本,善于激发或引起学生对历史的学习兴趣和学习需要,鼓励学生积极学习、主动参与;善于创设历史情境,鼓励学生合作学习。

(2)善于从学生的年龄特征和个性差异出发提出要求,尊重学生的个性和才能;引发学生在思想和情感上的共鸣,鼓励学生在思想和学习方式上大胆创新。

(3)为学生创造自我表现的机会,便于学生学习不同的学习方法,注重探究式学习。在探究历史问题的过程中勤于独立思考,提高发现问题、分析问题和解决历史或现实问题的能力,不断获得成功体验。

(4)在教学过程中,教师指导学生学会灵活采用各种行之有效的学习方法,体验学习过程。学生既能掌握一定的基本知识和基本技能,又能提高和发展各方面的综合素质,提高教学效率和质量。

(5)教师要充分发挥引导作用,使学生明确学习历史的目的,引发学生的历史责任感。

(6)通过多样化和现代化的教学形式、教学方法和教学手段,激发学生学习历史的积极性,改善教学方式,转变学生学习方式,构建科学适用的课堂教学模式。

三、材料分析题

29.【答案要点】

(1)主要经历了洋务运动、戊戌变法、辛亥革命和新文化运动;由学习西方的军事器物,到学习西方的政治制度,再到学习西方的思想文化。

(2)洋务派、维新派、资产阶级革命派。

(3)感悟:中国人民具有坚持不懈的探索精神;地主阶级、资产阶级不能改变中国的命运,资本主义道路在中国是走不通的。

30.【答案要点】

在课堂上教师给学生充分的自由,课堂气氛活跃了,课堂纪律却显得有些松散,对此很多老师产生了担忧。要解决这个难题首先要明确什么是"课堂纪律松散"。

教师组织课堂教学的过程,同时应该是学生的心理和谐发展的过程。教学过程中,学生有时会显得惊喜、高亢、激动,有时会显得疑惑、低沉甚至不安。教师要允许学生有各种各样的情绪流露,并细致观察他们的情绪变化,根据这些变化来组织自己的课堂语言,调节教学的过程。当学生全身心地投入教学活动时,虽然看上去课堂纪律似乎很乱,但那不是纪律的松散,而是学生生命活动的体现;反之,如果学生游离于教学之外,即使不发出声音,那也是一种松散。只要学生全心投入地参与教学,他们就能在这个过程中感受到"我很重要,我很酷",这种看起来乱其实"形散而神不散"的课堂教学效果,正是我们努力追求的目标和境界。

31.【答案要点】

找出材料的主要观点"不能把教学活动看成是单纯的历史知识传授",就此展开论述。

历史教学实施中重点要考虑以下几点:一是教学内容与学生的实际认知水平,正所谓因材施教,脱离学生实际的教学就是空中楼阁;二是教学内容与教学模式的选择,例如有些理论性、概念性的内容就不太适合探究型教学模式,而实验型活动型的则用探究性教学模式就比较好;三是在历史教学过程中不仅要落实知识目标,还要培养学生能力,指导学生掌握历史规律,运用辩证唯物主义和历史唯物主义的基本观点和方法分析问题、解决问题。

四、教学设计题

32.【答案要点】

在历史教学实践中适当地穿插一些电影素材,可以有效地调动学生学习气氛,创设教学情境,从而演绎出历史课堂的精彩之处。

(1)播放德军闪击波兰、进攻苏联、敦刻尔克大撤退、日军偷袭珍珠港等视频剪辑,引导学生回忆前面所学习的知识,让学生意识到反法西斯战争已经到了危急关头。体现知识的前后联系,并提出如何有效阻止法西斯战车的疯狂前行,引出反法西斯联盟的建立。

(2)播放斯大林格勒战役视频片段,直观地理解斯大林格勒战役对战争双方的重要性,真实地反映出斯大林格勒战役的残酷性与毁灭性,以及苏联人民面对侵略者为保卫祖国的英勇献身精神。

(3)播放《诺曼底登陆》视频片段,简要了解盟军诺曼底登陆的过程。

(4)播放苏军攻占柏林议会大厦的视频片段,了解德国的投降,二战欧洲战场战争结束。

(5)播放有关中国抗战的影片片段,让学生意识到在世界反法西斯战争中,以中国为代表的亚洲国家也是不可缺少的一部分。

历史学科知识与教学能力(初级中学)预测试卷(四)

一、单项选择题

1.A【解析】孔子思想中仁者爱人的思想体现了和谐社会要求。

2.B【解析】募役法是纳银代役,而庸是纳绢代役,二者同时以钱或物代替服役,因此二者相似。

3. D【解析】略。

4. D【解析】"君子之为学,以明道也,以救世也"即强调"经世致用",故选D。

5. A【解析】隋开凿大运河,最主要的作用是促进南北经济文化发展,B、C、D三项都对此给予了肯定,所以应排除。只有A项将隋亡完全归结到了运河的开凿上,所以是错误的。

6. C【解析】此题中的关键点在于材料明确提出中国古代的官僚政治组织,不是指官僚本人,结合教材,可知只有僧一行测量子午线是由政府组织的。

7. C【解析】此题的解答可以从两个角度来理解:一是明确春秋战国时期是我国由奴隶社会向封建社会的过渡时期,生产力的发展形成了这时期显著的特征,即社会变革,在四个备选项中A、B、D三项都属于社会变革的体现,只有C项不是;二是铁器的使用和牛耕的推广加快了奴隶制的瓦解,而周王室的统治正是奴隶制政权,所以不可能对它起到强化作用。

8. A【解析】此题A项中"结束了中国两千多年的封建制度"是错误的,辛亥革命只是结束了封建君主专制政体,而不是封建制度。

9. D【解析】洋务派代表了封建地主阶级的利益,在当时不可能是为了民族兴亡,只能是维护清政府的统治,虽然洋务派以地方实力派为代表,但奕䜣是其在中央的代表,同时也得到了慈禧太后的支持,所以A、B两项都是错误的。

10. D【解析】清朝时期天山南路地区生活的民族主要信仰伊斯兰教,这些地区被称为"回部"。

11. B【解析】武昌起义后,革命党人拥立旧军官黎元洪为都督,立宪党人汤化龙为民政部长,所以这个政权是一个包括了革命派、旧官僚和立宪派的联合政权。

12. D【解析】题目中有两个关键的限制性内容,一是民国初年,二是发展的主要内因,而在选项中A、B两项是外因,C项是发展的表现和结果。

13. C【解析】此题中B项"使中国土特产滞销"不符合史实,A、C项都是禁海闭关政策的后果,但对于中国社会发展来说,妨碍东西方文化的交流,造成了中国社会的落后,这是最严重的后果。

14. B【解析】A、D两项的表述不准确,C项虽然符合历史事实,但对反侵略战争不起重要作用。

15. B【解析】旧三民主义对于发动资产阶级革命势力进行反清斗争起了积极作用,但由于其本身具有局限性,因此在革命取得一定成果后,很难将革命推向新高潮。在此题中A、C项的产生都是由旧三民主义局限性形成的,而D项是旧三民主义局限性的表现。

16. A【解析】马克思主义传播成为中国社会思潮的主流是在五四运动以后,所以应排除。

17. B【解析】中国近代工业有的是由洋务派创办的,有的是由民族资产阶级创办的,所以②应排除,其他各项表述都是正确的。

18. D【解析】1971年10月25日,第26届联大以压倒多数通过了2758号决议,将美国支持的蒋介石代表赶出了联合国,恢复了中华人民共和国的联合国席位,布什的上述言论就是针对这次美国的失败而说的。

19. B【解析】革命的民权主义要求推翻君主专制政体,建立国民的政府,国民一律平等。维新派主张兴民权,实行君主立宪。一个要求建立资产阶级共和国,一个主张建立君主立宪政体,所以进步性体现在国家政权的组织形式方面。故选B。

20. B【解析】此题四个备选项,都表明了 17 世纪的英国革命的资产阶级性质,但"最能表明"这一性质的是哪一项,这就要根据在实现资产阶级革命任务、改变英国社会性质方面,哪一项最有成效来决定。资产阶级革命的首要任务,是推翻封建统治,建立资本主义制度。按此观点比较分析,此题的正确选项是 B。

21. C【解析】C 项,一是使用"各国"的提法不正确,因为当时发生工业革命的国家很少,屈指可数;二是"迅速实现工业化"之说显然不对。本题的正确选项即"不正确"的叙述,故选 C。

22. C【解析】A、B、D 三项是雅尔塔体系与凡尔赛体系的共同点。只有 C 项是不同点。

23. A【解析】本题材料就是一句话,解题的关键是对"出口"的准确理解。二战后,无论是战胜国还是战败国,社会经济都遭到了严重破坏,购买力非常低下,这对二战后经济急剧膨胀的美国的出口是极为不利的。为此美国推行马歇尔计划,让西欧从战争的废墟中站起来并得到发展,这样会有购买力和巨大的市场。B、C、D 三项都不是经济措施。

24. D【解析】此题只要牢固地掌握《凡尔赛和约》是对德和约,其涉及的中国问题是要日本归还"一战"期间日本占据原德国势力中山东青岛和太平洋上的三个岛。而②③④都涉及到台湾问题。

25. D【解析】根据题干所给时间判断中国和西欧所处的时期的历史阶段特征、历史事件得出正确答案为 D。

二、简答题

26.【答案要点】

(1)1924 ~ 1949 年,国共两党关系呈现"合作—分裂—再合作—再分裂"的曲折发展历程。

(2)①第一次国共合作导致了国民大革命的兴起,沉重打击了北洋军阀的统治。

②第一次分裂导致了国共十年对峙内战的局面,给日本侵华以可乘之机。

③第二次国共合作建立了抗日民族统一战线,实现了全民族的抗战,抗日战争取得胜利,扭转了近百年以来反侵略战争屡败的局面。

④第二次分裂又导致了双方三年多的内战和长期的海峡两岸对立。

(3)①民族的独立统一高于一切,没有中华民族的独立统一,就没有各阶级、各党派的前途和利益;②国共双方的矛盾斗争有其必然性,但只要从民族和国家利益出发,就能实现合作,推动中国革命发展和祖国统一;③合作局面出现,主要是由于中共倡导和推动的结果,分裂内战局面则是由于国民党坚持一党独裁的内战方针和国际反动势力干涉中国内政造成的;④合则有利于民族的兴旺和崛起,分则对中华民族来说是战争和灾难,两党为了民族利益,应当再次合作,为了实现祖国统一大业,作出应有的贡献。

27.【答案要点】

教学设计又称教学系统设计,是教师以现代教学理论为基础,依据对教学对象和教学目标、学习需要的分析,提出解决问题的最佳方案,将教学诸要素有序、优化地安排,使教学效果达到优化的系统决策过程。

教学设计是一个系统过程;教学设计既需要理论引导,又需要经验支持;教学设计以学习和学习者为中心;教学设计秉持目标、教学和评价之间的一致性。

28.【答案要点】

(1)由于历史知识的过去性特点,这就要求中学历史教学应具备直观性特点。

(2)中学历史教学必须重视思想性和科学性统一,必须重视教师主导性和学生主体性特点有机结合。

（3）注意对学生学习的历史知识进行检测、考核，这就是中学历史教学的巩固性特点。

（4）历史教学既要能促进学生知识的增长和智能的发展，又不会令学生吃不饱或吃不了，这就是量力性特点。

（5）历史教学要处理好集体教学和个别教学的关系，把对学生的统一要求和个性发展结合起来，在照顾学生个人发展的基础上兼顾集体的全面发展，这就是历史教学因材施教的特点。

（6）系统性特点，知识应成体系，通过历史知识的学习可以学会用历史的观点、方法来观察、分析甚至解决历史的和现实的社会问题。

三、材料分析题

29.【答案要点】

（1）因素：地区冲突、民族矛盾、宗教纷争、领土纠纷、霸权主义、恐怖主义等；焦点：巴以冲突，朝鲜和伊朗的核问题、利比亚危机等；解决方式：在和平共处五项原则基础上，在联合国的框架下，希望通过和平方式（协商或对话）来解决国际争端。

（2）联合国的作用；二战的惨痛教训；各国更加重视对话合作，更加重视谈判解决争端，力争用和平方式解决争端。

（3）"远离战争、热爱和平"；"正义必将战胜邪恶"；"做维护和平的使者"；"唱起生命之歌，拉起和平之手""战争的硝烟将掩埋人类的生存，和平的气息将推动历史的进步""让我们铸剑为犁，和平共处，共同发展""同放和平鸽，共处艳阳天"等。（答案多元，言之有理即可）

30.【答案要点】

（1）该案例是学校学业评价的真实写照，纸笔测试确实是比较简单、客观、方便的评价手段，教师出好试卷，学生在规定的时间里完成，教师再花一些时间，按照统一标准批改就算完成了。其他评价手段确实很费时间，但这种纸笔测试也扼杀了学生学习的兴趣，抹杀了个性。

（2）第一，教学评价主客体应该互动化，强调评价过程中主客体间的双向选择、沟通和写作，不仅仅是评价学生，还应该让学生进行自我评价，从而使学生最大限度地接受评价结果。第二，评价内容多元化，不能只关注学生的学业成绩，还应关注学生的课堂表现，包括听课的态度、发言的次数、交流的多少都是课堂教学设计评价学生的参数；在教学活动的过程中对学生进行表现性评价，从多个角度看学生的成长，尊重个体差异，给予积极评价，发挥学生多方面的能力，使学生逐步建立自信，从而有利于课堂教学的成功。第三，评价过程动态化，在教学设计时不仅关注结果，更注重学生成长发展的过程，将结果性评价与形成性评价相结合；并给予多次评价机会，将评价贯穿于平时课堂教学设计中，如上课的口头评价、作业评价、成长记录袋等，其目的在于促进学生转变与发展。

31.【答案要点】

（1）教师在对文艺复兴这一教学内容进行的分析中，注意指出了文艺复兴的表象、实质，对文艺复兴的影响、在历史发展中的地位有一定的正确认识，在一定程度上注意了文艺复兴与其他一些历史事件在横向、纵向上的关系。但仍有不足，如对文艺复兴对人的解放的巨大意义强调不够，没有分析说明文艺复兴与同时期发生的近代自然科学产生、宗教改革的关系。文艺复兴是在资本主义经济发展的背景下，新兴资产阶级在意识形态领域里进行的反封建斗争。它促进了人的思想解放。使人理直气壮地追求现实的幸福和摆脱宗教的精神束缚,是同时代欧洲发生宗教改革和新航路开辟的重要背景因素,也促使近代自然科学的产生,极大地促进社会向资本主义阶段转化。

(2)本节内容较适合采用表格式板书。

文艺复兴时期主要代表人物及成就一览表

代表人物	国家	主要作品及成就
但丁		
达·芬奇		
哥白尼		
莎士比亚		
……		

四、教学设计题

32.【答案要点】

一、课前组织

课前组织包括教材分析、学情分析、制定教学策略、选择教学方法等,课前组织准备充分,才能在教学中很好地运用。

二、教学过程

师:同学们,进入历史新时期以后,完成祖国统一大业成为中国人民的迫切需求,邓小平提出了"一国两制"的创造性构想,使香港、澳门顺利地回归了祖国的怀抱,请同学们想一想"一国两制"是否适用于台湾、谈谈你们的想法。

学生分小组讨论,教师在巡视时会发现有的学生对此问题很有见解,可以要求他们组织好语言,准备发言。

生1:我认为台湾问题能够用"一国两制"的方法来解决,因为我们已经成功收回了香港和澳门。我们对此充满了信心,为了两岸同胞的最大利益,为了地区的和平与稳定,我们提出用谈判的方式和平解决祖国统一问题,并辅以最宽厚的条件。

生2:我认为台湾问题必须用武力来解决,因为台湾自陈水扁上台以后,一直在搞"一中一台",这是很危险的,祖国不能分裂。

生3:我觉得中国政府的态度太克制了,美国一直和台湾关系暧昧,第七舰队还没撤出台湾海峡,这是干涉中国的主权,应该用武力尽快解决这个问题,否则会夜长梦多。

师:同学们很有自己的见解,大家还有其他什么想法呢?

生4:我有一个想法,现在我们国家正在发展过程中,如果经济日益强大了,那么台湾会自动回归祖国的,所以统一问题不必着急。

生5:我认为台湾是祖国领土的一部分,都是炎黄子孙,何必必须用武力解决呢,现在我们政府为了加强两岸人民的往来和促进两岸各个领域的交流,做了大量工作,对和平统一祖国一定会起作用的。

师:你的观点非常鲜明,对于台湾问题,20多年前中国政府就提出"和平统一、一国两制"的原则。缓和和改善两岸关系,祖国大陆方面长期以来所作的艰苦努力,世人共睹,例如两岸"三通四流"等,还有哪些同学想谈谈自己的看法?

……

师:以上同学都发表了自己对台湾问题的看法,老师认为"一国两制、和平统一"是我们的方针,世界上只有一个中国,台湾是中国领土的一部分,海内外同胞都热切期盼祖国统一,台湾岛的主流民意是求和平、求安定、求发展,国际社会普遍期望台湾海峡和平。和平与发展是世界的主流,它适用于台湾问题。但我们也不承诺放弃使用武力解决台湾问题,分割中国的主权和领土完整是不能容忍的,只要台湾不宣布独立,就不使用武力。我相信祖国统一大业一定能够实现。

设计意图:

教学过程要以学生为中心,充分发挥学生的自主性、主动性和创造性,鼓励学生对教科书的自我理解、自我解读、鼓励学生求异、创新、尊重学生的个人感受和独特见解,努力寻求独特的认识、感受和方法、体验、充分体现出学生的创新精神。因此在讲"一国两制"时,适时提出"如何解决台湾问题",引起学生的积极思考,发表自己的观点和看法,教师在尊重学生不同感受的同时对学生进行主流价值观的引导,落实教学目标中的"情感、态度与价值观"目标。

历史学科知识与教学能力(初级中学)预测试卷(五)

一、单项选择题

1.B【解析】材料中的内容体现了道家的思想,老子提倡以正治国,以无为的态度来治理天下。

2.B【解析】解此题的两个关键要素是:制度的实行时间——"西周时期";制度的内容——"既赋予诸侯相关权利,又要求诸侯履行相关义务"。两个要素准确掌握其一即可判断是分封制。

3.C【解析】在本题列出的四个选项中,造纸业在商周时期还没有出现,故D项排除,纺织业和制瓷业在当时虽也比较发达,但相对于青铜制造业来讲,还是处于次要地位,因为青铜器及青铜文化是夏、商、周时期文明的重要标志,其工艺技术处于世界前列,因此成为商周手工业中最重要的部门。

4.C【解析】本题主要考查记忆、理解、分析能力,强调关键词"开始于",中国从东汉末年起,北方战乱不断,南方相对安定,所以北方人口开始大量南迁。

5.C【解析】本题考查的是丝绸之路上的几个重要地域,丝绸之路由东往西经过的地点依次是长安、河西走廊、今新疆地区、葱岭。

6. C【解析】唐朝建立者是门阀,农民起了辅助作用,所以排除 A、D;而地主阶级一直占统治地位,排除 B,于是农民起义使唐朝统治者改变政策。

7. B【解析】唐太宗的话说明了科举制度的作用。它的实施,改善了用人制度,使得有才识的读书人有机会进入各级政府机构,扩大了统治阶级的统治基础,唐太宗正是看到了这一点。

8. C【解析】本题解答的关键是对谚语"苏湖熟,天下足"含义的理解,这条谚语反映了苏湖一带农业发展水平高,同时在全国的地位非常重要,而苏湖一带正是江南地区,所以这条谚语也从一个侧面证明经济重心南移这一历史现象。

9. B【解析】马可·波罗是在元朝时来到中国的,在元朝之前出现的景象,他都有可能看到。分析提供的选项,除《红楼梦》是清朝创作的作品,其他景象马可·波罗在中国都有可能看到。

10. D【解析】本题考查了考生对中国古文字产生的先后顺序的掌握情况。我国历史上最早的比较成熟的文字是商朝的甲骨文,其次是商周青铜器上的金文(铭文),再次是篆书、隶书、草书、楷书、行书。

11. C【解析】从题干中李鸿章的话中的"练兵""海军"可以得知这与洋务运动有关。以李鸿章为代表的洋务派进行了"师夷长技以自强"的洋务运动,但因为甲午中日战争的失败,理论上宣告破产。因此说洋务运动是一次失败的封建统治者的自救运动。

12. C【解析】半殖民地的含义是指虽有本国政府但丧失了部分主权而不是全部的独立自主权,在政治、经济、文化各方面受帝国主义控制和压迫。半封建社会的含义是原有封建经济遭到破坏,资本主义有了一定成分,但仍保持着封建剥削制度,封建国家卷入资本主义世界市场,促使其封建自然经济解体和资本主义因素发展,形成依附于世界资本主义的半封建社会。

13. A【解析】本题综合考查考生对洋务运动、戊戌变法、辛亥革命、新文化运动的口号或主张的掌握。注意按照"出现的先后顺序"排列。

14. A【解析】材料提供的是蒋介石致张学良密电,该密电反映了不抵抗政策,而此政策最终导致了沈阳以及东北三省被日军占领。而沈阳的行动指的是日军在 1931 年 9 月 18 日夜,以柳条湖事件为借口进攻东北军北大营,炮轰沈阳城,此事件就是震惊中外的九一八事变。

15. D【解析】1950 年到 1952 年的土地改革中,实行的是农民土地所有制,农民对土地有所有权。

16. D【解析】此题属于图表型选择题,解答时要注意分析"文革"期间经济与政治的关系。这一时期经济所以能有一定发展,是周恩来、邓小平主持中央工作的努力,是广大群众、干部抵制"左"倾错误的结果。注意②项,迷惑性较大,"九一三事件"后经济是有所恢复,不应是迅速回升。

17. D【解析】此题主要考查考生对建国后农村生产关系的四次调整的正确理解。1950 年颁布《中华人民共和国土地改革法》,没收地主土地分给农民耕种;1978 年,实行改革开放后,农村实行家庭联产承包责任制,分田包产到户,自负盈亏。

18. D【解析】此题知识跨度大,学科内综合性强,涉及军史和现代化国防建设等多层面的知识考查。D 项反映的是"改革开放后",人民军队国防现代化进程的相关知识,其中,"坚定不移地走科技强军之路"是建立在数次"大裁军"的基础之上,是走"精兵之路",故"不断扩大部队总人数"的表述不符史实。

19. B【解析】大化改新学习的对象是中国的隋唐,实行的制度是封建制度,故排除 D 项。题干中要求的是

"主要作用",A、B、C 三项均是大化改新的作用表述,A 项侧重于在文化发展方面的表述,B 项从整个社会制度、社会文明进程的角度进行的表述,而 C 项是从政治政权角度进行的表述,经过比较,B 项对作用的表述层面最高。

20.A【解析】考查再认再现史实的能力。B 项不符合"我的附庸的附庸不是我的附庸",C 项最大的土地所有者是教会不是国王,D 项西欧封建社会的精神支柱不是伊斯兰教而是基督教。

21.A【解析】英国在 19 世纪中期完成了工业革命,处于"世界工场"地位,经济的发展需要更广阔的市场和更多的原料。而俄尚处于封建社会时期,工业革命正在进行,生产力水平相对较低,扩张领土是其主要表现。

22.B【解析】本题意图是要我们根据题干给出的政策内容,来判断属于哪一政策。从"以实物税代替余粮收集制"这一特点,可以判断出,就是列宁提出的新经济政策。

23.C【解析】在华约和苏联解体前,北约和华约两个军事集团对峙,世界呈现两极化格局。华约和苏联解体后,两极化格局终结了,北约失去了与之抗衡的集团,因此普京说"北约实际上失去了存在的价值"。

24.D【解析】此题中最具干扰性的是 A 项,引进外国先进技术是两国经济发展的重要原因,但不是根本原因。B、C 两项很显然是错误的。

25.B【解析】主要限定语是时间,即"20 世纪 60 年代末"。根据这一时期的资本主义经济发展的史实,美国经济在"二战"后一直占据主要地位,确定美国是比重最大的,排除 A 项与 D 项。20 世纪 60 年代末,日本在资本主义世界的经济地位仅次于美国,从而选 B 项。

二、简答题

26.【答案要点】

工业革命在世界历史中的地位很重要。经过工业革命,现代大工厂制度建立起来,人类迅速完成了从手工工场向大工厂时代过渡。它不仅使许多生产领域和行业用大机器生产代替手工劳动,使社会生产力获得巨大飞跃,而且使社会关系发生了深刻变化,可以说影响了一个时代。此后一系列历史事件的发生如果追溯历史根源,都要归根到工业革命,如无产阶级与资产阶级的斗争,资本主义国家间的矛盾和斗争,殖民地半殖民地国家人民和民族解放斗争等,均与工业革命有一定的因果联系。

27.【答案要点】

课堂教学活动不仅是一种信息传播的过程,更是一种艺术表现过程。教育教学技能对于教师是十分重要的。从表面上看,教学技能是教师在教学活动中有效促进学生学习的活动方式。从深层剖析,它是教师职业个性品格和专业修养外化的表征,是教学能力的重要标志。每一位教师要想形成自己的教学风格,达到艺术化教学的水平,就必须遵循教学技能发展的规律,在熟练掌握教学技能的基础上,不断探索、不断创新。教学技能会随着社会的进步、教育教学理论的发展、受训者水平的提高而不断地发展、演化。

28.【答案要点】

(1)教学目标是指教师预期学生能够达到的学习结果,历史课程标准规定的教学目标,规范划分为三个维度,即知识与能力,过程与方法,情感态度与价值感。这三者之间是一个整体,不可割裂开来。

(2)制定教学目标一定要做好准备,主要包括:研究历史课程标准;分析教学内容;分析学习者特征;分析社会形势需要。

(3)在制定教学目标的过程中,一定要遵循以下原则:一是具有准确性,二是具有可检测性。

三、材料分析题

29.【答案要点】

(1)帝国主义各国政治经济发展不平衡,后起的帝国主义国家要求重新瓜分世界;由德、意、奥组成的"三国同盟"和由英、法、俄组成的"三国协约"。

(2)规定捷克斯洛伐克必须在十天之内把苏台德等地割让给德国;"你们"指的是英国和法国,"我们"指的是捷克斯洛伐克;正确。

(3)"事不关己,高高挂起":

①德国突袭波兰后,英法宣而不战,坐视波兰灭亡;

②日本大举侵略中国,美国没有出面进行干预。

"搬起石头砸自己的脚":

①法国被德国完全占领;

②英国遭到德国猛烈轰炸。

30.【答案要点】

(1)灵活的运用教法,引发学生求知欲,唤醒学生好奇心,培养学习兴趣。

(2)幽默的教学表达,教师要适时地对教材进行再加工,使教学过程更生动、活泼和有效。

(3)学生的主动参与。要使课堂教学更加高效,就必须使教学过程中教师、学生、历史课程这三个因素协调相处,使之和谐、高效。这既是一种教育、教学的指导思想,又是一个动态的优化过程,更是我们中学历史课堂教学所要追求的最终目标和最高境界。

(4)史料的运用。由于客观的历史事实本身已经过去,无法重演,不能再现,也不能直接观察,只能间接了解和认识。学生要学习和认识过去的历史事实,重构历史表象,使认识的客体有所定位,必须通过记载历史的各种材料来进行。

31.【答案要点】

(1)评价有以下几种:

①教师的评价:课标在"评价建议"中特别强调要注重对学生学习过程的评价,要关注他们在课堂活动中所表现出来的情感与态度,多用鼓励性的评语,发挥评价的激励作用。学生可以从这些激励性的话语中获得学习成功的体验,明确今后努力的方向。

②同学的评价:在接受教师评价的同时,学生也可以对同学的学习行为进行评价。相互评价能激发学生的学习兴趣,使其互相取长补短,共同进步。

③自我评价:教师通过组织学生记录自己的学习历程,反思自己的学习,引导学生对自己的学习过程进行自觉监控和调节。

(2)教师可根据教学内容进行评价,切忌"千篇一律"。如材料中的课堂,可用时钟钟点的多少来判断输赢,哪组得一分,就在那组的钟面上拨一格。因为学生对评价形式有新鲜感,所以感兴趣。另外,除了教师对学生进行适时评价外,还应积极引导学生进行自评和互评。真正让学生由被动者变为主动的参与者、评价者。同时,同伴互评还可以吸引学生的注意力。师生共同参与到评价活动中来,才能进行真正的有效教学。

四、教学设计题

32.【答案要点】

通过课前准备,该教学过程设计如下:

师:社会主义运动在20世纪80~90年代,遭受了巨大的挫折,东欧社会主义国家的共产党和工人党纷纷丧失政权,在这样的背景下,1991年苏联解体。你能够根据以往的知识来说明苏联解体的原因吗?

学生互相讨论,老师主动和学生交流,对部分叙述的观点给予肯定、表扬、对个别学生给予辅导。

生:我记得我们在学习《对社会主义道路的探索》一课时,就了解到苏联的社会主义建设取得了巨大成就的同时,也存在严重的弊端,这就是高度集中的经济政治体制,它使苏联的民主和法制遭到严重的破坏,它是苏联解体的根本原因。

生:我记得"一战"后在巴黎和会上协约国就军队武装干涉苏俄,二战后以美国为首的北约组织的建立就是针对社会主义国家的,看来资本主义国家一直没有放弃对苏联的敌对看法,他们时刻准备颠覆这个政权。

师:看来你们不仅注意到苏联国内的情况,还能联系到当时的国际形势,这种方法很好,同学们还有其他的看法吗?

生:我觉得斯大林独断专行,使社会主义民主法制破坏,赫鲁晓夫经济改革没有成功,苏联的经济发展困难。戈尔巴乔夫在政治上又提出了什么"民主社会主义"取代科学社会主义,使人们的思想产生了极度混乱,思想混乱能维持国家的统一吗?所以,这也是苏联解体的一个原因。

师:同学们分析的非常好,苏联解体的原因应从两个方面看,一个是内部原因,一个是外部原因,这样比较全面。

设计意图:

因为学生通过苏联的社会主义建设的探索,在学生已有的有关苏联的知识出发,可以顺利地实现知识的迁移,也可以锻炼学生的综合分析能力。因此,在讲授该内容时,教师就引导学生从以往知识中总结苏联解体的原因,从旧知识出发构建新知识,使学生获得新知识更加有意义。

历史学科知识与教学能力(初级中学)预测试卷(六)

一、单项选择题

1.A【解析】由于铁器和牛耕的推广,劳动生产率大幅提高,故选A。

2.C【解析】解答此题要认真审清题干,抓住关键词语"东周政治弊端",深入理解在春秋时期由于周天子衰微诸侯争霸,也体现了分封制的弊端,才能选出正确答案C项。

3. D【解析】此制度自秦朝建立到唐朝完善对适应封建的生产关系具有积极意义。唐朝的三省六部制是在秦朝三公九卿制度基础上发展的,使中央机构更加完善,完善指的是各部门之间可以相互制约,同时提高了办事效率。正确选项为D。

4. C【解析】本题是一道组合选择题。分析题干给出的限定条件是清政府对西藏的管辖。①②③④都是清政府对边疆管理的措施,但是符合题干属于管理西藏的措施只有①③两项。

5. B【解析】"苏湖熟,天下足"是宋朝流传的谚语。

6. D【解析】在创设的四个情景选项中,A、B、C选项情景在宋代已出现,而D选项中的吴承恩的《西游记》是明清小说。

7. D【解析】西汉和唐朝分别是通过秦末农民战争和隋末农民战争建立起来的,而西晋政权是司马氏取代魏政权建立的,隋朝是外戚杨坚代周称帝建立的。

8. A【解析】此题属于基础知识的考查,只要弄清明朝加强中央集权措施的内容即可选出A项。

9. D【解析】民主和科学以及新文化的要求都是由新文化运动提出的,这三者都从不同方面掀起了反封建制度的斗争,但都没有提出彻底废除封建制度的要求。但作为资产阶级的代表,实行资产阶级民主政治是它们的共同要求。

10. B【解析】康有为的维新变法运动以孔子托古改制来宣传变法思想,故答案为B项。

11. A【解析】国民党一大后,孙中山将旧三民主义发展为新三民主义,明确提出了反帝反封建的主张,此后,他所领导的国民革命运动也是以反帝反封建为目标的,所以这里的革命应指反帝反封建的资产阶级民主革命。

12. B【解析】我们知道集体经济是公有制经济的一种形式,因而史实①不符合题意,由此备选项中含有①的都是错误的,从而否定了A、C、D三项,故答案为B。

13. C【解析】《海国图志》内容的最主要是"师夷长技以制夷",反映的是比较开明的封建地主阶级向西方学习的主张,而《资政新篇》反映的则是部分先进的中国人向西方学习资本主义的主张。对比两书可知最根本的就是对待资本主义发展的问题。故选C。

14. B【解析】第一次鸦片战争的目的是为了打开中国的市场,而第二次鸦片战争的目的是为了进一步打开中国市场;两次鸦片战争的性质都是资本主义侵略中国的战争。由此可看出,两次鸦片战争在目的和性质方面带有明显的延续性,是"继续"的主要体现。答案为B。

15. C【解析】主要是因为突破了封建的范畴,向资本主义发展。只有在民族资本主义发展到一定程度,民族资产阶级登上政治舞台,掀起政治运动,我国才开始了向资本主义方向发展。故选C。

16. B【解析】本题综合考查有关国共合作的历史史实。其中①④属于国共第二次合作时期;②打败吴佩孚、孙传芳属于国共第一次合作进行北伐战争的打击对象;③建立黄埔军校是国共第一次合作的重大成果,为进行北伐战争培养了大量军事人才。

17. C【解析】遵义会议确立了以毛泽东为核心的党中央的正确领导,挽救了党、挽救了红军、挽救了革命,是党的历史上生死攸关的转折点;十一届三中全会完成了思想路线、政治路线和组织路线的拨乱反正,从此中国历史进入社会主义现代化建设的新时期。

18.D【解析】这是一道国防事业成就专题,主要考查对"新中国成立后"我国在国防建设上所取得的成就。

19.C【解析】解答此题的关键是捕捉题干中的有效信息,"抬进了联合国"是解答此题的关键词,所指历史信息是新中国恢复联合国席位,答案不言自明。易混易错项是B项,因为B项也是直接涉及中非关系。

20.B【解析】此题要审出时间"新中国成立",再现新中国成立时间1949年可排除A;C、D项皆是发生在20世纪50年代中期以后的历史事件,故正确答案为B项,因美苏处于"冷战"开始于1947年。

21.A【解析】可把选项中的四小项依次验证于题干中的两次工业革命进行比较。较明显地,①、②、③是第二次工业革命的特点,④较有迷惑性,但经分析可知,④所述的是第一次工业革命引起的结果,而非第二次工业革命的特点,所以应选A。

22.C【解析】四个选项都反映了这一时期资本主义发展的特征。其中A项反映的是发展速度,B、D两项反映的是资本主义进入帝国主义阶段后的两种必然现象,但都不能反映这一时期资本主义的特点。只有C项从本质上揭示了这一时期资本主义的基本特征。

23.D【解析】17世纪,西方国家处于资本原始积累时期,需要的是资本,这一时期他们的掠夺仅限于货币,如对黄金的掠夺、奴隶贸易等(包含了A、B、C三项的内容)。而19世纪,西方国家随着工业革命的开展,需要更多的市场和原料来满足其工业不断发展的需要,这种侵略除造成包含A、B、C三项的影响外,还破坏了亚洲国家的传统经济。如果对历史阶段特征不清楚,容易造成误选。本题的正确选项是D项。

24.B【解析】凡尔赛—华盛顿体系是一战后帝国主义为重新瓜分世界建立的新秩序,是帝国主义体系。所以C、D两项明显是错误的,而A项没有体现出其帝国主义性质。

25.D【解析】19世纪70年代以后第二次工业革命开始,其主要的影响是使生产关系发生变化出现了垄断组织并掌握了国家政权,故正确选项是D。而A政治经济发展不平衡是第二次工业革命的影响。

二、简答题

26.【答案要点】

(1)《马关条约》割占中国大量领土,严重破坏中国领土主权的完整,而且刺激了列强瓜分中国的野心。

(2)2亿两白银的赔款,加重了中国人民的经济负担,加剧了中国的贫穷和落后。为了筹款,清王朝只有加紧搜刮百姓或向列强贷款。这样,列强通过贷款不仅控制了中国的财政,而且进一步控制了中国的政治,加深了中国半殖民地化的程度。

(3)允许日本在中国开设工厂。通过这种资本输出的方式,列强榨取的利润不仅远远超出在本国设厂,而且沉重打击了中国的民族工业,阻碍了中国民族资本主义的发展。

(4)增辟通商口岸,便利帝国主义对中国进行经济掠夺,使日本的侵略进入到中国的富庶地区。

《马关条约》后,日本轻易从中国捞到这么多好处,则直接刺激了帝国主义掀起瓜分中国的狂潮,中国的半殖民地化程度大大加深了。

27.【答案要点】

(1)课程计划本身的特点。

(2)教师的特征。

(3)学校的特点。

(4)校外环境。

28.【答案要点】

在历史课堂教学中,教师要注意激发学生的学习兴趣与热情,确保对学生学习历史的内部动力的支持,以实现依靠内驱力积极主动地学习的目的。

(1)鼓励学生自主学习。如《美国的诞生》一课的教学,板书"独立战争前的'美国'",请学生关注这一标题有何特殊之处。学生很快发现'美国'一词被加上了引号,美国作为一个国家,这里为什么要加上引号呢?学生在认知上便产生了"知"与"不知"的矛盾。求知的内在动力一旦产生,其自主学习的积极性便不可遏制。

(2)鼓励学生之间的合作。在历史课堂教学中,初中生比较乐于采用小组合作交流的方式进行学习。每位学生都具有自己的智能优势,在小组合作交流中,由组织能力稍强的学生担任记录,由思维能力稍强的学生进行归纳,最后由语言能力稍强的学生总结发言。这样,在交流中各得其所,在合作中优势互补,在新旧知识的联系中博采众长,无论对历史现象的分析,还是对历史问题的阐述,都会收到扬长避短、集思广益的教学效果。

(3)鼓励学生探究学习。创设问题情境,并将现实世界的真实问题引进课堂,激发学生的探究欲望。如《蒸汽时代的到来》一课的教学,设置问题:"工场"与"工厂"有什么区别?此前我们学习历史时,遇到最多的是"工场"一词,如"工场主""工场手工业"等,"工场"是如何演变为"工厂"的呢?

三、材料分析题

29.【答案要点】

(1)科举制度;隋唐时期。创造了相对平等的竞争机会;有利于选拔人才,扩大了中央政权的社会基础;增强了国家机构的活力和办事效率;给社会带来了革新气象和创新精神。

(2)隋唐时期创立和完善了科举制度,采用分科考试的方式选拔人才,最重要的是进士科和明经科。明朝时期,科举考试的内容和文体都被严格限定,且不能有个人见解,称为"八股取士"。

(3)科举制度通过较为公开的考试,使一批有真才实学的人能够参与国家的管理,有利于国家的发展。明代八股取士的消极影响:脱离现实生活,无法培养实际能力;钳制了人们的思想,阻碍了历史的发展;"愚天下之心"。现在的考试制度与科举制度,都规定了考试的学科、内容和范围,在一定程度上不利于学生的全面发展。

30.【答案要点】

(1)清政府设立邮局,缺乏办现代邮局的经验、人才和其他设施,委托英国赫德控制的海关来办;中国第一套"大龙邮票"由海关印制,设计者是外国人。

(2)可以考虑用在导入,设置情境;或用在课中讲述、说明洋务运动的局限性。

31.【答案要点】

建立多元化和多样性的评价体系,要注重形成性评价对学生发展的作用,终结性评价则要注重考查学生综合运用知识的能力,评价保证教学目标的实现。在教学过程中的评价直接起到促进学生的学习、进步与发展。在教学的各个步骤中立即做出反馈会激发学习兴趣和动机,激励学生不断进取。教学过程中的评价不仅肯定成绩,给学生以成功感,还可促进和激励学生发展尚待开发的能力,也就是帮助学生克服困难,认识不足,反思与调控,恢复自信、提高学习能力,转弱势为强势。形成性评价的全面性和综合性较强,因此可采用的形式很多,除上述自评、互评等外,还有学习活动评比、作业评定、点评、学习档案、问卷调查、访谈、平时测验、周记等。

四、教学设计题

32.【答案要点】

思考题:(1)图中的"医生"和"病人"分别指代什么? (2)"医生"开的什么"药方"? (3)"药方"的实质是什么? 进一步思考西欧与美国的关系怎样? 为什么? 引导学生看漫画说明图中的有关时间的关键词是二战后,空间关键词:美国、西欧,历史名词:马歇尔计划、北大西洋公约组织,以及图中形象的描写。其次,结合所学知识,将史料放在特定的历史条件下进行分析,对史料进行去粗取精、由表及里、由此及彼的整理,最大限度地获取有效信息。通过对二战后冷战的大背景分析、思考,归纳出漫画所反映的历史事件就是美国利用马歇尔计划扶植西欧从而控制西欧,以对抗社会主义国家苏联。

设计依据:

漫画入题,可以将繁杂枯燥的历史知识演绎成喜剧色彩的图文漫画,给人以新鲜感,使学生对知识有一些亲切感,并平添几分读图的乐趣,很好地体现了新课标的理念。

读者反馈　有奖调查

尊敬的读者：

您好！感谢您使用山香教育教师资格考试系列图书，感谢您对山香教育的支持与厚爱！

为了进一步提高图书质量，我们特向全国各地的山香教育用户开展问卷调查，恳请您写下使用山香教育图书的建议与批评，我们将真诚接受您的一言一语，并努力改善我们的工作。**凡按要求在线填写下表者，均可参加我公司举办的"读者反馈有奖调查"活动。**

姓名：	年龄：	学历：	QQ：
邮编：	电话：	E – mail：	
地址：			

购书渠道：

□朋友推荐　　　　　□自己选择　　　　　□考试中心推荐

□书店推荐　　　　　□网站信息　　　　　□其他

本书评价：

□丛书结构　　□非常满意　　□满意　　□一般　　□不好

□内容质量　　□非常满意　　□满意　　□一般　　□不好

□题目预测　　□非常满意　　□满意　　□一般　　□不好

□难易程度　　□非常满意　　□满意　　□一般　　□不好

□封面设计　　□非常满意　　□满意　　□一般　　□不好

□版式设计　　□非常满意　　□满意　　□一般　　□不好

□印刷质量　　□非常满意　　□满意　　□一般　　□不好

□良好口碑　　□非常满意　　□满意　　□一般　　□不好

您的建议：

您认为本套丛书应作何种改进？是否需要删减或增加一些内容？

您参加过教师资格考试吗？您使用的是哪个出版社的辅导用书？为什么？

您知道山香教育的教师培训吗？您是怎样得知此信息的？

您可登录山香教师网（http：//www.1211.cn）在线填写此表。

诚聘教师资格考试顾问及培训专家

为适应统考地区各省份教师资格考试的要求，山香教师资格考试命题研究中心加大对教师资格考题的研究力度，特面向全国诚聘：

一、诚聘对象

1. 各省、市、区、县擅长教师资格考试辅导的优秀教师、专家及教授。

2. 各省、市、区、县参加教师资格考试的考生。

3. 各省、市、区、县参与教师资格考试的相关人员。

二、工作内容

1. 向我公司提供全国统考省份的教师资格考试各科的全真试卷，若被采用可获得价值 100－500 元等值报酬。

2. 提供原创题或改编题（含解析及答案），一经采用，每道题可获得 50－100 元报酬。

3. 配合我公司参与当地教师资格考试信息调研。

4. 参与教师资格考试并擅长讲课者，一经聘用，待遇丰厚。

三、联系方式

咨询电话专线：400－600－3363

图书反馈QQ：1445725155

免 费 课 程：http：//www.1211.cn